U0712170

信息战电子系统

РАДИОЭЛЕКТРОННЫЕ СИСТЕМЫ В ИНФОРМАЦИОННОМ КОНФЛИКТЕ

［俄］А. И. Куприянов   А. В. Сахаров

葛海龙 叶瑞芳 杨启迪 等译

聂 皞 审

国防工业出版社

·北京·

著作权合同登记　图字:军-2009-057 号

图书在版编目(CIP)数据

信息战电子系统/(俄罗斯)库普里扬诺夫,(俄罗斯)萨哈洛夫著;葛海龙等译.
—北京:国防工业出版社,2013.4
ISBN 978-7-118-08129-9

Ⅰ.①信…　Ⅱ.①库…②萨…③葛…　Ⅲ.①信息战-电子系统　Ⅳ.①E869

中国版本图书馆 CIP 数据核字(2012)第 195642 号

Translation from the Russian language edition:РАДИОЭЛЕКТРОННЫЕ СИСТЕМЫ
В ИНФОРМАЦИОННОМ КОНФЛИКТЕ
本书简体中文版由 А. И. Куприянов 授权国防工业出版社独家出版发行。

※

*国防工业出版社*出版发行

(北京市海淀区紫竹院南路 23 号　邮政编码 100048)
北京嘉恒彩色印刷责任有限公司
新华书店经售

*

开本 710×960　1/16　印张 23½　字数 443 千字
2013 年 4 月第 1 版第 1 次印刷　印数 1—2500 册　定价 90.00 元

(本书如有印装错误,我社负责调换)

国防书店:(010)88540777　　　发行邮购:(010)88540776
发行传真:(010)88540755　　　发行业务:(010)88540717

译 者 名 单

主　审　聂皞

主　译　葛海龙

翻　译　叶瑞芳　杨启迪　雷　刚　刘　巍

　　　　宋颖凤　韩　慧

译 者 序

信息战已成为现代支撑作战行动的重要手段,在当前和可预见的未来,随着信息战理论、作战方法和新技术、新装备的不断研究应用,信息战必将发展到一个新的历史台阶,显示其更大的威力。在翻译的过程中,我们不时地被书中一些深入浅出的描述所深深吸引,并深受启发。

本书作者 А. И. Куприянов 和 А. В. Сахаров 就职于莫斯科技术大学(原莫斯科国立航空学院),是信息战资深专家,著作颇丰,出版了多部信息战学术专著,近几年公开出版的有《信息防御基础》(2008 年)、《无线电侦察基础理论》(2010年)。

本书是作者在原莫斯科国立航空学院 10 年的讲课材料基础上编撰而成,从一个侧面反映了当前俄军对信息战的基本思想和基本观点,其中不乏对新技术和新战法的介绍。全书详细而全面地介绍了无线电电子侦察、无线电电子战、无线电电子反侦察和无线电电子防护等 4 个方面的电子信息系统。

全书共 21 章:第 1 章介绍了无线电电子侦察的设备组成、关键参数、载波频率的测量技术、振幅测向法和相位测向法;第 2 章介绍了三角测量定位法和等差测距定位法;第 3 章介绍了侦察设备的效能评估,包括信号的测量精度和在复杂信号环境下的效能;第 4 章介绍了无线电电子侦察信号截获技术;第 5 章介绍了雷达侦察的设备组成、关键参数;第 6 章介绍了无线电电子战设备的几种分类方法;第 7 章介绍了无线电有源噪声干扰的种类、功率、性能;第 8 章对直接噪声干扰和噪声调制干扰的原理进行了详细论述;第 9 章介绍了无线电回答式连续噪声干扰和回答式脉冲噪声干扰的生成方法;第 10 章介绍了多波束天线阵和相控阵天线噪声瞄准干扰的原理、性能;第 11 章介绍了欺骗干扰的几种分类,并对各自的原理、性能作了分析;第 12 章介绍了无线电电子反侦察的常见技术手段;第 13 章对信号优化及时空处理、电磁屏蔽、减小旁瓣辐射 3 种反侦察技术作了详细介绍;第 14 章介绍了宽带信号以及宽带信号的反侦察技术,包括二进制调相频谱扩展、频率重调频谱扩展、频相键控技术;第 15 章介绍了反雷达侦察技术,主要技术手段有降低散射面积、运用反雷达防护层、降低天线的雷达发现率、反雷达伪装方法的综合运用;第 16 章介绍了无线电介质掩蔽反侦察技术,利用材料的物理效应以及信号在介质中的散射、反射、吸收和折射等装置来改变信号传播介质;第 17 章详细介绍了无线电出版的参考书更为专家们所追捧[5]，这些书籍培育了无线电电子战各个领域的几代专家。这些著作即使现在也未失去其现实性，它们的作者与权威的无线电电子战国立学校持有相同观点，并遵照该校传统编写出版物。本书材料主要基于国内公开出版物，同时也采用了一些国外出版物。其中大部分材料是作者在莫斯科国立航空学院(现为莫斯科技术大学)最后 10 年的讲课材料。

由于无线电电子战综合复杂的特点，根本无法在一本书中详述其方方面面。当然，在当今政治、经济及社会显著变化的条件下，关于无线电电子战领域的课题、任务及技术解决方案逐渐公开，其中很多已在专家和相关人士中公开讨论。但不管怎么说，无线电电子战还存在很多无法在书中详述的微妙问题。作者希望广大读者对此能够谅解，对书中的不足甚至矛盾之处多提宝贵意见。

作者在此对各位专家以及本书编写过程中协助提高内容与形式质量的参与者深表感谢。

前　言

军事百科词典将无线电电子战定义为:按相互关联的目标、任务、地点、时间采用各种措施去发现敌方的无线电电子设备和系统,并对其进行压制,同时采用无线电电子防护来保护己方无线电电子设备和系统免受无线电电子战设备的攻击。无线电电子战的综合概念包括无线电电子侦察和无线电电子反侦察。无线电电子侦察就是侦察敌方的无线电电子设备,为己方的无线电电子战获取所需信息,无线电电子反侦察则是对抗敌方的无线电电子侦察。

对抗双方的相互作用是辩证统一的,就如无线电电子侦察对无线电电子反侦察,无线电电子战对无线电电子防护。正是基于这种动力,使得无线电电子战的设备与方法获得蓬勃发展。无需赘述,对抗双方从多方面决定着现阶段无线电电子学发展的特性。

无线电电子战的特点是范围广、深度深、形式多,所有已知类型的信息系统都可列入对抗的相互关系中:信息发送与接收,无线电控制与无线电破坏。这些系统可运行于目前熟悉的所有频段:从超长波、地壳低频振动到紫外线辐射波,在技术上应用了所有已知的物理场(电磁波、声波、地震波等)。

无线电电子战具有明显的层次结构,它预先规定了不同等级,并组合成一个多层次结构。在这些不同层面上可描述对抗设备的功能以及技术制造原理;描述系统原理的模型设计及组织实施;无线电电子战设备在和平时期及武装冲突不同发展阶段,所采用的战术技巧和战役原理。

信息系统与信息破坏系统的对抗表现形式多种多样,它们既能使制造干扰和抗干扰防护之间的相互关系相当简单,又能采用灵巧的方法制造假情报,同时还能保障信息的可信性、可靠性和真实性。

要在一本书中讲述无线电电子战课题的所有方面,无异于天方夜谭。为避免这点,本书作者将主要讲述电磁频段范围内的无线电电子战任务。在这一范围内,无线电侦察与无线电技术侦察和无线电电子反侦察发生对抗,无线电信息发送与获取系统将被迫在无线电对抗条件下工作。因此,本书在无线电电子战课题的讨论中只考虑无线电技术系统与设备,不考虑非无线电频率的电磁波以及那些用于其他物理场(非电磁场)的设备。在如此限定的框架内,无线电电子战的分级体系结构如图 0 - 1 所示。

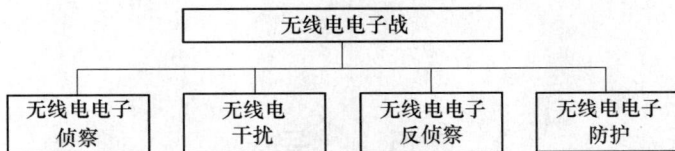

图 0-1　无线电电子战分级结构图

当然,无线电电子战结构还有其他构成方式。图 0-1 是适于本书各部分资料的最佳构成方式。

本书主要分别叙述了无线电电子战设备和系统的构建原理及其设备设计的技术解决方案,同时还对无线电电子战设备的主要技术指标进行了讨论。本书的第一部分为无线电频段的技术侦察设备;第二部分为无线电电子系统和设备对有源干扰的形成和应用原理;第三部分讨论如何保障无线电电子反侦察问题;第四部分则为免受电子对抗干扰的无线电电子防护。换言之,本书结构与图 0-1 完全一致。

众所周知,无论科学论著,还是教科书,我们都不可能从头至尾一气读完,但好在我们可以按不同顺序翻阅这本书。鉴于此,本文作者并未特意对这些材料进行排序,只是使用了不同章节的交叉援引,使所有在叙述过程中出现的问题得以解决。

目　录

第一部分　无线电电子侦察

第二部分　无线电电子战

第三部分　无线电电子反侦察

第四部分 电子战设备无线电电子防护

第一部分 无线电电子侦察

第1章 无线电侦察与无线电技术侦察

通常,无线电侦察是通过对敌方无线电设备等辐射源进行搜索、探测、定位,截获其无线电信道和通信网来获取敌方的情报[1]。无线电技术侦察则是获取敌方无线电电子设备的空域—时域信号参数,对这些信号进行分析以确定无线电电子设备的类型和任务[1]。显然,要完成无线电侦察与无线电技术侦察任务,其相同之处要多于不同之处,因此,不必分别研究这些技术侦察的物理和技术原理。把无线电频段中的无线电电子侦察划分为无线电侦察和无线电技术侦察并非是最佳选择。根据其他分类法,无线电电子侦察可划分为战略侦察、战术侦察以及无线电电子战直接支援的无线电技术侦察。有关无线电侦察与无线电技术侦察设备和系统分类特征的详细论述可参见文献[4,6],也可参见其他原始资料(专门就技术侦察设备的应用进行论述,不涉及其生产),这里不再作专门论述,图1-1所示为无线电侦察与无线电技术侦察方法和手段的分类。

同时,无线电电子设备、生态监测系统、地球自然资源研究、履行国际条约的监察手段等问题都与在侦察设备的生产和应用过程中出现的技术问题紧密相连。

1.1 无线电侦察与无线电技术侦察站组成

根据无线电技术侦察的各种方法与手段,无线电侦察与无线电技术侦察站的组成如图1-2所示。

无线电侦察与无线电技术侦察站的天线系统应为宽带系统,目的是能工作于所有侦察频段,并确保能对侦察的辐射源进行精确定位。此外,无线电侦察与无线电技术侦察站的天线还应具有最小旁瓣,并确保能与其他无线电电子系统具有良好的电磁兼容性,从而排除对信号源的虚假测向定位。仅利用一套天线系统根本无法满足所有需求,所以通常使用若干套天线系统,它们覆盖了所有的侦察频段。

无线电侦察与无线电技术侦察站的接收装置有以下几个基本参数:

无线电频段内的
无线电电子侦察　按照用途

　　　　　　　　　　无线电侦察
　　　　　　　　　　　　　　　搜索、测定辐射参数
　　　　　　　　　　　　　　　截获通信
　　　　　　　　　　无线电技术侦察
　　　　　　　　　　　　　　　搜索、测定辐射参数

按照地点
　　　　陆地
　　　　海上
　　　　空中
　　　　空间

按照效能
　　　　战略
　　　　战术
　　　　电子对抗支援

按照情报来源
　　　　系统、通信网络以及数据传输
　　　　不同类型与用途的雷达站
　　　　自行火炮系统

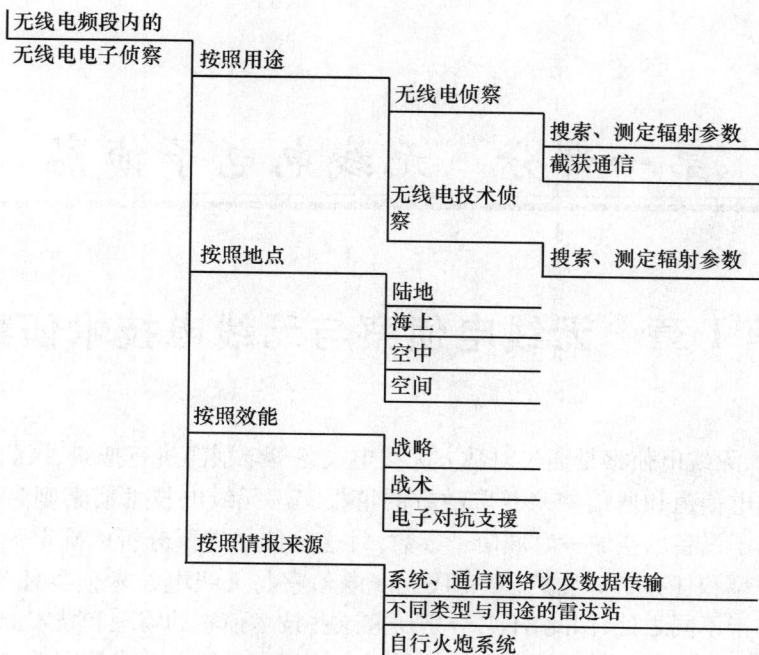

图 1-1　无线电侦察与无线电技术侦察方法和手段的分类特征

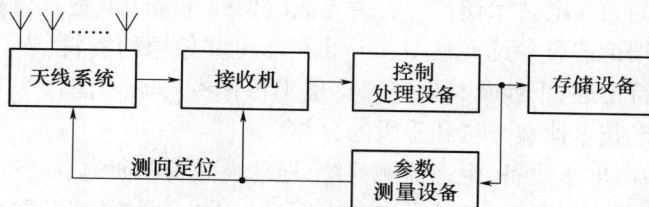

天线系统　→　接收机　→　控制处理设备　→　存储设备

测向定位　　　　参数测量设备

图 1-2　无线电侦察与无线电技术侦察站框图

- 侦察频段 δf;
- 扫描时间 T,可说明 δf 频段内的侦察反应能力;
- 灵敏度;
- 分辨力 Δf;
- 侦察目标载频信号的搜索方式及其探测概率。

侦察接收机最重要的技术特性是其频段范围,在此范围内可对被侦察信号进行搜索和探测,一部侦察接收机要覆盖尽可能宽的频段范围。

无线电侦察与无线电技术侦察设备所执行任务的多样性,决定了所用接收装置类型也应不同。毕竟,无线电电子战直接支援的某些系统只有在需要无线电技术侦察探测敌方正工作的无线电电子设备时才工作(如为了通报机组人员有关雷达辐射的信息)。在这种情况下可使用单信道、宽频带接收机,该接收机通过频带可覆盖所侦察目标的无线电电子系统的所有工作频段。使用带有窄带接收信道的装置,即扫描与多信道接收机,可执行更周密的侦察任务。

扫描接收机(图1-3)可通过编程在所有侦察频段范围内进行扫描。通常,扫描程序可为侦察频段 δf 内所有频率连续扫描(循环的、连续的频率分析),但也可能是其他的工作算法。例如,带有多段的频带扫描,无线电电子系统即在该间段范围内进行侦察。便携式扫描接收机能够在 $\delta f \in (100\text{kHz} \sim 2\text{GHz})$ 的频带范围内进行侦察[8]。对于无线电技术侦察接收机而言,这一频带范围比较宽,因为它覆盖了所有可能的雷达站工作频率,也就是说,在毫米波频带范围可扩展至30GHz,甚至更高。

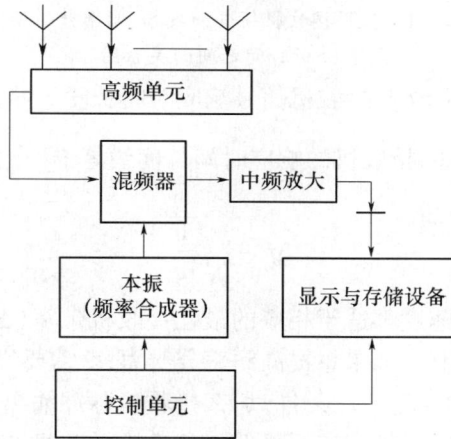

图1-3　无线电侦察与无线电技术侦察扫描接收机

接收机的分辨力 Δf 可由窄带滤波器的带宽来确定,也可取决于被侦察频带的信号情况(要求频率测量精确度)、被侦察信号的频谱宽度(同样取决于调制指标和类型)以及分析时间 T。δf、Δf 和 T 的关系可用图1-4加以说明,图中假设对侦察频带进行匀速扫描。

图1-4中的每一信号都有相应的不定性曲线图[7]。不定性曲线图就是随机信号在频率—时间平面上的函数投影图。横坐标轴上的长度为信号脉冲长度,纵坐标轴上的长度则为其频谱宽度。连续信号的持续时间大于图1-4所得的横坐标线段长度。显然,在所有时间 T_{load} 期间,接收机可对连续信号进行探测。如果脉冲重复周期大于 T_{load},那么接收机就可能漏失脉冲信号。这是快速频率扫描的一种情况。当然,与信号周期(长度)相比较还可得出频率分析速度。

对于能够快速频率循环扫描接收机来说,谐振系统的通过频带与扫描速度之间有着相互联系。扫描速度的提高将导致分辨力和灵敏度的降低。根据扫描速度

3

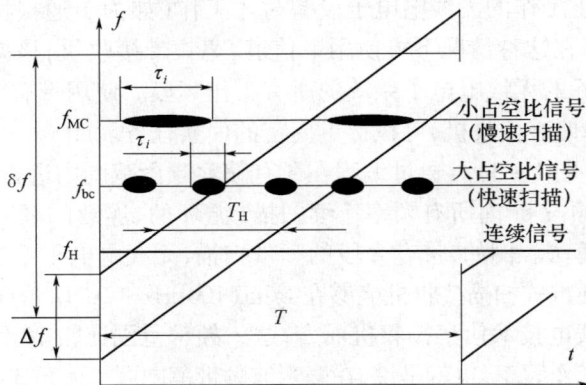

图 1-4 扫描接收机侦察频段 δf、频率分辨率 Δf
和分析时间之间的关系图

可得出最佳接收机带宽 Δf 与接收机信号响应时间长度 τ 的大致关系 $\Delta f \sim (\tau)^{-1}$。根据频率扫描速度 $\mathrm{d}f/\mathrm{d}t$,接收机的响应时间长度约等于:$\tau \approx \Delta f \left(\dfrac{\mathrm{d}f}{\mathrm{d}t} \right)^{-1}$,那么

$$\Delta f \sim \sqrt{\dfrac{\mathrm{d}f}{\mathrm{d}t}} \qquad\qquad (1-1)$$

这样,每一个扫描速度都适于相应的最佳接收机带宽(Δf)。如果缩短搜索时间,分辨力就会降低;相反,如果想提高频率分辨力,就需要增加搜索时间。

如果扫描速度符合 $T_{\mathrm{load}} < \tau_i$ 条件,那么接收机脉冲输出功率将小于信号输入功率,也就是说接收机的灵敏度有所降低。其损耗可根据文献[2]进行估算:

$$a \approx \left[1 + 0.2 \left(\dfrac{\mathrm{d}f}{\mathrm{d}t} \dfrac{1}{\Delta f^2} \right)^2 \right]^{-4} [1] \qquad\qquad (1-2)$$

式中:a 为零速频率扫描接收机的灵敏度损耗(dB)。

频率扫描接收机的灵敏度损耗率也称为动力效应[2]。为了减少动力效应,必须在扫频速度 $\mathrm{d}f/\mathrm{d}t$ 不变的情况下增加接收系统的通过频带 Δf,但这同样也会导致接收机灵敏度的降低。压缩接收机也许能同时确保快速扫描速度和高分辨力[2]。这里所运用的分辨力提高原理实际上就是采用脉冲压缩信号的雷达所运用的原理。

图 1-5 所示为中频放大器输出脉冲的时间曲线图,可以说明提高压缩接收机频率分辨力的可能性。

如果两个具有不同频率 f_1 和 f_2 的连续信号作用于侦察接收机,可通过激励器的调整,使中频放大器的出口产生的频率呈线性变化,其规律与激励器内部频率调制器一

---

① 原文如此。

致。再对信号进行求和,在全景接收机的中频放大器形成一个大的时间脉冲,这些脉冲不进行处理。在脉冲信号压缩接收机中从中频放大器到达滤波器,通过基本的分散延迟后,形成短周期脉冲,相互不通过叠加,在输出端周期出现。

无线电技术侦察全景扫描接收机的扫描速度可达(20~30)信道/s,每个信道的频段范围 Δf 为(50~500)Hz 至(50~1000)kHz。

无线电技术侦察多信道接收机(图1-6)可解决频率扫描速度与分辨力 Δf 之间的矛盾(为了提高侦察的机动性,必须选择尽可能高的频率扫描速度)。

混频器输出端的并联中频放大器可用相应的通过频带覆盖所有频段,如图1-7所示。

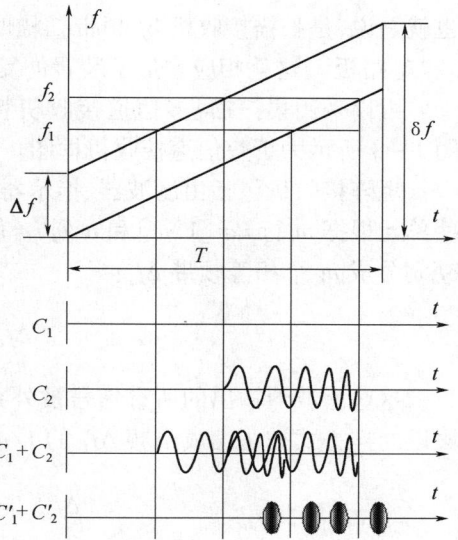

图 1-5　无线电侦察与无线电技术
侦察接收机中的脉冲压缩

图 1-7 中,只要无线电电子设备的工作频率分隔不小于 Δf,接收机就可对无线电电子设备信号进行分段监测。在宽度为 δf 的侦察频段内需要排列的并联滤波器数量为

$$N = \frac{\delta f}{\Delta f} + 1 \qquad (1-3)$$

侦察时间不能小于每个滤波器的转换时间。对于 N 信道接收机而言(图1-6),该时间为

$$n \approx \frac{[2,3]}{\Delta f} \qquad (1-4)$$

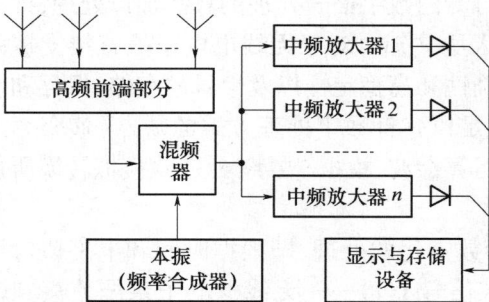

图 1-6　无线电侦察与无线电技术侦察
多信道接收机

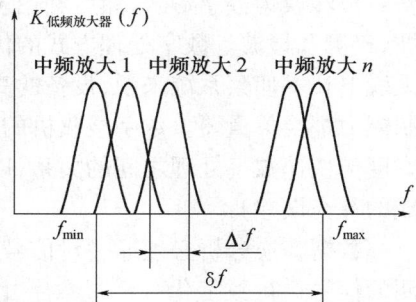

图 1-7　无线电侦察与无线电技术侦察
多信道接收机的中频放大器调谐

也就是说,是扫描接收机 δf 频带扫描时间的 $1/N$。要想提高其机动性,就必须安装"电路板",这就相应增加了装置的复杂性(即 N 倍)。

可以采用集扫描、多信道接收机特点于一体的方式,即折叠信道接收机[2]。图 1-8 所示为折叠信道接收机框图。

矩阵接收机包括由滤波器、指示器、激励器以及混频器组成的基本单元组。这些单元根据 m 行 $i \in [1, m]$ 和 n 列 $j \in [1, n]$ 进行排列。第一列滤波器把侦察频带 δf 划分成 m 个相等频带 Δf_1:

$$\Delta f_{\text{co}1} = \frac{\delta f}{m} \qquad\qquad (1-5)$$

这些滤波器输出的所有信号被外差成同一间隔频率 f_1。宽度为 δf 的输入频段以同样方式被压缩成窄频 Δf_1 的 $1/m$。第二列将把频带 $\Delta f_{\text{co}1}$ 转换为频带 $\Delta f_{\text{co}2}$:

$$\Delta f_{\text{co}2} = \frac{\Delta f_{\text{co}1}}{m} = \frac{\delta f}{m^2} \qquad\qquad (1-6)$$

以此类推,第 n 列滤波器信号的 $\Delta f_{\text{co}n}$ 为

$$\Delta f_{\text{co}n} = \frac{\delta f}{m^n} \qquad\qquad (1-7)$$

在这种配置下,接收机只需 mn 个滤波器即可确保频率分辨力 $\Delta f_{\text{co}n} = \dfrac{\delta f}{m^n}$,如果单纯是多信道接收机,就必需 $m^n > mn$ 个滤波器才能保证这一分辨力。

指示器的用途是探测信号和指示频率。指示器的启动意味着相应滤波器频率上的信号探测。

对无线电电子装置甚至信号处理的方法和算法进行基础改进后,可利用数字接收机执行当前多种无线电侦察与无线电技术侦察任务[8]。

在数字接收机中,中频放大器输出的宽频(在极限情况下为所有侦察频带 δf)信号被转换为数字形式,然后利用可进行专门数字信号处理的算法加以处理,即滤波、检测和检波。数字处理方式的优点人所共知。对于无线电电子战直接支援的无线电技术侦察系统来说,设备的高精确性和高稳定性以及信号的存储、保存和复制能力都至关重要。数字接收机的优点足以弥补数字处理方式的缺点(侦察频带宽度与快速数字处理之间的关系,以及运算杂波、模拟/数字与数字/模拟转换所造成的补充误差)。

数据变换分析必须通过对信号进行数字化的处理,即根据时间和电平值对预测的信号进行数字化。经过数字化输入信号 $s(t)$——无线电电子系统侦察到的混合信号,对于接收机来说是包含信息的信号和干扰,首先包含系统接收机内部的热噪声 $n(t)$。通过正交变换得到信号 $s(t)$,即

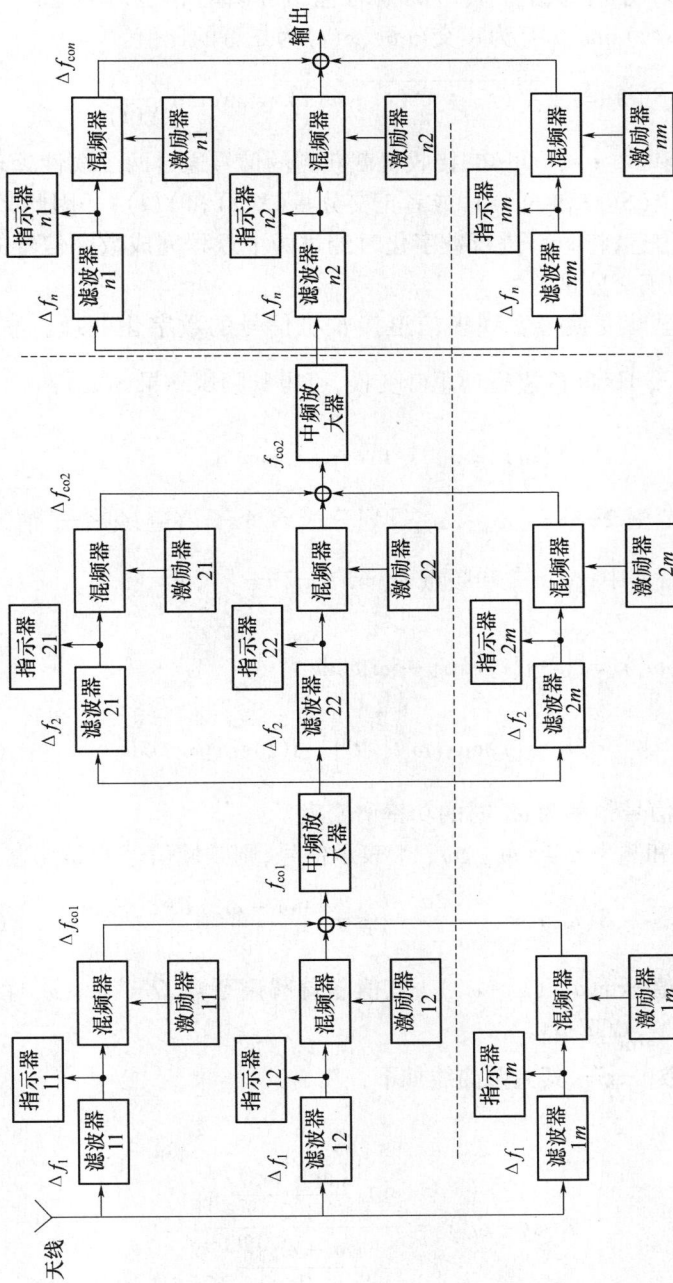

图 1-8 无线电侦察与无线电技术侦察矩阵接收机

$$s(t) = S(t)\cos[\omega_0 t - \varphi(t)] = X(t)\cos\varphi(t) + Y(t)\sin\varphi(t) \quad (1-8)$$

式中：$S(t)$ 和 $\varphi(t)$ 分别为信号 $s(t)$ 的瞬时包络和瞬时相位，其中 $X(t) = s(t)$ $\cos\omega_0 t$ 和 $Y(t) = s(t)\sin\omega_0 t$ 互为正交分量，$\varphi(t)$ 为二者的比值。

$$S(t) = \sqrt{X^2(t) + Y^2(t)}; \quad \varphi(t) = \arctan\frac{Y(t)}{X(t)} \quad (1-9)$$

由式（1-8）和式（1-9）可知，接收机截获到的信号通过两个线性处理过程确定了其幅度和相位（$S(t)$ 和 $\varphi(t)$），或者正交分量（$X(t)$ 和 $Y(t)$）。因此，为了保留原始信号的所有信息，将 $s(t)$ 进行数字化时经过两个过程完成数字信号的抽样变换，即同相分量和正交分量。

通过离散傅里叶变换可实现多信道接收机信号的数字化处理。显然，信号 $s(t)$ 在 $t \in \left[-\dfrac{T}{2}, \dfrac{T}{2}\right]$ 区间内进行傅里叶变换，可得其频域结果 $S(\omega)$：

$$S(\omega) = \int_{-\frac{T}{2}}^{\frac{T}{2}} s(t)\exp\{-j\omega t\}\,dt \quad (1-10)$$

需要将频率范围 $2\pi\delta f \in [\omega_{\min}, \omega_{\max}]$ 划分成 N 个子信道，每个子信道间隔为 $2\pi\Delta f = \dfrac{\omega_{\max} - \omega_{\min}}{N}$，其中，$\Delta f \geqslant \dfrac{1}{T}$ 和频点 $\omega_n = n\Delta\pi f, n \in [1, N]$，得

$$
\begin{aligned}
S(\omega_n) &= \int_{-\frac{T}{2}}^{\frac{T}{2}} s(t)\exp\{-j\omega_n t\}\,dt \\
&= \int_{-\frac{T}{2}}^{\frac{T}{2}} s(t)\cos\{\omega_n t\}\,dt \int_{-\frac{T}{2}}^{\frac{T}{2}} s(t)\sin\{\omega_n t\}\,dt
\end{aligned} \quad (1-11)
$$

式中：$S(\omega_n)$ 为当信号频率为 ω_n 时的功率谱密度。

若用幅度 a_c 和频率 $\omega \in [\omega_{\min}, \omega_{\max}]$ 表示信号，则频域信号 $S(\omega_n)$ 为

$$S(\omega_n) = \frac{2a_c}{|\omega - \omega_n|T}\sin\left|\frac{(\omega - \omega_n)T}{2}\right| \quad (1-12)$$

也就是说，$S(\omega_n)$ 值等于 $a_c/(\omega - \omega_n)$，其值随着解调系数 $\Omega = |\omega - \omega_n|$ 的增大而减小。如辛格函数 $\dfrac{\sin\dfrac{\Omega T}{2}}{\dfrac{\Omega T}{2}}$，其关系曲线如下：

$$K(\omega - \omega_n) = \frac{\sin\left|\dfrac{(\omega - \omega_n)T}{2}\right|}{\dfrac{|\omega - \omega_n|T}{2}} \quad (1-13)$$

设滤波器的等效频率为 ω_n，则 N 点离散傅里叶变换的输出结果与 N 个并行滤

波器组的输出信号是等效的。当频率间隔与每个滤波器的最小间隔为零时，$K(\Omega)$由式(1-13)可得，则

$$\Delta\Omega = \frac{2\pi}{T} \tag{1-14}$$

采用最常用的方法——快速傅里叶变换式(1-12)进行计算。

通过对接收信号进行参数分析，来实现无线电信号的检测和识别，然后对信号进行解调，以确定信号的调制方式、调制指数及信号的调制函数特性。当然，信号的原始信息参数对于信号的识别也起到重要的作用。

分析机具有统计和处理信号特性的能力，包括信号数量、信号参数、信号处理分析速度(即通过率)。

参数测量设备。参数测量设备用于实现信号侦察结果的测量。根据空间接收信号的瞬时功率可采用不同域的侦察评估参数。时域参数包括信号的频率、脉冲间隔、调制参数等。谱参数反映频谱和信号功率谱特性，即功率频谱特性，指接收信号的强度和频谱密度。信号的空域特性参数包括辐射信号的达波方向(即侦察目标的坐标)、侦察天线的方向图、描述辐射信号的电磁场方位矢量的极化参数等。

在确定原始信号参数的基础上，采用功率计可确定远场复杂信号的典型特性。这些特性或许是：无线电电子系统的型号和用途，样机的型号和应用对象等。

1.2　无线电侦察与无线电技术侦察设备信号频率测量

对被侦察的无线电电子装备的载波频率进行测量与存储是无线电侦察与无线电技术侦察的重要职能之一。利用其对载波频率进行测定和存储的方法特性，一方面取决于侦察时限，另一方面取决于侦察的宽频段。

载波频率是进行无线电侦察与无线电技术侦察时侦察目标信号的的主要信息参数之一。假定频率测定法可分为滤波、鉴频、振幅、相关以及数字等。

使用滤波器进行频率测定可归结为滤波器(对信号进行调谐的滤波器，更确切地说，是在该滤波器的频带范围内探测信号)的搜索和指示。同一个滤波器可连续在全景接收机(能够在所有侦察频段上连续进行侦察频段分析)上进行调谐。因此，频率的测定可归结为时段的测定，在该时段内该滤波器的调谐频率与信号频率相吻合。只需指出滤波器编号即可在多信道接收机(能够对侦察频段同时进行光谱分析)上进行信号频率测定。这对于上述各种多信道接收方法同样合理，如矩阵接收机和数字光谱分析接收机。

使用滤波器进行测定的所有情况下，频率测定的最大误差 $\delta f_{c\,max}$ 不超过滤波器

通过频带宽度的 1/2,也就是分辨力 Δf 的 1/2:

$$\delta f_c \leqslant \frac{\Delta f}{2} \tag{1-15}$$

要想在较宽的侦察频段范围内保持频率测量相对误差 $\dfrac{\delta f_c}{f_c}$ 不变,必须采用可变通带滤波器,也就是对于所有频率具有同一质量因数的滤波器。

鉴频器可将信号频率偏差从某一数值变换为电压(与该偏差值和测量标成正比)。鉴频器的工作流程可用图 1-9 加以说明。

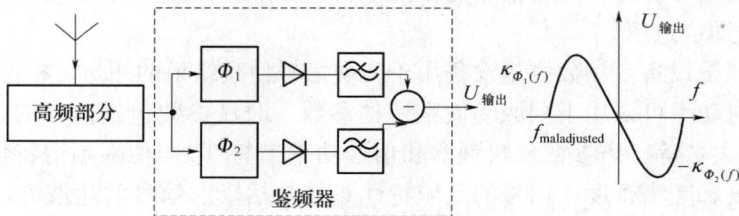

图 1-9 无线电侦察与无线电技术侦察鉴频器

根据该结构图,接收信号在宽带放大器中被放大,并被传送到两个滤波器 Φ_1 和 Φ_2 中,其频率稍有失调,即 $f_{\text{maladjusted}}$。滤波器输出端包络信号的差值 $U_{输出}$ 取决于频率,如图 1-9 所示。这样,鉴频器将输入信号频率转换为输出电压,这一电压又被传送到无线电侦察与无线电技术侦察接收机的指示器中。

带有鉴频器的接收机能够在宽带范围内以高精确度(约 1%)来测定被侦察信号的频率[2]。

无线电侦察与无线电技术侦察接收机的干扰测频原理可由图 1-10 加以说明。

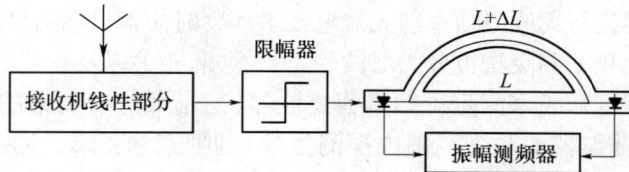

图 1-10 振幅测频器

接收的放大信号被传送至双路馈电线路。该线路具有某些分散特性:线路输出信号的相位和振幅取决于频率。两个信号传播电路(图 1-10)的电长度差值 ΔL 导致这两个信号的相位将有所不同:

$$\Delta \varphi = \frac{\omega \Delta L}{V_\phi} \qquad (1 - 16)$$

式中：V_ϕ 为馈电线路中电磁波的相位传播速度。

两个正弦波（相移为 $\Delta \varphi$）相加后的振幅与信号频率有关（非线性）：

$$u_{out} = kU\cos\frac{\omega \Delta L}{2V_\phi} \qquad (1 - 17)$$

式中：k 为常系数；U 为信号振幅。

由式（1 – 17）可得出，对输出信号进行检波以及对振幅进行测定即可确定其频率。因此，电压 u_{out} 除了取决于频率，还取决于输入信号的振幅。为此，需要在双路馈线装置的输入端使用限幅器，此外，在测量仪中可设置输入信号振幅增益的自动调节电路。

测量仪的优点是能够对被侦察信号的频率进行实时测量，缺点则是在对几个信号进行同时探测的情况下无法测定其频率。同时，其单值测量范围也相当小，这主要受约于函数 $\cos\dfrac{\omega \Delta L}{2V_\phi}$ 与其自变量之间关系的非单值性。

载频相关测量仪的构架如图 1 – 11 所示。

宽带放大器的输出信号与迟滞在延迟线上的复制信号一起被传送至倍增管。中频滤波器对倍增管输出电压所取的平均值与自变量 $\tau = \tau_{delay}$ 的自相关函数值成正比。

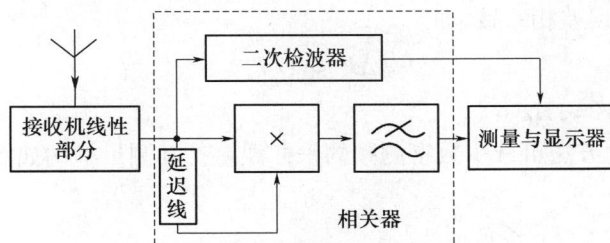

图 1 – 11 相关测频仪

输入的被侦察信号在 τ_{delay} 上的延迟相当于相移 $\varphi = \omega\tau_{delay}$。正向延迟信号的连乘可在相关器的输出端得出（精确到快速变化排列）：

$$u_{out} = k\frac{a^2}{2}\cos\omega\tau_{delay} \qquad (1 - 18)$$

式中：k 为比例系数；a 为输入信号振幅。

由式（1 – 18）可得出，相关器的输出电压取决于信号频率 ω，同时也取决于其功率 $a^2/2$。频率相关可应用于测量仪，而功率相关则通过正方形检波器的输出信号得以调整。

相关测量仅仅确保一个倍频程范围内的单值测量,也就是高频是低频的两倍的情况。

数字测频法可确保其高精确度,并能较好地与随后进行信号处理的计算装置相结合。可采用两种不同方法进行频率测量,即数字频率计方法和数字周期计方法。数字频率计的工作流程如图 1－12 所示。

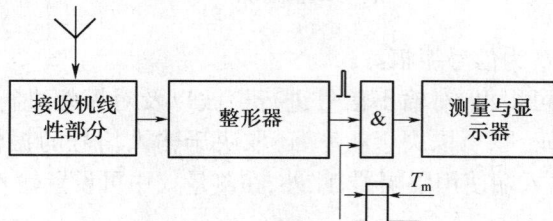

图 1－12　数字频率计

输入形成器可在信号通过零电平(正导数)的瞬间生成窄脉冲。这些脉冲在测量时间 T_m 内通过选通器的匹配电路被传送到计数器。时间 T_m 内的脉冲计数结果可作为频率的估值:

$$F^* = N/T_m \qquad (1-19)$$

式中:N 为计数器数值。

使用频率计方法时,其测量的采样误差与一个计数脉冲(即测量时间内一个输入信号周期)误差相一致,即

$$\Delta F = 1/T_m \qquad (1-20)$$

其中:$T_m = 1s$;$\Delta F = 1Hz$。

使用周期计方法可减少数字测频的采样误差。其测量框图如图 1－13 所示。

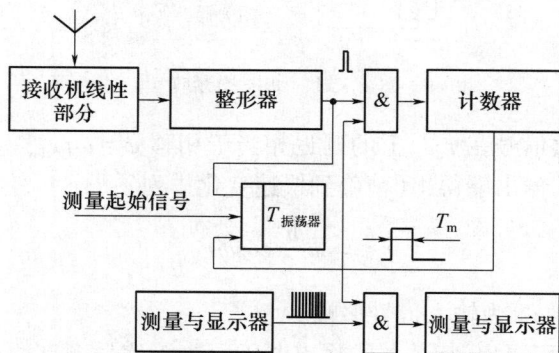

图 1－13　数字周期计

12

周期计可在时间 $T_{ca} = nT_c = \dfrac{n}{f_c}$ 内计算频率 $f_{ca} \gg f_c$ 的脉冲数量，也就是 $N = f_{ca}T_{ca} = nf_{ca}/f_c$，而信号频率则可能为

$$f_c = f_{ca}\frac{n}{N} \qquad\qquad (1-21)$$

一个计数脉冲 $\Delta N = 1$（频率 f_{ca} 的一个振荡周期）的采样误差与频率估值误差相一致，即

$$\Delta f_c = f_{ca}\frac{n}{N^2} = f_c{}^2/(n \cdot f_{ca}) = f_c/(n \cdot T_m \cdot f_{ca}) \qquad (1-22)$$

与 f_c 相比，采样误差越小，f_{ca} 就越大。

无线电技术侦察设备可利用模拟电路来确定雷达站和信息传输系统的脉冲信号参数，即脉冲长度及其重复周期（或频率）。

频率测量结果需要进行存储。其频率存储方法可根据无线电技术侦察设备所执行的任务分为短期存储法和长期存储法。

短期存储法就是在干扰发射机调谐所必需的时间内进行存储，作战支援侦察设备所使用的就是短期存储。最常见的一种短期存储方式就是图 1-14 中的可控循环存储器。

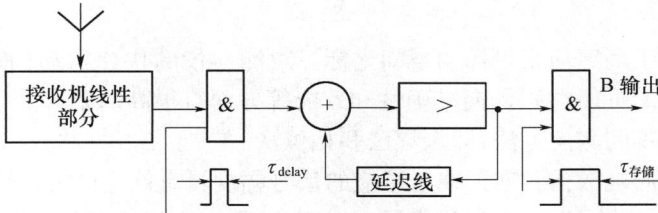

图 1-14 存储频率的循环存储器

宽度为 τ_{delay} 的矩形脉冲是通过电键 & 从接收机输出信号中剪切而得。该脉冲放大后被传送至输出电键和延迟线路。延迟 τ_{delay} 的脉冲重新被传送到放大器的输入端。该脉冲开始于上一脉冲的结束瞬间。相互之间紧密相连的信号频率脉冲依序排列在输出端，一直到输出电键打开为止。在输出端进行等幅振荡的基本条件是振幅均衡：再循环回路（包含放大器、延迟线路、加法器以及反馈电路信号耦合器）的放大系数不小于 1。如果循环存储器的结构过于简单，那么就会存在实质性缺点，即输出信号无法保存输入信号的相干性，因此在转换瞬间会产生相位差。

其他频率存储法规定图 1-15 中的调谐振荡器必须同步。

接收机输出信号由电键 & 选通后被传送到脉冲鉴相器，鉴相器在时间 τ_{delay} 内

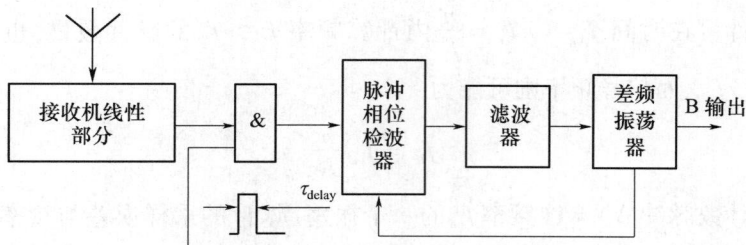

图 1-15 存储频率的差频振荡器

生成与相位差成正比的电压，并在选通器结束后存储该电压。该电压被传送到控制元件和重调振荡器中。振荡器的输出振荡根据输入信号的频率和相位加以调谐。输入信号结束后，输出振荡参数在理论上可保存任意长时间。但实际上保存时间受限于重调振荡器参数的稳定度。

在使用多信道接收机(其中包括能对被侦察信号频谱进行数字分析的接收机)时，频率存储可归结为滤波器编号存储。确切地说，存储数字测频结果就是存储计数器所生成的数值。

1.3　利用无线电侦察技术的电子系统测向方法

测向仪用于确定侦察目标的空间坐标。对测向仪的快速行动(根据最短促的信号测定方位的可能性)、测向准确性和效能等方面有很高的要求。

有两种基本的测向方法，即振幅法和相位法。

振幅法测向是根据测向天线上感应的信号幅度具有确定的方向性这一原理进行测向的。振幅法可以进一步分为最大振幅法、最小振幅法和比较振幅法 3 种。

无线电和无线电技术侦察手段使用最大值测向法，该方法主要用于微波(分米和厘米)频段测向，因为在微波频段容易做出强方向性天线。方向图 $F(\varphi, \theta)$ 如图 1-16 所示。图中：φ_a 为天线方向图最大值测向角；φ_i 为指定方向和辐射源方向夹角；φ 为天线方向图最大值方向和辐射源方向夹角。

最大振幅法测向时旋转天线，当测向机的输出端出现最大信号值时，说明天线极坐标方向图主瓣的径向中心轴指向来波方向，根据此时天线主瓣的指向就可以确定目标信号的来波方向。最大振幅法测向的主要优点是测向距离远，这是由于该方法测向是根据天线方向图的最大值测定的。最大振幅法测向的主要缺点是测向精度低，这是因为测向精度是由天线梯度方向图确定的。只有当天线旋转较大的角度半功率点的 10% 左右时才能测出其输出电压的明显变化。

当可以形成天线方向图，用接收最小值明显表示出时，常使用最小振幅法测向(图 1-17)。通过转动天线方向图直到信号水平在接收机上有最小值时来测向。

14

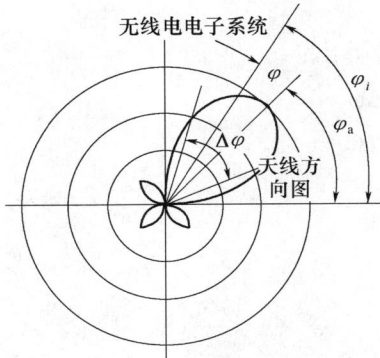

图 1 – 16 最大振幅法测向

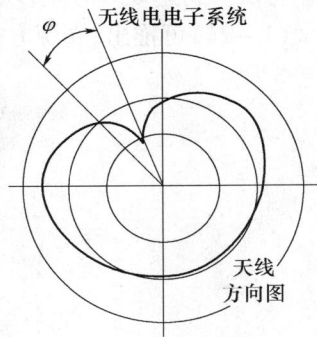

图 1 – 17 最小振幅法测向

测向时,最小振幅法的优点是能达到较高的测量精度,因为天线方向图最小值周围有比较大的依赖梯度 $\dfrac{\partial F(\theta)}{\partial \theta}$。但是最小振幅法测向仪的作用距离比最大振幅法要小(接收信号水平小)。振幅无线电测向仪结构图如图 1 – 18 所示,此无线电测向仪是按照最大值或最小值法来进行工作的。

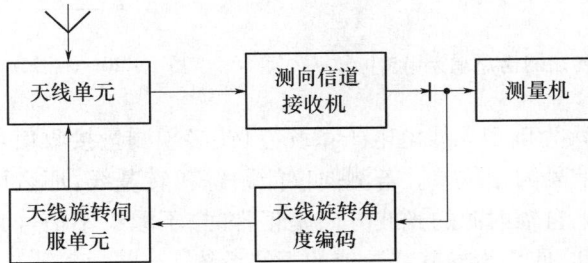

图 1 – 18 振幅法测向仪结构图

等幅法测向原理如图 1 – 19 所示。根据此方法,通过比较无线电测向仪反映的信号(天线方向图瓣部件接收到的信号)方向图中 $F_1(\varphi - \varphi_0)$ 和 $F_2(\varphi - \varphi_0)$,在无线电测向仪接收器信号振幅相等时读出方位数。比较法替代了最小值法和最大值法。

相位法是通过比较按一定结构排列的两个以上天线元接收信号的相位差来获取目标信号来波方位信息的。如图 1 – 20 所示,两个天线 A_1 和 A_2 接收来自远处的电波信号,两天线接收的信号由于行程差产生相位差,信号 $s_1(t)$ 和 $s_2(t)$ 相位差由频率 ω_0 和方位角 φ_i 确定。信号相位差计算公式为

$$\Delta\varphi = \omega_0 \Delta\tau = \frac{\omega_0 d}{c}\sin\varphi_i \qquad (1 - 23)$$

15

式中：$\Delta\tau$ 为信号到达天线时差；c 为光速。

从式（1 - 23）可推出，光源方向由此公式计算出：

$$\varphi_i = \arcsin\frac{c\Delta\varphi}{\omega_0 d} \qquad (1 - 24)$$

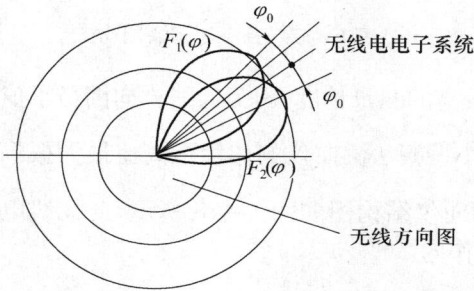

图 1 - 19　等幅法测向原理方向图　　　　图 1 - 20　相位法测向原理

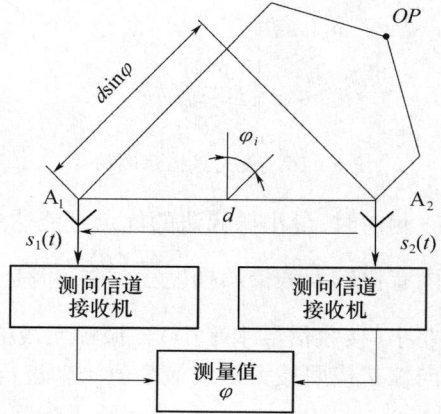

如式（1 - 24），为确定无线电电子系统方位，必须测量接收信号的频率和接收器传送各个点上信号的相位差。若测向仪能跟踪扭转基线，那么可以不用测量频率。当基线对于来自辐射源的光波方向是正常时，不取决于信号频率。为排除方位读数的非单值性，使用不同基线数值的天线系统。

有时不要求测向仪计算 φ_i 角，而测量这个角某个功能的数值，比如引导余弦，也就是测向仪基线和辐射源方向夹角余弦。这个角补充 φ_i 到 90°，如式（1 - 25）。

$$\cos\varphi_i = \frac{c\Delta\varphi}{\omega_0 d} \qquad (1 - 25)$$

测向仪使用方法在构造带旋转天线的自动双频道测向仪过程中得到了进一步发展。在现代无线电技术侦察系统中，这种测向仪得到了广泛运用，被称为多普勒测向仪。这种测向仪在短波和超短波范围内应用。多普勒测向法基本简化图如图 1 - 21 所示。

图 1 - 22 所示为多普勒测向仪的功能使用简图。

两个非水平面的天线（如垂直轴 A_1^1 和 A_1^2），在半径为 R 的圆周上以 Ω 的角频率顺时针匀速旋转。如果信号 $s(t)$ 频率为 ω，旋转天线上的信号组成为

16

接收机 1

本振　　测向机

接收机 2

旋转　Ω

A_1^1　A_2^2　φ_i　A_1^1　A_2^1

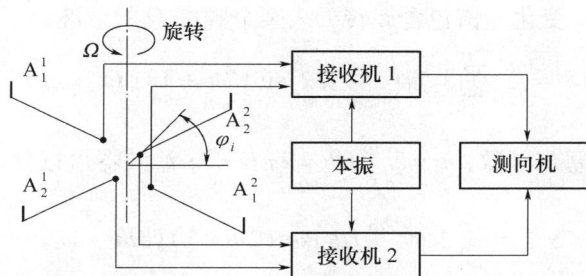

图 1-21　多普勒测向法

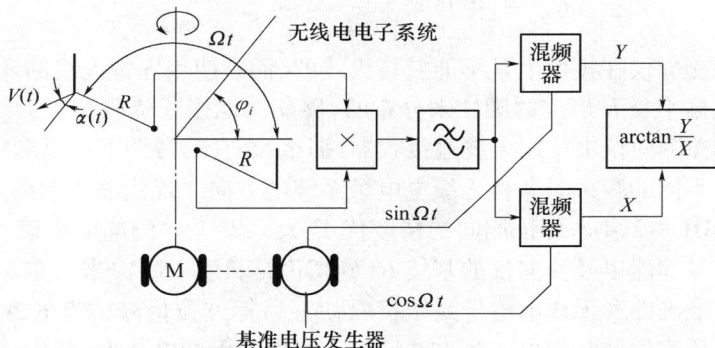

无线电电子系统

Ωt

$V(t)$　$\alpha(t)$　R　φ_i　R

混频器　Y

$\times$　$\approx$

$\arctan \dfrac{Y}{X}$

混频器　X

$\sin \Omega t$

M

$\cos \Omega t$

基准电压发生器

图 1-22　多普勒测向仪的功能使用简图

$$\begin{cases} s_1(t) = a\cos[\omega t - \varphi_1(t)] = a\cos\left[\omega\left(1 - \dfrac{V_R(t)}{c}\right)t\right] \\ s_2(t) = a\cos[\omega t + \varphi_2(t)] = a\cos\left[\omega\left(1 + \dfrac{V_R(t)}{c}\right)t\right] \end{cases} \qquad (1-26)$$

式中:$\varphi(t)$为信号相位,随天线的相互运动和辐射源而变化；$V_R(t)$为此运动的辐射速度,与信号方向的天线线性速度矢量投影是相同的,有式(1-27),即

$$V_R(t) = V\cos\alpha(t) = \Omega R\cos\alpha(t) = \Omega R\cos(\Omega t + \varphi_i) \qquad (1-27)$$

式中:$\alpha(t)$为辐射源和旋转天线V线性速度矢量方向间的角度的瞬时值。

式(1-26)表明,第二个天线旋转到对面方向,这个天线上的信号相移有其他的表示。测向仪接收器乘以两个对称天线输出振动,乘法的结果是准确度为频率2ω振荡平均值,给出式(1-28)或者式(1-29)。

$$S = s_1 s_2 = \frac{a}{2}\sin\left(2\omega\frac{V_R}{c}t\right) \qquad (1-28)$$

$$S = \frac{a}{2}\sin\left[\frac{2\omega}{c}\Omega R\sin(\Omega t + \varphi)\right] \qquad (1-29)$$

17

阶段性角度变换。变化光谱包含旋转天线某个频率 Ω 的谐波：

$$S = \frac{a}{2} \sum_{n=0}^{\infty} \mathrm{J}_{2n+1}\left(2\,\frac{\omega}{c}\Omega R\right) \sin(2n+1)(\Omega t + \varphi_i) \qquad (1-30)$$

式中：$\mathrm{J}_k(m)$ 为贝塞尔函数，$m = 2\,\dfrac{\omega}{c}\Omega R = 2\pi\Omega\dfrac{2R}{\lambda}$，滤波器可以分出第一个谐波。

$$S^{(1)} = \frac{a}{2} \mathrm{J}_1\left(2\,\frac{\omega}{c}\Omega R\right) \sin(2n+1)(\Omega R + \varphi_i) \qquad (1-31)$$

使用基准电压发生器，计算方位数值 $\varphi_i^{\ *}$。

$$\varphi_i^{\ *} = \arctan\frac{Y}{X} = \arctan\frac{S^{(1)}\sin\Omega t}{S^{(1)}\cos\Omega t} \qquad (1-32)$$

多普勒测向仪在技术上是不能旋转天线的，而是使用固定天线的环形格子，固定天线是根据半径 R 形成的圆柱来分布的，周期性地接通接收器。天线转换速度为 Ω。如果在测向仪中使用多波道接收器，那么，在它的帮助下可以确定无线电电子系统处于不同的频率时各种无线电电子系统的方向。现代多普勒测向仪工作的频段为 20 MHz~2GHz，保证测向的精度优于 $\sigma_\varphi \leqslant 2°$[8]。测向的准确性由无线电电子系统信号功能以及测向仪的基线 R（确切说是长度 $2R/\lambda$）来确定。

测向的准确性和无线电电子系统接收侦察目标方位信号的有效性，在很大程度上取决于侦察领域空间的侦察方法。在无线电和无线电技术侦察上使用无扫描的（同时发生的）和侦察的（连续不断的）确定电磁辐射源方向方法。

空间侦察无扫描法实质在于用一些全向的天线同时接收信号。在此，天线应该有狭窄和展开的方向图表[4]。无扫描测向仪应用在中、短波和微波频段，用于在无线电技术侦察站预报飞机的辐射干扰，以直接支持无线电电子战。

在确定辐射源的侦察法时，使用扫描天线[4]。

第 2 章 无线电侦察与无线电技术侦察定位系统

无线电侦察与无线电技术侦察的多站测向定位系统可确定侦察目标的空间位置坐标。首先,根据侦察目标信号的无线电技术参数来确定几何参数(方位、方向余弦或距离差)。然后,再根据几何参数计算出空间坐标。为了对辐射源进行定位,无线电侦察与无线电技术侦察设备通常会采用三角测量法,有时也会采用以等差测距为基础的相关法以及综合定位法。

2.1 三角测量系统

以测量辐射源方位角和高低角为基础的三角测量原理可用图 2-1 加以说明。

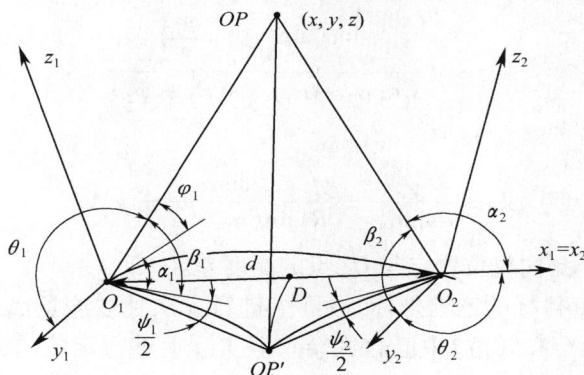

图 2-1 三角测量定位

位置线(即点的轨迹,它与所测量的方位角常数 α^* 和高低角常数 β^* 相对应)为直线。因此,辐射目标在空间的位置点可由两条此类直线的交点确定,也就是说,可根据在空间两点所测得的一对数值 (α^*, β^*) 来确定。

测向仪位于地面 O_1 和 O_2 点,相互间距离为 d。相应于 $O_1 x_1 y_1 z_1$ 和 $O_2 x_2 y_2 z_2$ 的笛卡儿坐标系统与测向仪相连。

如果把 $O_1 x_1 y_1 z_1 \equiv Oxyz$ 作为主要系统,那么在该系统中可根据图 2-1 中的几何结构测出侦察目标坐标:

$$y = x\tan\alpha_1 = d\tan\left(\frac{\pi}{2} - \alpha_2\right) \tag{2-1}$$

来自于公式：

若

$$x = d\frac{\tan\alpha_2}{\tan\alpha_2 - \tan\alpha_1} = d\frac{\sin\alpha_2\cos\alpha_1}{\sin(\alpha_2 - \alpha_1)} \tag{2-2}$$

则

$$y = d\frac{\tan\alpha_2\tan\alpha_1}{\tan\alpha_2 - \tan\alpha_1} = d\frac{\sin\alpha_2 - \sin\alpha_1}{\sin(\alpha_1 - \alpha_2)} \tag{2-3}$$

根据三角形 $O_1OP'OP$ 可确定 z 坐标：

$$z = d\frac{\sin\alpha_2\sin\left(\beta_1 - \dfrac{\varphi_1}{2}\right)}{\sin(\alpha_2 - \alpha_1)\cos(\beta_1 + \varphi_2)} \tag{2-4}$$

式中

$$\varphi_1 = \frac{y}{R\sin\alpha_1} = \frac{d}{R}\frac{\sin\alpha_2}{\sin(\alpha_2 - \alpha_1)} \tag{2-5}$$

其中：R 为测向仪工作区域的地球半径。

根据三角形 $O_2OP'OP$ 可确定 z 坐标：

$$z = d\frac{\sin\alpha_1\sin\left(\beta_1 + \dfrac{\varphi_2}{2}\right)}{\sin(\alpha_2 - \alpha_1)\cos(\beta_2 + \varphi_2)} \tag{2-6}$$

式中

$$\varphi_2 = \frac{y}{R\sin\alpha_2} = \frac{d}{R}\frac{\sin\alpha_1}{\sin(\alpha_2 - \alpha_1)} + \Delta z \tag{2-7}$$

其中：Δz 为第二个测向仪位置点与 O_1 点的高度差。

为了确定侦察目标的三维坐标，原则上进行 3 次独立测量已足够。4 次测量（两个方位角和两个高低角）中已含冗余。但实际上进行定位的测量次数不但不会减少，甚至还会由于测向仪的大量使用而增加。的确，在使用 2 个测向仪的情况下，3 个空间坐标中至少有 2 个坐标无法确定。这可在 $\alpha_1 = \alpha_2$ 条件下由式（2-2）、式（2-4）和式（2-5）直接得出上述结论。

三角测量法可利用相位测向仪来测量方向余弦，如图 2-2 所示。

假设在 4 个接收点 A_1、A_2、A_3、A_4（图 2-2）上（配布基线 $A_1A_2 = A_3A_4 = d$）安置 4 个独立的、任一型号的无线电测向仪。每一测向仪都可测量目标方位的方向余弦：

$$\cos\varphi_i = \hat{\eta}_i; \cos\theta_i = \hat{\xi}_i \quad i = 1, \cdots, 4 \tag{2-8}$$

根据测得的方向余弦可确定侦察目标 OP 在 $Ozxy$ 坐标系统中的位置，即辐射

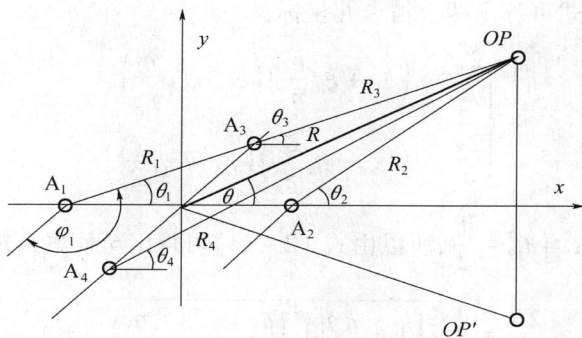

图 2-2 测量方向余弦的三角测量

源的笛卡儿坐标 x, y, z。

由图 2-2 可得出几何关系式：

$$R_1^2 = R^2 + xd + \frac{d^2}{4}; R_2^2 = R^2 - xd + \frac{d^2}{4}$$

$$R_3^2 = R^2 + yd + \frac{d^2}{4}; R_4^2 = R^2 - yd + \frac{d^2}{4} \qquad (2-9)$$

根据关系式：

$$x + \frac{d}{2} = R_1\xi_1; x - \frac{d}{2} = R_2\xi_2; x = R_3\xi_3 = R_4\xi_4$$

$$y = R_1\eta_1 = R_2\eta_2; y + \frac{d}{2} = R_3\eta_3; y - \frac{d}{2} = R_4\eta_4$$

$$R_4 = R_3\frac{\xi_3}{\xi_4}; R_2 = R_1\frac{\eta_1}{\eta_2} \qquad (2-10)$$

由式（2-9）和式（2-10），得

$$\begin{cases} 2x = R_1\left(\xi_1 + \xi_2\frac{\eta_1}{\eta_2}\right); & 2y = R_3\left(\eta_3 + \eta_4\frac{\xi_3}{\xi_4}\right); \\ R_1\xi_1 = R_2\xi_2 + d; & R_3\eta_3 = R_4\eta_4 + d。 \end{cases} \qquad (2-11)$$

由此可得出以下关系式来计算至目标的距离：

$$\begin{cases} R_1 d^{-1} = \left(\xi_1 + \xi_2\frac{\eta_1}{\eta_2}\right); & R_3 d^{-1} = \left(\eta_3 + \eta_4\frac{\xi_3}{\xi_4}\right)^{-1}; \\ R_2 d^{-1} = \frac{\eta_1}{\eta_2}\left(\xi_1 - \xi_2\frac{\eta_1}{\eta_2}\right)^{-1}; & R_4 d^{-1} = \frac{\xi_3}{\xi_4}\left(\eta_3 - \eta_4\frac{\xi_3}{\xi_4}\right)^{-1}。 \end{cases} \qquad (2-12)$$

用以下关系式可算出两个笛卡儿坐标：

$$\begin{cases} \dfrac{2x}{d} = \left(\xi_1 + \xi_2\, \dfrac{\eta_1}{\eta_2} \right)\left(\xi_1 - \xi_2\, \dfrac{\eta_1}{\eta_2} \right)^{-1} \\ \dfrac{2y}{d} = \left(\eta_3 + \eta_4\, \dfrac{\xi_3}{\xi_4} \right)\left(\eta_3 + \eta_4\, \dfrac{\xi_3}{\xi_4} \right)^{-1} \end{cases} \qquad (2-13)$$

由于 $2R^2 = R_1^2 + R_2^2 - \dfrac{d^2}{2}$，所以由式（2 – 13）可得出至侦察目标的距离：

$$\frac{2R}{d} = \sqrt{2\left[1 + \left(\frac{\eta_1}{\eta_2} \right)^2 \right]\left(\xi_1 - \xi_2 \cdot \frac{\eta_1}{\eta_2} \right)^{-2} - 1} \qquad (2-14)$$

利用式（2 – 4）和式（2 – 14），可算出侦察目标距地面的高度：

$$\frac{z}{d} = \sqrt{\left(\frac{R}{d} \right)^2 - \left(\frac{x}{d} \right)^2 - \left(\frac{y}{d} \right)^2} \qquad (2-15)$$

已知 x,y,z,R，不难算出目标的方向余弦：

$$\cos\theta = \frac{x}{R}; \quad \cos\varphi = \frac{y}{R}; \quad \sin\beta = \frac{z}{R} \qquad (2-16)$$

必要时可算出侦察目标的方位角 α 和高低角 β：

$$\tan\alpha = \frac{\cos\varphi}{\cos\theta} = \frac{y}{R}$$

$$\cos\beta = \sqrt{\cos^2\theta + \cos^2\varphi} = \sqrt{\left(\frac{x}{R} \right)^2 + \left(\frac{y}{R} \right)^2} \qquad (2-17)$$

三角测量定位的基础是运用了 4 个测向仪，每一测向仪都可测量两个角参数，即辐射源的方位角和高低角（或与这些参数相应的方向余弦），也就是说总共用了 8 个辐射源角坐标值。乍一看，这些测量过多：测量三维坐标 $\{x,y,z\}$ 仅进行 3 次独立测量就足够，它们可从两个点获得（例如，获取两个方位角和一个高低角）。但在用两个点进行角测量的情况下，其定位任务可能会退化：如果它位于两次测量基线的延长线上，那么就无法确定目标坐标。此外，增加测量次数总归会提高定位的精确度。

对侦察目标的空间坐标进行三角测量时，绝不能使用诸如图 2 – 1 中的固定测向仪。测向仪可在空间移动，但在这种情况下，它们的运动规律（轨迹）应已知，其自身瞬间坐标的时间关系式也应在作业时算出。图 2 – 3（a）所示为无线电侦察机根据方位角对地面目标进行定位，图 2 – 3（b）所示为侦察卫星的目标定位。

在不同点位（侦察机根据图 2 – 3 轨迹飞行时依次所处的点位，并已知这些点的坐标）对辐射源进行方位角测量，可算出静止辐射目标的未知坐标。

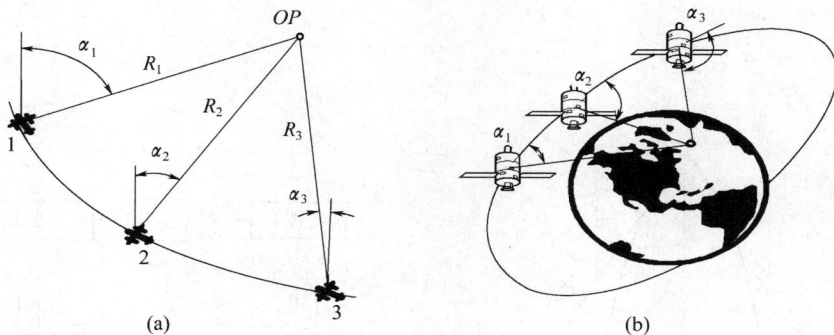

图2-3　移动式测向仪的三角测量

2.2　等差测距定位系统

三角测量定位系统的基础是测量侦察目标的方位角(或方向余弦)。在测量不同空间点的方位时,被接收信号的大部分信息已遭破坏。其中包括对侦察目标的接收信号在这些点上的相互关系。对这一情况加以考虑,可在本质上提高定位的精确度。等差测距定位法就利用了信号在不同点位上的相互关系。等差测距定位法的几何关系可用图2-4加以说明。

辐射源的平面位置可根据两点(基线值为d)上的信号接收瞬时差来确定。距离差为$R_1(x,y) - R_2(x,y) = \Delta R_{12}{}^* =$常数的点的轨迹为双曲线。辐射源的位置点就位于两条双曲线的交叉点上,绘制双曲线时需测量两条基线d_{12}和d_{23}上的两个距离差$\Delta R_{12}{}^*$和$\Delta R_{23}{}^*$。确定三维坐标时需在3条基线上进行3次独立测量。

为了测量至侦察目标的距离差,需采用相关测量仪。相关测量仪的图解如图2-5所示。

该图类似于相位测向仪的线路图,含有双信道无线电接收装置(在两个信道上有一个共同的振荡器)、测试延迟线、由乘法器和积分器组成的直接测量仪以及同步控制延迟线的控制系统。在该跟踪测量仪中,两个信道的输出信号相乘,取乘积的平均值,然后在测试线上进行延迟,在规定的$\Delta \tau^*$条件下,测量仪的输出功率$z(t)$将最大化。$\Delta \tau^*$值即为线路图中所生成的输出读数。

相关函数测量仪的输出端含有微分电路$\mathrm{d}/\mathrm{d}t$,以具有奇数鉴别能力。

辐射源的波向为角ε,其法线垂直于基线$d = \mathrm{A}_1\mathrm{A}_2$。由于距辐射源的距离非常远,$R_1 \approx R_2 \gg \mathrm{d}R$,所以到达每一天线的射线近似平行。在这些条件下,天线输出端的点1和点2所生成的电压为

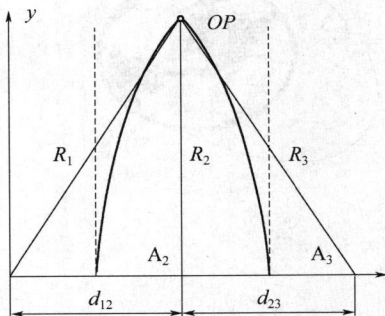

图 2-4 等差测距定位法原理

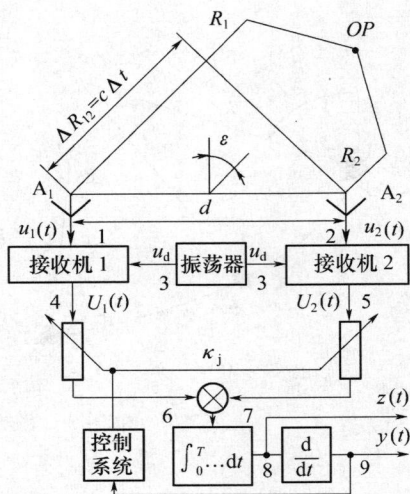

图 2-5 相关测量仪

$$\begin{cases} u_2(t) = \mathrm{Re}\{\dot{E}_1(t)\mathrm{e}^{\mathrm{j}\omega_0 t}\} \\ u_1(t) = u_2(t - \Delta t) = \mathrm{Re}\{\dot{E}_1(t - \Delta t)\mathrm{e}^{\mathrm{j}\omega_0(t - \Delta t)}\} \end{cases} \qquad (2-18)$$

式中

$$\Delta t = \frac{\Delta R}{c} = \frac{R_1 - R_2}{c} = t_1 - t_2 \qquad (2-19)$$

相关测量仪所测量的相干信号延迟差与方位角关系式相关：

$$\Delta R_{12} = d\cos\theta = c\Delta t \qquad (2-20)$$

振荡器在点 3 可生成电压：$u_{振荡器}(t) = \mathrm{Re}\{\dot{E}_{振荡器}\mathrm{e}^{\mathrm{j}(\omega_0 + \omega_{jd})t}\}$。

在理想的恒等综合系数 K_Σ 条件下，点 4 和点 5 可生成电压：

$$\begin{cases} U_2(t) = K_\Sigma \mathrm{Re}\{\dot{E}_0(t)\dot{E}\mathrm{e}^{\mathrm{j}\omega_{co}t}\} \\ U_1(t) = K_\Sigma \mathrm{Re}\{\dot{E}_0(t - \Delta t)\dot{E}\mathrm{e}^{\mathrm{j}\omega_{co}t}\mathrm{e}^{-\mathrm{j}\omega_0\Delta t}\} \end{cases} \qquad (2-21)$$

分析接收信号的高频相关函数：

$$K_0(\tau) = (u_0(t)u_0(t + \tau)) = \int_0^T u_0(t)u_0(t + \tau)\mathrm{d}t$$

$$= \frac{1}{2}\mathrm{Re}\{R_0(\tau)\exp(\mathrm{j}\omega_0\tau)\} \qquad (2-22)$$

式中

24

$$R_0(\tau) = \int_0^T \dot{E}_0(t)\dot{E}_0(t+\tau)\mathrm{d}t \qquad (2-23)$$

相关函数 $K_0(\tau)$ 的包线如图 2-6 所示。

在 $\dot{u}_0(t) = u_0(t)\exp[-\mathrm{j}\varphi_0(t)]$ 的条件下,由式(2-22),得

$$K_0(\tau) = M(\tau)\cos\omega_0\tau + N(\tau)\sin\omega_0\tau = R'_0(\tau)\cos[\omega_0\tau - \Phi_0(\tau)]$$
$$(2-24)$$

式中

$$\binom{M}{N}(t) = \int_0^T E_0(t)E_0(t+\tau)\binom{\cos}{\sin}[\varphi_0(t) - \varphi_0(t+\tau)]\mathrm{d}t \quad (2-25)$$

$$R'_0(\tau) = \sqrt{M^2(\tau) + N^2(\tau)}\,; \Phi_0(\tau) = \arctan\left[\frac{N(\tau)}{M(\tau)}\right] \qquad (2-26)$$

在图 2-5 中,测量仪在点 8 上的输出功率为

$$Z(\tau) = 2K_{\mathrm{ou}}\int_0^T u_1(t-\tau)u_2(t-\Delta\tau^*)\mathrm{d}t$$

$$= K\mathrm{Re}\left\{\int_0^T \dot{E}_0(t-\Delta t-\tau)\dot{E}_0(t-\Delta\tau^*)\mathrm{e}^{-\mathrm{j}\omega_0\Delta t}\mathrm{e}^{-\mathrm{j}\omega_{\mathrm{jd}}(t-\Delta\tau^*)}\mathrm{d}t \quad (2-27)\right.$$

将得到的结果与式(2-22)相比较可知:测量仪的有效输出功率与接收信号的位移自相关函数相一致,即

$$Z(t) = Z[\tau - (\Delta t^* - \Delta t)] = K_{\mathrm{ou}}K_0[\tau - (\Delta t^* - \Delta t)] = \omega_{\mathrm{jd}} \quad (2-28)$$

式中:K_{ou} 为测量仪的总传输效率。

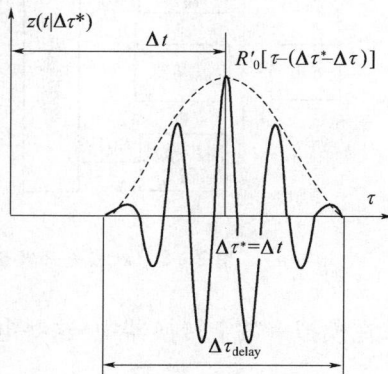

相关测量仪在点 8 上的输出效应式(2-28)可参见图 2-7。

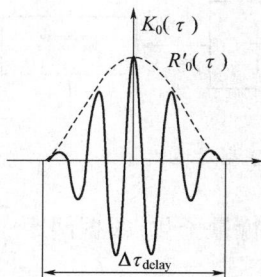

图 2-6　相关函数及其包线　　　　图 2-7　相关测量仪的输出效应

所得结果式(2-28)可作出下一步推论。

相关测量仪的输出效应可使被接收信号的自相关函数与基频相应(ω_{co} 代替

ω_0),该自相关函数的偏移值为

$$\Delta\tau^* - \Delta\tau = \Delta\tau_i \tag{2-29}$$

如果设定测试延迟线的延迟值为

$$\Delta\tau^* = \Delta t = \frac{d}{c}\sin\varepsilon = \frac{\xi^*}{c} \tag{2-30}$$

则可根据最大值法,使 $Z(\tau)$ 与 $K_0(\tau)$ 相兼容。

为了提高测量仪的精确度,监测延迟 $\Delta\tau$ 的监测系统可生成导数 $\mathrm{d}K_0(\tau)/\mathrm{d}\tau$。也可根据输出效应包线 $R'_0[t - (\Delta\tau^* - \Delta t)]$ 来进行相关函数测试,但在这种情况下,延迟的读数精确度比较低。

数字型信号延迟差测量仪主要以跟踪相关函数最大值的跟踪系统为基础,其构成如图 2-8 所示。

图 2-8 中,为了把测量仪的输出信号(点 8 上的 $z(t)$)转换为数字形式,需使用两个具有正交基准电压的同步检波器:点 10 的电压为 $u_1(t) = \mathrm{Re}\{E_d(t)\exp[\mathrm{j}\omega_{co}(t)]\}$,点 11 的电压为 $u_2(t) = \mathrm{Im}\{E_d(t) \times \exp[\mathrm{j}\omega_{co}(t)]\}$。因此,在同步检波器 1 和同步检波器 2 输出端可生成模拟电压:

$$z_{\binom{1}{2}}(\tau) = z_{\binom{1}{2}}[\Delta\tau - (\Delta\tau^* - \Delta t)] = KR'_0[\tau - (\Delta\tau^* - \Delta t)]$$

$$\times \binom{\cos}{\sin}\{\omega_{co}(\Delta\tau^* - \Delta t) + \Phi_0[\tau - (\Delta\tau^* - \Delta t)]\} \tag{2-31}$$

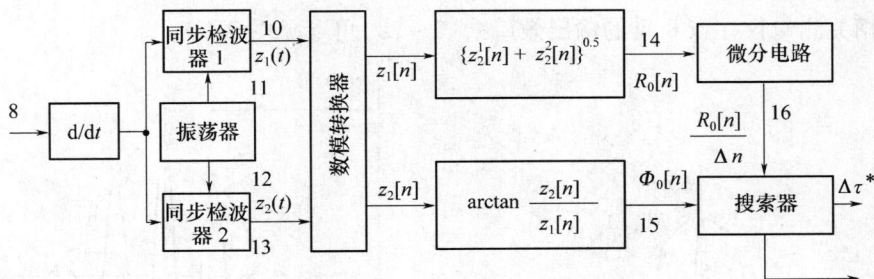

图 2-8 以相关函数最大值为基础的数字型延迟测量仪

在模拟—数字转换器中,这些电压根据强度进行量子化,根据间距 $\frac{\tau_n}{\Delta t_0} = n$ 的变量 τ 进行离散化。由此可形成两个序列:

$$Z_{\binom{1}{2}}[n] = Z_{\binom{1}{2}}([n]|\Delta\tau^* - \Delta t) = K_1 R'_0\{[n] - (\Delta\tau^* - \Delta t)\}$$

$$\times \binom{\cos}{\sin}\{\omega_{jd}(\Delta\tau^* - \Delta t) + \Phi_0[n]\} \tag{2-32}$$

26

式中的参数 $\Delta\tau_i = \Delta\tau^* - \Delta t$ 可看作是固定的。在点 14 上可析出包线：

$$R'_0[n] = \sqrt{Z_1^2[n] + Z_2^2[n]} \qquad (2-33)$$

在点 15 上则可析出相位：

$$\psi_0[n] = \arctan\left(\frac{Z_2[n]}{Z_1[n]}\right) = \omega(\Delta\tau^* - \Delta t) + \Phi_0([n]) \qquad (2-34)$$

微分电路所生成的信号可在点 16 上得出：

$$\frac{\mathrm{d}R'_0[n]}{\mathrm{d}n} = Z_{\text{out}}[n] \qquad (2-35)$$

这可使图 2-9 中的奇数鉴别特性与点 $\Delta\tau_i = \Delta\tau^* - \Delta t = 0$ 上的零位一致。

在对测试线上的信号延迟进行控制以根据 $\Delta\tau^*$ 进行扫描时，可根据点 16 上的输出效应趋于零

$$z_{\text{out}}[n] \to 0 \qquad (2-36)$$

以及根据相关函数的包线形成粗略的方位角读数：

$$\Delta\tau^*_{\text{fw}}[m] = \frac{\xi^*}{n} = \frac{d}{c}(\cos\varepsilon)^*_{\text{fw}} \qquad (2-37)$$

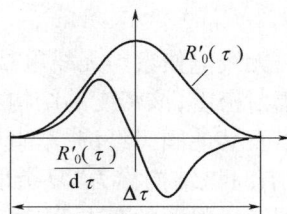

图 2-9 鉴频器的特性

更精确的读数可借助式(2-34)获得。例如，在接收调幅振荡时，有

$$\Phi_0(\tau) \text{ 和 } \psi_0[m] = \omega_{\text{co}}(\Delta\tau^*[m] - \Delta t) \qquad (2-38)$$

利用测试延迟线来规定函数 $\psi_0[m]$，可得到更精确的读数：

$$\Delta\tau^*_{\text{T}}[m] = \frac{\xi^*_{\text{T}}}{c} = \frac{d}{c}(\cos\varepsilon)^*_{\text{T}} \qquad (2-39)$$

由式(2-36)和式(2-37)可得出一个精确读数 ε^* 或 $(\cos\varepsilon)^*$。

相关测量仪的精确度取决于基线长度 d。由式(2-29)可得出，当存在延迟测量误差 $\sigma_{\Delta\tau}$ 时，方位角 ε^* 或 $(\cos\varepsilon)^*$ 的误差为

$$\sigma_\varepsilon = \frac{1}{\cos\varepsilon}\frac{c}{d}\sigma_{\Delta\tau} \qquad (2-40)$$

因此，为了提高定位的精确度，就必须延长基线。但具有长基线的测量仪就必须克服巨大的技术难题。首先，在该测量仪中必须中继传输远程天线（没有相位偏差的远距离天线）A_1 和 A_2 在点 1 和点 2 上所接收的信号。为达到这一目的，必须使用宽带传输线（无线电、无线电中继、纤维光学）。此外，由式(2-40)可得出，即使在精确测量延迟（$\sigma_{\Delta\tau}$ 相当小）的条件下，所精确测得的 ε^* 或 $(\cos\varepsilon)^*$ 也仅在垂直于基线的法线附近，这时 $\cos\varepsilon$ 最大。当 $|\varepsilon| \to \frac{\pi}{2}$ 时，测量误差也随之增大。因此，相关测量仪应具有一些非平行基线。

第 3 章　无线电侦察与无线 电技术侦察设备效能

3.1　复杂信号环境下侦察设备工作

　　无线电侦察与无线电技术侦察设备的工作基础是分析坐标—频率空间的无线电辐射密度,该密度的结构相当复杂,尤其是在亚区,那里密集了来自靶场、工业体系以及其他国民经济、军事和军工项目的无线电电子系统。辐射密度的结构复杂性(有时该结构称为"复杂信号环境")取决于诸多无线电信号辐射源、次生源以及非蓄意辐射源的存在,取决于辐射信号的几何、频率、时间参数的变化,即辐射源在侦察空间中的机动。

　　一方面,复杂信号环境本身就是无线电侦察与无线电技术侦察设备的分析对象:侦察目标的辐射也列入其中。但另一方面,信号环境的复杂性使无线电侦察与无线电技术侦察设备在非信息辐射的背景下难以探测和确定侦察目标的信号参数。无线电侦察与无线电技术侦察的首要任务是跟踪信号环境的变化进程,也就是锁定侦察范围内每一瞬间的跟踪信号环境。

　　(1) 在所需的侦察范围内未发现以前存在的信号。这种情况可能就是这些目标、系统或设备的辐射信号配置发生变化或停止使用的征兆。

　　(2) 在侦察范围内出现新的已知信号。这就是出现新的辐射目标、系统或设备的征兆。

　　(3) 在侦察范围内出现新的、以前未知的信号。这是出现新的、以前未知(相对于无线电技术侦察)的辐射目标、系统或设备的征兆。

　　无线电侦察与无线电技术侦察设备可根据对所接收振荡的分析来处理这些情况。该振荡在噪声混合物中包含有所需侦察范围内的所有信号。该振荡为

$$X(t) = C(t) + n(t) \qquad\qquad (3-1)$$

式中:$n(t)$ 为接收机噪声;$C(t)$ 为已调振荡(局部信号)的总合信号。

$$C(t) = \sum_j a_j C_j(t)\,; j \in [1, J] \qquad\qquad (3-2)$$

　　为了确定所列 3 种情况中的任一情况,对振荡 $X(t)$ 进行观测的侦察设备可根据假设:振荡 $X(t)$ 是否包含所有的先验预期信号,或者 $X(t)$ 中没有某些信号,来确定情况(1)和(2);根据假设:振荡 $X(t)$ 是否仅包含先验预期信号,或者在所需

侦察范围内还存有某种信号(该信号的先验信息是探测器所没有的),来确定情况
(3)。

其首要任务是在本底噪声中探测每一局部信号 $C(t)$ [式(3-2)] 中的剩余信号,其出现于混合信号 $X(t)$ 中的先验概率不等于零。

无线电侦察与无线电技术侦察设备可监测由"正常"信号环境(必须以满足电磁兼容性的要求为前提)确定的态势。"正常"信号环境即为:在所需侦察范围内协同工作的所有无线电电子系统的信号具有正交性,也就是局部信号 $C_j(t), j \in [1, J]$ 相互间具有正交性。

如果该正交性受到干扰,那么非正交性噪声就会降低对局部信号的探测质量(与探测正交信号相比较)。因此,正交信号的探测性能可用作信号探测效能的上界评估。

3.2 复杂信号环境下无线电侦察与无线电技术 侦察设备探测信号潜在性能

用来探测识别正交信号的最佳接收机的结构主要在于 m 信道接收装置[12]。每一信道都与测量信号相匹配,且每一信道都包含有用以探测信号的临界装置。侦察设备原则上不使用较好的接收机。在该接收机(由振荡 $X(t)$ 组成)输入端存在任一局部信号 $C_j(t)$ 相当于振幅 a_j 不等于零。在观测本底噪声的正交信号时,其误差概率将取决于侦察设备对每一信号先验信息的掌握程度以及接收机—探测器体系中考虑先验信息的程度。

先验信息始终是有限的,探测信号的参数值(空间—时间)是随机的,其最大值则可能是已知的,这就是先验配置密度 $W_{\text{pr}}(\lambda)$。甚至对于无线电侦察与无线电技术侦察设备来说,逼真函数 $P(x, C(t, \lambda))$(也就是在指定参数值 $\lambda \in \Lambda$ 的条件下,接收信号混合体的条件配置密度 $C(t, \lambda)$ 与干扰 $n(t)$)完全未知。

在观测"正常"信号环境时,在接收机—探测器的每一个与信号相匹配的信道中,除了该信号外只有附加的标准噪声能够正常运行。因此可考虑逼真函数 $P(x(t), C(t, \lambda))$ 的已知形式,用未知信号参数的矢量 λ 来限定其不确定性。

信号参数的先验分布或是根据某些模数加以确定,或是看作均匀,均匀分布通常更合适些[15]。根据其均匀分布,可对信号参数的探测和测量质量进行精确评估。

在所作假设条件下,对侦察设备和系统的先验、已知、随机信号参数取平均值,可得到逼真函数[15]:

$$P(x, C(t)) = \int_\Lambda P(x, C(t, \lambda)) W_{\text{pr}}(\lambda) \mathrm{d}\lambda \qquad (3-3)$$

式中的积分范围与混合密度 $W_{pr}(\lambda)$ 的确定范围相一致。

式(3-3)所确定的以下局部信号参数有可能是未知的：

初相 φ 与振幅 a_c。此时通常认为信号相位在 $[0,2\pi]$ 范围内是等概率的，而振幅的分布范围则为 $[0,A_c]$。

信号载频 ω_0。为了反侦察而进行频率重调(突变)时，或者因为侦察设备和信号源的相互移动，信号载频 ω_0 都可能发生变化。在任何情况下，载频对于侦察设备来说都被认为是未知的，且等概率地分布在 $\left[\omega_0 - \dfrac{\delta\omega}{2}; \omega_0 + \dfrac{\delta\omega}{2}\right]$ 范围内。

信号频谱宽度 $\Delta\omega$。许多现代化无线电电子系统通常采用调制的离散态或译码序列来提高信号的反侦察性。在任何情况下，这些系统的信号载波振荡都可单独调制成译码副载波振荡。在这些条件下，频谱宽度的未知相当于调制振荡节拍频率的未知。

以后可认为节拍频率 $W_{pr}(F_T)$ 在间隔 $[0,F_{max}]$ 上的先验分布密度是均匀的。

侦察设备在探测目标时的平均风险为[15]：

$$R = r_0 P(C=0)P(1 \mid C=0) + r_1 P(C=1)P(0 \mid C \neq 0) \quad (3-4)$$

式中：r_0 和 r_1 为相应误差的局部风险；$P(C=1)$ 和 $P(C=0)$ 为被接收振荡中是否存在信号的先验概率；$P(1 \mid C=0) = P_{xj} = \displaystyle\int_h^\infty W(x \mid C=0)\mathrm{d}x$ 为虚警误差的条件概率；$P(0 \mid C \neq 0) = P_{lj} = \displaystyle\int_{-\infty}^h W(x \mid C \neq 0)\mathrm{d}x$ 为漏报误差的条件概率；h 为根据探测标准所确定的门限电平。

如果信号出现于基底白噪声(在探测带宽内具有均等频谱)，则[15]

$$P(x \mid C) = k\exp\left\{-\frac{1}{N_o}\int_0^T \left[x(t)-c(t)\right]^2\mathrm{d}x\right\} \quad (3-5)$$

式中：N_o 为噪声功率的谱密度；T 为探测信号的时间间隔长度。

在局部风险值相等($r_0 = r_1$)的条件下，也就是探测器漏报误差与虚警误差相等，可在后验误差概率相等的条件下获得侦察的最大效率[15]，即

$$P(C=0)P(1 \mid C=0) = P(C \neq 1)P(0 \mid C \neq 0) \quad (3-6)$$

由式(3-6)可得出侦察设备接收机的探测范围值(h_0)。

对信号(完全已知信号以及含有未知相位、变动振幅、未知到达时间、未知频率的信号)不定参数的模数进行分析可得出雷达接收机、无线电导航接收机以及无线电信息传输系统中探测器的参数近似值。根据这些模数，可在探测器不同信噪比的条件下绘制出虚警误差与漏报误差的交换曲线图。这些完全已知信号的曲线图如图3-1所示。这些曲线可根据以下方程而得[12]：

$$\begin{cases} P_{xj} = \dfrac{1}{2}\left\{1 - \Phi\left[\sqrt{\dfrac{Q_j}{2N_0}}\right] + \sqrt{\dfrac{Q_j}{N_0}}\ln\left[P(C_j = 0)\,|\,P(C_j \neq 0)\right]\right\} \\[4mm] P_{lj} = \dfrac{1}{2}\left\{1 - \Phi\left[\sqrt{\dfrac{Q_j}{2N_0}}\right] - \sqrt{\dfrac{Q_j}{N_0}}\ln\left[P(C_j = 0)\,|\,P(C_j \neq 0)\right]\right\} \end{cases} \quad (3-7)$$

式中:$\dfrac{Q_j}{N_0}$ 为探测器输入端第 j 个已知正交信号的动力电势;$P(C_j = 0)$ 和 $P(C_j \neq 0)$ 为在所需侦察范围内第 j 个信号存在($C_j = 0$)与不存在($C_j \neq 0$)的先验概率;$\Phi\{\cdot\}$ 为概率积分[14]。

对于含有变动振幅和未知相位的信号来说,类似的交换曲线图如图 3-2 所示,它们可根据以下参数方程式进行绘制:

$$P_{xj} = \exp\left\{-\dfrac{h_0^2}{2}\dfrac{N_0}{2Q_j}\right\}$$

$$P_{lj} = 1 - \int_0^{h_0\sqrt{\frac{N_0}{2Q_j}}} z\exp\left\{-\dfrac{2Q_j}{N_0}\right\}\exp\left\{-\dfrac{z^2}{2}\right\}I_0\left[z\sqrt{\dfrac{2Q_j}{N_0}}\right]\mathrm{d}z \quad (3-8)$$

式中:h_0 为门限电平的最佳值,它可使侦察设备的全部误差概率 $P_{ous} = P_{xj} + P_{lj}$ 减至最低:

$$I_0(h_0) = \dfrac{Q_j}{N_0} + \dfrac{P_j(C = 0)}{P(C \neq 0)} \quad (3-9)$$

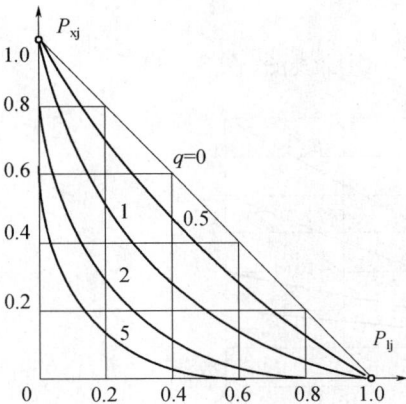

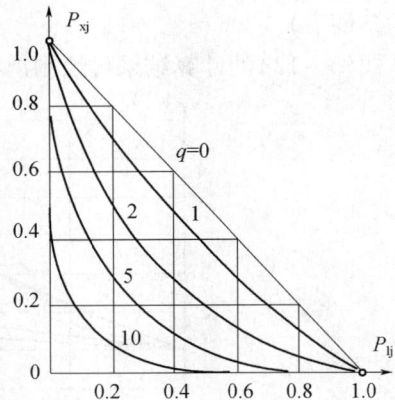

图 3-1 已知信号探测   图 3-2 含有未知初相的信号探测

被探测信号的频率、频谱宽度和结构的不确定性应在很大程度上满足侦察设备的特殊工作条件。

如果侦察设备的初相及其信号频率都未知,那么可根据以下设想来确定其平均风险和探测性能。假设频率的不确定性表示其在已知均值 ω_0 附近的已知带宽间隔 δ 内的分布是均匀的,即

$$W_{pr}(\omega) = \begin{cases} \dfrac{1}{\delta} & \left(\omega \in \left[\omega_0 + \dfrac{\delta}{2} \right] \right) \\ 0 & \left(\omega \notin \left[\omega_0 + \dfrac{\delta}{2} \right] \right) \end{cases} \tag{3-10}$$

在上述先验不定参数的模数条件下,在间隔 $\left[\omega_0 - \dfrac{\delta}{2} ; \omega_0 + \dfrac{\delta}{2} \right]$ 内含有未知等概率中频信号的逼真函数可表示为

$$P(x \mid C_j) = P[x \mid C_j(\varphi, \Omega)]$$

$$= \kappa_1 \exp\left\{ -\frac{1}{N_0} \int_0^T [x(t) - C(t, \varphi, \Omega)]^2 \, dt \right\} \tag{3-11}$$

式中:$C_j = C_{j0} \cos(\omega_0 t + \Omega t + \varphi)$ 为含有未知频率的局部信号;$\Omega = \omega - \omega_0 \in \left[-\dfrac{\delta}{2}, +\dfrac{\delta}{2} \right]$ 为信号 ω 相对于先验不确定带宽中心 ω_0 的未知频移。

在文献[15]中所作的分析指出,由式(3-11)可得出以下有关 γ 的方程式:

$$\frac{2}{\delta T} \int_0^{\frac{\delta T}{2}} \frac{I_0 \left[\dfrac{\gamma q}{\sqrt{1 + \varsigma^2}} \right]}{I_0[\gamma]} \, d\varsigma = 1 \tag{3-12}$$

式中:γ 为门限信噪比的放大系数(在探测未知频率信号并与随机的未知初相相比较的条件下)。

式(3-12)的计算结果可绘制出参数 q 的一组曲线图(图3-3)。

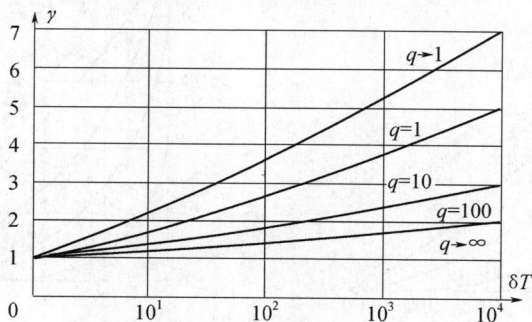

图3-3　式(3-12)的计算结果

侦察目标信号的先验信息不确定性相当于频谱宽度的不确定性:辐射的频谱宽度通常与无线电电子系统的反侦察(使侦察无法发现)参数有关。

对于含有脉码调制的连续信号甚至结构复杂的合成信号来说,频谱宽度的不

确定性相当于形成复杂信号的每一元素宽度的不确定性,这可根据频谱宽度的传统估值 $\Delta f_c = \dfrac{1}{\tau_i}$ 而得,该值可作为脉码调制字符或其他信号特征元素的反馈时间长度值。

侦察设备对这一信号进行探测时,信号元素时间长度 τ_s 的先验不定式与门限信噪比之间的互换关系式可根据以下方法进行计算。

在文献[16]中可得出信号(含有未知长度)的逼真泛函数:

$$P[x \mid C_j(\tau_s)] = \kappa_{\text{delay}} W(\tau_s) \exp\{q'(\tau_s)\} \tag{3-13}$$

如果含有直角包络和持续时间 T 的脉冲为信号元素,则

$$q'(\tau_s) = \frac{Q_j}{N_0}\left(1 - \frac{|\tau_0 - T|}{T}\right) \qquad (0 \leq \tau_0 < 2T) \tag{3-14}$$

对于在 $[0, T + \tau_s]$ 间隔上等概率的随机时间长度来说,可在 τ_s 上取后验概率(见参考文献[18]中的式(3-85))的平均值,并根据式(3-86)得出[18]:

$$\left(\frac{Q_j}{N_0}\right)' = \frac{Q_j}{N_0} + \ln\left[\frac{T}{\tau_0}\frac{Q_j}{N_0}\left(1 - \exp\left\{\frac{Q_j}{N_0}\frac{\tau_0}{n}\right\}\right)\right] \tag{3-15}$$

显然,$\ln\left[\dfrac{T}{\tau_0}\dfrac{Q_j}{N_0}\left(1 - \exp\left\{\dfrac{Q_j}{N_0}\dfrac{\tau_0}{n}\right\}\right)\right]$ 是动力电势 $\left(\dfrac{Q_j}{N}\right)'$ 的附加部分,它是由于局部信号元素的未知时间长度 T 和相应的频谱宽度不确定性而在信噪比上造成的损失。

在强信号条件下,当 $\dfrac{Q_j}{N} \gg 1$(更确切地说 $\dfrac{Q_j}{N} \gg \dfrac{T}{\tau_0}$)时,由式(3-15)可直接得出 $\left(\dfrac{Q_j}{N_0}\right)' \rightarrow \dfrac{Q_j}{N_0}$。在弱信号或在信号频谱宽度的不确定性范围较大的条件下则得出:

$$\zeta = \frac{\left(\dfrac{Q_j}{N_0}\right)'}{\dfrac{Q_j}{N_0}} = 1 + \frac{\ln\left[\dfrac{T}{\tau_0}\dfrac{N_0}{Q_j}\left(1 - \exp\left\{\dfrac{Q_j}{N_0}\dfrac{\tau_0}{T}\right\}\right)\right]}{\dfrac{Q_j}{N_0}} \tag{3-16}$$

由于未知频谱宽度而在门限信噪比上造成损失的交换关系曲线如图3-4所示。门限信噪比可确保探测的质量性能,与完全已知信号的类似比值相比较,它可随着频谱宽度 $\dfrac{T}{\tau_0} = \Delta f T$ 不确定性的增加而增大。

当未知信号结构时,可根据以下推论来确定最高所能达到的探测质量特征。

假设侦察设备在侦察间隔 $t \in [0, T]$ 中所侦察的信号 $C_i(t, \lambda)$ 由一定数量的基本信号 $C_{ij}(t)$ 组成,$i \in [1, L]$;$j \in [1, J]$。假设所有这些信号互相正交,且具有相

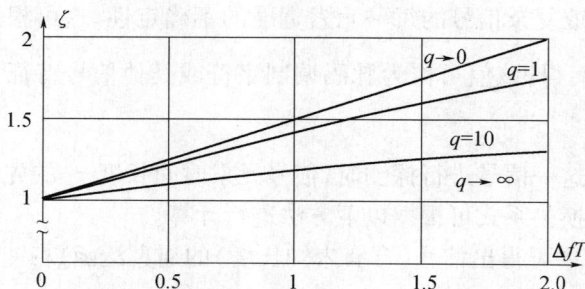

图 3-4 由于未知频谱宽度而造成的探测质量损失

同能量。该模数非常适用于载波正交调制下的脉码调制信号,适用于基于二进制流的不连续信号,适用于具有长基线的信号,甚至适用于不同空间的辐射信号。

复杂信号结构的未知性(对于侦察设备来说)至少可表现为两种形式:

首先,对于侦察设备来说基本信号 C_{ij} 是已知的,但其在复杂信号中的组合规律却是未知的。这些信号的载波振荡可通过副载波编码序列得以调制[16]。结果,已调制信号排列有多少基本信号 C_{ij},调制编码序列就有多少不同基本信号。对复杂信号的探测就是对被侦察设备中任一组元素振荡(具有噪声的信号总和)的探测,而不论其重复和交替的规律。

其次,除了复杂信号结构中基本信号的交替规律未知外,对于侦察设备来说 C_{ij} 本身可能已知,但不精确。这种不确定性迫使探测器要大大提高基本信号集合 I 的功率,原因是其中含有未在侦察设备探测信号中使用的 C_{ij}。

在这种情况下,对未知结构信号进行探测的任务实际上就是对组成复杂信号 C_j 的任一信号 C_{ij} 进行探测的任务,其术语就是复杂二元探测任务。

在探测信号时,如果存在信号 $P(C_{ij})$ 的先验概率为已知,甚至不存在信号 $P(C_j=0)$ 的概率也已知,那么就可确定在观测的噪声混合物 $x(t)$ 中存在任一基本信号的后验概率:$P(C_j=C_{ij}|x)$ 和 $P(C=0)$。逼真函数可把每一信号 C_{ij} 的后验概率与先验概率联系在一起:

$$P(C_{ij} \mid x) = KP(C_{ij})P(x \mid C_{ij}) \tag{3-17}$$

对此可研究以下情况:

(1)组成复杂结构信号的每一基本信号 C_{ij} 是完全已知的。

(2)已知所有信号 C_{ij},可精确到载波振荡的等概率偶然相。

(3)不仅相位是未知的等概率的,而且每第 i 个信号的频率在 $\left[\omega_0 - \dfrac{\delta}{2}, \omega_0 + \dfrac{\delta}{2}\right]$ 上都具有等概率先验分布。假设相互正交、先验等概率 $P(C_{ij}) = P(C_j) = \mathrm{const}(i)$ 的所有基本信号都具有相同的能量 $Q_{ij} = Q'_j = \mathrm{const}(i)$,那么即可

遂行文献[12]中的二元探测任务。在所作假设条件下,任一信号的后验概率为

$$\sum_{i=1}^{I} P(C_{ij}|x) = KP_{\mathrm{c}}\exp\left\{-\frac{Q_{ij}}{N_0}\right\}\sum_{i=1}^{I}\exp\frac{2}{N_0}\int_0^T x(t)C_{ij}(t)\,\mathrm{d}t \qquad (3-18)$$

文献[12]中所得答案可源自:

$$\ln\sum_{i=1}^{I}\exp\frac{2}{N_0}\int_0^T x(t)C_{ij}(t)\,\mathrm{d}t \neq \left(\frac{Q_{ij}}{N_0}\right) + \ln\frac{P(C_j=0)}{P(C_j\neq0)} \qquad (3-19)$$

不等式的左边部分为法线随机值,它具有数学期望值:

$$M\{\ln(\cdot)\} = \ln I + \left(\frac{Q_{ij}}{N_0}\right) \qquad (3-20)$$

以及离散差:

$$\sigma^2\{\ln(\cdot)\} = \ln I + \left(\frac{Q_{ij}}{N_0}\right)' \qquad (3-21)$$

而且每一基本信号的能量(为保证规定的误差概率 P_{xj} 和 P_{lj} 所必需的能量)可由式 $(3-22)$ 确定,即

$$\left(\frac{Q_{ij}}{N_0}\right)' = \frac{1}{2}\ln\left[1 + I\left(\exp\left\{2\frac{Q_{ij}}{N_0}\right\} - 1\right)\right] \qquad (3-22)$$

式中:Q_{ij} 为完全已知信号的能量,它是二元探测基本信号 C_{ij} 所必需的。

既然在基本信号正交且功率相等的研究条件下,复杂信号的能量是每一 $C_{ij}(t)$ 能量的 J 倍,那么 $Q_j = \dfrac{Q_{ij}}{J}$,$Q_i = \dfrac{Q'_{ij}}{J}$,而且在得到较小误差概率 $P_{xj} < 0.1$ 和 $P_{lj} < 0.1$ 后可将式 $(3-22)$ 变换为

$$\left(\frac{Q_j}{N_0}\right)' = I\left[\sqrt{(-\ln P_{xj} - 1.4)} + \sqrt{(-\ln P_{lj} - 1.4)}\right] \qquad (3-23)$$

显然,在 $\dfrac{Q_{ij}}{N_0} \gg 1$ 的条件下可获得满意的探测性能。因为 $I > 1$,所以在对信号(以未知方式并入已知基本信号 C_{ij} 的复杂结构 I 中)进行探测时,门限信噪比约为

$$\left(\frac{Q_j}{N_0}\right)' = I^2\frac{Q_{ij}}{N_0} = I\frac{Q_j}{N_0} \qquad (3-24)$$

也就是说,侦察设备对复杂结构信号进行探测的性能指标,可在该信号能量是完全已知信号能量的 I 倍的条件下获得。

所得结果给出了一个非常简单的物理解释。假设,复杂结构信号包含元素 C_{ij},这些元素依次传输。最佳构制的接收机可"移动"信号。为了移动,它必须设置与每一 C_{ij} 相匹配的信道,并累计所有信道的输出效能,将其总和与探测门限值

相比较。当然,在求和时还应考虑每第 i 个信道仅在时间间隔 Δt_i 内的输出效能,在该时间间隔内可根据信号 C_j 的已知结构传输元素 C_{ij}。就是说,在每一时间瞬间,信号与噪声都要从一个信道进入加法器。噪声在加法器输出端的谱密度等于输入噪声的谱密度。如果复杂信号结构未知,那么最好的方法就是累计所有匹配信道的输出效能。在这种情况下,噪声功率在输出端的谱密度可增大 I 倍。信号功率(其探测质量的门限值)也随之相应增加。这样,其对抗效能(在对抗侦察时,使侦察设备难以探测信号结构)就与构成该结构的元素数量成正比。

在未知基本信号 C_{ij} 的初相时,如果所有基本信号正交,且具有相同能量 $Q_{ij} = \dfrac{Q_j}{I}$,如文献[15]所示,那么可由方程式得出门限信噪比:

$$\ln\left[1 + \frac{1}{T}I_0\left(\frac{2Q_j}{N_0}\right)\right] = \frac{2Q_{01j}}{N_0} \tag{3-25}$$

式中:Q_{01j} 为在简单的二元探测情况下为保证其概率 P_{xj} 和 P_{1j} 所必需的信号能量。

为了得到较小的误差概率,当 $\dfrac{2Q_{ij}}{N_0} \gg 1$,$I_0(\ \cdot\ ) \gg \dfrac{1}{I}$,且别谢尔函数的指数近似法成立[14],那么可由式(3-25)得到相应的信噪比 $\left(\dfrac{Q_j}{N_0}\right)'$:

$$\frac{1}{I}\left(\frac{Q_j}{N_0}\right)' \approx \left(\frac{Q_{0j}}{N_0}\right)' \text{ 和 } \left(\frac{Q_j}{N_0}\right)' \approx I\left(\frac{Q_{0j}}{N_0}\right) + \frac{I}{2}\ln I \tag{3-26}$$

也就是在这种情况下,含有未知复杂结构的信号(对于侦察设备来说)与含有已知结构、未知载波振荡相位的信号相比,其反侦察信号免遭探测的能力要增强 I 倍。在 $P_{xj} < 0.1$ 和 $P_{1j} < 0.1$ 条件下,由式(3-25),得

$$\left(\frac{Q_j}{N_0}\right)' \approx I\left[\sqrt{(-\ln P_{xj} - 1.4)} + \sqrt{(-\ln P_{1j} - 1.4)}\right] - \frac{I}{2}\ln I \tag{3-27}$$

如果基本信号在 $\pm\dfrac{\delta T}{2}$ 范围内含有未知频率(先验不确定带宽中心的已知频率 ω_{0i} 失真),那么门限信号的功率应与 $\dfrac{\delta T}{2}$ 成正比。

当信号能较好反侦察,且 $(P_{xj} + P_{1j}) \to 1$ 时,则可给出门限信噪比的估值:

$$\left(\frac{Q_{ij}}{N_0}\right)' \approx I\delta T(P_{xj} + P_{1j} - 0.5) \tag{3-28}$$

信号先验信息的探测极限是信息全无。在这种情况下,侦察设备只能根据对功率 P^* 的分析来得出是否存在信号的结论。如果接收振荡的功率大于接收机自身噪声的功率,那么在输入端存在信号。输入过程的功率估值为

$$P^* = \int_0^T x^2(t)\,\mathrm{d}t \qquad (3-29)$$

其在较大 T 条件下趋于一个稳定值,同时获得数学期望值和离散差[20]:

$$\mathrm{M}\{P^*\} = TN_0\Delta f_{no} + Q$$
$$\Delta\{P^*\} = T^2 N_0^2 \Delta f^2 + N_0 Q$$

式中: Q 为在探测时间 T 内用信号在侦察接收机(噪声带宽 Δf_{no})输入端进行鉴别的能量; $(N_0\Delta f_{no}) = \left\langle \dfrac{1}{T}\displaystyle\int_0^T x^2(t)\,\mathrm{d}t \right\rangle = \sigma_{Pno}^2$ —— 带宽 Δf_{no} 上噪声功率估值的离散差。

为了得出在输入端存在信号的结论,需把接收振荡功率估值与门限值 $P^* \neq h$ 相比较。如果上面不等式得以实现,那么接收机输入端存在信号,反之不存在信号。在最佳的探测门限电平条件下,错误结论的条件概率为

$$P_{xj} = \int_h^\infty W(x(C=0))\,\mathrm{d}x = \frac{1}{2}\left[1 - \Phi\left(\frac{\dfrac{h}{N_0} - T\Delta f_{no}}{\sqrt{2}\,T\Delta f_{no}}\right)\right] \qquad (3-30)$$

$$P_{lj} = \int_{-\infty}^n W(x(C\neq 0))\,\mathrm{d}x = \frac{1}{2}\left[1 + \Phi\left(\frac{\dfrac{h}{N_0} - T\Delta f_{no} - \dfrac{Q}{N_0}}{\sqrt{2\left(T^2\Delta f_{no}^2 + \dfrac{Q}{N_0}\right)}}\right)\right] \qquad (3-31)$$

而侦察设备的误差总概率为

$$P_{sum} = P(C_j=0)P_{xj} + P(C_j\neq 0)P_{lj} \qquad (3-32)$$

显然,由式(3-32)、式(3-31)和式(3-30)可得出, P_{sum} 随着侦察设备的信号通过能量 Q 的增大而减小。 P_{sum} 减小,被分析带宽 Δf_{no} 也随之减小(更准确地说,是带宽的无因次值 $\Delta f_{no}T$)。

与全知信号相比较,那些条件误差概率 P_{xj} 和 P_{lj} 可依据下式中的较大信噪比得以保证:

$$\left(\frac{Q}{N_0}\right)_{threshold} = [1 - (P_{xj} + P_{lj})]2\sqrt{2\pi}\,T\Delta f_{no} \qquad (3-33)$$

把式(3-33)与全知信号的门限信噪比相比较可断定,探测器对探测信号参数的先验信息全无相当于门限能量增加了 ξ 倍,其中:

$$\xi = 8\sqrt{\frac{2}{\pi}}2T\Delta f_{no}\frac{1}{1-(P_{xj}+P_{lj})} \qquad (3-34)$$

当侦察设备接收机的输入端为强信号时,受电器(适于完全已知信号)的损耗问题,或者由于未知信号的先验信息而造成的损耗问题都很难解决。但对于强信

号来说,当以下近似值成立时[14],有

$$\frac{1}{2}\left[1 - \Phi(z)\right] \approx \frac{1}{2\sqrt{z}}e^{-z^2} \qquad (3-35)$$

由式(3-31)和式(3-33),得

$$\frac{P_{xj}}{P_{lj}} = \sqrt{1 + \frac{\alpha}{q_0}}\exp\{2q_0\alpha - \alpha^2\} \qquad (3-36)$$

式中

$$q_0 = \left(\frac{h}{N_0} - T\Delta f_{no}\right)\frac{1}{\sqrt{2}T\Delta f_{no}} ; \alpha = \frac{Q}{N_0}\frac{1}{\sqrt{2}T\Delta f_{no}} \qquad (3-37)$$

如果按照完全误差概率最小化的准则来选择探测门限值,那么由式(3-36),得

$$q_0 = q_{0opt} = \frac{1}{2\alpha}\left(\ln\frac{P(C=0)}{P(C\neq 0)}\right) + \frac{\alpha}{2} \qquad (3-38)$$

和

$$\frac{P_{xj}}{P_{lj}} \approx \frac{P(C=0)}{P(C\neq 0)} + \frac{Q}{N_0}\frac{\sqrt{2}}{T\Delta f_{no}}\sqrt{\ln\frac{P(C=0)}{P(C\neq 0)}} \qquad (3-39)$$

为了在较大信噪比条件下得到规定的虚警和漏警条件概率,受电器输入端信号的门限电平为

$$\left(\frac{Q}{N_0}\right)_{threshold} = \frac{p_{xj}}{p_{lj}}\frac{P(C=0)}{P(C\neq 0)}\frac{T\Delta f_{no}}{\sqrt{2}}\sqrt{\ln\frac{P(C=0)}{P(C\neq 0)}} \qquad (3-40)$$

与最佳接收机(完全已知信号)相比较,这一比值更大些。此外,它还取决于侦察设备信号的"不确定范围" $T\Delta f_{no}$。

所得的误差概率值和能量门限值还不足以在复杂信号环境下对未知信号的探测特性加以正确描述:该信号的所有探测结果仅在接收机自身噪声环境下是正确的。但正是由于信号参数先验信息的缺乏才导致无法在复杂信号环境下对其他辐射环境中的信号加以选择。

当然,虽然不能对某些未知信号进行互选,但可以执行在已知环境和接收机自身噪声环境下探测未知信号(或相互之间难以分辨的若干信号)的任务。遂行该任务的条件是成功测量预期信号的总功率,将其从接收机输入端的振荡 $x(t)$ 功率中扣除,并用所得的差检验两个假设:

(1)所得差值仅取决于噪声(非信号)的影响。

(2)差值大于自身噪声功率(在噪声环境下存在未知信号)。在信号噪声环境下进行探测时,即探测"噪声环境下的噪声"时,可采用这一解决方案。

获得的关系式可绘制出复杂信号环境下探测未知信号的曲线图[15]，如图3 -
5 所示。

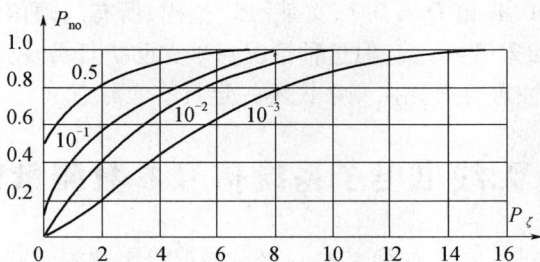

图 3 - 5　复杂信号环境下探测未知信号的曲线图

在信号参数不确定的条件下，可用图3 - 6来评定探测质量和门限信噪比。横坐标轴上图柱之间的距离表示信号熵随着其参数不确定性的增加而增大。

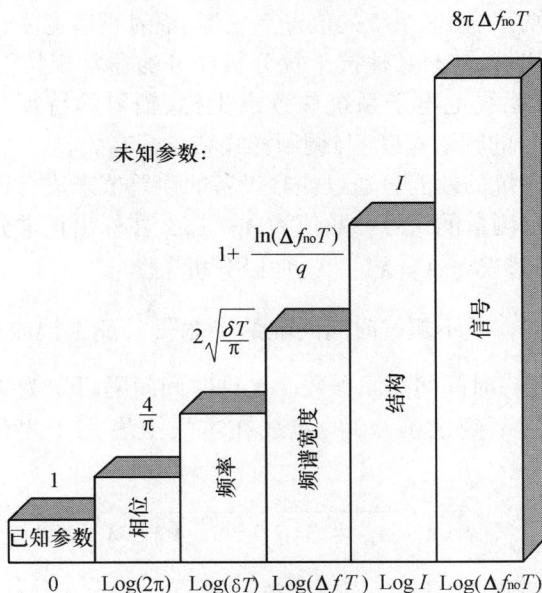

图 3 - 6　信号参数不确定条件下探测质量和门限信噪比的对照

T—探测时间；δ—频率的未知范围；Δf—频谱宽度的不确定范围；
I—组成复杂结构的信号元素的数量；Δf_{no}—侦察设备接收机
（用于探测噪声混合物中的信号）的等效带宽。

图 3 - 6 中的柱高表示探测的门限信噪比可在一定程度上用来置换信号参数的不确定性。

在绘制图 3-6 时应考虑无线电侦察与无线电技术侦察设备在信号足以避开侦察设备探测的条件下才能工作,也就是在 $P_{xj} \approx 0.1$ 条件下 $P_{lj} \approx 0.5$。为了得到最小误差概率 $P_{lj} \approx 0.1$ 和 $P_{xj} \approx 0.1$,文献[15]指出,所有门限信噪比(除了全知信号的比值)应增加约 2 倍~5 倍,但这种情况对确保防护任务免遭无线电电子侦察设备对探测信号特性进行研究探测来说不一定具有实际意义。

3.3 无线电电子系统信号参数测量精度

反侦察系统发射的信号为 $C(t, \lambda_c)$,该信号取决于观测时间间隔内的时间 $t \in \left[-\dfrac{T}{2}, \dfrac{T}{2} \right]$ 和参数组 $\lambda_c \in \Lambda_c$。

在所研究的对抗任务条件下,参数组 λ_c 由无线电侦察与无线电技术侦察的信息参数组成。因此,除频率、振幅、相位、延迟以外,矢量 λ_c 的组成部分还包括:发射机的平均和峰值功率、辐射系统的位置点坐标、辐射频谱宽度、频率的稳定度、载波振荡调制样式和指标,甚至其他抗干扰分析任务的非常规特性和数值。但主要的反侦察参数则为:无线电电子系统位置点坐标、辐射的特征频率(载波和副载波),甚至被辐射信号的频谱宽度(与调制样式和指标有关)。

侦察的质量和对抗的效能可通过侦察设备的误差值来进行评估。如果实际参数值为 λ_{c0},而探测器测量的信号参数值为 λ_c^*,那么在标出正常分量和异常分量之后,可根据常规图表对误差 $\Delta = \lambda_c^* - \lambda_{c0}$ 加以分析。

如果该模数中的误差不超过时间间隔的半宽 $\dfrac{\Delta \lambda_i}{2}$,那么误差属于正常范围,该 $\Delta \lambda_i$ 与两个信号的允许时间间隔同参数。允许时间间隔可定为 λ_{ci} 的数值范围,在该范围内信号函数(不确定函数)的包线在本质上有别于零位。例如,在文献[18]中:

$$\Delta \lambda_i = \int_A \sqrt{ q_c^2 \left(\lambda_{ci}, \lambda_{cj} = 0 \big|_{i \neq j} \right) + q_{c\perp}^2 \left(\lambda_{ci}, \lambda_{cj} = 0 \big|_{i \neq j} \right) } \, d\lambda_i \quad (3-41)$$

式中:$q_c(\cdot)$ 为对信号总能量 Q 标定的信号函数[18]:

$$q_c = \frac{1}{Q_c} \int_T C^* (t, \lambda_{ci0}) C(t, \lambda_{ci0}) \, dt \quad (3-42)$$

$q_{c\perp}(\cdot)$ 为 q_c(单位:Gb)的共轭函数[9]。

异常误差的绝对值可通过时间间隔长度得以确定。其特点是:测量误差有可能大于正常误差的门限电平:

$$P_a = P \left\{ |\lambda_{ci} - \lambda_{c0i}| \gg \frac{\Delta \lambda_i}{2} \right\} \quad (3-43)$$

无线电电子系统的参数组通常为位置点空间坐标和工作频率。当然,在分析测量精度的同时,还应进行航宇配置的无线电技术侦察。在这些条件下,对于无线电侦察与无线电技术侦察设备来说,目标的无线电电子系统辐射可触及大部分国土和所有水域。在无线电技术侦察设备对信号的空间—频率参数进行测量时,应对其测量精度加以研究,同时还应考虑:每一侦察目标都可从所需侦察范围内的综合坐标$\{\boldsymbol{R}_c,\omega_c\}$点附近的某一微量容积 d^4V 中辐射信号。所需侦察范围内的几何子空间 $\boldsymbol{V}^4=\boldsymbol{R}^3\times\boldsymbol{\Omega}$ 可参见图 3 – 7,图中标出了被侦察信号源的坐标点 $\boldsymbol{R}_c$ 和干扰辐射源坐标点 $\boldsymbol{R}_j$,甚至还标示出无线电技术侦察设备的接收天线(即 $\boldsymbol{L}$ 区)。

　　另外还应考虑,在利用侦察目标无线电电子系统信号的所有通过能量和该信号参数所有先验信息的同时,探测器应以最佳方式运行。如果使用有源伪装干扰,那么该干扰一定要在侦察的信息参数方面有别于信号,也就是说,有源伪装干扰应从所需侦察综合空间坐标 $\{\boldsymbol{R}_j,\omega_j\}$ 点附近的某一微量容积 d^4V 内进行辐射。

　　当然,除了所需侦察范围内的侦察目标和干扰发射机以外,还存在和工作着其他辐射系统。整个辐射源集合体一起工作可形成复杂信号环境(见 3.2 节)。因此可假定,被伪装的无线电电子系统信号有可能在其他信号环境下被探测,但在伪装干扰环境下却难于识别。如图 3 – 7 所示,侦察设备接收天线口径的中心位置就在半径矢量 $\boldsymbol{r}$ 的 $Oxyz$ 坐标系内。$O'\nu\mu\eta$ 坐标系与口径相连。每一口径点都具有坐标:

$$\boldsymbol{r}=r_\nu\boldsymbol{\nu}_0+r_\mu\boldsymbol{\mu}_0\in\boldsymbol{L}$$

式中:$\{\boldsymbol{\nu}_0,\boldsymbol{\mu}_0\}$ 为 $O\nu\mu\eta$ 坐标系对应轴的单位矢量。

　　天线口径 CP 的中心与侦察目标位置点之间的距离(斜距)为 ρ,至干扰发射机的模拟距离为 r_j。

　　侦察目标的辐射信号为

$$\begin{aligned}C(t)&=a(t)\cos(\omega t+\varphi(t))\\&=\mathrm{Re}\{A(t)\exp[-\mathrm{i}\omega t]\}\end{aligned}$$

$$(3-44)$$

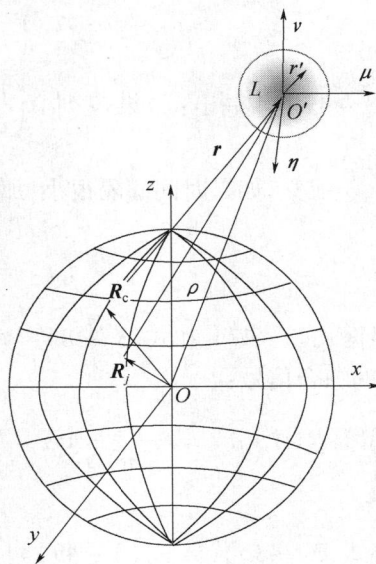

图 3 – 7　所需侦察范围内的几何空间

式中:$a(t)$ 为振幅系数;$\varphi(t)$ 为信号角调制;$A(t)=a(t)\mathrm{e}^{\mathrm{i}\varphi(t)}$ 为综合包线。

　　点 $\boldsymbol{r}$(位于接收天线口径 CP 上)附近的每一元素 $\mathrm{d}^2\boldsymbol{r}$ 都可接收信号:

$$dC(R,\omega,r,t) = \mathrm{Re}\left\{\frac{|\boldsymbol{k}|}{(2\pi)^2|\boldsymbol{r}|}A\left(t - \frac{r'}{c}\right)\exp\left\{j\left[\omega t - (kr') - (kr)\right]\right\}\right\}d^2\boldsymbol{r}$$

$$(3-45)$$

式中:$\boldsymbol{k}$ 为波矢量,它垂直于侦察目标的辐射波峰;侦察设备处于同类环境;$k = |\boldsymbol{k}| = \dfrac{2\pi}{\lambda} = \dfrac{\omega}{c}$;$(\boldsymbol{k}\cdot)$ 为数量积;r' 和 t' 为 $O\nu\mu\eta$ 坐标系中斜距的半径矢量和时间。

r'、t' 与 r、t 的区别取决于侦察设备与目标的相互运动($Oxyz$ 与 $O\nu\mu\eta$ 坐标系的相互运动)。其换算公式为[35]:

$$r' = \frac{(r - Vt)}{\sqrt{1 - \left(\dfrac{V}{t}\right)^2}}, t' = \frac{\left(t - \dfrac{Vr}{c^2}\right)}{\sqrt{1 - \left(\dfrac{V}{t}\right)^2}}$$

$$(3-46)$$

式中:V 为坐标系相互运动的速度;$V = |\boldsymbol{V}|$。

在宏观目标情况下,通常 $\dfrac{V}{c} \ll 1$,式(3-46)可简化为

$$r' \approx r - Vt, \quad V \approx t\,\frac{(rV)}{c^2} = t\left(1 - \frac{r}{c}\right)$$

$$(3-47)$$

由式(3-47)可得出:如果序列 $0\left(\dfrac{V^2}{c^2}\right)$ 近似值的精确度相同,那么 $|\boldsymbol{r}| = r' \gg r$

$\sqrt{1 + \dfrac{V^2 t^2}{r^2}}$ 成立,如果时间间隔很小,那么 $|\boldsymbol{r}|$ 与 r 的差别可忽略不计:

$$|\boldsymbol{r}| = r + 0\left(\frac{V^2 t^2}{r^2}\right)$$

$$(3-48)$$

根据式(3-47)和式(3-48)可确定侦察设备接收天线口径上点 r 附近元素 $d^2\boldsymbol{r}$ 中的综合信号:

$$dC(\boldsymbol{R},\omega,\boldsymbol{r},t) = \frac{|\boldsymbol{k}|}{(2\pi)^2 r}A\left(t - \frac{r'}{c}\right)\exp\left\{-j\left[\omega t' - (kr') - (kr)\right]\right\}d^2\boldsymbol{r}$$

$$(3-49)$$

将式(3-48)代入式(3-49)可得出结论:被接收信号的包线在时间 $dt = \dfrac{(Vt)^2}{2r}$ 内变化不大,甚至在侦察设备天线尺寸较小的条件下,相对于侦察目标位置点 $\boldsymbol{R}_e$ 的所有天线运动速度都相等,且等于 V($Oxyz$ 坐标系中中心 O 的相对运动速度)。

天线口径上每点速度不变即为口径上多普勒频移不变。此外还将进一步利用信号 $C(t)$ 的空—时窄带条件。

空间窄带意味着口径 L 上所有点的信号包线相同:在信号到达口径端点瞬间的时间间隔内包线不会发生本质变化。频谱宽度 $\Delta\omega$ 则相应小于该间隔的返回时间长度,即 $\Delta\omega < 2\pi\dfrac{2r_{max}}{c}$ 或者 $\dfrac{\Delta\omega}{\omega_0} < \dfrac{\lambda}{2r_{max}}$。

时间窄带则表示被接收信号包线在载波振荡周期内的变化微乎其微,即 $\delta\omega/\omega_c \ll 1$。也就是对所有频谱分量来说,其多普勒频移不大。

空间和时间窄带的极端情况是:通过微型(点状)天线接收单色振荡。在这种情况下,振荡包线无论在时间上还是在天线口径空间坐标上都不变。有关侦察目标位置排列的补充先验数据可使侦察设备进一步缩小被测坐标的可能值空间。考虑到侦察目标位于地球表面,那么至少能把所需侦察空间的因次减至 $V^3 = R^2 \times \mathbf{\Omega}$。此时 $z = z(x, y)$,如果一次近似值中的地球平均半径为 R,那么 $z = \sqrt{R^2 - (x^2 - y^2)}$。时间频率 ω 和空间频率 k 为反侦察信号的非能量参数。因此,可利用信号函数设备来分析侦察设备的测量精度。在所研究的具体情况下,信号函数可表示为

$$q_c(\omega, \mathbf{k}) = \frac{1}{N_0}\int_L\int_T \dot{C}(t, \mathbf{k}, \omega, \rho)C^*(t, \mathbf{k}, \omega, \rho)\mathrm{d}^2r\mathrm{d}t$$

$$= \frac{1}{N_0}\int_L\int_T \dot{F}\left(t - \frac{r}{c}\right)F^*\left(t - \frac{r}{c}\right)\exp\{\mathrm{j}\Delta\omega t\}$$

$$\times \exp\{\mathrm{j}[\Delta\omega t - \Delta\theta(t) - (\Delta k(t)r)]\}\mathrm{d}^2r\mathrm{d}t \qquad (3-50)$$

式中:$F\left(t - \dfrac{r}{c}\right)$ 为信号的综合包线;$\Delta\omega$ 为多普勒频移的差值;$k = \dfrac{2\pi}{\omega}$ 和 $k_0 = \dfrac{2\pi}{\omega_0}$ 为

相应波矢量的模数,正如图 3-1(简单几何结构)所得,它们可得出 $\mathbf{k} = \dfrac{2\pi}{\lambda}\dfrac{\mathbf{r} - \mathbf{R}}{|\mathbf{r}|}$;

$\Delta\mathbf{k} = \mathbf{k} - \mathbf{k}_0$ 为空间频率失真;$\Delta\omega = \omega - \omega_0$ 为时间频率失真。

把空间频率的测量精度转换为几何坐标的测量精度是毫无新意的。在式(3-50)中,如果 L 和信号探测时间 T 趋于无穷,那么 $q(\omega, \mathbf{k})$ 可将下式中傅里叶函数的三次方转换为接收天线口径上信号综合包线模数的二次方,即

$$\Phi(r, t) = \dot{F}\left(t - \frac{r}{c}\right)F^*\left(t - \frac{r}{c}\right) \qquad (3-51)$$

因此,在式(3-50)中无限积分的条件下,$q(\omega, \mathbf{k})$ 为侦察设备所接收空—时信号的功率谱密度(频率分布 $\{\omega, \mathbf{k}\}$)。

如果 $R^2 \times \mathbf{\Omega}$ 中存在不连续无线电辐射源、干扰发射机(受侦察目标无线电电子系统工作制约)以及其他非信息系统(即在复杂信号环境下),那么接收天线口径上的信号将是式(3-50)辐射的叠加,其辐射参数 $\{\mathbf{R}, \omega\}$ 有所不同:

$$(\boldsymbol{R}, \boldsymbol{r}, \omega, t) = \sum_i C_i(\boldsymbol{R}_i, \boldsymbol{r}, \omega_i, t) \qquad (3-52)$$

在复杂信号环境下,式(3-50)所确定的信号函数将是侦察设备接收系统对式(3-52)复杂空—时信号应答的叠加,因为式(3-52)中 $C(t, \boldsymbol{k}, \omega, \boldsymbol{r})$ 向 $q(\boldsymbol{k}, \omega)$ 的转换是线性的。

峰值 $q(\boldsymbol{k}, \omega)$ 将适于 $\boldsymbol{R}^2 \times \boldsymbol{\Omega}$ 中的单独不连续信号源。对信号环境的分析即为在最大值附近对 $q(\boldsymbol{k}, \omega)$ 的分析。对局部最大值 $q(\boldsymbol{k}, \omega)$ 的独立探测能力可作为信号(以及产生这些信号的辐射源)识别能力的先决条件。识别辐射源的 $\{\boldsymbol{k}, \omega\}$ 相当于识别它们的频率和空间坐标。为了确定信号函数的最大幅角值 $q(\boldsymbol{k}, \omega)$,侦察设备可测量侦察目标(被反侦察系统)的位置点坐标及其信号的特征频率(载频、副载频、中频)。天线口径 L 和信号探测时间 T 的有限值可作为测量空间—频率分布偶然误差的先决条件,也就是该函数最大幅角的测量误差。偶然误差的存在可认为是由于某一空—时噪声对侦察设备接收系统输入端(在侦察设备接收天线口径上)的影响而造成的。由文献[18]可得出,该噪声可被看作是时间和空间坐标上的 δ 相关,而有限间隔内的坐标值不相关。在时间范围内,对侦察设备接收机输入端产生影响的还有其自身的热噪声以及频谱的非集中干扰。频谱的集中振荡(已成为信号)可能成为侦察目标或者 $\boldsymbol{V}^3$ 的其他辐射源。频谱宽度大于 $\Delta\omega = \dfrac{2\pi}{T}$ 的干扰在一定程度上是均匀的,它在所需侦察的频率子空间范围内可被看作是时间上 δ 相关的白噪声。此外,不同辐射源在侦察设备接收机天线口径上形成的信号可被认为是无关的、点状的(当侦察距离远远大于天线口径时,视差可忽略不计)。对于延伸性的自然源(天空、地球表面)来说,每一目标元素的辐射都具有不相干性,即 $\mathrm{d}\boldsymbol{V}^3 = \mathrm{d}^2\boldsymbol{R}\mathrm{d}\omega$,也就是自然辐射源在空间和时间上都 δ 相关。

在通常条件下(侦察设备所测量的非能量参数 k_μ、k_ν 和 ω,以及对测量空—时干扰的 δ 相关),可根据测量误差的条件协方差 $\parallel S_{ij} \parallel : \sigma_i^2 = S_{ij}$ 求出最大似真值的离散差。条件协方差矩阵与信息矩阵成反比[15],其阵元等于:

$$B_{ij} = -\frac{\mathrm{d}^2}{\mathrm{d}\lambda_i \mathrm{d}\lambda_j} q(\lambda)\big|_{\lambda = \lambda_0} \qquad (3-53)$$

故

$$\sigma_{ij} = -\frac{\mathrm{d}^2}{\mathrm{d}\lambda_i^2} q(\lambda)\big|_{\lambda = \lambda_0} \qquad (3-54)$$

式中:$\lambda = \{k_\mu, k_\nu\}$ 或者 $\lambda = \omega$ 为侦察设备的测量参数。

当信号函数的相应参数至少含有两个一次导数时,式(3-54)成立。如果 $q(\lambda)$ 或其导数在参数矢量真值附近非微分,那么如文献[17]所示,其离散差可由 $\lambda = \lambda_0$ 点的干扰函数值确定。

由式(3-54)可直接得出：

$$q_c = \frac{Q}{N_0} \int_L \int_T \dot{F}\left(t - \frac{r}{c}\right) F^*\left(t - \frac{r}{c}\right)$$

$$\times \exp\{-j[\Delta\omega - \Delta q(t)]t\} \exp\{-j[(\Delta k(t)r)t]\} \, d^2 r dt \qquad (3-55)$$

如果把式(3-53)代入式(3-54)，并认为 k、ω 恒等于代入式(3-54)的 Δk 和 $\Delta\omega$，那么可得出 σ_k^2 和 σ_ω^2 的相互关系。但代入式(3-54)的 t、r 积分并未明确示出，它既没有包线 $F(t)$ 的形状，也没有侦察目标和设备相对运动特征所确定的频移 $\Delta q(t)$ 和 $\Delta k(t)$，甚至没有侦察设备接收天线口径的具体形状。因此，为了以最高精度测量时间和空间频率，可限于以下几种情况的研究。

对于 $L = l \times l$ 的直角天线口径来说，代入式(3-55)的口径积分可给出：$\dfrac{l^2}{12} = \dfrac{S_a^2}{12}$，式中 S_a 为天线口径面积。由于边界范围对称，所以积分等于：

$$\int_{-\frac{l}{2}}^{\frac{l}{2}} \int_{-\frac{l}{2}}^{\frac{l}{2}} \exp\{-j(\Delta k(t)r)\} \, d^2 r = \frac{\sin\dfrac{\Delta k_\nu l}{2}}{\dfrac{\Delta k_\nu l}{2}} \frac{\sin\dfrac{\Delta k_\mu l}{2}}{\dfrac{\Delta k_\mu l}{2}} \qquad (3-56)$$

式中：Δk_ν 和 Δk_μ 为波矢量差在 $O'\nu\mu$ 坐标系对应轴上的投影。

对于 $|r| \leqslant 0.5$ 的圆形天线口径来说，口径积分可给出：$\dfrac{\pi}{2}\left(\dfrac{l}{2}\right)^4 = \dfrac{S_a^2}{2\pi}$，式中 S_a 为天线口径面积，而积分则等于：

$$\int_{-\frac{l}{2}}^{\frac{l}{2}} \int_{-\frac{l}{2}}^{\frac{l}{2}} \exp\{-j(\Delta k(t)r)\} \, d^2 r = \frac{I_1\left(\dfrac{l}{2}\sqrt{\Delta k_\nu^2 + \Delta k_\mu^2}\right)}{\dfrac{l}{2}\sqrt{\Delta k_\nu^2 + \Delta k_\mu^2}} \qquad (3-57)$$

式中：$I_1(\cdot)$ 为第一种虚数自变量的别谢尔函数。

当侦察目标信号为窄带时，综合包线可认为是时间常数，而其标准形状 $F(t) \equiv 1$。这时式(3-55)和式(3-54)，可得出窄带信号时间和空间频率的离散差估值：

$$\sigma^2 \Delta k \geqslant \frac{N_0}{QS_a L(\Delta k)}$$

$$\sigma^2 \Delta \omega \geqslant \frac{N_0}{QI(T)} \qquad (3-58)$$

式中：$I(T) = \int_{-\frac{T}{2}}^{\frac{T}{2}} \exp\{-j[\Delta\omega - \Delta q(t)t]\} \, dt$；$QS_a$ 为天线（口径面积为 S_a）所收集的

信号能量;$L(\Delta k)$ 为式(3-56)和式(3-57)所确定的侦察设备接收天线口径大小或形状函数。

当侦察设备与目标没有相对运动时,频率离散差 ω 最小。例如,当侦察设备置于人造地球卫星上时,其圆周轨道高度约为36000km,在这种情况下,有

$$\sigma_\omega^2 \geqslant \frac{N_0}{QS_a}\frac{12}{T} \approx 0.2 \times 10^{18} \frac{N_0}{P_r S_a T^3} \ \mathrm{km}^2 \tag{3-59}$$

式中:P_r 为被辐射信号的功率。

空间频率离散差将不小于:

$$\sigma_{\Delta k}^2 \geqslant \frac{N_0}{QS_a}\left[\frac{\sin\dfrac{\Delta\omega T}{2}}{\dfrac{\Delta\omega T}{2}}\right] \approx 0.32 \times 10^{18} \frac{N_0}{P_r S_a T^3} \ \mathrm{km}^2 \tag{3-60}$$

但考虑到空间频率与侦察目标几何坐标的关系 $|\boldsymbol{k}| = \dfrac{1}{2\pi}\dfrac{|\boldsymbol{r}-\boldsymbol{R}|}{r}$,可以规定坐标矢量模数的离散差为

$$\sigma_R^2 \geqslant 10^{24} \frac{N_0\lambda^2}{P_r S_a} \ \mathrm{km} \tag{3-61}$$

式中:λ 为被接收信号的载波振荡波长。

这种方式确定的 σ_R^2 就是测量地球表面侦察目标辐射位置点的矢量端坐标 $\boldsymbol{R}$ 时的噪声误差离散差。对于人造地球卫星来说,由 σ 可得出测量每一坐标的均方根误差:

$$\sigma = \sigma_x = \sigma_y = \sigma_z \geqslant \begin{pmatrix} 0.57 \\ 0.64 \end{pmatrix} \cdot 10^{12} \frac{\lambda}{l}\sqrt{\frac{N_0}{P_r S}} \ \mathrm{km} \tag{3-62}$$

系数 0.57 适用于侦察设备接收天线的直角口径,而系数 0.64 则适用于圆形口径。

第4章 无线电侦察设备信息鉴别质量

4.1 模拟信号截获

无线电侦察设备接收机对模拟通话的鉴别质量乃至鉴别能力都取决于信道频带上的信噪比,该信道的终端是无线电侦察设备话务员的助听器。在这种情况下,话务员正确辨别单词的概率可被看作是接收质量标准。该概率非线性地取决于信噪比。正确辨别单词的概率与声信道信噪比的实验关系曲线如图4-1[36]所示。

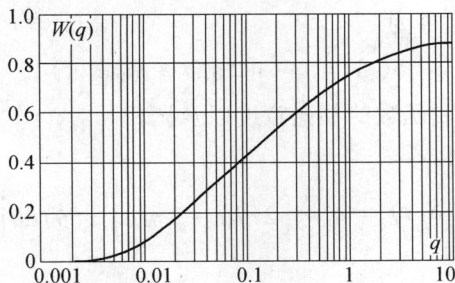

图4-1 语音清晰度的实验曲线

语音清晰度曲线近似值(图4-1)可由式(4-1)给出:

$$W(q) = \begin{cases} 1 - 0.242q^{-0.325} & (q \geqslant 0.025) \\ 50q^{1.5} & (q < 0.025) \end{cases} \qquad (4-1)$$

一般认为(此为实验实例),为了得到满意的语音清晰度,必须保证 $W = 0.2$。如图4-1所示,$q = 0.026$ 上的信噪比就满足这一条件。为了确定门限信号,需采用两个数值:清晰度的门限概率 $W = 0.2$ 和门限信噪比 $q = 0.026$。

在无线电信道中,截获信息的漏报受信号 $s(t)$ 的影响,$s(t)$ 由信息 $x(t)$ 调制,且调制函数 $|x(t)| \leqslant 1$。信息频谱集中在带宽 $f_x \in (0, F_{max}]$ 上,该信息可调制频率 f_0 的载波振荡,已调制的信号为 $S(x(t))$,信号的频谱宽度不是信息带宽。侦察设备接收机输入端信号的平均功率为 P_c,噪声功率则为 P_{no}。因此,接收机输入端的信噪比 $q = P_c/P_{no}$。此外还认为,噪声在信号频谱占用的带宽 Δf 上具有均匀的谱密度 $N_0 = P_c/\Delta f$。

相对调制方法而言,则认为信号 $s(t)$ 可被信息调幅、调相或调频。

在通常调幅（AM）条件下，信号为

$$S(t) = a[1 + m_{AM}x(t)]\cos 2\pi f_0 t \qquad (4-2)$$

信号的频谱宽度是调制函数频谱宽度的两倍：

$$\Delta f_{AM} = 2F_{max} \qquad (4-3)$$

在平衡调制 BM 条件下，信号为

$$S(t) = ax(t)\cos 2\pi f_0 t \qquad (4-4)$$

其频谱宽度等于通常调幅条件下的频谱宽度，即

$$\Delta f_{BM} = \Delta f_{AM} = 2F_{max} \qquad (4-5)$$

在单边带调幅条件下，信息频谱从带宽 $(0, F_{max}]$ 转至带宽 $(f_0, f_0 + F_{max}]$ 或 $(f_0, f_0 - F_{max}]$，因此调制信号的频谱宽度等于信息频谱宽度：

$$\Delta f_m = F_{max} \qquad (4-6)$$

在调相条件下，信号为

$$S(t) = a\cos[2\pi f_0 t + m_{PM}x(t)] \qquad (4-7)$$

其频谱宽度取决于调制函数的频谱宽度以及调相 m_{PM}。

在调频条件下，有

$$S(t) = a\cos\left[2\pi f_0 t + 2\pi f_d \int_0^t x(\theta)\mathrm{d}\theta\right] \qquad (4-8)$$

式中：f_d 为频移。

调频的调制指数 $m_{FM} = \dfrac{f_j}{F_{max}}$，频谱宽度为

$$\Delta f_{FM} = 2(f_d + F_{max}) = 2(m_{FM} + 1)F_{max} \qquad (4-9)$$

也就是在调制指数较小的条件下 $m_{FM} < 1$、$\Delta f_{FM} \approx \Delta f_{AM}$，而在调制指数较大的条件下 $m_{FM} \gg 1$、$\Delta f_{FM} \approx 2f_d \gg 2 F_{max}$。

同时还认为，接收机可采用信号 $s(t)$ 调制的最佳算法来鉴别信息。在技术上可以实现的最佳接收机，尤其是现实中的接收机，都不能保证信息的完好复制。

在这种条件下得到的信息复制质量评估有利于侦察，但不利于反侦察系统：实际侦察设备接收机的工作效能仅次于最佳接收机。

所有调幅方法（通常调幅、平衡调制和单边带调幅）的改进都与线性等级有关：信号 $s(t)$ 与信息 $x(t)$ 线性相关[27]。"线性调制"的几何图形如图 4-2 所示。

在调制过程中，信号 $s(t)$ 的矢量端沿着未调制振荡的矢量方向移动，以 $2\pi f_0$ 的角速度围绕坐标原点旋转。两个分量（振幅 $\dfrac{m_{AM}a}{2}$ 以及振荡载波相位的反相 $\pm 2\pi Ft$）朝不同方向旋转，因此 a、$0.5m_{AM}a$ 和 $0.5m_{AM}a$ 三个模数分量的总和始终

48

与未调制振荡矢量同相。在 $s(t)$ 调制过程中,矢量端沿着幅角 $2\pi f_0 t$ 指定的方向移动。

信号调幅的总功率为

$$P_c = \frac{1}{T}\int_0^T s^2(t)\,\mathrm{d}t \quad (4-10)$$

该总功率将分配给信息分量以及振荡载频上的频谱分量。在调幅条件下,由式 $(4-2)$ 和式 $(4-10)$,得

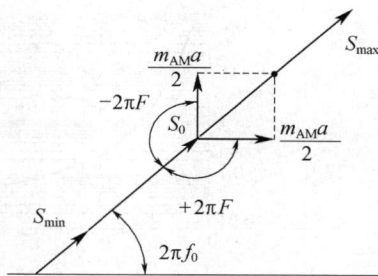

图 4-2 调幅振荡的矢量模数

$$P_c = \frac{a^2}{2}(1+m_{AM}^2) = P_0 + P_0 m_{AM}^2 \qquad (4-11)$$

式中: P_0 为载波功率,等于 $x(t)=0$ 条件下未调制振荡的功率; $m_{AM}^2 P_0$ 为边带总功率,该功率可传至调幅振荡解调器的输出端。

在平衡调制条件下,有

$$P_c = \frac{a^2}{2} = P_0 \qquad (4-12)$$

信号所有功率集中在频谱边带上,载波功率等于零。

与平衡调制条件一样,在单边带传输条件下,信号总功率正好就是信息频谱分量。但信号频谱宽度在单边带条件下是调幅条件下以及平衡调制条件下的两倍,也就是说,信号频谱宽度约等于信息频谱宽度。因此,接收机带宽上的噪声频谱是均匀的,在发射机固定频率条件下,单边带信号解调器输出端的信噪比将是平衡调制条件下的两倍,调幅条件下的 $\dfrac{2}{m_{AM}^2}$ 倍。但如果规定的不是发射机功率,而是接收机输入端的信噪比,那么可认为,平衡调制条件下解调器输出端的信噪比与单边带条件下的相等。

$x(t)$ 与 $s(t)$ 的线性关系原则上可与解调信号一致。就此可研制出调幅信号、平衡调制信号以及单边带信号的最佳解调器。正是因为在线性转换条件下不能产生噪声信号抑制,信噪比才因最佳解调而没有改变。根据式 $(4-11)$ 和式 $(4-12)$,可绘制出无线电侦察接收机输入端的信噪比与解调器输出端信噪比 q_{out} 的调幅度系数之间的互换图,如图 4-3 所示,该图以 $q_{in}-m_{AM}$ 为坐标, $q_{out}=0.026$。

图 4-3 中的点 $m=1$、$q=0.026$ 适于单边带调制和平衡调制。

根据图 4-3 中的已知调制度系数 m,可得出无线电侦察接收机输入端的门限信噪比,在该门限信噪比条件下可确保输出信噪比不低于最小语音清晰度。

所有所得结果基于解调器线性的假设,该解调器可在无抑制条件下工作,也就是说其输出噪声电平与输入噪声电平相比没有增加。该论点过于理想化,其原因

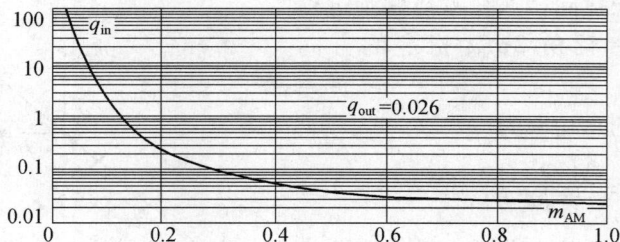

图 4 – 3　输入信噪比与调幅度的互换图

如下:

(1) 线性解调器是一种同步检波器,可把输入的接收信号(在噪声混合物中所观测的信号)与基准振荡(与载频上的分量相干)相乘。为了形成这一相干振荡,跟踪滤波器是必需的,该滤波器通常根据频率相位微调线路图得以实施。但频率相位微调系统不能有无限窄带,也就是说,其形成的基准振荡一定包含噪声分量,该分量的功率为

$$P_{\text{no nor}} = N_o \Delta f_{\text{no nor}} \tag{4 – 13}$$

式中:$\Delta f_{\text{no nor}}$ 为频率相位微调系统的等效噪声带宽。

该噪声在统计上与解调器的输出噪声无关,也就是与其功率叠置,从而按照频率相位微调带宽噪声与信息频谱宽度的比值 $\Delta f_{\text{no nor}}/F_{\text{max}}$ 来减小输出信噪比:

$$q'_{\text{out}} = \frac{P_c}{P_{\text{no}} + P_{\text{no nor}}} \approx q_{\text{no in}}\left(1 - \frac{P_{\text{out}}}{P_{\text{no}}}\right) = q_{\text{no in}}\left(1 - \frac{\Delta f_{\text{no}}}{F_{\text{max}}}\right) \tag{4 – 14}$$

(2) 在技术上不可能以理想乘法器的形式来制造同步检波器。$u_1(t)$ 和 $u_2(t)$ 两个振荡乘法器的工作原理为

$$u_1(t) \cdot u_2(t) = 0.25\{[(u_1(t) + u_2(t))]^2 - [(u_1(t) - u_2(t))]\}^2 \tag{4 – 15}$$

如图 4 – 4 所示。

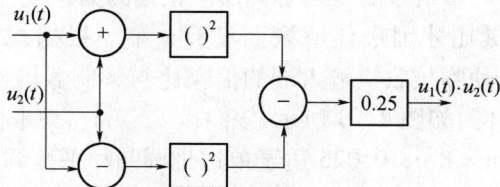

图 4 – 4　模拟乘法器

例如,在利用相位检波器的条件下,可采用类似的技术方案,该相位检波器是具有平衡和微分算法的积分乘法器。

50

如果求平方的线路不相同,那么在输出减法器之后将不会完全补偿噪声信号脉动在非线性平方器上形成的偶然(噪声)分量。输入端的信噪比越小,则该效能越强。如果一般平方器的精确度为5%,那么两个无关平方器的偏差值将增至$\sqrt{2}$倍,约7%。噪声脉动分量在乘法器(同步检波器)输出端的功率将增加7%。输出的信噪比则相应减少7%。

(3)在平衡调制信号频谱上不存在载频分量。因此,必须采用恢复载波的专门线路来解调该振荡。该线路采用了输入流程的非线性变换。但非线性变换始终伴随有噪声所产生的信号抑制。

(4)单边带信号解调器是一种混频器,可以把输入振荡频谱从载频f_0周围移到信息带宽$(0,F_{\max}]$上。为了实现这一传送,通常把载波留在单边带信号频谱上,从而按比例减少信号分量功率。此外,在单边带振荡解调条件下,可在非线性混频器中抑制噪声所产生的弱信号。但这些效能要受到解调器具体线路和调制信号结构的影响。

(5)如果用振幅检波器替代同步检波器(可从噪声中析出线性调制信号),那么解调在原则上将伴随有弱信号抑制,此时$q_{\mathrm{in}}<1$。当然,根据文献[10],振幅检波器可在弱信号条件下用输入振荡的二次变换模数来概述。在这一变换过程中可形成额外的脉动分量,其功率可附加到噪声功率上,并减小输出信噪比。文献[10]指出,对于平方律检波器来说,以下关系式成立:

$$q_{\mathrm{out}} = \frac{q_{\mathrm{in}}^2}{1 + 2q_{\mathrm{in}}} \tag{4-16}$$

在弱信号条件下,当$q_{\mathrm{in}}<1$时,可由式(4-16)得出$q_{\mathrm{out}} \approx q_{\mathrm{in}}^2$。相反,当$q_{\mathrm{in}} \gg 1$时,则由式(4-16)得出$q_{\mathrm{out}} \approx \dfrac{q_{\mathrm{in}}}{2}$,也就是说,比线性同步检波器输出端的功率小1/2。该效能可解释为:在平方律检波条件下,信号把干扰移至高互导特征段。在这种情况下,干扰影响会增大,而输出信噪比则会减小,但不会像弱信号条件下那么迅速。

假设未调制正弦信号与窄带标准噪声共同影响平方律检波器,那么可得式(4-16),但信号要完整、精确地分布,以防直角无线电脉冲的检波。如果把信号调幅看作是输入信号的振幅延迟变化,那么信号调幅的存在并不能在本质上影响输出信噪比的变化。换句话说,在这种情况下,可把式(4-16)看作是对振幅检波器输出端信噪比的估算,该检波器主要用来解调线性振幅的振荡。当然,为了式(4-16)中的这一估算,还应考虑信号频谱分量(取决于信息)的功率。根据上述以及式(4-11)中的信息分量总功率$m_{\mathrm{AM}}^2 P_{\mathrm{o}}$,式(4-16)可变换为

$$q_{\mathrm{out}} = \frac{q_{\mathrm{in}}^2 m_{\mathrm{AM}}^4}{(1 + 2q_{\mathrm{in}} m_{\mathrm{AM}}^2)} \tag{4-17}$$

输入信号功率与调制度系数之间的互换图可参见图 4-5,该图类似于图 4-3(最佳解调器)。两图之间的比较如图 4-6 所示。对于任何实际应用的接收机来说,图 4-6 中的阴影部分包含了所有可能的曲线图。

阴影部分的下限适用于线性调制信号的最佳解调器,而上限则适用于平方律检波器。

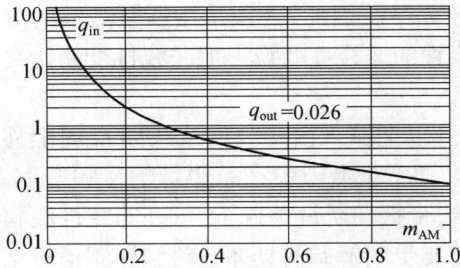

图 4-5　输入信噪比与调幅度的互换图　　图 4-6　接收机调幅信号的门限范围

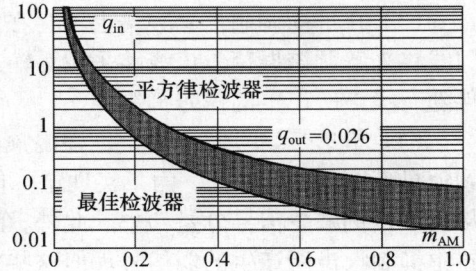

因此,图 4-6 中的阴影带可表示线性调制条件下门限信噪比的估值变动范围,该变动范围取决于解调过程中模数的差异。任一解调器线路都应保证输出的门限信噪比在 q_{in} 条件下要大于图 4-6 的阴影下限,小于阴影上限。

那么,在线性调制条件下,输出信噪比永远不会大于输入信噪比。而在非线性调制条件下则相反。

在调频指数较小,即 $m_{FM} < 1$ 的条件下,信号频谱宽度不超过信息频谱宽度(窄带调频)的两倍,且解调的信噪比没有增大。信息分量在信号调频频谱上的功率与调幅条件下的相等。因此,在分析窄带调频信号的临界特性($m_{FM} < 1$)时可使用那些与调幅条件下一样的关系式和互换图(图 4-3)。

在调频指数较大,即 $m_{FM} > 1$ 的条件下,解调器从输入带宽 $\Delta f \approx 2(f_d + F_{max}) = 2(m_{FM} + 1)$ 上"收集"信号能量,并将其集中到信息带宽 $(0, F_{max})$ 上,此时,信息带宽上的输出脉动可形成信息的外加噪声。因此,信号输入带宽应转换成输出信噪比。原则上,应根据以下带宽关系式来增大信噪比:

$$m_{FM} \approx \frac{\Delta f_d}{F_{max}} \qquad\qquad (4-18)$$

但只有在输入信号电平较高的条件下才能把频带转换成信噪比。在输入信噪比减小的条件下,开始临界效应(输出信号非线性减少)。输出信噪比的减小程度取决于信号电平和调制指数大小。

该效应可用以下方法加以说明。图 4-2 中,线性调制信号的矢量端 $s(t)$ 在信息的控制下沿着点 s_{min} 与点 s_{max} 之间的直线移动。显然,有

52

$$s_{\max} - s_{\min} = 2m_{\text{AM}}a \leqslant 2a \tag{4-19}$$

因此,信息导数为

$$\left| \frac{\mathrm{d}s(t)}{\mathrm{d}x(t)} \right| = m_{\text{AM}} \leqslant 1 \tag{4-20}$$

而且信息增量 $\mathrm{d}x(t)$ 不大于其引起的信号增量:

$$|\mathrm{d}s(t)| \leqslant |\mathrm{d}x(t)| \tag{4-21}$$

可见,如果随信号附送噪声(使其在某一数值 δs 上失真),那么解调信息 x^* 在 $\delta x^* \leqslant \delta s$ 上的失真将不大于 δs 上的失真。

在非线性调制(调幅或调频)条件下,信号矢量模数保持不变。在调制信息 $x(t)$ 的作用下,信号矢量幅角发生变化。模数保持不变的条件意味着矢量端 $s(t)$ 在调制过程中应沿着固定半径平面(信号空间中 $|s(t)|$ 的半径超球面)移动,不同的信号对应不同的球面点,但不是所有信号都能在调制过程中形成。无线电电子系统发射连续的模拟信息 $x(t)$,差别甚微的 $s(t)$ 信号值与 $x(t)$ 信息近似值相一致。矢量端 $s(t)$ 的轨线是超球面表面上的连续曲线,图 4-7 即为三维空间球面上的调制信号线和超球面。

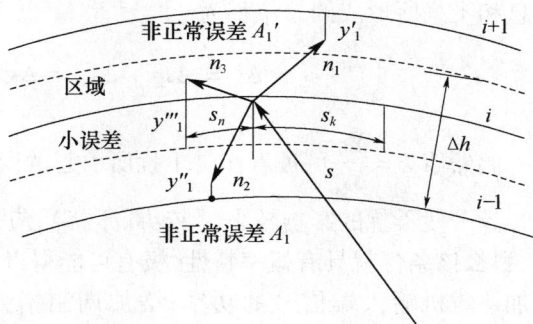

与线性调制不同,在调频或调相条件下,信号线长度可任意加长,而无需增加信号功率(或能量)。但此时需把信号线"绕组"越来越密地排列在超球面表面上,相邻绕组间的距离("绕距") Δh 将越来越小。这一特性即为非线性调制的抗干扰指数与线性的本质区别。

为进行图解,可对超球面表面的一小部分进行分析:其表面上排列有 3 个相邻的信号线"绕组",编码分别为 $(i-1)$、i 和 $(i+1)$,如图 4-8 所示。

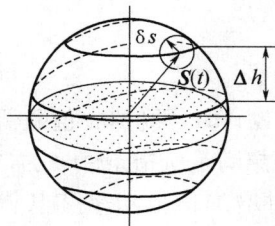

图 4-7 三维空间球面上的调制信号线和超球面

图 4-8 调频条件下干扰与误差的生成

信号矢量端 s 在某一时间瞬间 t_1 位于 A_1 点的信号线上。被传输的连续信息的变化值如果为 Δx ($|\Delta x| \ll 1$),那么信号的变化值则为 Δs_x,而信号矢量端则沿

53

着 A_1 点到 A_2 点的信号线移动。Δx 和 Δs_x 之间的关系式如下：

$$K_s = \frac{\Delta s_x}{\Delta x} = \frac{s(t + \Delta t) - s(t)}{x(t + \Delta t) - x(t)} \approx \frac{\mathrm{d}s(t)}{\mathrm{d}x(t)} \qquad (4-22)$$

把式(4-22)代入下式：

$$K_s = \frac{\mathrm{d}s(t)}{\mathrm{d}t}\left(\frac{\mathrm{d}x(t)}{\mathrm{d}t}\right)^{-1} = \frac{s'(t)}{x'(t)} \qquad (4-23)$$

可得系数 K_s 的估值：

$$K_s \leqslant \frac{\Delta f_c \max(s(t))}{F_{\max}\max(x(t))} \qquad (4-24)$$

式中：Δf_c 为已调制信号的频谱宽度；$F_{\max}$ 为信息频谱的上限频率。

应注意，$\max|x(t)| = 1$，而调频或调相时 $\max|s(t)| = a$，由此可得出 K_s 表达式为

$$K_s \approx a\Delta\varphi \qquad (4-25)$$

K_s 值表示信号增量 Δs 比其相应的信息增量 Δx 大多少倍，因此可将 K_s 称为信号张力系数。该系数越大，信号线延伸得越长。由式(4-25)可得出：在调频或相位检波器条件下，增大调制指数 $\Delta\varphi$ 即可增加信号线长度，同时不改变信号功率（或能量）。

除信号外，如果在接收机输入端还有附加的脉动干扰，那么矢量端将受到该干扰的"冲击"，从而"脱离"信号线。当干扰"较小"时，合成矢量 $s(t) + \Delta s$ 很有可能处于 A_1 点周围，而 A_1 点就位于所研究的信号线矢量上。

A_1 点在信号线上的"过量"位移 Δs 可用来评估"较小"干扰所造成的影响。信息和干扰所形成的总位移为

$$\Delta s = \Delta s_x + \Delta s_n = \Delta s_x\left(1 + \frac{\Delta s_n}{\Delta s_x}\right) \qquad (4-26)$$

偶然值 $\varepsilon = \dfrac{\Delta s_n}{\Delta s_x}$ 可被看作是干扰所引起的误差。

为了使干扰的影响较小（"较小"干扰），应保证条件 $|\varepsilon| \ll 1$。既然 ε 值是偶然的，那么该条件就具有概率特性，极有可能得以实现。要想满足所指条件，就需要：增加接收机输入端信号的功率；增加调制指数，或同时增加信号功率和其调制指数。

应强调的是，要想减小干扰的影响，就必须增加调制指数（即非能量参数），但这样会产生相反结果，其误差不是减小，而是剧增。该效应的先决条件为：在增加调制指数条件下，相邻信号线矢量之间的距离减小，而矢量端 s 落入某一相邻绕组周围的概率则增大。矢量 y 从"自身"绕组周围向另一绕组周围的跳越势必引起

较大误差,该误差称为异常误差。异常误差值通常要高出"正常"误差值许多倍,"正常"误差的特点是干扰"较小"。

能引起异常误差的效应称为门限效应。出现异常误差的允许概率值可在数量上说明门限效应的特点。直到"跳越"概率不超过允许值,才会有"小"干扰,才会在超门限区实现最佳接收。这就是说,输入端信噪比大于门限信噪比。

为了说明一定条件下所采用的方法,可研究以下模式。这里所说的条件即为在角调制(调相或调频)情况下导致异常误差的条件。

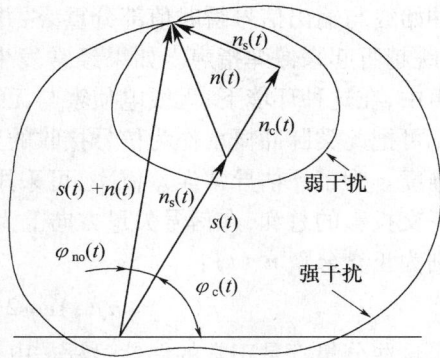

图 4 - 9   信号矢量在强、弱噪声总和中的运动轨迹

被接收振荡含有噪声附加混合物 $n(t)$ 中的已调制信号 $s(t)$,可用复合平面上的矢量来表示该振荡,如图 4 - 9 所示。

信号矢量 $s(t)$ 具有固定模数和可变相位 $\varphi_c(t)$,该相位取决于时间和调制信息:

$$\varphi(t) = 2\pi ft + 2\pi f_n \int_0^t x(\tau)\, d\tau \qquad (4-27)$$

噪声 $n(t)$ 在矢量上与信号相加,模数发生变化的总矢量将以可变平均速度围绕坐标原点旋转:

$$\omega(t) = 2\pi f + 2\pi f_n x(t) \qquad (4-28)$$

此外,总矢量的相位也会发生变化。图 4 - 9 中的相位变化就是由于把 φ_{no} 偶然加到信号瞬时相位上造成的。

另外,对振荡矢量 $s(t) + n(t)$ 中噪声分量的描述也非常重要。这样更便于分析这一振荡在平面上的矢量,该振荡以式(4 - 28)中 $\omega(t)$ 的速度围绕坐标原点旋转。

如果信噪比很大(图 4 - 9 中的弱噪声), $q \gg 1$,且噪声矢量模数 $n(t)$ 小于模数 $s(t)$ 的可能性极大,那么被接收振荡的总矢量在脉动条件下不回避坐标原点。调相时相位 φ_{no} 上的偶然增量,或调频时频率 $f_{no} = \dfrac{1}{2\pi}\dfrac{d\varphi_{no}}{dt}$ 上的偶然增量,都可导致零位平均值附近的脉动,因此噪声相位在对称间隔 $[-\pi,\pi]$ 上等概率。

如果信噪比很小, $q < 1$,且噪声矢量模数可通约或大于信号振幅,那么总矢量端的运动轨迹将类似于图 4 - 9 中的强噪声轨迹,即有时会环绕坐标原点。

被接收振荡在 2π 上的全相增量("跳越")与每一环绕相一致。频率的跳跃式变化与相位的跳越相一致。这些跳越将产生解调器输出端的异常脉冲。这些异常脉冲始终与输出信号瞬时值部分重叠,并使其失真到无法辨认的程度。在声信道中,跳越听起来像弹指声。如果经常发生跳越(异常误差),弹指声就会汇入连续杂声中,在这种环境下,无线电侦察与无线电技术侦察设备操作员根本无法鉴别信息。可把此类脉冲概率作为信号接收的异常误差概率,即概率 W,它可表征语音的清晰度。为了评估异常误差概率,可采用以下方式,即把噪声矢量 $\boldsymbol{n}(t)$ 看作是两个正交投影的总和,在信号矢量方向上为同相分量 $\boldsymbol{n}_s(t)$,在垂直于该矢量的方向上则为正交分量 $\boldsymbol{n}_c(t)$:

$$n(t) = n_c(t)\cos2\pi f_0 t + n_s(t)\sin2\pi f_0 t \qquad (4-29)$$

这些分量都是正常的偶然过程。由于在信号调频带宽中对白噪声进行滤波可形成噪声 $n(t)$,所以振荡频谱 $\boldsymbol{n}_s(t)$ 和 $\boldsymbol{n}_c(t)$ 都集中在带宽 $[0, F_{max}+f_j]$ 上,该带宽等于 $s(t)$ 信号频谱宽度的 $1/2$。

由于 $\boldsymbol{n}_c(t)$ 和 $\boldsymbol{n}_s(t)$ 正交,所以它们不相关。此外,它们都具有零位平均值和相同的离散差:

$$\langle n_c^2(t) \rangle = \langle n_s^2(t) \rangle = \langle n^2(t) \rangle = 2N_0(f_j + F_{max}) \qquad (4-30)$$

输入振荡矢量 $s(t)+n(t)$ 在短时间 Δt 内围绕点 $|s(t)+n(t)|$ 以最大转数逆时针旋转的概率等同于以下情况同时发生的概率:

—噪声的正交分量在零位附近取值:

$$|n_s| \leqslant \frac{\Delta}{2} \qquad (4-31)$$

—噪声的同相分量取负值,其模数大于信号振幅:

$$n_c < -a \qquad (4-32)$$

—正交分量应减小:

$$\frac{dn_s}{dt} < 0 \qquad (4-33)$$

这些同时发生的概率即为共存基本概率:

$$P_1 = P\left\{ |n_s| \leqslant \frac{\Delta}{2}; n_c < -a; \frac{dn_s}{dt} < 0 \right\} \qquad (4-34)$$

通过线性变换后可由输入的标准振荡得出 $\dfrac{dn_s}{dt}$ 过程。因此它与 $n(t)$ 一样也是标准的。

时间间隔长度 Δ 不大于相关时间 $\Delta t = \dfrac{1}{f_j + F_{max}}$ 内 $s(t)+n(t)$ 过程的可能增量,

即

$$\Delta = \frac{\mathrm{d}n_{\mathrm{s}}(t)}{\mathrm{d}t}\Delta t = \frac{\mathrm{d}n_{\mathrm{s}}(t)}{\mathrm{d}t}\frac{1}{f_j + F_{\max}} \tag{4-35}$$

就是说,导出的 $\mathrm{d}n_{\mathrm{s}}(t)/\mathrm{d}t$ 具有零位平均值,而离散差为

$$\sigma_{\dot{n}_{\mathrm{s}}}^2 = 2\int_0^{f_j + F_{\max}} f^2 N \mathrm{d}f = \frac{2N(f_j + F_{\max})^3}{3} \tag{4-36}$$

此外,根据式(4-34)、式(4-35)和式(4-36),得

$$
\begin{aligned}
P_1 &= \int_0^\infty \mathrm{d}\dot{n}_{\mathrm{s}} \int_{-\infty}^a \mathrm{d}n_{\mathrm{c}} \int_{-\frac{\Delta}{2}}^{\frac{\Delta}{2}} \frac{\sqrt{3}}{(\sqrt{2})^3 \sigma^{3/2} f_j} \exp\left\{-\frac{n_{\mathrm{s}}^2}{2\sigma^2} - \frac{n_{\mathrm{c}}^2}{2\sigma^2} - \frac{3\dot{n}_{\mathrm{s}}^2}{2\sigma^2 f_j^2}\right\} \mathrm{d}n_{\mathrm{c}} \\
&= \frac{\dot{n}_{\mathrm{s}}}{f_j^2} \int_0^\infty \mathrm{d}\dot{n}_{\mathrm{s}} \int_{-\infty}^a \mathrm{d}n_{\mathrm{c}} \int_{-\frac{\Delta}{2}}^{\frac{\Delta}{2}} \frac{\sqrt{3}}{(\sqrt{2})^3 \sigma^{3/2} f_j} \exp\left\{-\frac{n_{\mathrm{c}}^2}{2\sigma^2} - \frac{3\dot{n}_{\mathrm{s}}^2}{2\sigma^2 f_j^2}\right\} \\
&= \frac{1}{\sqrt{2\pi}} \int_{-\infty}^a \frac{1}{\sqrt{2\pi}\sigma} \exp\left\{-\frac{n_{\mathrm{c}}^2}{2\sigma^2}\right\} \mathrm{d}n_{\mathrm{c}} \int_0^\infty \frac{\sqrt{3}}{\sqrt{2\pi}\sigma^2 f_j^2} \exp\left\{-\frac{3\dot{n}_{\mathrm{s}}^2}{2\sigma^2 f_j^2}\right\} \mathrm{d}\dot{n}_{\mathrm{s}} \\
&= \frac{1}{\sqrt{2\pi}}\left[1 - \Phi\left(\frac{a}{\sqrt{2\pi}}\right)\right]\int_0^\infty \frac{t\sqrt{3}}{\sqrt{2\pi}}\frac{3}{2}e^{-t}\mathrm{d}t = \frac{1}{2\sqrt{3\pi}}\left[1 - \Phi(\sqrt{q})\right]
\end{aligned}
$$
$$\tag{4-37}$$

式中

$$\sigma_{\dot{n}}^2 = 2Nf_j \tag{4-38}$$

$$\sigma_{\dot{n}}^2 = \frac{2Nf_j^3}{3} = \frac{2\sigma_{\dot{n}}^2 f_j^2}{3} \tag{4-39}$$

$$\Delta = \dot{n}_{\mathrm{s}}\frac{1}{f_j} \tag{4-40}$$

输入振荡矢量在信息 $x(t)$ 的相关时间间隔内,即 $f_j > F_{\max}$ 和 $m > 1$ 条件下,时间 $\tau \approx \dfrac{1}{f_j}$,或 $f_j \leqslant F_{\max}$、$m \leqslant 1$ 条件下,时间 $\tau \approx \dfrac{1}{F_{\max}}$)。围绕零点以最大转数逆时针旋转的概率为

$$P = \frac{\tau}{\Delta t}P_1 = \begin{cases} \dfrac{F_j}{F_{\max}} & (m > 1) \\[3mm] \dfrac{F_{\max}}{f_j} & (m \leqslant 1) \end{cases} \tag{4-41}$$

如果围绕零点的顺时针旋转概率与逆时针旋转概率相同,那么可断言,异常脉冲的总概率是 P 的两倍。

假设由式(4-37)和式(4-41)可得出接收每个音节时的异常误差临界值

$W = 0.2$，那么可在角调制接收机带宽上得到门限信噪比，在该门限信噪比条件下已无法确保语音的清晰度。调频指数与侦察接收机输入信噪比之间的互换图如图 4 – 10 所示，该信噪比可确保声信道输出端的信噪比 $q = 0.026$，清晰度 $W \approx 0.2$。

根据式（4 – 41）来估算角调制的异常误差概率并不理想。在 F_{max} 频率周期内，所有实际解调器中可能（尽管概率很小）存在的脉冲不止一个。此外，所得估值虽可表征通常接收机（该接收机在频率检波器输入端装有限幅器）中的异常偏差，但调频的这一解调线路完全不同于较强噪声条件下的最佳线路。分析表明，最佳解调器（就最大逼真而言）应根据自动频率微调跟踪线路加以研制。比如根据频率相位微调系统，如图 4 – 11 所示。在该线路中，可控振荡器的频率被调谐到所接收调频信号频率的附近。经过调谐的控制信号就是信号调制函数 $s(x(t))$ 的估值 $x^*(t)$。

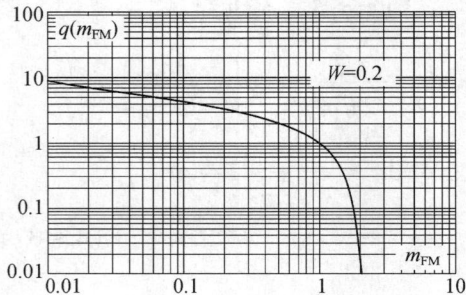

图 4 – 10 调频条件下清晰度的门限信噪比

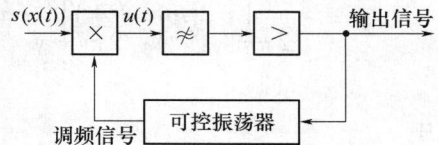

图 4 – 11 基于频率相位微调系统的调频解调器

在采用调频跟踪接收时，还必须考虑门限效应。但该效应的显示机构却有所不同。频率相位微调跟踪系统在工作时可把激励器调谐到输入过程瞬时频率的附近。为此，激励器应在载频额定值 f_0 附近的 $\pm f_j$ 带宽上进行重调。带宽 $\Delta f_{no} = 2f_j$ 为频率相位微调系统的抑制带宽。为了确保在抑制带宽上对输入信号频率进行跟踪，应把所接收信息的副本输送至可控振荡器。该副本可形成于频率相位微调系统的输出端。如果频率相位微调系统没有使所接收信息的频谱失真，那么就有可能在没有明显动态误差的情况下形成输出副本，也就是将具有不小于 F_{max} 的带宽。频率相位微调系统的等效噪声带宽大致如此。

频率相位微调系统的异常工作就是同步中断，即频率跟踪过程遭受破坏。非线性系统（诸如频率相位微调系统）转换过程的理论研究已相当多，它可在给定的输入作用参数和系统本身参数的条件下评估同步中断的特性。如果频率相位微调系统带宽上的信噪比为

$$q_{in} \approx (5 \sim 10) \tag{4 – 42}$$

那么频率相位微调系统将稳定工作(没有同期中断),根据这一论断就足以完成所研究的可靠性评估任务。

把最小值 $q=5$ 作为门限值,而且频率相位微调系统输入端噪声在接收机中频放大器带宽上的谱密度为

$$N = \frac{P_{no}}{2(f_j + F_{max})} \tag{4-43}$$

那么可得

$$q = \frac{P_c}{2NF_{max}} = q_{in} \frac{2(f_j + F_{max})}{F_{max}} = q_{in}2(m_{FM} + 1) \tag{4-44}$$

根据式(4-44),得

$$q_{in} = \frac{2.5}{m_{FM} + 1} \tag{4-45}$$

该关系式可用来绘制最佳解调器(采用频率相位微调系统)条件下输入信噪比与调频指数的互换图。

根据式(4-45)绘制的曲线图如图4-12所示。

图4-13所示为实际鉴频器的门限信噪比关系曲线以及最佳调频解调器输入端限幅器的关系曲线。

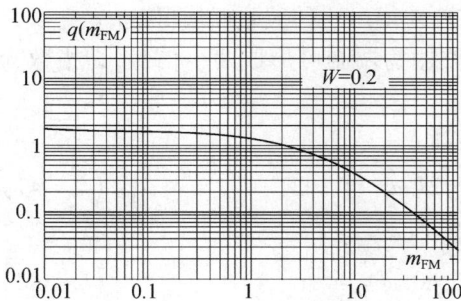

图4-12 最佳解调条件下信噪比与
调频指数的互换图

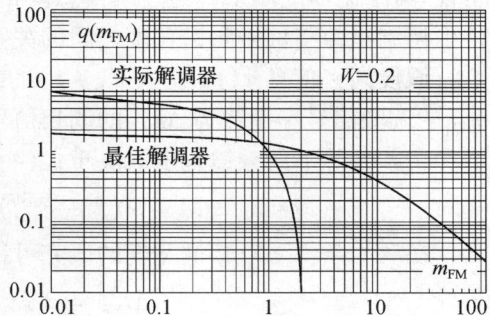

图4-13 实际和最佳调频解调器

图4-13中的曲线图可用以研究异常效应:在 $q<1$ 条件下,实际频率解调器优于最佳解调器。但要解决这一异常现象也非常简单:根据对异常误差的分析来获得现实检波器输入端的门限信噪比。在 $q>1$ 和 $m>1$ 条件下,异常误差根本不能确定鉴别器的工作质量,而输出噪声功率比输入噪声功率大约小 m 倍。

显然,图4-12的关系曲线可精确评估门限信噪比。可利用式(4-46)作为逼近函数:

$$q_{\text{in}}(m) \approx \frac{1.65}{m_{\text{FM}}^{0.8} + 0.16} \qquad (4-46)$$

该函数可描述强噪声条件下实际解调器的临界特性,以及弱噪声条件下最佳解调器的临界特性。

在传输连续信息时,通常不使用调相器。该论点评述如下:

(1)鉴频器输出端的电压始终与输入信号频率成正比。因此,在中频放大器带宽上,频谱均匀的噪声被鉴频器转化为偶然振荡,该振荡具有谱密度和频率的抛物线关系曲线。在这些条件下,为了避免信息的高频分量严重失真,可在传输方向上对其"着重指出",也就是使调制函数通过微分滤波器。但信息所导出的调频则为信号的调相。

(2)在技术上,为了得到载波振荡(在平均频率上是固定的)频率的较大偏差,应在指定振荡器的低频上使用调相器,并把所得的调相振荡频率增至载波的额定值,同时把相移范围成比例增至较大指数 $m_{\text{PM}} \gg 2\pi$。

(3)调相信号的频谱宽度与调制信息的频谱宽度成正比,但在较大指数的调频条件下,信号频谱宽度基本上取决于频率偏差,与 F_{max} 几乎没有关系。因此,在传输连续关系时,实际上宁可使用调频。

调频条件下所得的门限信号估值足以表征调角的所有可用形式。但为了其完全性,可绘制曲线图来确定连续信息调相条件下的门限信噪比。利用调频、调相条件下调制指数与信号频谱宽度之间的关系,极易得出这种关系曲线。

假设同一信息 $x(t) \in [-1, +1]$ 的载波振荡调制可形成两个信号,即指数为 m_{FM} 的调频信号和指数为 $\Delta\varphi_{\text{PM}}$ 的调相信号。

调频条件下的频谱宽度取决于式(4-47):

$$\Delta f_{\text{FM}} = 2(f_j + F_{\text{max}}) = 2(m_{\text{FM}} + 1)F_{\text{max}} \qquad (4-47)$$

在调相条件下对频谱宽度的研究可得出式(4-48):

$$\Delta f_{\text{PM}} = 2F_{\text{max}}(1 + \Delta\varphi_{\text{PM}}) \qquad (4-48)$$

使式(4-47)和式(4-48)相等,得

$$2(m_{\text{FM}} + 1)F_{\text{max}} = 2(1 + \Delta\varphi_{\text{PM}})F_{\text{max}}$$

由此得出:

$$m_{\text{FM}} = \Delta\varphi_{\text{PM}} \qquad (4-49)$$

同时还可利用同一曲线图4-13来对调相时的门限信号进行估测。

4.2 脉码调制系统信号截获

以脉码调制信号为基础的信息数字传输技术不仅可应用于数据传输系统和无

线电指挥系统,而且还可应用于通信系统(采用先前研究的模拟信号)。应把脉码调制信号看作是极为重要的被侦察信号,而接收这些信号的质量则作为无线电侦察设备作用效能的重要指标。接收每一信号元素的误差概率可用来评估数字信号的截获质量。在下文中没有对侦察设备(装有传输装置)的同步问题加以分析,虽然这些问题在多信道系统的信息截获中极为重要。本文没有阐述的内容甚至还包括截获信息的译码和解码技术方法,此乃保密任务,而非无线电侦察任务。

无线电侦察设备截获信号时,脉码调制字符的接收误差概率取决于诸多因素。为了评估可能达到的误差概率,可采纳以下有关侦察目标信号的假设和推测。

(1) 脉码调制信号为二进位字符流,该字符在统计上是独立的和等概率的,字符 $s_0(t)$ 和 $s_1(t)$ 即为字符"0"和"1"的逻辑值;信号功率为 P_c,字符长度为 τ_c,字符能量为 $Q_c = P_c\tau_c$。

(2) 侦察设备接收机在标准噪声的附加混合物 $n(t)$ 中观测信号:

$$x(t) = s(t) + n(t) \tag{4-50}$$

噪声的谱密度为 N_0。

(3) 当辐射中的间歇适合于字符"0"的传输时,即 $s_0(t) = 0$ 时,信号具有被动间歇(脉码调制—调幅),或者说,当 $s_0(t) \neq 0$ 和 $s_1(t) \neq 0$,而信号 $s_0(t)$ 和 $s_1(t)$ 的能量相等时,信号具有主动间歇(脉码调制—调频或者脉码调制—调相)。

接收机在所作假设条件下的最佳运算算法主要在于所接收振荡 $x(t)$(具有基准电压)的相关积分计算以及该积分值与门限电平的比较[20]。可用图 4-14 中的结构图来说明接收机的这一运算算法。

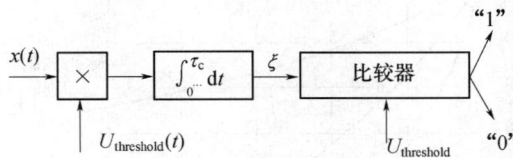

图 4-14 脉码调制信号解调器

对于被动间歇信号来说,有

$$\xi = \int_0^{\tau_c} x(t) s_1(t) \mathrm{d}t \gtrless \frac{Q_c}{2} \tag{4-51}$$

如果上面不等式成立,那么输入端存在信号 $s_1(t)$,如果下面不等式成立,那么输入端则存在信号 $s_0(t)$。

对于主动间歇信号来说,有

$$\xi = \int_0^{\tau_c} x(t) [s_1(t) - s_0(t)] \mathrm{d}t \gtrless 0 \tag{4-52}$$

当接收机输入端存在信号 $s_0(t)$，且标准偶然值 ξ 小于门限值时，以及信号 $s_1(t)$ 在输入端含有振荡 $x(t)$，且 ξ 小于门限值时，都将产生误差。根据该观点可得出误差概率为

$$P_{\text{sum}} = \frac{1}{2}\Big[1 - \Phi\Big(\sqrt{\frac{Q_c}{N_0}(1 - \rho_s)}\Big)\Big] \qquad (4-53)$$

式中：$\Phi(\cdot)$ 为概率积分，$\Phi(t) = \dfrac{2}{\sqrt{\pi}}\displaystyle\int_0^t e^{-t^2}\mathrm{d}t$ ；$\rho_s \in [-1, 1]$ 为信号 $s_1(t)$ 和 $s_0(t)$ 的相关系数：

$$\rho_s = \frac{1}{Q_c}\int_0^{\tau_c} s_0(t)s_1(t)\,\mathrm{d}t \qquad (4-54)$$

对于被动间歇信号以及脉码调制—调频信号（正交信号 $s_1(t)$ 和 $s_0(t)$）来说，$\rho_s = 0$，而对于脉码调制—调相信号来说，$\rho_s = \cos\varphi$，式中的 φ 为调相指数。因此，当 $\varphi = \dfrac{\pi}{2}$ 时，反信号的 $\rho_s = -1$。

在式（4-53）中应考虑到，在等概率字符 $s_1(t)$ 和 $s_0(t)$ 条件下，被动间歇信号的平均功率比主动间歇信号小 $1/2$。

因此，根据式（4-53）和式（4-54）可得脉码调制信号字符的最佳接收误差概率与信噪比之间的关系曲线[20]。这些关系曲线如图 4-15 所示。

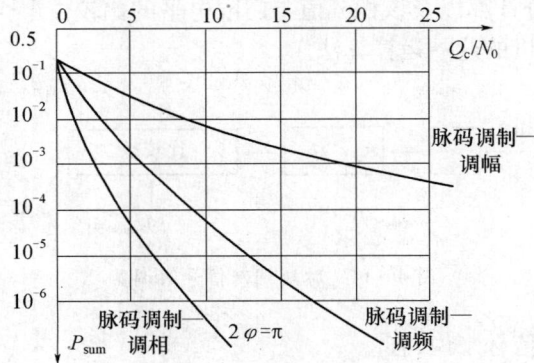

图 4-15　接收字符的误差概率

当然，应使信号接收质量的可能估值不大于字符误差概率的下限，因为它们取决于信号、噪声和接收机构成方式的合理模数。无线电侦察设备接收机可实际采用脉码调制—调幅和脉码调制—调频信号处理的不相干法。在截获脉码调制—调相信号时，必须采用某些相干接收法[27]。

在载波振荡调幅（键控）条件下，要求在输入信号包线检波器接收机中采用脉

62

码调制信号的不相干接收法。此时,识别信号 $s_1(t)$ 和 $s_0(t)$ 的门限电平取决于带宽 $\Delta f \sim \dfrac{1}{\tau_c}$ 上的信噪比 $\dfrac{Q_c}{N_0}$。如文献[27]所示,在最佳门限值和信噪比 $\sqrt{\dfrac{Q_c}{N_0}} > 4$ 条件下(此时,侦察效能相当高,对侦察设备无线电电子系统信号的接收概率也相当大),实际不相干接收机的误差概率将是最佳接收机的

$$\left(\frac{P_{\text{sum real}}}{P_{\text{sum optimal}}}\right)_{\text{AM}} \approx \frac{\sqrt{\pi}}{2}\sqrt{\frac{Q_c}{N_0}} \qquad (4-55)$$

倍。

脉码调制—调频信号的不相干接收机装有两个已调至 $s_1(t)$ 和 $s_0(t)$ 信号频率的滤波器、滤波器输出端的信号包线检波器以及比较这些包线的比较器。在这种情况下,实际和最佳接收机的误差概率差取决于关系式[20]:

$$\left(\frac{P_{\text{sum real}}}{P_{\text{sum optimal}}}\right)_{\text{IM}} \approx 1.26\sqrt{\frac{Q_c}{N_0}} \qquad (4-56)$$

当 $\sqrt{\dfrac{Q_c}{N_0}} > 3$ 时,该关系式成立。

如果侦察目标信号采用调相,那么侦察设备解调时应采用鉴相器。无论具体的线路技术方案如何,鉴相器应将输入振荡 $x(t)$ 与基准电压 $U_{\text{threshold}}(t)$ 相乘,该电压与载波(被调制)振荡同步、同相。换句话说,接收调相信号时,要求必须采用最佳相干接收法来控制被接收振荡。因此可预测,脉码调制—调相的接收质量性能应与最佳接收机的相同,但有附带条件,即在形成基准电压的信道中具有噪声的相对影响。的确,所接收信号可形成相干基准振荡 $U_{\text{threshold}}(t)$,该振荡可确保鉴相器在解调脉码调制—调相条件下的正常工作。自然,在绘制基准电压形成线路图时有许多不同方案,可根据具体条件来选择某种方案:相位键控指数、信噪比、制造接收机时所采用的基本基线等。但在任何情况下,噪声都会与基准振荡一起对鉴相器产生影响,当然,噪声无法提高信号的解调质量和接收质量。因此应注意,图4-15中最下面的曲线可表征 $\pm\dfrac{\pi}{2}$ 上调制时脉码调制—调相信号的最佳接收误差概率,即实际侦察接收机在截获数字信号时的误差概率上限。

第5章 雷达侦察

5.1 雷达侦察组成和任务

雷达侦察利用目标对电磁波的反射现象以及目标与周围介质形成的无线电反差来探测和识别目标,并测定其位置和运动参数,进而判定其战术技术性能。雷达侦察设备还可用于地面、水面和冰面的绘图、生态监控以及地球资源勘察。雷达侦察设备的总方框图如图 5－1 所示,它与雷达方框图并无区别。

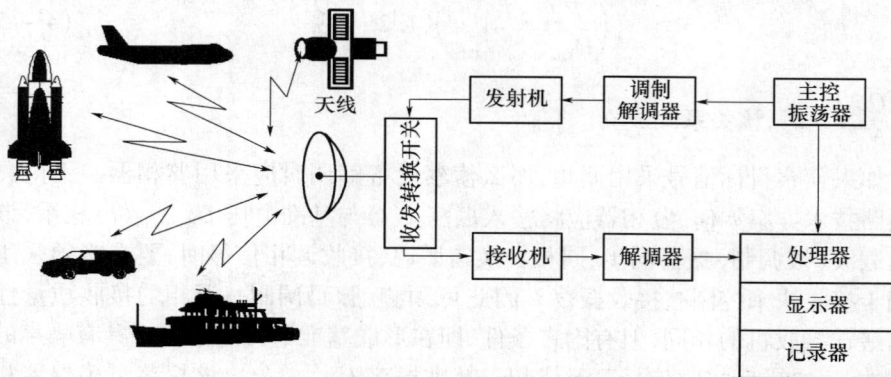

图 5－1 雷达侦察设备的总方框图

通常主要以如下指标来判定雷达侦察设备的效能:

1. 精确度

可通过雷达侦察设备在工作过程中的误差值加以测定。同无线电侦察与无线电技术侦察设备一样,雷达侦察设备的精确度可用正常误差和异常误差来表示。

在描述正常误差的精确度时,概率的正态分布律至关重要。问题在于,与先验值相比,误差概率分布密度函数在实际中都是对称的、"狭窄的",它非常近似于二次指数曲线,即高斯曲线。既然精密系统能够产生可小幅变动的输出值,那么雷达测量仪的误差概率分布密度将始终具有"狭窄性"。但如果正常误差的分布律形态 $W(\varepsilon)$ 是已知的,那么使用该分布律的以下两个参数就足以表征其精确度,即数学期望值 $M\{\varepsilon\} = M\{\lambda - \lambda^*\}$(相对于真值 λ 的偏值误差 λ^*)和离散差 $\sigma_\lambda^2 = M\{(\lambda - \lambda^*)^2\}$。利用自相关函数 $\rho_\lambda(\tau) = \sigma_\lambda^2 M\{\varepsilon(t)\varepsilon(t-\tau) - M^2\{\varepsilon\}\}$ 或者与自相

关函数相关的能谱 $G_\varepsilon(\omega)$ 即可表征雷达侦察的工作成效。

具体的大误差值对于精确度来说意义不大。这些误差可根据它们出现的概率 $P\{|\varepsilon|\geqslant 3\sigma_\lambda\}$ 来估算。这些大误差（疏忽误差）可能是在量度不一、设备故障、虚假情报干扰等情况下而产生。当雷达侦察的工作数据取有限值时，可用概率来表征其精确度。例如，可用概率来对雷达目标的探测、识别误差进行评估。

2. 工作范围或有效区域

即几何空间范围 $\mathbf{R}^3$。在该范围内，雷达侦察设备可确保所需的精确度。其工作范围的大小取决于侦察目标至侦察雷达的最大距离 R_{max}。以下因素将对 R_{max} 值产生影响：在雷达至目标的往返（$2R_{max}$）途中以及目标反射时，雷达信号能量都将被散射。为了确保雷达侦察的精确度，接收信号的功率应不低于门限值 $P_{threshold}$。雷达侦察设备接收机输入端门限值 $P_{threshold}$ 所对应的最大距离，可由式（5-1）得出[7]：

$$R_{max} = \sqrt[4]{\frac{P_r G S \sigma_E}{(4\pi)^2 P_{threshold}}\eta} \qquad (5-1)$$

式中：P_r 为辐射信号的功率；G 为发射天线增益系数。

$$P_{radar} = P_r G \qquad (5-2)$$

式中：P_{radar} 为雷达在发射天线方向图主瓣方向所辐射探测信号的有效功率值；S 为接收天线的有效面积（在同一天线上进行发射与接收）。

$$S = \frac{G\lambda^2}{4\pi} \qquad (5-3)$$

式中：λ 为雷达信号的波长；σ_r 为目标反射的有效面积系数；η 为天线馈线系统上的损耗系数。

接收天线的有效面积 S 是目标在天线口径上散射磁场的功率通量（$|\boldsymbol{\Pi}| = |\boldsymbol{E}\times\boldsymbol{H}|$）密度与天线—馈线系统供给接收机输入端的功率之间的比例系数。对于大型天线，S 值近似于口径的几何面积，该口径垂直于矢量 $\boldsymbol{\Pi}$，但对于几何面积非常小的天线来说，S 值极其有限，但相当重要。这样的半波振子由导线或细的带状线组成，其任一方位的电场强度均为 E。

$$S \approx 0.1\lambda^2 \qquad (5-4)$$

σ_E 则是雷达信号（用以照射目标）功率通量密度与目标反射信号功率之间的比例系数。

当无线电波在雷达与雷达目标之间直线传播时可得出式（5-1）。无论辐射功率以及式（5-1）右边的可变量怎么变化，雷达侦察设备（工作于常用雷达频段）的工作区域半径都不能超过直视距离。考虑到大气中的折射，该直视距离可由下式得出：

$$R_{0max} \approx 130(\sqrt{H_1} + \sqrt{H_2}) \qquad\qquad (5-5)$$

式中:H_1 和 H_2 分别为地球平均半径 $R_z \approx 6400km$ 上空的雷达天线高度和雷达目标高度。

式(5-5)中的所有数值都以千米计算,式(5-5)中的数值也都是客观真实的,其中包括雷达侦察卫星的轨道高度。

为了增加 R_{max},可提升雷达侦察设备的天线高度,可将雷达侦察设备安装在飞机上(即远程雷达警戒飞机)或者人造地球卫星上。

增加通视距离的其他方法则是采用十米波(即短波),其传播路径由于地面反射或电离层反射而增加。超视距雷达使用的就是这一原理。

由于在执行不同任务(运动参数的探测、识别、测量)时,只有在相应不同的 $P_{threshold}$ 条件下才能达到所需的精度,因此同一侦察设备所要求的最大距离也不尽相同。

3. 抗干扰稳定性和抗扰性

即雷达侦察设备在自然干扰和人为干扰条件下确保其所需精度的能力。

在雷达侦察设备的分析和设计中,实际抗扰性和潜在抗扰性是有区别的。潜在抗扰性是所能达到的最高极限,它始终高于实际抗扰性,适于雷达信号接收时的最佳处理方法。潜在抗扰性与实际抗扰性相比较,即可显示出雷达侦察设备的改进潜力。

4. 反侦察性

可表征雷达侦察设备在确保其所需精度的条件下,对敌方无线电技术侦察设备信号参数等信息的可用度。

5. 分辨力

雷达侦察设备的分辨力就是在确保其所需精度的条件下,对不同侦察目标信号参数的探测能力。如第4章所述,分辨力可分辨雷达探测目标1和目标2反射信号参数值的最小差别 $\Delta\lambda = \lambda_1 - \lambda_2$。在雷达侦察设备的工作范围内,分辨力的度量单位 $\Delta\lambda$ 决定着 λ 分辨单元的尺寸,而其分辨单元的数量则取决于工作区域的大小、探测信号的性能以及天线系统的性能特征。为了提高距离分辨力,需拓宽探测信号的频谱,为了提高径向速度分辨力,则需增加信号的持续时间 T_c,如需同时提高距离分辨力和速度分辨力,就必须延长信号基线 $B = \Delta f_c T_c$。

减小雷达侦察天线方向图的宽度可提高角坐标分辨力:天线方向图的宽度越窄,角坐标分辨单元的尺寸就越小。为了提高角坐标分辨力,需将雷达侦察设备安装在运动载体上。安装在飞机或人造地球卫星上的雷达在沿弹道弧 L 运动时可合成天线孔径。在这种情况下,合成孔径的尺寸远远大于天线孔径的实际尺寸,而合成孔径的尺寸又决定着分辨单元的尺寸。

6. 通信容量

即雷达侦察设备在满足侦察数据精度的条件下,单位时间内所获取的最大信息量。通信容量可用每秒内所探测、识别和获取的目标数量来计算。

除了所列举的指标外,雷达侦察设备还可用可靠性、使用效率、经济参数以及战役战术参数来表征。

5.2 超视距雷达侦察设备使用原则

在5.1节中已阐述,在地球环境下,在雷达所使用的米波至毫米波的频段范围内,雷达侦察的最大作用距离要受到直视距离的制约。而在一定条件下,十米波(3MHz~30MHz)雷达可超视距探测目标,因此,十米波雷达的应用具有一定意义。该雷达可使用电离层波或地面波。此外,该雷达既可工作于电波反向散射(反射信号在辐射位置被接收),也可工作于电波正向散射(电波的入射流与散射流在同一方向上扩散)。超视距雷达的工作原理如图5-2所示。

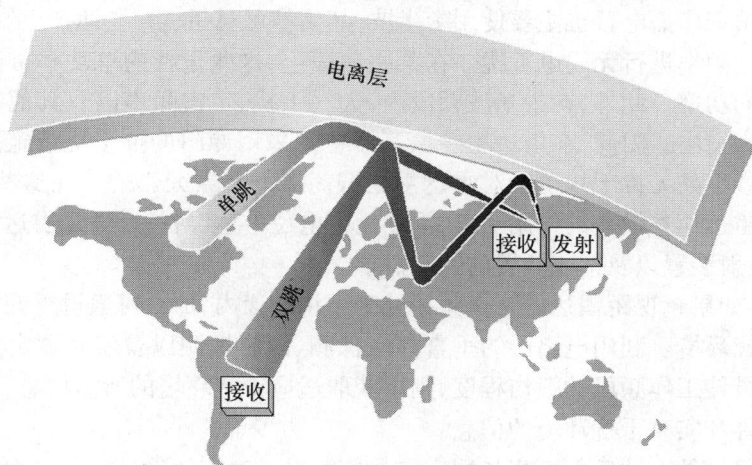

图5-2 超视距雷达

以十米波正向散射的雷达可进行远距离探测。在这些雷达中,发射机和接收机可传播数千千米。如果在发射与接收阵地之间的发射机信号辐射区域内出现目标,那么可通过接收信号的特征变化来发现目标。在正向散射的雷达中,其接收点的信号能量较大,但信息量却很小:它们只能发现目标,但无法测定目标的距离坐标。这一缺陷只有在同时使用几个接收阵地以协同处理所有探测结果的条件下才能克服。其他局限性则在于很难选择接收与发射阵地。从实际利益出发,至少要有一个阵地部署在境外。此外,也很难使发射和接收子系统能够同步传输1万多千米[33]。

当电波在电离层中传播时会发生折射,折射系数随高度而变化。十米波的折射相当强烈,其反射到地球上的单跳距离约为 3000km。

在反向散射的雷达中,地球反射的信号以直射信号方式返回辐射源。传播中可能同时含有单跳和多跳。

在反向散射雷达的主控振荡器中,发射与接收装置或安装在一起(重合型),或间距较小(分传型)。发射天线所辐射的电磁能被传至单跳区电离层。之后,辐射能在电离层与地球之间或电离层之间的空间内传播。其辐射频率必须确保远距离传播中的能量衰减最小。

当出现目标时,目标的反射信号将返向雷达。反向散射雷达不仅能超视距探测目标,并且还能确定其坐标。可通过至目标的往返传播时间来确定目标距离。为了确定角坐标,可采用大型天线,这种天线具有足够窄的方向图。

与雷达常用的厘米波和分米波相比,雷达主控振荡器使用的十米波(短波)具有某些重要的传播条件,这些传播条件在很大程度上取决于电离层状态。

通信站和广播电台也主要使用十米波,其信号可对超视距雷达产生影响,也就是可对雷达频率进行无线电干扰。在某些频段上,这些干扰的总功率可能会大于反射信号的功率。此外,在十米波频段内,大气干扰、宇宙噪声以及其他有源干扰的表现尤为突出。因此,在雷达主控振荡器中需采用专门的抗干扰措施。由于地面反射而产生的无源干扰也会对雷达主控振荡器产生巨大影响。在这些情况下,为了提高雷达侦察设备的作用距离,需使用高电位雷达设备,以满足雷达天线—馈线装置、发射装置以及接收装置的特殊需求。

此外,如果超视距雷达的工作频率处于干扰频段内,那么可通过重调工作频率来适应干扰环境。利用电离层的垂直高空探测、倾斜探测以及实时测定无线电干扰对雷达最佳工作频段的毁伤程度,则可获取适应干扰环境的所需信息,即有关信号传播条件和实时干扰环境的信息。

探测目标的有效反射面积是测定雷达侦察设备对有效信号接收能力的要素之一。飞机、舰船、弹道导弹、核爆炸后所形成的电离区都可能成为超视距雷达的探测目标。

雷达主控振荡器天线具有较大的增益系数,它可在较大的方位角范围内进行快速扫描。此外,天线还能控制高低角,并利用强信号工作。最难满足的一个要求则是保证天线能在相当大的频段范围内工作,因为必须进行常规调谐以避开干扰,并对通过路径加以选择,该路径取决于电离层状态。最好是天线方向图的旁瓣电平尽可能的低,这也是对所有天线的要求,对于雷达主控振荡器天线来说尤为重要,因为十米波频段内的干扰电平较高:由于受到极光和流星的反射而产生的远距离干扰可进入天线方向图的旁瓣接收装置,为了得到较窄的天线方向图,十米波天线应具有较大尺寸,该天线阵列可达数百米。

位于高低角平面的超视距雷达天线方向图,可最大限度地贴向水平面。使用水平极化天线时,需建立非常高的天线构架才能满足射线水平排列的要求。使用垂直极化天线时,为了使射线贴向水平面并减小其损耗,需在天线表面喷镀金属。

对发射单元(可组成发射天线阵列)的基本要求是:在较宽的工作频带以及指定的扫描扇区内,辐射源的输入电阻恒定不变。这是一项复杂的工程技术任务,因为天线阵列中的辐射源相互通信。

雷达主控振荡器的接收装置可在相当复杂的环境下工作。首先,这种复杂性不仅取决于无线电台有源干扰的高电平,而且还取决于地球和电离层所反射的无源干扰的高电平。除此之外还有明显的信号衰减。在较宽工作频带下必须确保所规定的特性,也使无线电接收装置的要求更加复杂化。

反向散射的超视距雷达具有通信电台所无法达到的能力。探测地球反射的信号时,雷达主控振荡器能够获取电离层状态以及信号传播路径上电波传输条件的相关信息。为此,雷达主控振荡器必须具有专门的技术设备。

超视距雷达的作用距离为 $1000km \sim 4000km$ [33];多跳传播虽可获取更远的距离,但其所有精度指数都会大大降低。

超视距雷达的距离分辨力通常为 $20km \sim 40km$,甚至可达 $2km$ [33]。在正确测定探测信号和应答信号的传播路径的条件下,可确保距离测量的绝对误差为 $10km \sim 20km$。

角分辨力取决于天线方向图的射线宽度;它可小于 $1°$,适于 $3000km$ 处所分辨目标相互间 $50km$ 的直线距离。形成 10 束具有高信干比的射线即可确保角的准确度。考虑到电离层的影响,可有零点几度的角误差。

在鉴别 $0.1\ Hz$ 甚至更低的多普勒频率的条件下,雷达可根据速度来分辨目标。在 $20MHz$ 频率上,$0.1Hz$ 可分辨相对速度差值为 $2km/h \sim 7km/h$ 的目标。

先进的雷达主控振荡器系统可在发射和接收阵地间距 $150km$ 以及在频带 $5MHz \sim 50MHz$ 范围内连续调频辐射等条件下确保这一精度。该系统采用高为数十米、宽为数百米的发射和接收天线阵列。发射机同时工作时的最大辐射功率可达 $0.7MW$。采用数字方法可形成接收天线波束,并控制探测信号的传输方式。实质上,该系统的工作范围具有上、下限:最小作用距离为 $800km$,最大作用距离约为 $3000km$ [33]。

可通过以下方法来确定超视距雷达的工作范围。假设测向辐射天线雷达位于地面点 1(图 5 - 3),可以认为,雷达天线方向图的最大值可在方位平面上指向目标。

在垂直面上,天线方向图以较小高低角进行定位,其宽度含有临界高低角 β_{cr}。如果射线的电离层入射角大于 β_{cr},那么能量就会穿过电离层,射入宇宙空间。当 $\beta < \beta_{cr}$ 时,信号被电离层反射,然后在宇宙空间进行传播。临界高低角取决于电离层参数和雷达的工作频率。

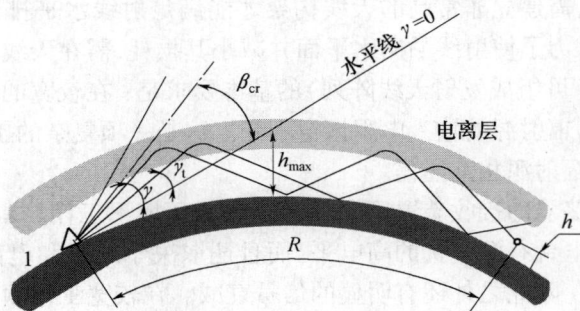

图 5 - 3　超视距定位下的电波传播

$$\beta_{cr} \approx \arccos \sqrt{1 - \left(1 - \frac{h_{max}}{R_{earth}}\right)^2 \left(\frac{f_{cr}}{f_{real}}\right)^2} \tag{5 - 6}$$

式中:f_{cr} 为电离层垂直探测的临界频率;h_{max} 为 F 电离层的最大高度;R_{earth} 为地球半径。

目标区(位于视距外,距离为 R,高度为 h)的功率通量密度将与有效辐射功率式(5 - 2) $P_r G$ 成比例,但如果临界高低角 β_{cr} 超出雷达的高低角方向图,那么接收点上与 G 的功率线性耦合将可能遭受破坏。

当信号以高低角 $\beta < \beta_{cr}$ 进行辐射时,窄管的大小取决于高低角 $\delta\beta$ 方向图和方位角 $\delta\alpha$ 方向图的宽度。以立体角 $\delta\Omega = \delta\beta\delta\alpha\cos\beta \approx \delta\beta\delta\alpha$ 进行辐射的功率为

$$\delta P = \frac{P_j G_j \delta\Omega}{4\pi} \tag{5 - 7}$$

高低角扇区$(0 \sim \beta_{cr})$内的所有辐射能量都被电离层所拦截。以高低角 β、距离 R 射出的每一射线都与高度 $h(\beta,R)$ 相对应,即 $h(\beta,R)$ 就是与信号辐射角 β、距雷达距离 R 相对应的高度。如果 R 为固定值,那么该关系特性将随路径中电离层状态以及雷达工作频率的变化而变化。首先,该函数为单值,也就是说,R 一定,则 β 与 h 单值对应。反函数为非单值,也就是说,h 一定,但 β 值各不相同。第二,函数范围以间隔为限,不能宽于$[0,h_{max}]$。

为了计算电离层中电磁能的吸收以及雷达信号在电磁波从雷达至目标传播过程中的时间延迟,第 i 射线都与吸收系数 Γ_i 和时间延迟 τ_i 相对应。

射线的横截面积为

$$\delta S_i = \delta h_i \delta l_i \tag{5 - 8}$$

此时,所有射线在方位角方向上的发散度相同,且

$$\delta l_i = \delta\beta_i R_{earth} \sin \frac{R}{R_{earth}} \tag{5 - 9}$$

70

式中:R_{earth} 为地球半径。

在球面上的发散度为

$$\delta h_i = \delta \beta_i R \text{ 和 } \delta l_i = \delta \beta_i R \tag{5-10}$$

雷达信号磁场的功率通量密度取决于目标区第 i 射线的吸收系数 $\Gamma_i = \Gamma_i(\beta_i, R)$ 以及关系式(5-7)~式(5-9):

$$\Pi_i = \frac{\delta P_i}{\delta S_i} \frac{1}{\Gamma_i} = \frac{P_r G(\beta_i)}{4\pi R R_{earth} \sin \dfrac{R}{R_{earth}}} \left(\frac{1}{R} \frac{\delta h_i}{\delta \beta_i} \Gamma_i \right)^{-1} \tag{5-11}$$

令

$$g_i = \frac{1}{R} \frac{\delta h_i}{\delta \beta_i} \tag{5-12}$$

无因次值 g_i 称为高度因数,其特点为:第 i 射线的场强根据高度 δh_i 而变化,它不同于球面发散 $\delta \beta R$ 时的场强变化。

由式(5-11)和式(5-12),得

$$\Pi_i = \frac{P_r G(\beta_i)}{W_{12}(i)} \tag{5-13}$$

式中

$$W_{12}(i) = 4\pi R R_{earth} \sin \frac{R}{R_{earth}} g_i \Gamma_i \tag{5-14}$$

它可表征电磁能的衰减,即第 i 射线从雷达至目标传播时的电波衰减。如果发射机的功率 P_r 以 W 表示,式(5-14)中的 R 和 R_{earth} 以 m 表示,那么式(5-13)中的功率通量密度 Π_i 则以 W/m^2 表示。

不同射线的高频电磁场干扰可产生随机相位。这就意味着,磁场在目标配置位置上的平均功率通量密度等于所有射线所产生的总功率通量密度,即

$$\Pi = \frac{P_r G}{W_{12}} \tag{5-15}$$

式中

$$W_{12} = \left[\sum_{i=1}^{n} W_{12}^{-1}(i) \right]^{-1} \tag{5-16}$$

W_{12} 为磁场从雷达至目标传播时的总衰减量。目标区的场强具有随机性,因为当时间和探测点坐标发生变化时,某些射线的信号相位也会发生迟缓的、相互独立的变化。场强的分配定律取决于射线的功率分布以及射线的数量。场强在时空中的变化速度取决于射线的时间延迟差,该差值越大,则变化速度越快。

在分析信号从目标至雷达接收天线的反向传播时可认为,目标反向散射图在

射线入射角扇区内是恒定的,反向散射的有效面积等于σ,它沿着该射线路径进行反向传播。当然,这些反向射线有一定程度的空间发散,或出现衰减,或出现时间延迟。大量的射线组n^2可在雷达的部署位置形成目标反射的信号场,也就是说,当第i射线辐射目标时,可沿第j射线进行反向传播。根据式(5-15)和式(5-16)计算的每一射线都将适于反射信号在接收场的功率通量密度和时间延迟。其中,功率通量密度为

$$\Pi_{co}(i,j) = \frac{P_r G(\beta_i)\sigma}{W_{12}(i)W_{21}(j)} \tag{5-17}$$

时间延迟为

$$\tau(i,j) = \tau(\beta_i,R) + \tau(\beta_j,R) \tag{5-18}$$

此时可由式(5-16),得

$$W_{12}(i) = W_{21}(i) \text{ 和 } W_{12}(j) = W_{21}(j) \tag{5-19}$$

由于不同射线的不相干性,目标接收信号的平均功率可被认为是所有射线的信号总功率,即

$$P_{co} = \sum_{i=1}^{n}\sum_{j=1}^{n}\Pi_{co}(i,j)S_{co}(\beta_i) \tag{5-20}$$

式中:S_{co}为接收天线的有效面积(在超视距雷达系统中,通常使用不同天线来进行接收和发射)。

因此,反向超视距雷达的信噪比为

$$\frac{P_{co}}{P_{no}} = \frac{P_r G S_{co}\sigma}{P_{no}W} \tag{5-21}$$

式中

$$W = W_{12}W_{21} = \left[\sum_{i=1}^{n}W_{12}^{-1}(i)\right]^{-1}\left[\sum_{i=1}^{n}W_{21}^{-1}(i)\right]^{-1} \tag{5-22①}$$

式(5-21)中的系数$W = W_{12}W_{21}$还考虑到了电波在正、反向传播路径上的全部衰减,该衰减取决于R和$\beta^{[33]}$。

5.3　雷达警戒和远程预警设备

早在20世纪40年代初就产生了在飞机上安装远程探测雷达的想法。目前,雷达警戒与制导飞机或者说是预警机(远程雷达警戒飞机)已经成为主要的雷达

---

① 原文无式(5-23)。

侦察系统。

由于侦查目标(攻击机、巡航导弹及其他飞行器)可宽频段低空飞行,所以预警机的雷达侦察设备采用了具有复杂探测信号的脉冲多普勒雷达[7]。该雷达侦察设备可在地面、海面反射环境下遥测空中和水上目标。该雷达侦察设备还装有高效的信息处理、显示和交换设备,不仅能探测和自动跟踪多目标,而且还能成为军队战役指挥系统的组成部分,即移动式信息指挥场。雷达警戒与制导飞机的机动性还可提高雷达场和军事指挥设备的生存力和战斗坚持力,并拓宽雷达场的范围。因此,尽管雷达侦察系统的工程造价和使用成本很高,但很多国家仍在广泛使用。

除飞机载体外,雷达警戒与制导系统还包括 6 个机载子系统,即雷达;识别子系统;导航与控制系统;通信系统;信息处理子系统;显示与指挥子系统。预警机机载无线电电子设备的总体配置如图 5-4 所示。

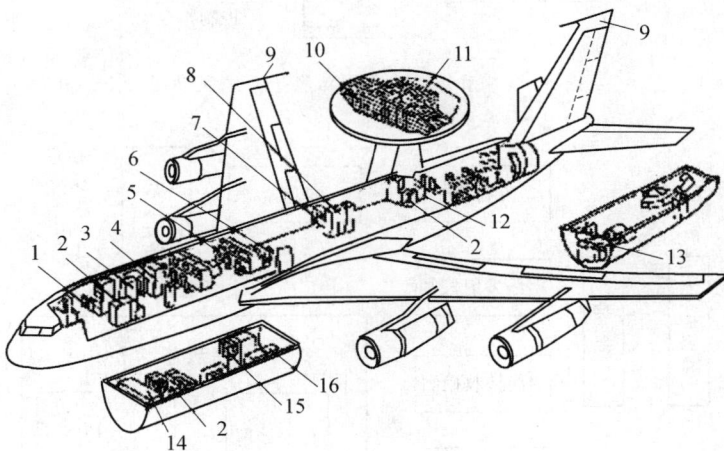

图 5-4 预警机机载无线电电子设备的总配置图

1—通信子系统控制台;2—通信子系统设备;3—数据处理子系统;4—机载数字计算机的操纵员工作台;
5—多功能数据显示控制台;6—值班台;7—雷达技术维护操控台;8—雷达的接收装置和数字计算机;
9—通信系统的短波天线;10—雷达天线系统;11—雷达识别系统天线和数据传输系统天线;
12—雷达识别和导航设备;13—雷达传输装置;14—飞行控制的无线电电子设备;
15—直流电电源;16—配电装置。

雷达侦察设备的主要功能子系统联动图如图 5-5 所示。

雷达侦察设备的探测雷达结构图如图 5-6 所示。

现有的雷达侦察设备都装有远程预警系统,可在 9km ~ 12km 的飞行高度探测和跟踪距其 650km 的数百个目标。其方位角探测范围为 360°,高低角探测范围为 ±30°。其距离分辨力为数百米,方位角分辨力为 1°~5°。

预警机的雷达有如下工作模式:

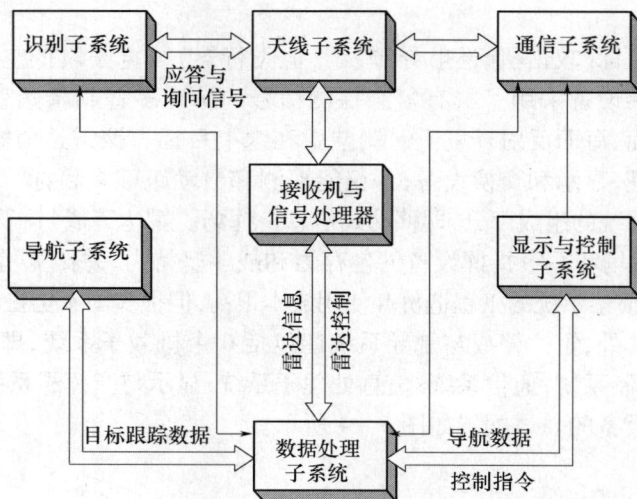

图 5-5　预警机的主要功能子系统联动图

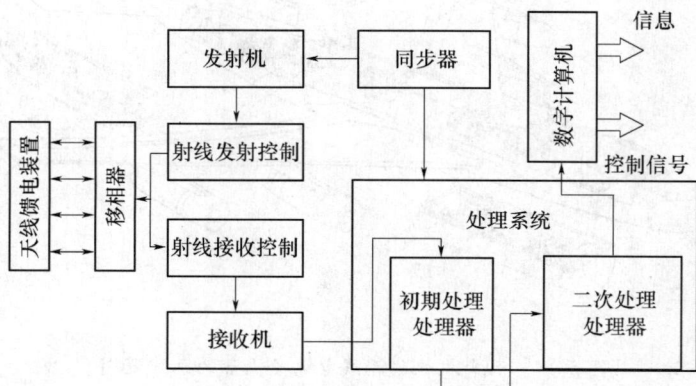

图 5-6　雷达侦察设备的探测雷达结构图

（1）具有高重频脉冲、且不能进行垂直扫描的脉冲多普勒模式，可在地面和海面的反射环境下探测空中目标，但无法测定目标的飞行高度。

（2）具有高重频脉冲、且可进行垂直扫描的脉冲多普勒模式，可探测和测定目标的飞行高度。

（3）具有低重频脉冲辐射的脉冲模式，可在无地球干扰的情况下探测高于水平线的目标。

（4）无源模式，可在一定的角扫描扇区内关闭发射机，并使用雷达接收机来探测和测定辐射源（首先是干扰发射装置）坐标，也就是2.1节所述的三角测量法，即通过一架或二三架飞机（即雷达侦察设备的载机）进行目标定位。

74

（5）跟踪模式，可在探测信号的窄脉冲条件下跟踪水上目标。

第一种工作模式的主要功能是可在局部反射环境下搜索和探测多个空中目标。仅根据几个参数（通常为方位角和速度）即可进行目标搜索，进而处理多目标信息，并对其跟踪。这种工作模式只能单独使用。

第二和第三种工作模式则可同时进行（即联合模式）。在该模式下，可通过脉冲与脉冲多普勒的交替（在高低角天线波束扫描的一个周期内）来探测不同距离和高度的目标。探测上半球目标时可采用脉冲模式，探测下半球目标时则可采用脉冲多普勒模式。在联合模式下，可同时探测、跟踪远距和近距目标，这样可充分利用雷达能力。为了在脉冲多普勒模式下单值测定目标距离，雷达探测脉冲的倍重频需进行周期性变化。脉冲重频一般为几千赫。雷达发射机的脉冲重频以及不同模式下的载频转换不仅能提高雷达的效能和灵活性，而且还能提高其抗干扰能力。

天线：预警机的雷达天线是平面槽式相控阵天线，可进行高低角电子扫描。方位角天线可在 360° 范围内以 6r/min 的角速度低速旋转。远程预警系统（厘米波）的天线方向图在方位角平面上的宽度为 1°，旁瓣电平不超过 −40dB。机载无线电技术侦察设备天线的使用将受其结构的严格限制。首先，天线要安装在整流罩下面，整流罩可能会使雷达信号场结构出现偏差，从而降低雷达的性能。第二，当飞机（雷达侦察设备的载机）机动飞行时，需规定天线方向图的态势稳定性。这就需要在不改变机体轮廓、不降低飞行技术和结构性能的前提下进一步改进等角天线系统[34]。

发射机：预警机的雷达发射机可确保其输出脉冲功率为 1MW，并可在上述所有模式下工作。

接收机：接收机的信道可与不同工作模式下的不同信号相匹配。雷达侦察设备工作时，其接收信号的功率极其不同，这就对接收机提出了特殊要求。这取决于雷达工作范围内较大的目标距离差以及较大的雷达目标有效反射面积差。

对信号进行初期处理的处理器：该处理器可运行反干扰算法。初期处理的基本算法如图 5−7 所示。

机载雷达含有高重频脉冲和相干处理脉冲群，为了选择可测定目标速度的多普勒频率，机载雷达需使用相干过滤处理系统。初期处理系统是一种多信道的相干信号（具有随机振幅和初相）探测器，可根据距离和速度进行探测。该探测器可算出相干积分模数（即不定函数值），并与最佳探测的门限电平相比较[7]。在该条件下，初期处理算法（图 5−7）具有严格的运算顺序，可归结为：信号在"方位角—距离—速度"网路内的周期内处理；相干无源干扰的周期间补偿；多普勒滤波器中的匹配滤波；接收信号的统计。据此，该处理系统可做出探测决定，评估信号参数，并产生目标回波。

在低重频脉冲条件下，雷达侦察设备不仅能在 $0 \sim R_{max} = \dfrac{cT_i}{2}$ 范围内单值测定

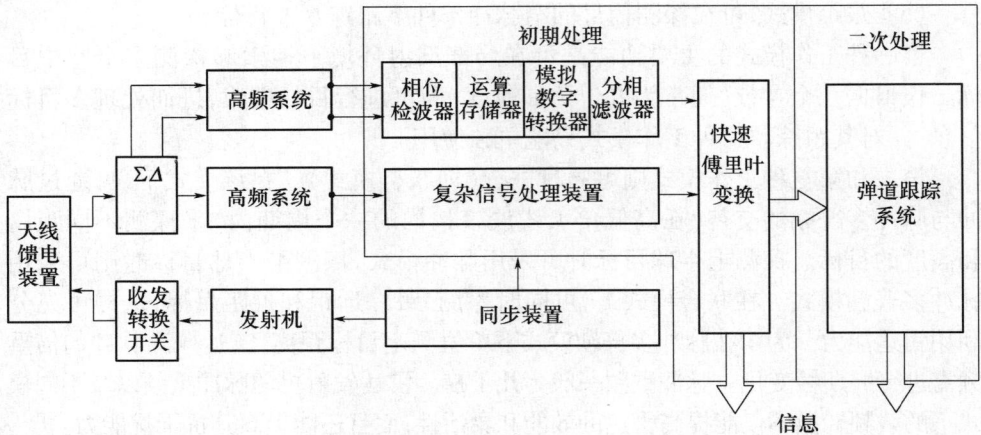

图 5－7　预警机机载雷达信号的初期处理

目标距离(其中 T_j 为探测信号的脉冲重复周期),而且还能发现无线电地平线之上的目标。但在地球弧面的反射条件下,却很难对雷达目标进行探测和跟踪。此外,由于目标反射的是窄脉冲,所以无法利用多普勒效应来测定速度。

在高重频宽脉冲的工作模式下,雷达可在地面及其他静止目标的干扰环境下精确测出目标信号,这在探测和跟踪低空飞行目标时非常重要。根据该目标信号,可单值测定移动目标的径向速度。但 $\dfrac{cT_j}{2}$ 周期内测定的距离却不止一个(非单值),如图 5－8 所示。目标的辐射时间为

$$t_{aim} = \frac{\theta_{0.5}}{\Omega_{md}} \approx 25 \sim 30(\text{ms}) \tag{5-24}$$

在该时间内,允许有多个距离读数。为了解决这一非单值性问题,雷达必须具有各种重频脉冲,并进行带内载波调频或调相。

在地面无源干扰环境下,目标反射的合成信号频谱如图 5－9 所示。频谱分量的大部分功率都集中在探测信号频谱分量的频率周围,即 $f_0 \pm kF_j$,其中 f_0 为载波频率,$F_j = \dfrac{1}{T_j}$ 为脉冲跟踪频率。可将下垫面的信号频谱分为 4 个区域(如图 5－9 所示)。1 区为雷达天线方向图主瓣方向上的反射,其频谱分量强度要比 2、3 区高 20dB～50dB。1 区的最大频率为

$$f_{n0} = f_0 + \frac{2V_c}{\lambda}\cos\theta_0 \tag{5-25}$$

式中:V_c 为雷达侦察设备的载机速度;θ_0 为天线方向图的俯仰角(图 5－8);λ 为载波波长。

76

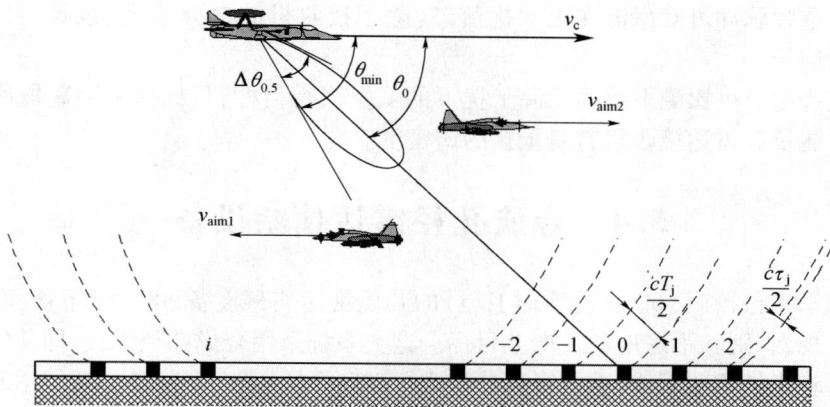

图 5-8 预警机在地面信号反射条件下的工作示意图

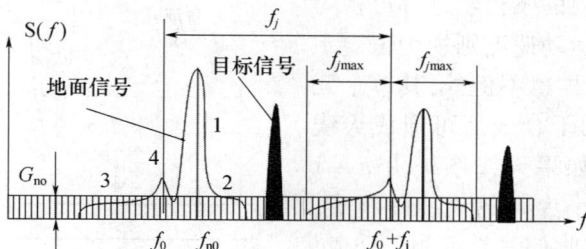

图 5-9 高重频脉冲条件下的接收信号频谱

1 区的宽度取决于天线方向图的主瓣宽度 $\Delta\theta_{0.5}$。

2 区为天线方向图旁瓣(位置高于主瓣)方向上的反射,其旁瓣位于主瓣上方,最大多普勒频率对应于式(5-25)中的 $\theta_0 = 0$,也就是等于 $\dfrac{2V_c}{\lambda}$。3 区为旁瓣方向上的反射,其旁瓣位于主瓣下方。该区的多普勒频移间隔为 $\left[-\dfrac{2V_c}{\lambda}, 0\right]$。4 区为法线(垂直于下垫面)附近地段的反射。

显然,接收信号频谱中频率范围为

$$f_0 + \frac{2V_c}{\lambda} < f < f_0 + F_j - \frac{2V_c}{\lambda} \tag{5-26}$$

在此频率范围内无法探测到下垫面的干扰。探测脉冲的重频为

$$F_j > \frac{2V_c}{\lambda} + \frac{2V_{aim}}{\lambda} \tag{5-27}$$

式中:V_{aim} 为移动目标可能的最大速度。

该重频脉冲可确保能在无干扰窗口(除了接收机的自身干扰)接收到目标所反射的信号。

这些窗口可探测下垫面无源干扰下的低空飞行目标,目标探测距离取决于接收信号能量和雷达接收机自身干扰的谱密度。

5.4　合成孔径雷达侦察设备

载于飞行器(飞机、人造地球卫星)的其他雷达侦察设备,可用于下垫面制图,以及发现、识别和跟踪地面及海上目标。这类系统采用合成孔径天线,即使使用尺寸相对较小的机载天线,也具有高分辨力(窄天线方向图)。合成孔径雷达的工作原理可通过下面这个例子予以解释。

不论是飞机、直升机或是人造地球卫星,其在几秒内的飞行轨迹都可视为直线,沿轨道的运动速度则视为恒定不变。机载天线同样也不例外,其单个元件的接收振荡相干合成后可形成天线方向图。例如,如果天线系统由 $n+1$ 个部署相同、大小为 d 的天线阵组成,且每一天线的接收信号都可相干合成,那么天线阵列将具有窄天线方向图,其大小为 $D=dn$,如图 5-10 所示。

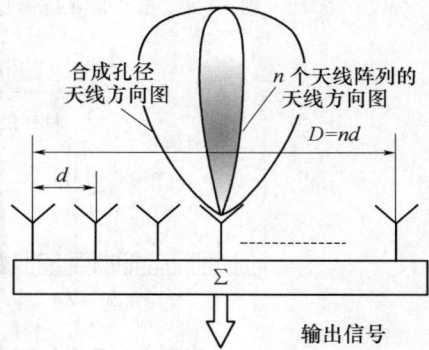

图 5-10　天线阵列方向图

合成孔径雷达需采用小型天线,其天线方向图相对于飞行器来说是固定的,且垂直于飞行轨迹,也就是可进行侧向扫描。在飞机飞行过程中,雷达天线依次位于飞行轨迹上的空间位置点,如图 5-11 所示,从而形成人造(合成)天线阵。

将雷达天线在航迹段各点上依次接收的信号进行存储,并相干合成,即可获得合成天线阵的窄天线方向图。雷达天线的合成孔径尺寸等于航线段的长度,在该航线段上,不同时间点、不同轨迹点上的接收信号可进行相干合成。

通常认为,合成孔径雷达的方位角分辨力要比全景雷达高 100 倍[31]。合成孔径雷达的分辨力近似于光学设备。

与其他雷达一样,合成孔径雷达的斜距分辨力取决于雷达的脉冲工作模式,此时可使用带内调制信号。

显然,点状目标的信号回波越窄,则探测目标在最终影像上的间距就越小,分辨力也越高。在实际工作条件下,雷达系统的分辨力还取决于其他一系列因素。例如,具有强反射信号的目标回波,会对与其相邻的弱反射信号回波产生较大影

图 5 - 11　雷达系统合成孔径的地表视界[30]

响。因此,相互间振幅差异较大的信号分辨力将低于强度相同或相近的信号分辨力。

雷达系统的角方位分辨力取决于合成孔径天线方向图的宽度 θ_c,即

$$\theta_c = \frac{\lambda}{2L} \qquad (5 - 28)$$

式中:L 为飞行器的航迹段长度,在此范围内可处理接收信号并合成孔径。

在该天线方向图宽度条件下,沿飞行航线的距离分辨力即使在远距离情况下也非常高,该距离分辨力为

$$\delta x = \theta_c R \qquad (5 - 29)$$

为了使合成天线方向图的宽度与增大距离成比例,可对合成孔径的尺寸加以更改,进而获得以固定分辨力(不受观测距离影响)绘制的雷达影像。

雷达的斜距分辨力取决于脉冲工作模式,即

$$\delta R = \frac{c\tau_{\text{aim}}}{2} \qquad (5 - 30)$$

而水平距离分辨力(图 5 - 12)则取决于斜距分辨力 δR 以及射线与地面的斜角 θ:

$$\delta D = \frac{\delta R}{\cos\theta} = \delta R \frac{\sqrt{D^2 + H^2}}{D} \qquad (5 - 31)$$

在远距离(同飞行高度 H 相比)条件下,分辨力 δD 等于斜距分辨力 δR。在水平距离 D(与 $\theta > 45°$ 时的飞行高度相比,如图 5 - 12 所示)条件下,地面分辨力有所降低。因此,侧向扫描雷达无法观察到飞行器正下方的 $(2 \sim 4)H$ 地带。

雷达的分辨力越高,则其影像的详细程度越高。此时,不仅可看到目标与地貌的更多细微部分,而且还能看到反侦察于地貌中的较小(点)目标。

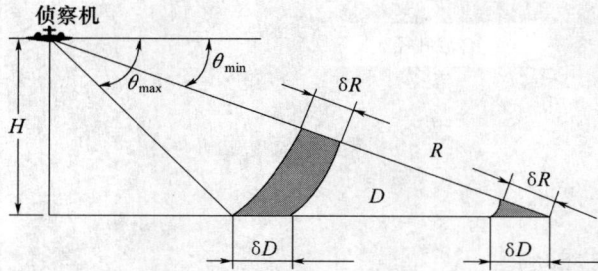

图 5 – 12 水平距离分辨力的确定

除坐标分辨力以外,振幅分辨力(即测定目标反射信号功率的能力)也极其重要。它对反射信号功率电平的复制程度,取决于影像的动态范围。对地侦察雷达中,其反射信号振幅的动态范围(最大信号与最小信号的比值)可达 70dB ~ 80dB,而其他用途的雷达,则一般不超过 20dB ~ 30dB[31]。

如果合成孔径雷达具有任意角定位的天线方向图(相对于载机的飞行轨迹),则其性能将得到大幅提高。其中包括侧向扫描、前侧向扫描、扇形扫描以及望远镜扫描。一般而言,所有其他扫描类型都可归结为上述扫描的组合[32]。

使用前侧向扫描时,雷达可在与飞行轨迹相平行的地带内形成信息,如图 5 – 13 所示。

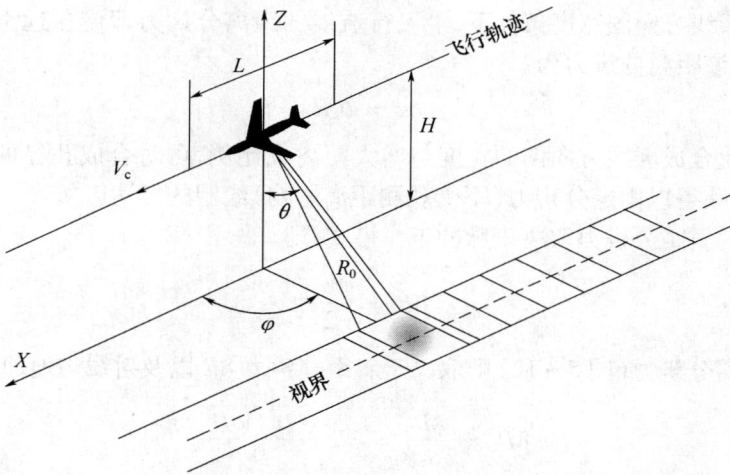

图 5 – 13 合成孔径雷达前侧向扫描示意图

使用扇形扫描时,雷达天线可对水平面实施扫描,如图 5 – 14 所示。雷达信息形成区的中心点,与天线方向图一起旋转,所形成的雷达影像为扇形。

使用望远镜扫描时,所形成的雷达影像为单帧。当雷达侦察设备的载机飞过

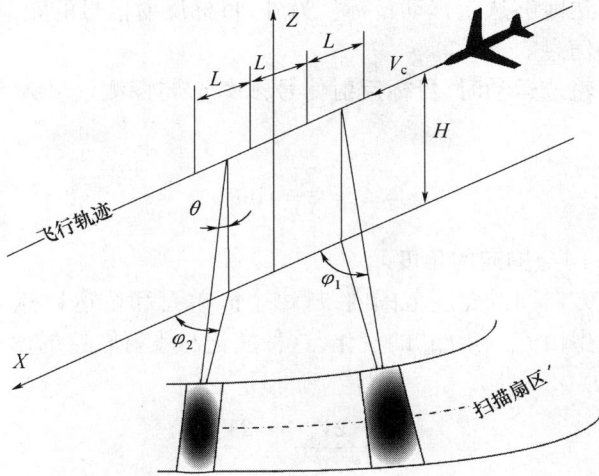

图 5 – 14　合成孔径雷达扇形扫描示意图

图 5 – 15 所示的视界时,每帧位置保持不变。

地形特征将会对坐标测量精度以及地理坐标的雷达影像测量精度产生显著影响。目标和地形的升高可导致距离比例失真,并产生雷达阴影。

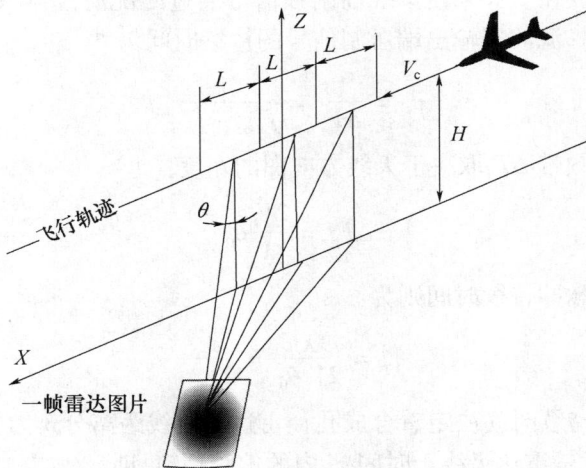

图 5 – 15　合成孔径雷达望远镜扫描示意图

合成孔径雷达对移动目标的坐标误差具有独特性。如果目标以相对雷达的径向速度 V_i 运动,那么其在雷达影像中的标记就会出现相对于其真实位置(与目标运动速度成比例的位置和角度)的方位角偏移[32]。此外,目标相对于下垫面的相对运动也可使雷达能够选定移动目标。另外,目标反射信号的频谱形状,也可给出目标识别的额外信息。

雷达沿飞行轨迹运动时,目标反射信号频率 f' 与探测信号频率 f_0 相差的多普勒频移为

$$f_j = \frac{2V_c}{\lambda}\sin\theta \qquad (5-32)$$

式中:θ 为目标方向与侧向的角度。

在实际天线方向图的宽度范围内,从每个面单元和雷达目标上所接收信号的多普勒频移将发生由 f_{jmin} 向 f_{jmax} 的变化,这种变化与飞行轨迹的偏移 x 大致呈线性关系:

$$f_j = \frac{2V_c}{\lambda}\theta = \frac{2V_c x}{\lambda R} \qquad (5-33)$$

目标位于天线方向图范围内的最大时间 T_0,等于载机飞过天线方向图直线宽度所需的时间,即

$$T_0 = \frac{R\theta}{V_c} \qquad (5-34)$$

因此,每个目标都在雷达接收机输出端形成持续时间为 T_0 的脉冲群,该脉冲群的频率呈线性变化。如果使该线性调频信号通过匹配滤波器,那么脉冲群将被压制为单一脉冲。滤波器输出端压制信号的持续时间为

$$\tau_j = \frac{1}{\Delta F_j} = \frac{1}{f_{max} - f_{min}} \qquad (5-35)$$

如果式中的频带 ΔF_j 取决于天线方向图的宽度:

$$\Delta F_j = \frac{2V_c}{\lambda}\theta_0 \qquad (5-36)$$

那么压制信号的脉冲持续时间则为

$$\tau_j = \frac{\lambda}{2V_c\theta_0} = \frac{d}{2V_c}$$

压制信号的持续时间决定着合成孔径雷达的航线距离分辨力。分辨力的度量单位为距离,也就是雷达天线于时间 τ_j 内的偏移距离,即

$$\delta x = \tau_j V_c = \frac{d}{2} \qquad (5-37)$$

如式(5-37)所示,合成孔径雷达的最大分辨力并不取决于距离,而是等于机载天线实际尺寸 d 的 $1/2$。

雷达侦察设备所探测目标的运动速度 V_{aim} 由正切分量 V_t(平行于雷达载机的

82

运动轨迹)和径向分量 V_r(与至雷达的斜距方向一致)构成。速度的正切分量等于雷达载机的飞行速度变量,它对目标影像的影响不大。速度的径向分量可引起信号的多普勒频移,因此,整个频谱值与径向速度成比例,即

$$\Delta F_r = \frac{2V_r}{\lambda}\theta_0 \qquad\qquad (5-38)$$

如果合成孔径雷达的信号处理系统被调为静止目标成像,那么目标的运动将导致目标在雷达影像中的斜距标记模糊、放大,航距发生偏移,乃至标记减弱直至消失。因此,需研制一种能分别对静止地形和地面移动物体成像的雷达侦察系统,即选定移动目标。

目标斜距标记的减弱消失可解释如下:在合成孔径时,具有径向速度 V_r 的目标在斜距上的移动距离为 $\Delta R = V_r T$。因此,其在雷达影像中的标记宽度也增加 ΔR。在合成孔径雷达的高分辨力式(5-37)条件下,该增值非常明显。

移动目标标记偏移的形成过程如图 5-16 所示。静止目标和移动目标都位于实际天线方向图的中心位置(图 5-16(a))。沿 X 坐标轴飞行时(图 5-13),反射信号的强弱随天线方向图形状而变化,而信号的多普勒频移则随 X 坐标呈线性变化。静止目标的信号频率与探测角度 θ 成比例,即

$$F_{aim} = \frac{2V_c}{\lambda}\theta = \frac{2V_c}{\lambda R}x \qquad\qquad (5-39)$$

而移动目标的信号频率则出现常数为 ΔF_r 的频移:

$$F_{move\ aim} = F_{aim} + \Delta F_r = \frac{2V_c}{\lambda R}x + \frac{2V_r}{\lambda} \qquad\qquad (5-40)$$

如果在多普勒零频上形成天线方向图射线(图 5-16(b),信号处理间隔由 $F(x)$ 的加粗部分表示),那么雷达影像上的目标标记就会出现在 Ox 轴上,此时,该目标反射信号的多普勒频率为零。对于静止目标,其频率从 $x=0$ 点即等于零,也就是说,标记坐标与目标坐标一致。对于移动目标,其频率在 $x=\Delta x$ 点上等于零。线性位移 Δx 的大小可由式(5-41)确定:

$$\Delta x = \frac{V_r}{V_c}R \qquad\qquad (5-41)$$

即影像中的标记出现大小为 Δx(相对目标坐标)的偏移,Δx 与目标径向速度成比例。由式(5-41)可得出,线性位移 Δx 与角坐标位移成比例:

$$\Delta\theta = \frac{V_r}{V_c} \qquad\qquad (5-42)$$

同时,当移动目标的信号频率为零时,目标位于角度为 $\Delta\theta$ 的天线波束内,因此,信号振幅的减小与天线增益系数的减小成比例。移动目标在影像中的标记强

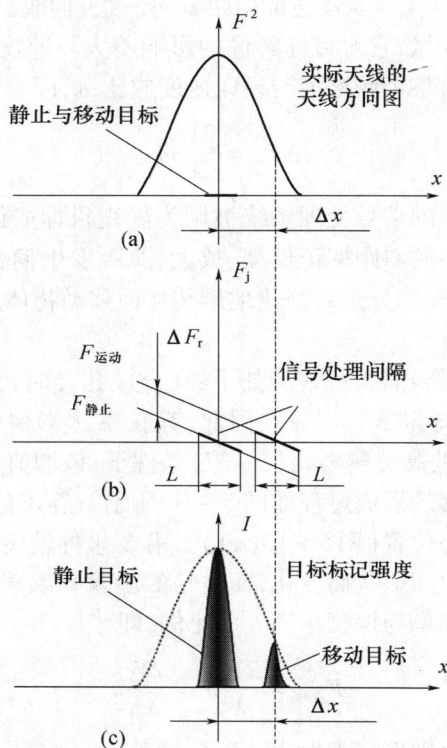

图 5 – 16　静止与移动目标的成像

(a) 目标位置；(b) 信号多普勒频率的变化；(c) 强度变化。

度也相应减弱(图 5 – 16(c))。如果目标的径向速度足够大,可使标记位移 $\Delta\theta$ 大于天线方向图宽度的 $1/2$,即 $\Delta\theta > 0.5\Delta\theta_0$,那么标记幅度将剧减,且移动目标的影像完全消失。

由于静止目标和移动目标反射信号的多普勒频谱沿频轴分布,所以可分别处理这些信号(滤波),并获得静止目标和移动目标的单独影像。

如果在相应于静止目标最大信号的频带内进行调频,比如零频,那么在雷达影像中只能看到静止目标(准确地说,是速度低于 $V_{r\,min}$ 的目标)的标记。如果在相应于移动(速度为 V_r)目标最大信号的 ΔF_r 频带内进行调频,那么以其他径向速度运动的目标甚至静止目标,它们的标记将减弱或者完全消失。

为了标出低速目标,必须降低合成孔径雷达载机的飞行速度,并减小雷达实际天线方向图的宽度。

机载合成孔径雷达侦察设备的主要子系统联动图如图 5 – 17 所示。

合成孔径雷达中雷达侦察设备的方框图如图 5 – 18 所示。

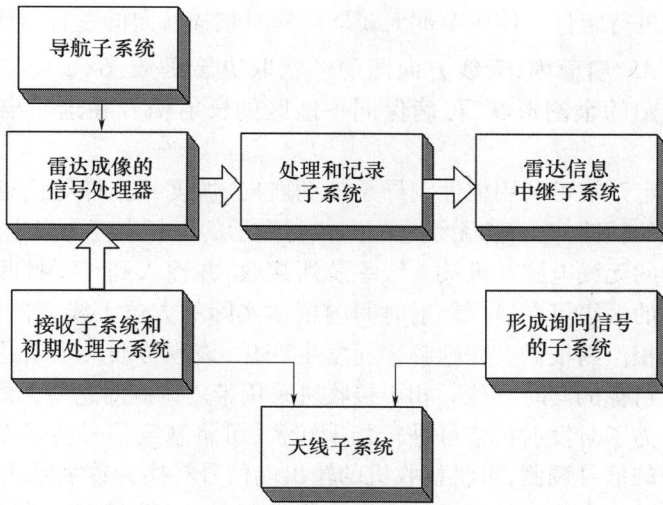

图 5 – 17 主要子系统联动图

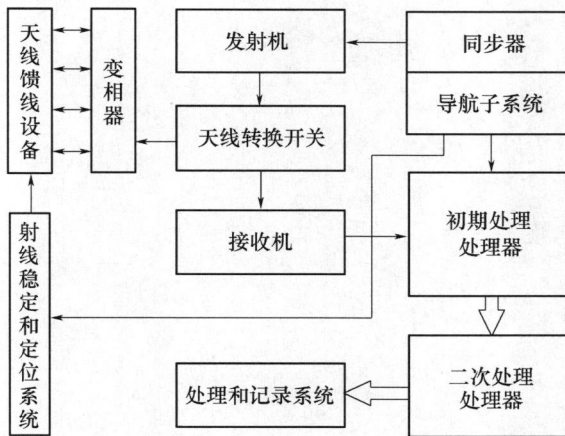

图 5 – 18 合成孔径雷达中雷达侦察设备的方框图

同步器可形成触发射频脉冲、控制射频脉冲和消隐射频脉冲,它可确保合成孔径雷达的各功能设备在同一时间内协调工作。发射机发射的脉冲需经过同步器,这样,其脉冲就可确定探测脉冲的发射时机。在发射机输出端可形成带内调制的无线电脉冲相干序列。探测信号的重频根据惯性导航子系统的输入信号而变化,该变化与飞机的实际航速成比例。

天线馈线子系统一般包含两部天线,分别安装在雷达载机的左右两侧。左右两部天线的方向图相同:水平面窄(1～2)′,垂直面宽。可利用垂直于航线的稳定系统对其轴线进行定位。使用两部天线即可同时扫描航向的左右两侧地带。在最大方向向下的45°扇面内，天线方向图的形状取决于函数：$G(\varphi) = \sqrt{\cos\varphi \csc^2\varphi}$。选择天线方向图的余割形状，可确保同一地区的反射信号在这一扇区内的距离相等。

天线的稳定系统可利用惯性制导系统的航向、坡度和俯仰等信息。天线方向图在垂直面上的轴俯仰角，随无线电测高仪所显示的飞行高度而发生变化。

目标反射的无线电脉冲可被天线系统所接收，并输入到相干接收机中。所接收无线电脉冲的振幅可在目标辐射时间内根据实际的方位天线方向图发生变化。无线电脉冲的相位则根据多普勒频移而发生变化，该频移取决于雷达侦察设备的载机航速以及目标的实时方位。相干接收机采用带内调制对这些无线电脉冲进行放大和压制。为了对发射机信号进行相干转换，可将基准信号传送至接收机。为了进行进一步的信号调制，可将接收机的输出端信号转换为数字形式。

进行初期处理和二次处理的处理器实际上就是专门的数字计算机，其对运算速度和有效存储容量的要求非常严格。

第二部分　无线电电子战

第6章　无线电电子战集群、系统、设备分类

无线电电子战[1]是在信息斗争中,降低敌方电子信息系统性能的措施和手段的综合。主要通过采用干扰设备、假雷达目标和陷阱、或通过电波传播介质的影响,达到降低敌方无线电电子信息系统的效能,乃至摧毁敌目标,保证己方的电子信息系统的正常运行[3]。无线电压制,通常就是运用对抗手段,使敌方的无线电设备失灵。对于电子设备的毁伤,不仅仅是火力毁伤,而且还包括功能性以及其他毁伤。这些大功率电磁能没有改变电子信息设备的特性,只对其效能产生作用。电子对抗设备及技术分类如图6-1所示。当然,这种分类方式没有把电子对抗设备的所有种类区分。比如,有的电子对抗设备既是航空的,又是被动式的和一次性的。此外,依照此方法,不同的电子对抗设备可能被划分为同一种类。受电子对抗设备的综合使用效能的影响,电子对抗设备各组成部分也被划分为不同的设备和技术。在图6-1中没有详细规定电子对抗设备的战术使用方法。

下面分别对电子对抗有源方式和无源方式进行分析。有源方式主要运用电磁干扰,对于无源方式,主要是改变电磁波传播常数,和(或)依靠使用假雷达目标和陷阱改变信号形式。对于有源干扰,按照电子对抗干扰人工建立的方式,根据系统的不同特征分类。在文献[3]中,根据电子对抗的运用,对有源干扰进行了全面详细的分类,而在文献[2]中,从电子对抗设备的技术和效能角度进行了详细的分类。

按照有源干扰的自身特点,有源干扰包括噪声干扰或假信号干扰。噪声干扰和天然的噪声类似,可以反侦察信号,因此就把噪声干扰划分为压制性的干扰。噪声干扰的用途是通用的,在干扰能量超过信号能量时,可以压制任何一种信号。

压制干扰可以改变信号特征,加大截获信号的难度,或完全不能截获信号,使不能通过接收设备分析出信息内容,或者降低信号参数测量的精度,加大干扰功率,可以提高其效果。

欺骗(伪信息)干扰主要是用于对被干扰的设备制造假信息,其结构与目标回

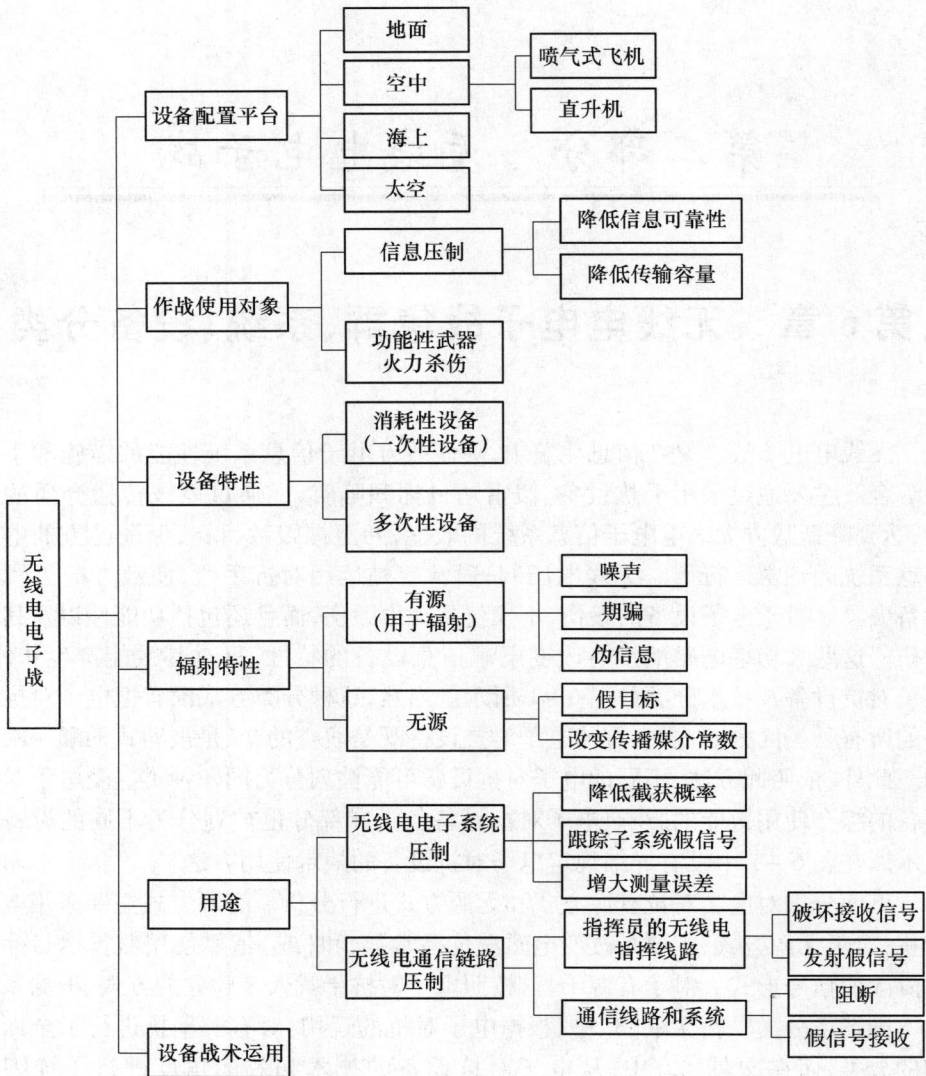

图 6-1　无线电电子战设备和方法分类

波信号很相似,因此,欺骗干扰发射与实际相近的假信号或目标信息。通过假目标或伪信息,可降低无线电电子信息系统的传输能力,导致信息残缺不全,增加接收错误概率,使火力控制设备不能在方向、距离、速度上自动跟踪目标,或者不能重新瞄准目标。

按照干扰与信号的范围参数关系,压制干扰可细分为阻塞式和瞄准式。阻塞式干扰的参数范围要适当超过被干扰的信号参数范围,因而在频率上阻塞式干扰的带宽要覆盖被干扰信号,同样,在角度上也要覆盖。阻塞式干扰无需对发射机进行瞄准,设置适当的干扰信号可以同时干扰若干个无线电电子信息系统,因此,在电子对抗过程中,阻塞式干扰对侦察的要求并不高。瞄准式干扰按照某些参数产生信号,在个别情况下,瞄准式干扰在干扰频率上带宽也可以较宽,但应与被压制的无线电电子信息系统的信号带宽相当,可以相同或稍微宽一点。影响瞄准式干扰的效果因素主要取决于干扰信号的参数是否准确,一般情况下,往往比阻塞式干扰的效果要好。

任何形式的有源干扰设备,最主要的特点是均辐射电磁能。所有的有源干扰站组成如图6-2所示,其中图6-2(a)由可以产生所需干扰类型和样式的激励器、干扰功率可达到 P_j 的发射机、天线系统组成。有源干扰站的功率谱密度 $G_j(f)$ 如图6-2(b)所示。精确的电势能为

$$W_j = P_j G_a \qquad (6-1)$$

式中:P_j 为干扰发射机的输出功率,$P_j = \int_0^\infty G_j(f)\mathrm{d}f$,$G_j = \dfrac{P_j G_a}{\Delta f_j}$;$G_a$ 为天线系统的方向系数;Δf_j 为干扰有效带宽。

$$P_j = G_{j0}\Delta f_j \qquad (6-2)$$

$P_j G_a$ 值可以表示有源干扰的功率能量,包括由有源干扰天线系统的最大方向辐射的最大的干扰功率和能量。

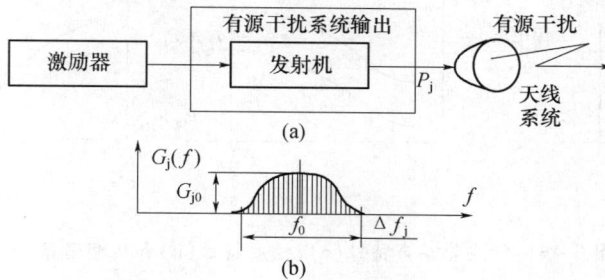

图6-2 有源干扰站线路图

有源干扰站的其他主要指标包括:使用功率 P_0、尺寸和重量、干扰极化方式等,还有干扰所必需的辐射方位角 $\Delta\alpha$ 和地域方位角 $\Delta\beta$。

任何类型的有源干扰站,其主要器件是功率放大器。现代有源干扰站功率主要由电子管来实现,该设备能够产生高效的信号功率输出,并能在较宽频带内调谐。行波管典型的特性曲线如图6-3所示,图6-3(a)表示频率特性,图6-3(b)表示振幅特性,图6-3(c)表示相位特性,图6-3(d)、(e)表示发射因子 $K_{行波管}(V)$ 与相位变化 $\Delta\varphi$ 的特性。

由图6-4(a)行波管的噪声特性图形中可以看出,在工作范围外行波管的电

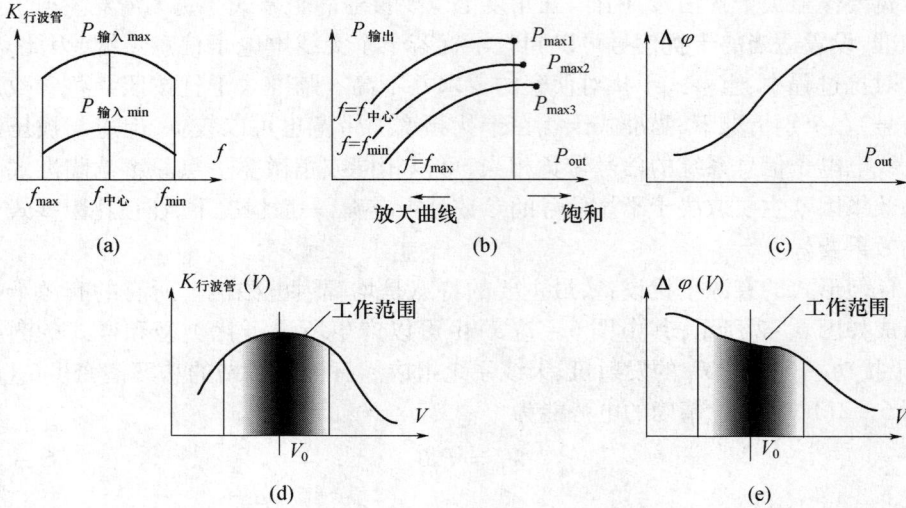

图 6-3 行波管基本特性典型曲线

压强度($V \neq V_0$)非常大,图 6-4(b)表示行波管的幅度和相位特性,行波管的这种特性,可以满足有源干扰站实现发射干扰的需求。

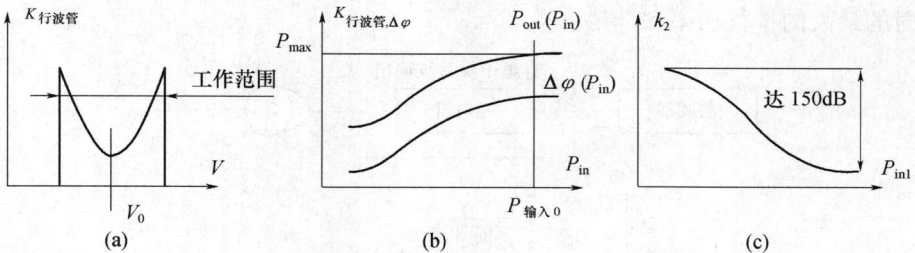

图 6-4 行波管噪声特性(a)、幅度特性(b)和压制通信(c)

第一,由图 6-3(b)、图 6-4(b)行波管的幅度特性曲线中,可以看到线性和饱和两个明显的范围,近似的关系特性为

$$P_{out}(P_{in}) = \begin{cases} kP_{in} & (P_{in} \leqslant P_{in0}) \\ kP_{in0} = P_{max} & (P_{in} > P_{in0}) \end{cases} \qquad (6-3)$$

这个条件导致了一系列重要性能,首先,能够对弱信号进行抑制;其次,重要的是,如果 $P_{in1} + P_{in2} > P_{in0}$ 和 $P_{out} = P_{out1} + P_{out2} = P_{max} = $ 常数,$P_{out1} = k_1P_{in1}$,$P_{out2} = k_2P_{in2}$,则有 $k_2P_{in2} = P_{max} - k_1P_{in1}$ 或者其关系式为

$$k_2 = \frac{P_{max} - k_1P_{in1}}{P_{in2}} = k_2P_{in1} < k \qquad (6-4)$$

由图 6-4(c)可以看出,最初的大信号可以抑制后来的信号,使发射系数不断减小。

第二,由图 6-4(b)可以看出,行波管的幅—相特性具有对应的转换关系,$P_{in}(t)$ 与幅度调制时的 $P_{out}(t)$、相位调制的 $\Delta\varphi_{out}(t)$ 存在对应关系。针对调幅与调相之间的不同,当输入信号功率 $P_{in}(t)$ 增加时,导致能量速率降低。

第三,从图 6-3(c)相位特性曲线 $\Delta\varphi(V)$ 中可以看出,行波管的频率不变情况下,输出端信号相位随输入端的信号变化。的确,如果如图 6-5(a)中的行波管给出电压 $U(t)$ 与斜率 $k = \dfrac{dU(t)}{dt}$ 的曲线(图 6-5(b)),且输入呈正弦振荡 $u_0(t) = E_0\cos 2\pi f_0 t$,那么,在输出端形成信号 $u(t) = E\cos(2\pi f_0 t + kt) = E\cos\left[2\pi\left(f_0 + \dfrac{k}{2\pi}\right)t\right]$ (图 6-5(c)),在数量上与频率变化相同。

$$\Delta F = \frac{1}{T} = \frac{k}{2\pi} \tag{6-5}$$

斜率 k 的变化导致调制频率的改变,近似地,$\Delta F(t) = \dfrac{k(t)}{2\pi}$,如果行波管的相位特性 $\Delta\varphi(V)$ 不是快速线性变化的,则在输出端频谱中出现大量的输入信号谐波。

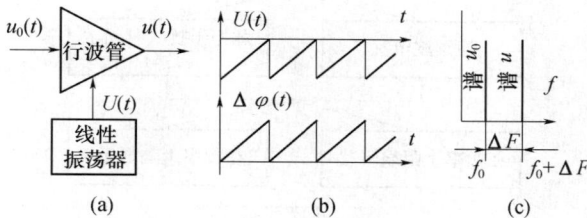

图 6-5 行波管输出信号频率曲线

现代不同种类和结构的行波管工作频率范围宽,达到几十吉赫,在这种情况下,功率可以达到几百瓦(脉冲功率可达几百千瓦),在对抗行动中,可达到 70% 的效率,有时会更高。更为重要的是,特别是机载设备,供给行波管工作的电压不高,有较高的力学强度(最大冲击不超过 $50g$)、温度和辐射稳定性[6]。

91

第7章 有源噪声干扰站

7.1 有源噪声干扰站一般性能

噪声干扰是一种通用的干扰方式,它可对抗任何电子信息系统,不管其信息的发送和接收方式如何。实际电子对抗中,噪声干扰的几种类型如图7-1所示。在时间、频率和角度上,阻塞式干扰的参数(延时 τ、频率 f、辐射扇面角 α)应与覆盖的信号参数相适应。使用瞄准式干扰时,其参数(延时 τ、频率 f、辐射扇面角 α)值应与信号参数值更加一致。

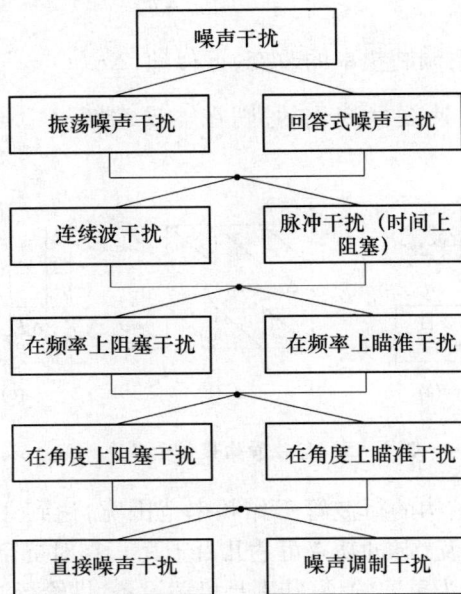

```
                        ┌──────────┐
                        │  噪声干扰  │
                        └──────────┘
            ┌──────────────┐    ┌──────────────┐
            │  振荡噪声干扰  │    │ 回答式噪声干扰 │
            └──────────────┘    └──────────────┘
            ┌──────────────┐    ┌──────────────┐
            │  连续波干扰   │    │ 脉冲干扰(时间上│
            │              │    │     阻塞)    │
            └──────────────┘    └──────────────┘
            ┌──────────────┐    ┌──────────────┐
            │ 在频率上阻塞干扰 │   │ 在频率上瞄准干扰 │
            └──────────────┘    └──────────────┘
            ┌──────────────┐    ┌──────────────┐
            │ 在角度上阻塞干扰 │   │ 在角度上瞄准干扰 │
            └──────────────┘    └──────────────┘
            ┌──────────────┐    ┌──────────────┐
            │  直接噪声干扰  │    │  噪声调制干扰  │
            └──────────────┘    └──────────────┘
```

图7-1 噪声干扰分类

重要的是振荡噪声干扰,无论是开还是关,与是否有信号无关,当噪声针对瞄准的信号进行回答干扰时,与回答的噪声无关。

7.2 有源噪声干扰站功率能量

有源噪声干扰站有17种类型,可以划分为6组,为了直观和具体起见,有源干扰设备的工作原理将举例说明。

第一组的 4 种类型如图 7 - 2 所示,其天线为单波束天线,根据天线增益和方向图角度的大小划分为: $G_a = 1$($W = 0.4\text{kW}, \Delta\theta = 360°$), $G_a = 13$($W = 5\text{kW}, \Delta\theta = 60°$), $G_a = 100$($W = 40\text{kW}, \Delta\theta = 15°$)。由于天线辐射波束只有 15°,辐射角度为了达到 $\Delta\theta = 120°$,天线需要进行波束扫描,因此,图 7 - 2 所示的 4 种类型的噪声干扰站天线系统采用扁平的激励器扫描。

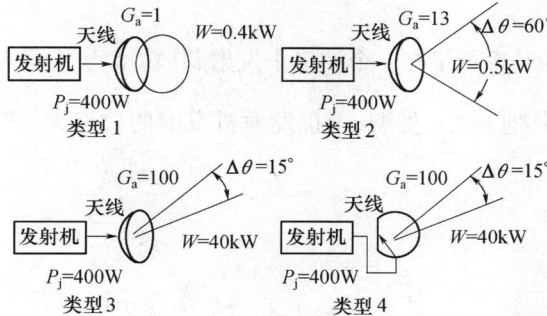

图 7 - 2 单波束天线噪声干扰站

为了把方向性为 $\Delta\theta_a$ 扩展到 $\Delta\theta_0$,应设计专门的天线系统,多波束天线方向图应该包括 n 个不同方向的波束。当 $n = 8$ 时,天线参数可达到 $G_a = 100$, $\Delta\theta_a = 15°$, $\Delta\theta_0 = 120°$, $W = 40\text{kW}$。多波束天线可以由多种方法构成,其中的一个方法是,采用快速高频信号交替接通波束,这种天线有图 7 - 3 中的类型 5 喇叭天线、图 7 - 3

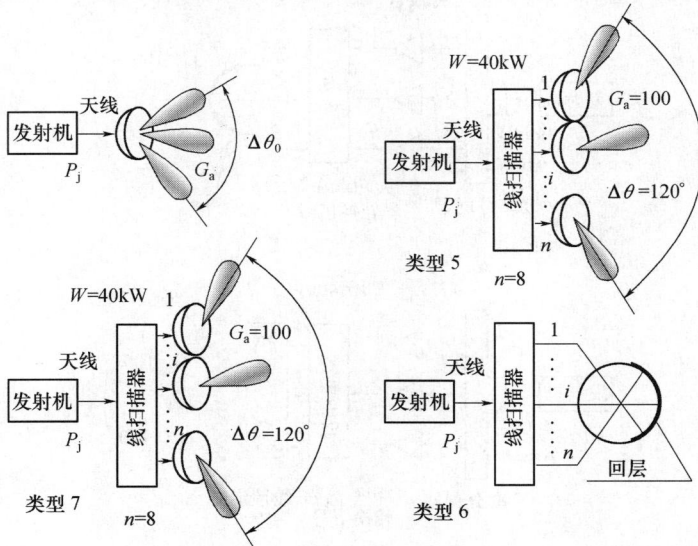

图 7 - 3 多波束天线噪声干扰站

中的类型6凸镜天线、图7-3中的类型7带反馈电路的定相天线阵。对于图7-3中所有类型的末级装置,在每个方向辐射干扰的能量为$W=40\text{kW}$,但需逐个交替发射。

为便于电子对抗,应考虑与测向天线阵相适应,在$m\leqslant n$波束时同时辐射干扰。在图7-4(类型8和9)中,是n个强方向天线的多信道系统,设备可以同时在所有的8个波束上发射干扰信号,每个波束功率可达$W=\dfrac{400\text{W}}{8}\cdot100=5\text{kW}$。在极端情况下,所有的功率能量在一个波束中发射,其功率为$W_\text{j}=W_\text{i}=\dfrac{400\text{W}}{1\text{波束}}\cdot100=40\text{kW}$,介于其间的其他$m\leqslant n$类型,干扰发射机发射的功率为$(W)_m=5\text{kW}\sim40\text{kW}$。

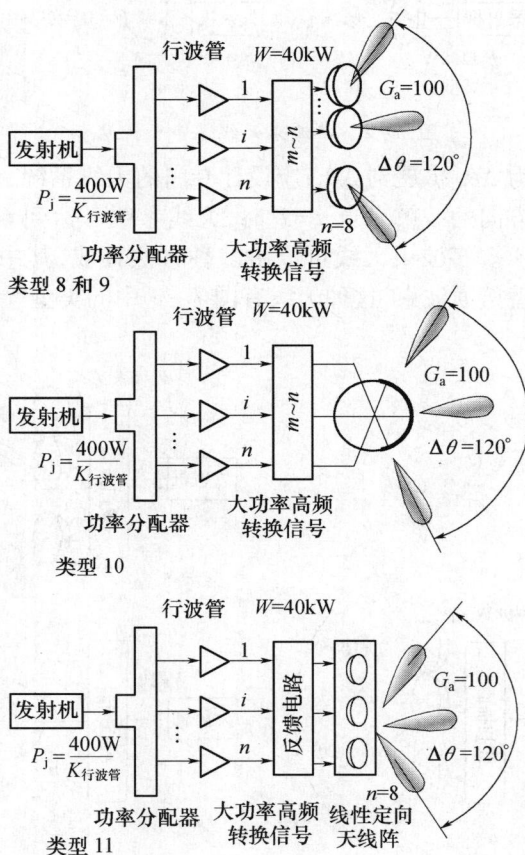

图7-4 具有整流线性天线方向图的多波道有源干扰站结构图

在图 7-4(类型 10)示意图中,是改进型,而在图 7-4(类型 11)中,有线性定相天线,也具有反馈电路。上面两个示意图中的天线方向图有 m 个波束($m=3\sim8$),功率为 $(W)_j=5\text{kW}\sim40\text{kW}$,功率可能最小为 $400\text{W}/K_{tr}$。

下面的有源干扰站天线类型是多波束天线阵,波束分配器具有较小的功率,行波管连接在其后,见图 7-5 类型 12、13 和 14。其干扰能量结构方式与图 7-4 中的方式基本一致。

在图 7-6 类型 15 的结构图中,天线系统利用线性定相天线阵和反馈电路,反馈电路由控制系统和移相器控制,这样的有源干扰站的每个波束干扰功率可调整为 $(W)_{min}=(5\sim40)\text{kW}$。

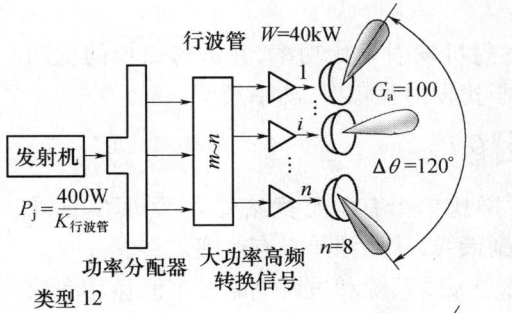

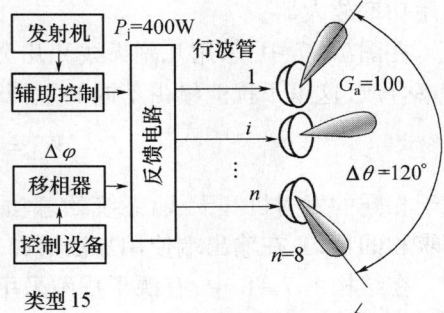

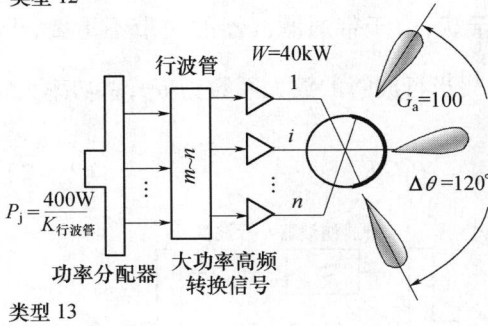

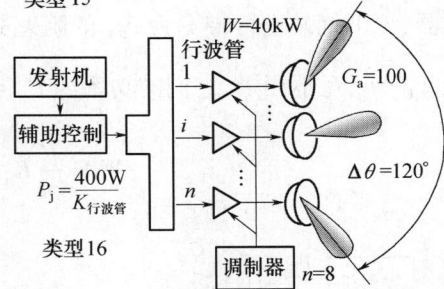

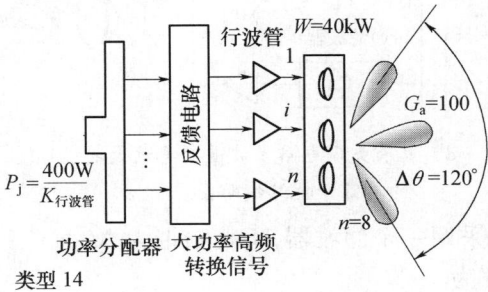

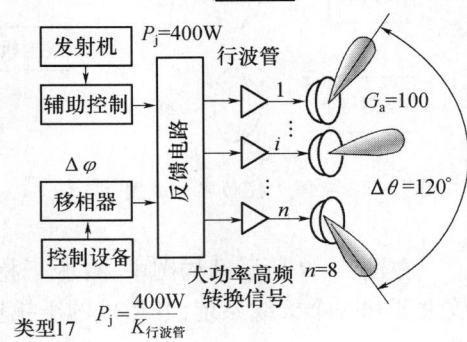

图 7-5 具有小功率整流器的
多波道有源干扰站结构图

图 7-6 有源干扰站变异结构图

95

在图 7-6 类型 16 的结构图中,使用的小功率发射机和线性定相天线阵,功率为 $P_j = 400W/K_{tr}$,而反馈电路结构采用特殊调制的行波管,理想情况下,其结构是与之相应的。在图 7-6 类型 16 的类似结构图中,使用选择放大器的反馈电路结构。

为了增大单波束天线系统的功率,可以提高天线方向系数 G_a,需减小天线方向图的宽度,压缩覆盖扇面 $\Delta\theta_0$。为了增大单波束天线系统的覆盖扇面,采用在 $\Delta\theta_0$ 范围内波束快速扫描,或锐方向的多波束天线系统(多波束天线阵),使波束重叠扇面为 $\Delta\theta_0$。多波束天线阵结构原理显示,其具有方向适应性,波束在 $m \leqslant n$ 情况下同时发射功率。

为了增大干扰发射机的功率,可以使用多个不相干的干扰发射机和在行波管使用功率放大器。

在图 7-7 中,采用几副天线和几个发射机发射干扰功率,并进行简单的空间功率合成,这里干扰能量由不同的不相干干扰发射机辐射,功率等于:

$$W_i = \sum_i G_{ji} P_{ji} \qquad (7-1)$$

对于相同的发射机和天线,系统的总功率 W 比单个有源干扰站要大,为了实现功率求和的目的,在输出端使用加法器和一副天线,从而结果没有改变。

在结构图 7-8 中,有源干扰站采用一个天线系统和失调电路的多波道功率放大器,该干扰站进行带宽为 Δf_j 的阻塞式干扰,由于带通滤波器的通带不重叠,干扰 $u_{j1} \sim u_{jn}$ 互不相干,它们的功率为 $P_{ji} = \dfrac{P_j}{n}$,当行波管的放大系数为 K_{tr},总功率为

$$W = \frac{P_j}{n} K_{tr} n G_a = P_j G_j K_{tr} \qquad (7-2)$$

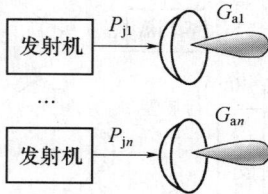

图 7-7 空间干扰功率合成图

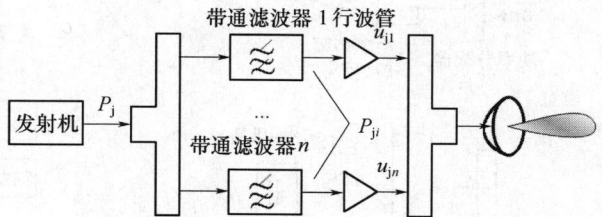

图 7-8 具有失调电路多波道功率放大器的有源干扰站线路图

在图 7-9 所示结构图中,有源干扰站采用一个滤波器,干扰频带为 Δf_j,n 个放大器和一个天线系统,其形成的干扰功率为

$$W = \mu \frac{P_j}{n} K_{tr} n^2 G_j = \mu \cdot n \cdot P_j G_j K_{tr} \qquad (7-3)$$

在图 7-9 结构图中的有源干扰站采用功率相关合成,n^2 的输出功率大于 P_{ji}。

96

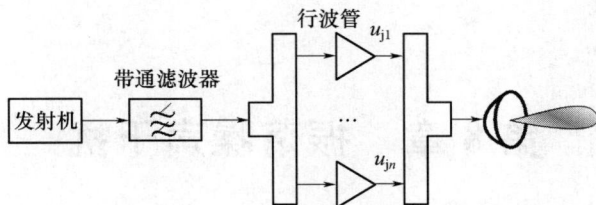

图 7-9 单形滤波器的有源干扰站

以上这种结果导致功率相关求和,与 n 副输出天线和 n 个行波管相连相当。

在图 7-3 ~ 图 7-6 中,有源干扰站的末端均使用高频振荡器,这种频率振荡器采用图 7-10 所示的高频混合电路。

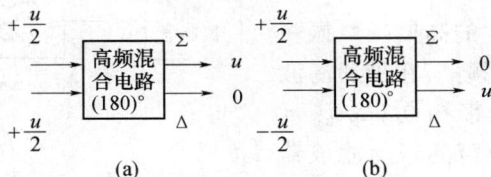

图 7-10 高频混合电路图

在图 7-10(a)中,如果高频混合电路输入电压为 $+\dfrac{u}{2}$, $-\dfrac{u}{2}$,则和(Σ)的输出电压为 u,差(Δ)的输出电压为 0。如果在输入端改变相位,见图 7-10(b),其输出也随之改变。在两个输出端,进行等价高频能量变换,与之相反的高频电路如图 7-11 所示,在功率分配上形成同相(图 7-10(a))和反相(图 7-10(b))。

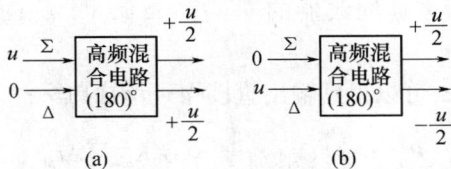

图 7-11 高频混合电路的功率分配器

在有两个高频混合电路的结构图 7-12 中,可以保证在 A_1 和 A_2 中进行天线波束变换,运用行波管中放大器输入信号的相位变化来控制天线波束变换。

有源干扰的重要特性是辐射干扰的极化方式,极化可能与被干扰的信号极化方式一致,或者正交。

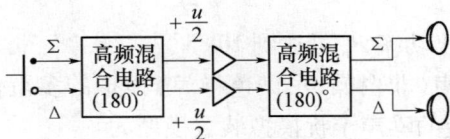

图 7-12 混合电路的天线分配器

第 8 章　振荡噪声干扰

8.1　直接噪声干扰

典型的直接噪声干扰组成结构如图 8-1 所示。

具有均匀谱密度的高斯噪声振荡器,形成宽带均匀的频谱,在带通滤波器与噪声干扰的频带相同($\Delta f_{\text{filter}} = \Delta f_{\text{nj}}$)时,过滤这种噪声的带通滤波器形成的输出,其功率谱为 $G_{\text{n}}(f)$,其能量谱通过功率放大后,形成高斯直接噪声。

$$G_{\text{nj}}(f) = G_0 K_{\text{amp}} K^2(f) \quad (8-1)$$

式中: $G_0 = \text{const}(f)$ 为白噪声振荡器输出的噪声功率谱密度; K_{amp} 为放大器输出的放大系数; $K(f)$ 为带通滤波器的幅频特性。

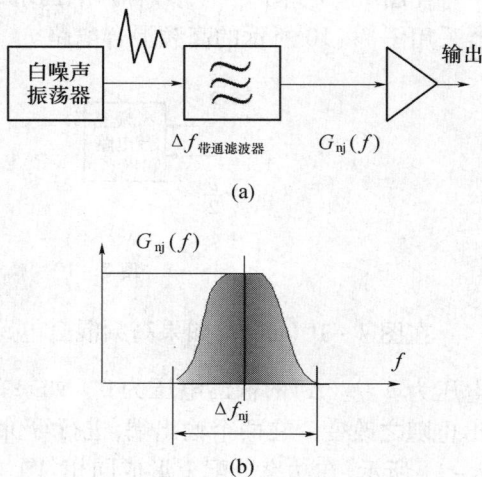

图 8-1　直接噪声干扰组成图

对这种谱进行积分,可以得到输出直接噪声干扰功率:

$$P_{\text{nj}} = \int_0^\infty G_{\text{nj}}(f)\,\mathrm{d}f = G_0 K_{\text{am}} K_0^2 \Delta f_{\text{nj}} \quad (8-2)$$

式中: K_0 为带通滤波器调谐频率上的谐振增益; Δf_{nj} 为噪声有效带宽,即该滤波器规定的通带。

噪声阻塞干扰宽带 Δf_{nj} 可到 500MHz,下式可评估有源干扰站的功率谱密度:

$$G_{\text{max}} = G_{\text{nj}}(f_0) = \frac{P_{\text{nj}}}{\Delta f_{\text{nj}}} = G_0 K_0^2 K_{\text{am}} \quad (8-3)$$

直接噪声干扰输出功率 P_{nj} 可达到 10kW。

为了解决窄带噪声(非白噪声、染色噪声)模拟的多重任务,其办法是采用假谐波振荡[9],与之相应的噪声干扰模拟装置模型为

$$u_{\text{nj}}(t) = R(t)\cos[\omega_0 t - \theta(t)] = A(t)\cos\omega_0 t + B(t)\sin\omega_0 t$$

$$= \operatorname{Re}\{\dot{R}(t)\exp(j\omega_0 t)\} \tag{8-4}$$

式中：$\dot{R}(t) = R(t)\mathrm{e}^{-j\theta(t)} = A(t) - jB(t)$ 为综合包络，见图 8-2。

一维的噪声干扰密度 $A(t)$ 和 $B(t)$ 为

$$\binom{A}{B}(t) = R(t)\binom{\cos}{\sin}\theta(t) \tag{8-5}$$

高斯噪声为

$$p(A,B) = (2\pi\sigma^2)^{-1}\exp\left[-\frac{(A^2+B^2)}{2\sigma^2}\right] \tag{8-6}$$

式中，

$$\sigma^2 = \int_0^\infty G_{nj}(f)\,\mathrm{d}f = P_{nj} \tag{8-7}$$

为噪声干扰功率。

密度 $p(A,A_1,B,B_1)$ 也服从正常的概率分配法则，和由两个正交相关函数 A 和 B 确定。

$$r_A(\tau) = \langle AA_\tau \rangle = r_B(\tau) = \langle BB_\tau \rangle = \sigma^2 r_N(\tau);$$
$$r_{AB}(\tau) = \langle AB_\tau \rangle = r_{BA}(\tau) = \langle BA_\tau \rangle = \sigma^2 s_N(\tau) \tag{8-8}$$

它们之间的功率谱关联关系为

$$\sigma^2\binom{r_N}{s_N}(\tau) = \int_0^\infty G_{no}(f)\binom{\cos}{\sin}[2\pi(f-f_0)\tau]\mathrm{d}f \tag{8-9}$$

其形状如图 8-3 所示。

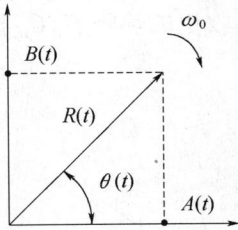

图 8-2　综合包络的矢量模拟　　　图 8-3　A 和 B 的正交投影相关函数

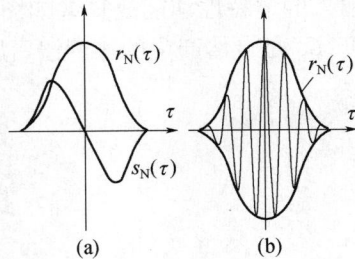

式(8-4)中噪声干扰的高频自相关函数复数如图 8-3(b)所示。

$$R_{nj}(\tau) = \langle u_{nj}(t)u_{nj}(t+\tau) \rangle = \sigma^2 p_N(\tau)\cos[\omega_0\tau - \gamma(\tau)] \tag{8-10}$$

式中

$$P_{N}(\tau)\begin{pmatrix}\cos\\\sin\end{pmatrix}\gamma(\tau) = \frac{1}{\sigma^2}\begin{pmatrix}r_{N}\\s_{N}\end{pmatrix}(\tau) \qquad (8-11)$$

$r_n(\tau)$ 和 $s_n(\tau)$ 的分组见图 8-3(a)。

噪声干扰包络 $R(t) = \sqrt{A^2(t)+B^2(t)}$ 按照瑞利分布定律[9]:

$$p(R) = \frac{R}{\sigma^2}\exp\left(\frac{-R^2}{2\sigma^2}\right) \qquad (8-12)$$

包络线的数学期望见式(8-12), $<R> = \sigma\sqrt{\frac{\pi}{2}}$, 偏移为 σ^2。白噪声干扰相位 $\theta(t)$ 在 $|\theta| \leqslant \pi$ 内等概率。

噪声干扰强度 $u_{nj}(t)$ 进入接收设备的输入口(图 8-4), 与压制信号 $u_c(t)$ 和自然噪声 $u_n(t)$ 混合:

$$u_{\Sigma}(t) = u_c(t) + u_n(t) + u_{nj}(t) \qquad (8-13)$$

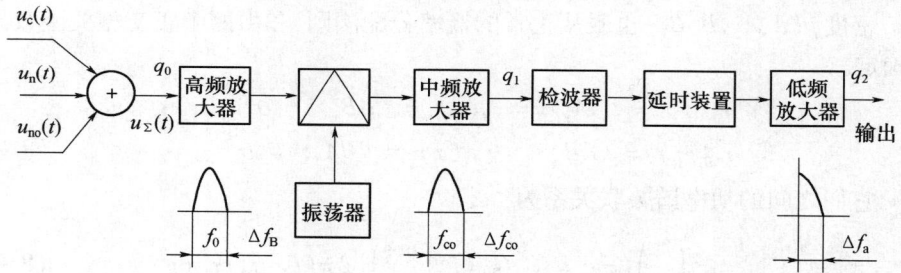

图 8-4　在接收机中噪声干扰信号的关系图

输入的谱特性和能量复数如图 8-5 所示,这里的 G_c 和 Δf_c 是信号谱密度和谱宽度, G_n 是自然产生的噪声谱密度,最主要的是接收机的热噪声, G_{nj} 和 Δf_{nj} 是噪

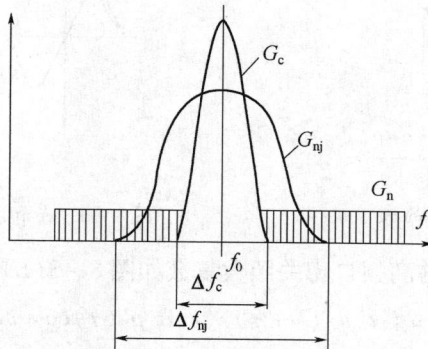

图 8-5　输入端的过程谱

声干扰的谱密度和有效带宽。

干扰和信号的比例关系主要为以下 3 点,即输入(q_0)、中频放大器输出(q_1)和低频放大器输出(q_2)。接收机拥有的放大系数分别为 K_B,K_{CM},K_{co},K_{gmg},K_w,K_H,带宽为 Δf_c 的信号,通过带宽 $\Delta f_{co} \geqslant \Delta f_c$ 的低频放大器,低频放大器无偏差的带宽为 $\Delta F_w = \dfrac{\Delta f_{co}}{2}$,正常情况下,$\Delta f_{nj} < \Delta f_{co} < \Delta F_B$。按照相应的噪声谱密度,以及滤波器窄带宽度 Δf_{co},在输入端的信噪比为

$$q_0 = \frac{P_c}{(G_j + G_{nj})\Delta f_j} = \frac{P_c}{\left(G_j + \dfrac{P_{nj}}{\Delta f_{nj}}\right)\Delta f_n} \qquad (8-14)$$

低频放大器输出:

$$q_1 = \frac{P_c(K_B K_{CM} K_{co})^2}{(G_j + G_{nj})(K_B K_{CM} K_{co})^2 \Delta f_{co}} = q_0 \qquad (8-15)$$

依靠抗干扰器件,在 $\mu > 1$ 时信噪比可达到最佳:

$$q_2 = \mu q_0 = \frac{\mu P_c}{G_n \Delta f_{co} + \dfrac{P_{nj}}{\Delta f_{nj}}\Delta f_j} \qquad (8-16)$$

当 $q_2 < q_{co}$ 时,接收机的干扰噪声功率谱密度见图 8-4,一般情况下,接收机的噪声比噪声干扰要弱,因此式(8-16)表示的有源干扰类型可以变换,满足式(8-17)的条件,可完全破坏其工作:

$$q_2 = \frac{P_c}{P_{nj}}\frac{\Delta f_{nj}}{\Delta f_{co}} > \mu \bar{q}_{threshold} = \mu\left(\frac{P_c}{P_{nj}}\right)_{threshold} \qquad (8-17)$$

在相反情况下,直接噪声干扰是不够的。

一般认为,以往的技术方案与直接噪声主动干扰站的结构图[6]不同,这是增大输出功率基本方法。操作员利用操作台,包括直接噪声振荡器发射机,对压制的信号频率进行调谐。

存储循环器工作框图如图 8-6 所示,接收的信号通过存储循环器进入接收机和战术侦察设备,分析员在输入端,当压制进入情况下,判断和测定信号频率,干扰通过循环存储器和总的天线系统发射。

多波道有源干扰站结构图如图 8-7 所示,它包括 n 个行波管的功率放大器和 n 副天线。

与这个结构图相适应,按噪声载波频率进行相干瞄准叠加,典型的干扰带宽 $\Delta f_{nj} \leqslant (10 \sim 20)\,\text{MHz}$。

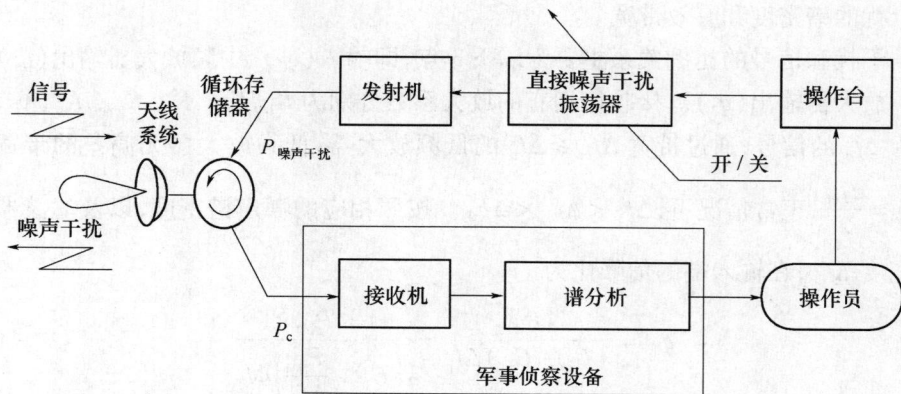

图 8-6 回答式噪声干扰调谐结构图

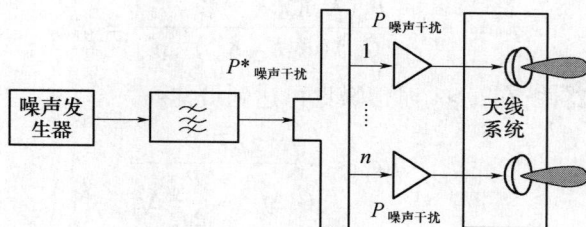

图 8-7 多波道噪声干扰框图

8.2 噪声调制干扰

典型的噪声调制干扰结构框图如图 8-8 所示。

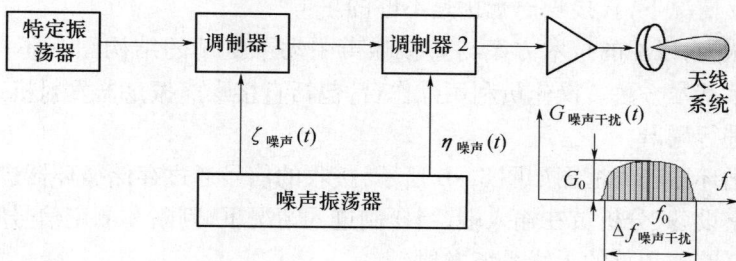

图 8-8 噪声调制干扰形成结构图

特定振荡器产生调谐振荡 $E_0 \cos \omega t$,其频率可以任意改变。噪声振荡器形成两个电压 $\xi_{no}(t)$ 和 $\eta_{no}(t)$,有效带宽为 $\Delta F_{bn} \approx \Delta F_w$。

图中基本的线路串联两个调制器,即幅度调制器和相位(频率)调制器,作为调制和额外功率放大 K_{amp} 的结果,输出的噪声干扰形式为

$$U_{nj}(t) = k_1 k_2 E_0 \sqrt{K_{amp}} [1 + m_{AM}\xi_n(t)]\cos[\omega_0 t - m_{PM}\eta_n(t)] \quad (8-18)$$

式(8-18)中功率谱带宽为 $G_{nj}(t)$,其直接噪声电势能为式(8-1)和式(8-2)所示,但是,噪声干扰有效带宽没有确定,而是

$$\Delta f_{nj} = 2\mu\Delta F_w \quad (\mu \geqslant 1) \quad\quad\quad (8-19)$$

噪声干扰有效带宽取决于调幅和调相从而规定了干扰输出频谱。

尽管具有相同的能量特性,但是直接噪声干扰和噪声调制干扰在本质上是不同的,噪声调制干扰不是高斯噪声,若 $\xi_n(t)$ 为正常的随机噪声,两个包络综合矢量(见图8-2) $A(t)$ 和 $B(t)$,其包络的概率密度 $p(R,\theta) = P_{A,B}[A = R\cos\theta, B = R\sin\theta]$ 不服从瑞利分布,而且相位不是等概率的,但是,直接噪声干扰和噪声调制干扰的区别不仅仅局限于这些,调制的结果是上边带和下边带函数的相位交联,边带 $f < f_0, f > f_0$,噪声干扰频谱 $G_{nj}(f)$ 是相互关联的。这从图8-9即可看出,图中只是对可视噪声进行调幅。可视噪声调制的功率谱密度如图8-9(a)所示。

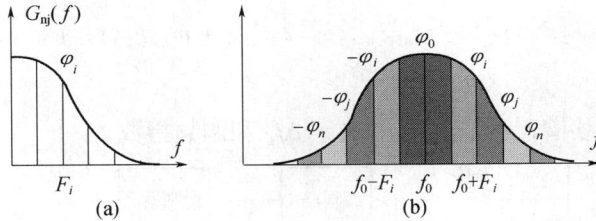

图 8-9　噪声调制干扰频谱

如果在某个频率 F_i 上,可视噪声谱 $\xi_n(t)$ 的相位部分排列方式等于 φ_i,而载波相位 $\varphi_i = 0$,在噪声 AM 频谱 $G_{nj}(f)$ 上,上边带频率为 $f_0 + F_i$,下边带频率为 $f_0 - F_i$,它们之间的相位关系函数为 $\pm\varphi_i$,尽管谐波独立统计,频率 $F_j \neq F_i$,其边带振荡统计关系如图8-9(b)所示,这种关系本质上是噪声干扰调制的不足,为进行有效的抗干扰提供了可能。

噪声调制干扰和直接噪声干扰的能量特性是完全一致的,因此噪声调制干扰的效果关系式为式(8-3),但是,考虑到在工作时,噪声调制干扰对抗干扰有较大的效果,其系数 μ_B(见式(8-3))比直接噪声干扰要大。

接下来注意到,在有源干扰设备中,行波管为了进行噪声调制干扰功率放大,不一定只采用单独的调制器,因为可以得到 AM 和 FM 调制,为行波管提供合适的可见噪声调制。

锯齿形 FM 结构如图 8 – 10 所示,在调谐装置控制下,低频噪声振荡器输出噪声带宽为 Δf_n。

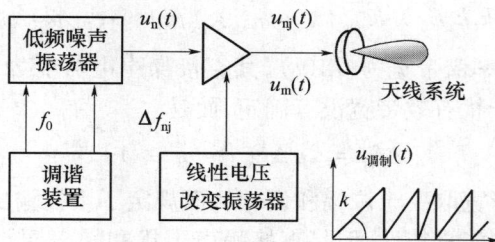

图 8 – 10　锯齿形 FM 有源干扰站结构图

行波管由线性电压改变振荡器进行频率调制,该调制函数 $u_\mathrm{m}(t)$ 具有可变斜率 $k(t)$,在输出端的结果是,噪声干扰频谱 $u_{调制}(t)$ 变宽,其扩大部分的大小取决于频率调制指数 $\Delta f_\mathrm{nj} = f(\Delta f_\mathrm{nj}, k)$。

噪声调幅和锯齿形噪声调频结构组成如图 8 – 11 所示,调制器 1(调幅)和调制器 2(调频)的调制系数分别为 k_1 和 k_2,噪声干扰的输出为振荡调制合成 $u_\mathrm{nj}(t) = R(t)\cos[\omega_0 t - \theta(t)]$,双阶调制结果形成的振荡为

$$u_\mathrm{nj}(t) = k_1 k_2 R(t)[1 + m_\mathrm{AM}\xi_\mathrm{n}]\cos\{2\pi[f_0 + m_\mathrm{FM}\xi_\mathrm{n}(t) + kt] - \theta(t)]\}$$

$$(8 – 20)$$

该振荡是连续谱,其带宽 Δf_nj 取决于 Δf_n 和调频指数。

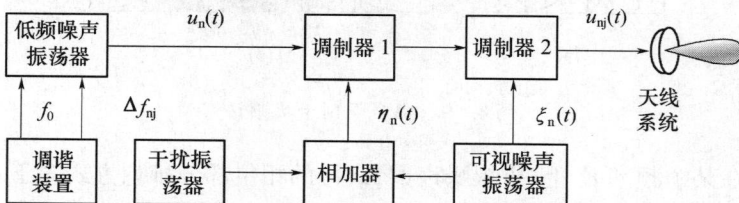

图 8 – 11　噪声调幅和锯齿形调频组成结构图

伪随机连续调频噪声主动干扰站结构如图 8 – 12 所示。

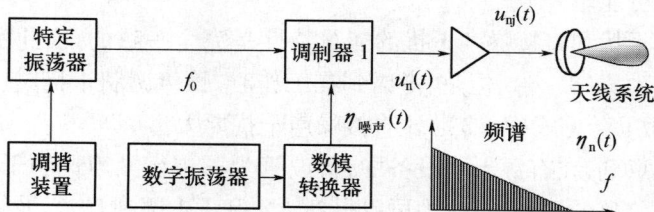

图 8 – 12　伪随机连续调频主动干扰站结构图

调频调制(单独或在行波管)输出的伪随机连续调制振荡为 $\eta_n(t)$,该振荡从数字振荡器和数模转换器变换而成,是离散的低频频谱,因此,输出的振荡为 $u_{nj}(t)$,是伪随机噪声离散频谱,带宽为 Δf_{nj},依赖于深度调频。

多波道噪声调频有源干扰站结构如图 8-13 所示。

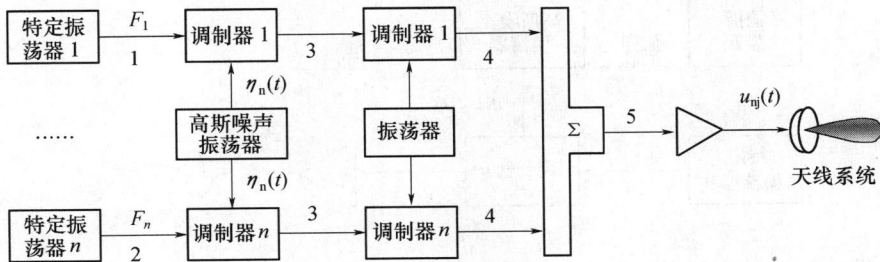

图 8-13 多波道噪声调频有源干扰站结构图

1-5 波道主动干扰站干扰频谱如图 8-14 所示。在输出端,干扰频谱的复数是连续谱,其合成的 $G_{nj}(f)$ 取决于调频深度和可见噪声带宽 ΔF_n。

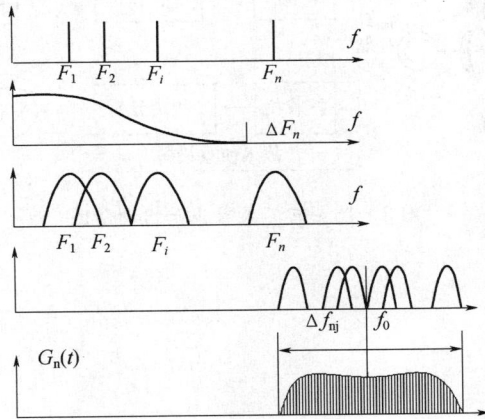

图 8-14 多波道主动干扰站干扰频谱图

n 波道和 n 个天线主动干扰站结构框图如图 8-15 所示,图中 n 个特定高频振荡器形成 n 个离散的高频谐波 $f_{01} \sim f_{0n}$,这些谐波频带宽为 $\Delta f_0 = f_{0n} = f_{01}$,并可以由调谐装置改变。每个振荡由一个频率和可视噪声 $\eta_{噪声}(t)$ 调制,然后,对每个载波为 f_{0i} 的噪声高频干扰调制进行功率放大,并从各自的天线发射出去,导致在接收设备有 n 个干扰相加。

有振荡器和循环存储器的低频噪声调制干扰结构如图 8-16 所示,图中下一级战术侦察设备结构图见图 8-16,无线电技术侦察操作员进行调谐,包括低频噪

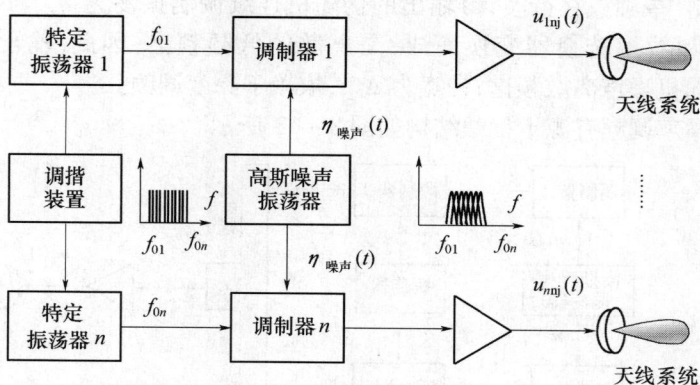

图 8 – 15　n 通道和 n 个天线主动干扰站结构框图

声调制干扰振荡器,其作用是为了保证干扰频率与被压制的信号频率重合,即 $f_{0n} \approx f_0$,同样,也可选择干扰带宽 Δf_{nj}。

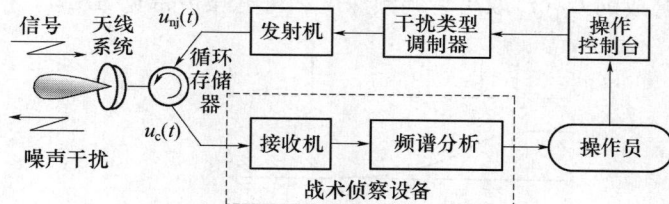

图 8 – 16　回答式噪声干扰调谐图

第9章 回答式噪声角度拦阻干扰

9.1 回答式连续噪声干扰

在形成干扰时,回答式有源噪声干扰站为等待状态,仅在时间间隔$[t_H, t_K]$内发射干扰,当军事侦察装备在该时间内截获到对方电子信息装备的信号,就可进行跟踪压制,所有的这些情况主要是在冲突中,对敌方电子对抗设备和电子信息设备干扰中出现,此时,根据截获到敌发射的信号,有源干扰站对信号进行回答,并释放出回答式噪声干扰,其干扰形成如图9–1所示。

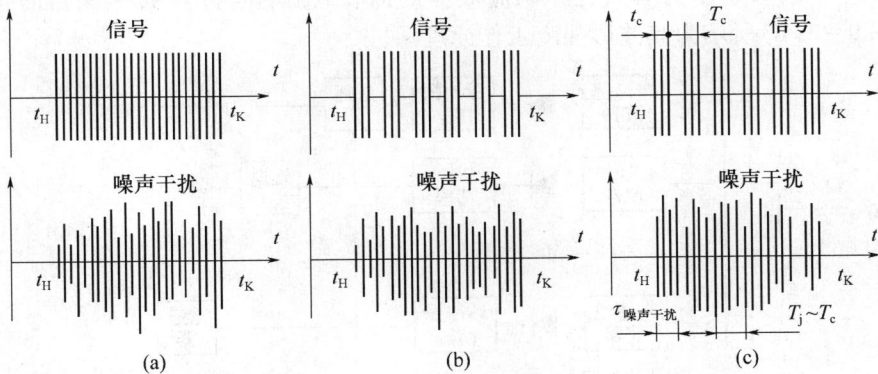

图9–1 回答式噪声干扰形成模式图

(1)对连续信号进行回答式连续噪声干扰如图9–1(a)所示,实现的条件是:瞄准式干扰时$\Delta f_{nj} \geqslant \Delta f_c$;阻塞式干扰时$\Delta f_{nj} \gg \Delta f_c$。

(2)对宽度为$T_j = t_H \sim t_K$的脉冲信号进行回答式连续噪声干扰如图9–1(b)所示,既可以进行阻塞式干扰,也可以进行Δf_{nj}和Δf_c带宽比例关系不一样的瞄准式干扰。

(3)按时间对每个脉冲信号进行回答式脉冲噪声干扰如图9–1(c)所示,噪声干扰时间$\tau_{nj} \gg \tau_c$。为了保存固定的重复周期$T_j \sim T_c$,功率与频谱的关系式为

$$W_{nj} = \frac{\tau_{nj}}{T_j} P_{nj} \gg P_c; \quad \Delta f_{nj} \gg \Delta f_c \tag{9-1}$$

回答式脉冲噪声干扰可以通过任何形式,包括直接噪声干扰、调制干扰等噪声

调制干扰的结构图中得到,若特定振荡器在等待状态下提供振荡,使在发现信号时开始工作,在信号消失时结束,可用于回答式噪声干扰的熟悉的和专业的线路图。

在图9-2中,用图解说明了有回波管的回答式脉冲噪声干扰功率调制方法,在时间间隔内 $t \in [t_H, t_K]$,当输入端有信号时,振荡器进行正反交联。在信号活动的时间流内,通过带通滤波器四端网络连接,回波管产生带宽为 Δf_{nj} 的回答式噪声干扰,其带宽与带通滤波器的带宽相等,且中心频率与信号载波频率相适应 $\Delta f_{nj} \sim \Delta f_c$。

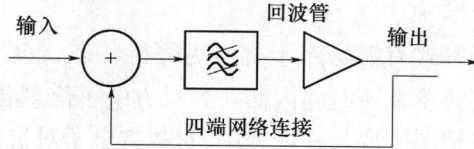

图9-2 回答式脉冲噪声干扰振荡器

图9-3(a)所示为有共轭梳状滤波器的回答式脉冲噪声干扰振荡器简化框图,图9-3(b)所示为其波形强度工作原理图。

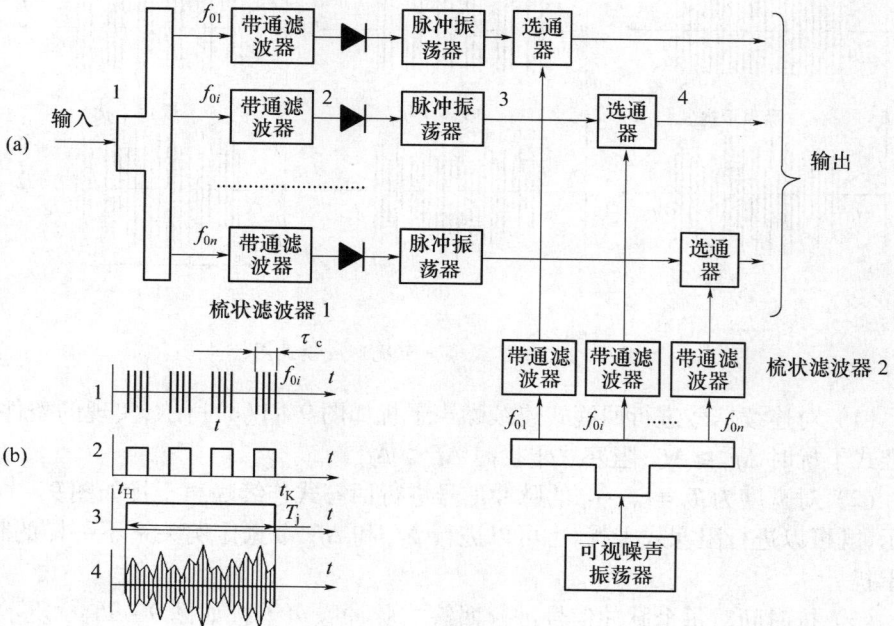

图9-3 采用共轭梳状滤波器的回答式脉冲噪声干扰振荡器

梳状滤波器1有 n 个带通滤波器重叠,带宽为 $\Delta f_0 = f_{0n} \sim f_{01}$,输出的信号频率为 $f_i, i \in [1, n]$,在 i 个通带内工作,由探测器和脉冲振荡器组成,在输出端形成长

108

时间脉冲,与总的信号脉冲长度相等,即 $T_j = t_K - t_H$。如果输入出现连续信号 $\tau_c = t_K - t_H$,脉冲振荡器形成时间长度脉冲为 τ_j。梳状滤波器 2 和滤波器 1 一样可以调谐,通过选通器,从可视噪声振荡器输出无线电噪声载波频率。从结构图中输出的噪声,通过 i 个梳状滤波器的滤波,从该选通器,可以通过所需的脉冲信号,因此在频率上可以形成噪声瞄准式干扰。图 9 – 3 所示干扰振荡器的优点是:可以快速接通噪声干扰振荡器,使噪声干扰载频与信号载频一致,该结构图可同时建立阻塞式噪声干扰,其总的干扰带宽可以达到 $\Delta f_0 = |f_{0n} \sim f_{01}|$。

结合回答式噪声干扰形成的不同方法,可以建立几个回答式连续噪声干扰振荡器线路图,图 9 – 4 是其中之一。战术无线电侦察设备(包括高频接收机和频率存储设备)、行波管中的回答式噪声干扰振荡器的结构框图见图 9 – 2。实际上,噪声瞄准干扰带宽 Δf_{nj} 一般较小,只到 10MHz。

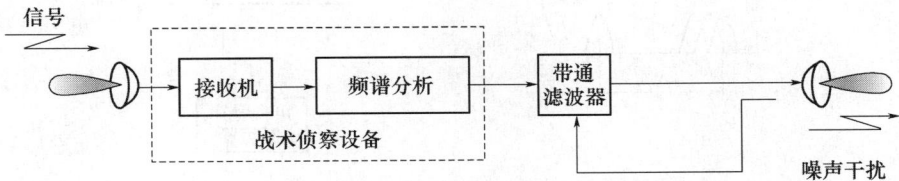

图 9 – 4 回答式瞄准噪声干扰形成框图

图 9 – 5 包含两个共轭梳状谱滤波器,是形成回答式连续噪声干扰较优的线路图,通过 n 副不同的天线,实现空间干扰求和叠加。在不同的变体线路图中,使用一个天线系统和在输入端噪声振荡求和。

图 9 – 6 为带有中频转换的结构图,其结构更为复杂。它包含两个共轭梳状谱滤波器,每个滤波器又包含 n 个带阻分滤波器,其频率为 f_{co}。

为了充分说明线路图的工作情况,分析与第一信道频率相适应的频率,具体如图 9 – 7 所示,可见工作频率为 f_{d1}。

在梳状滤波器 1 的第 $2_1 \sim 2_1^{(n)}$ 部分输出端,其频率排列是 $f_{01} \sim f_{0n}$,是所有可能的信号频率,带宽为 Δf_0,如图 9 – 7(b)所示。

$$f_{co1} = f_{d1} - f_{01};$$

$$f_{co2} = f_{d1} - f_{02};$$

$$\cdots$$

$$f_{con} = f_{d1} - f_{0n} \qquad\qquad (9 - 2)$$

在所有的过程之后,电路图 9 – 5 中,在第 3 部分对信号载波频率进行恢复。

$$f_{01} = f_{d1} - f_{co1}; \cdots; f_{0n} = f_{dn} - f_{con} \qquad\qquad (9 - 3)$$

在梳状滤波器 2 可形成噪声干扰,频率为 $f_{li1} \sim f_{lin}$。在第 4 部分,带通滤波器过滤

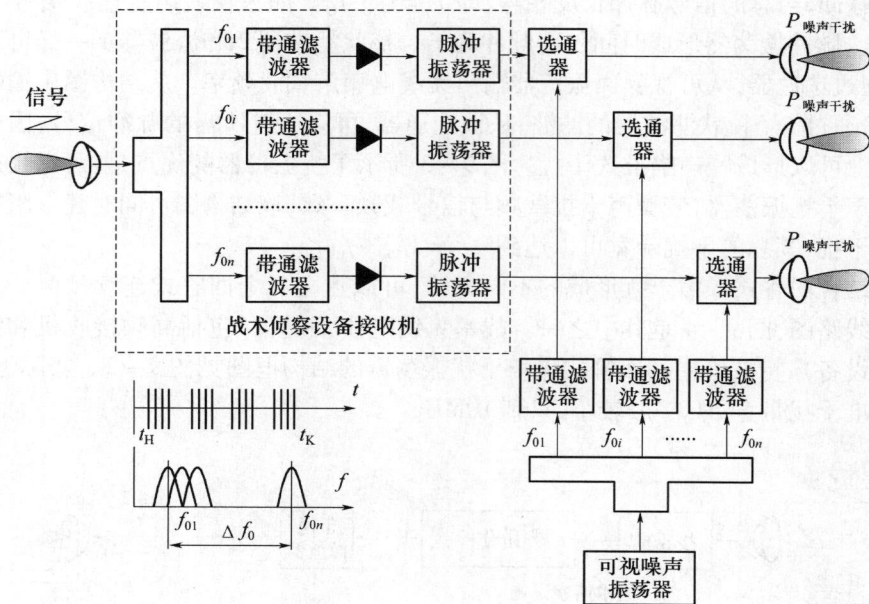

图 9-5 共轭梳状谱滤波器主动有源干扰站结构图

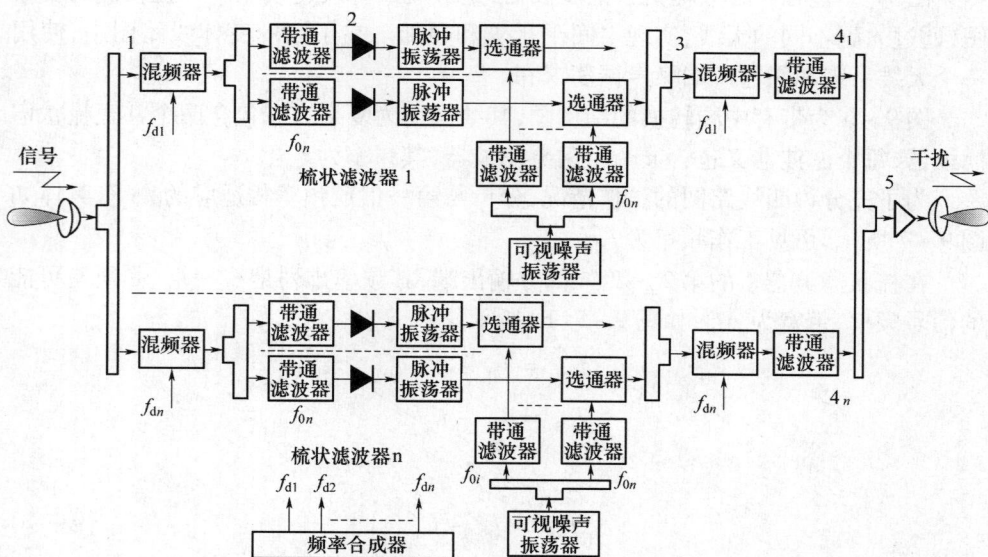

图 9-6 带中频转换的共轭梳状谱滤波器主动有源干扰站结构图

载波 $f_{sum1} = f_{01}$ 多余的噪声,见图 9-7(c),这样在最初的频率上,形成回答式连续噪声瞄准干扰。

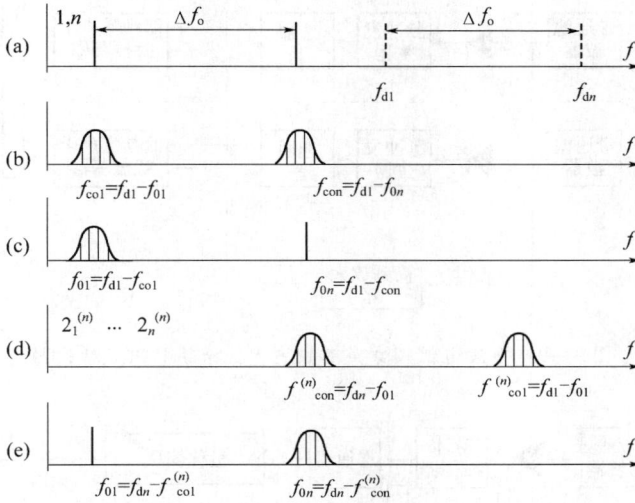

图 9-7　结构图 9-6 中的干扰形成图

类似地,在 n 波道结构图中,既可改变激励器频率 $f_{di}, i \in [1,n]$,也可使用噪声链路上自己的梳状谱滤波器以及可在频率 $f_{0i}, i \in [1,n]$ 上标出振荡的带通滤波器。

有一个波道的回答式连续噪声干扰振荡器的电路结构如图 9-8 所示,能进行信号频率测量并调谐,战术无线电技术侦察子系统的调谐有人工或自动方式。低频噪声干扰振荡器可以是任意类型,在等待状态下进行载频 $f_{sum} \approx f_0^*$ 强制调制。

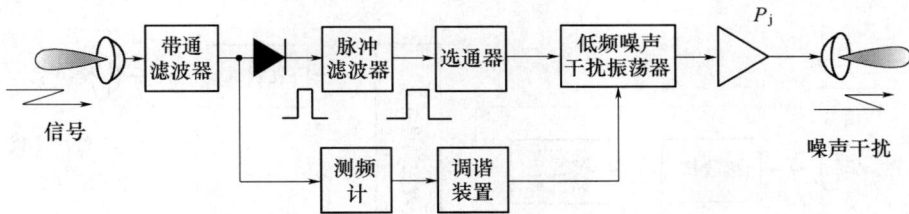

图 9-8　有测频计的调谐的回答式连续噪声干扰振荡器

多波道低频噪声强制调谐不相关干扰振荡器组成如图 9-9 所示,每个低频噪声干扰振荡器需进行单独调谐。

单波道垂直极化回答式连续噪声干扰组成如图 9-10 所示,该组成图中有极化分析器,即战术侦察设备的基本部分,还有垂直极化干扰调谐装置,在无线电电子战技术中,垂直极化干扰可以广泛应用于不同的作战目标。

图 9-11 中有 n 个独立的噪声干扰振荡器,载波频率为 $f_{ono}(t) \in \Delta f_{nj}$,带宽为 Δf_{nj},

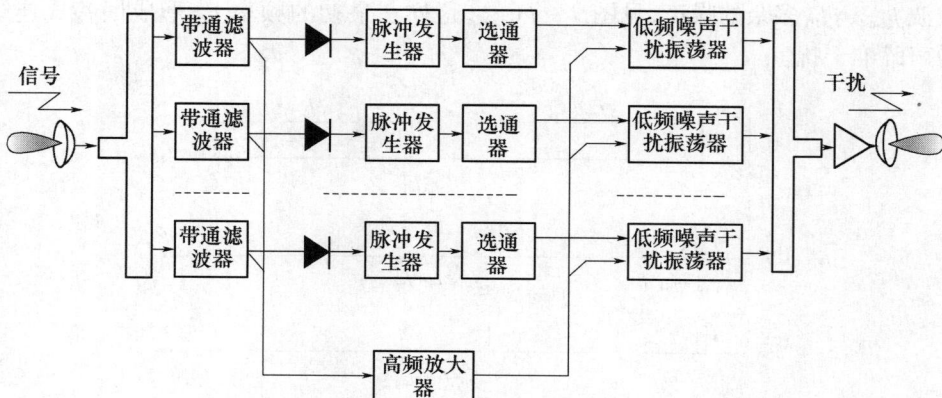

图 9 - 9　多波道低频噪声不相关干扰振荡器组成结构图

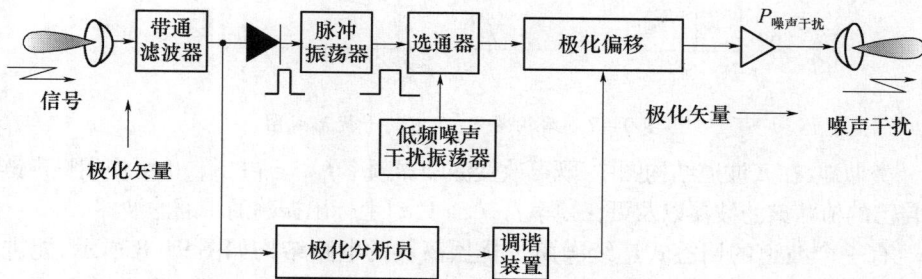

图 9 - 10　垂直极化干扰组成图

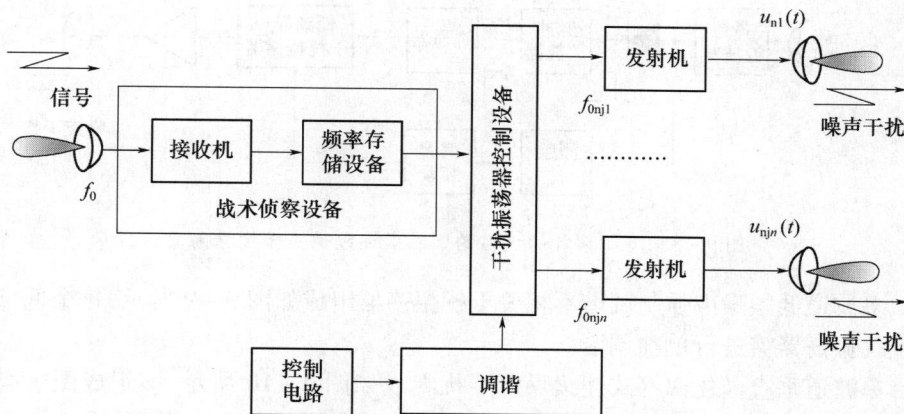

图 9 - 11　多波道主动干扰站载频重调电路图

频率存储设备确定回答式干扰载频,通过控制电路对过程控制,按专门代码进行频率重调。

在多波道振荡器中,附加的干扰载频调制器可以产生阻塞式干扰,而且具有非常宽的频谱宽度。

9.2 回答式噪声脉冲干扰及其产生方法

在图9-1(c)中的转发回答式脉冲噪声干扰,由较大宽度的脉冲噪声组成,对每个脉冲信号进行回答式干扰,每个脉冲的干扰载频为 $f_{0nj} \approx f_c$,这种干扰建立方法,使电子信息系统可以进行作战,其载频按未知的脉冲进行改变,供电子对抗设备运用。

回答式脉冲噪声干扰建立的方法之一是获取脉冲信号参数 τ_c^*、T_c^*、f_c^* 和建立独立的干扰振荡器的噪声脉冲参数 τ_c^*、$T_{nj} \approx T_c^*$ $f_{0nj} \approx f_c$。

图9-12中回答式随机干扰称为随机脉冲干扰。

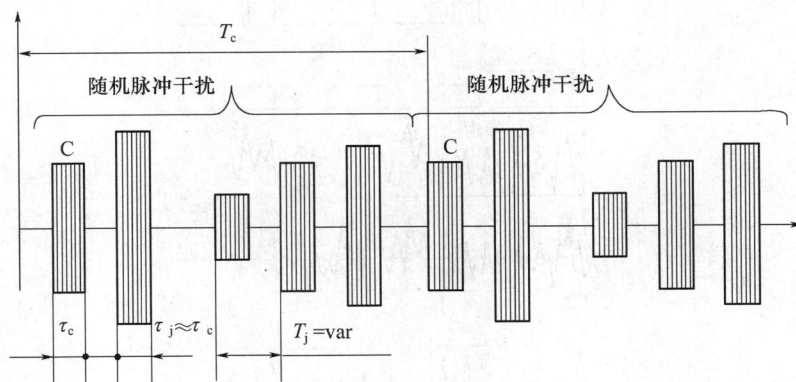

图 9-12 随机脉冲干扰信号图

每个脉冲信号参数为 τ_c,随机脉冲干扰振荡器 T_c 形成的脉冲时间为 $\tau_j \approx \tau_c$,但数值上,随机脉冲周期 $T_j \ll T_c$ 较小,其载波和随机脉冲干扰波形与信号脉冲差别不大,回答式脉冲噪声干扰形成的典型电路如图9-13所示,其工作波形如图9-14所示。

在直接波道线路中,战术无线电技术侦察通过信号分析和频率存储设备,进行信号载频测量,形成估算值 f_c^*,该估算值用于与特定振荡器同步,形成振荡频率 $f_{0nj} \approx f_0^*$。在图9-13中,通过信号分析器测量脉冲参数 τ_c^*,T_c^*,采用脉冲振荡器确定可视噪声参数 $\tau_{nj} \gg \tau_c^*$,$T_{nj} \gg T_c^*$。在第二个AM调制器中,从连续的噪声FM干扰中提取的脉冲带宽为 $\Delta f_{nj} = 2\mu\Delta F_w (\mu \geqslant 1)$,脉冲信号平均电势能由式(9-

113

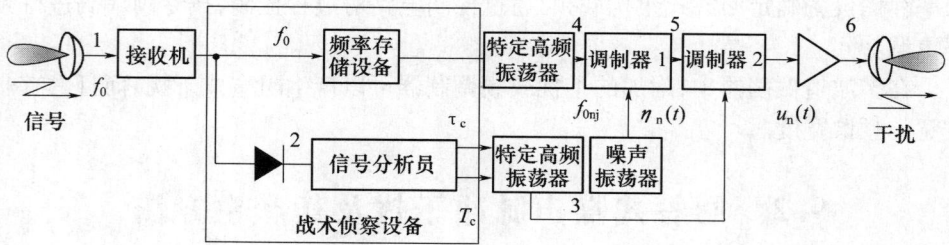

图 9 – 13 随机脉冲干扰组成图

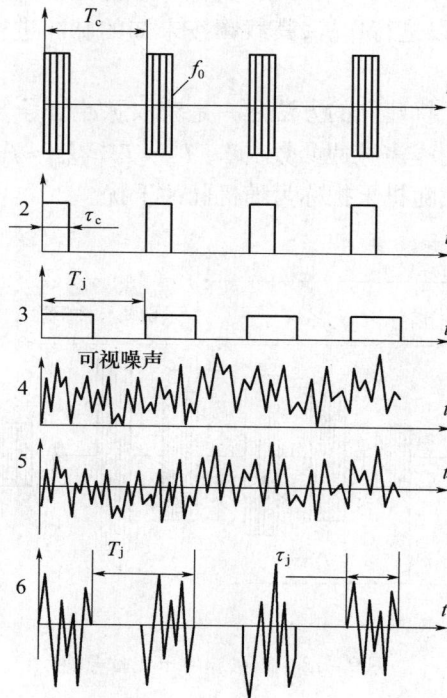

图 9 – 14 随机脉冲干扰信号波形图

1)确定,其中 P_{nj} 为脉冲噪声干扰峰值功率。

具有梳状滤波器和在行波管中有 n 个独立延时振荡器的回答式连续噪声干扰电路图如图 9 – 15 所示。

电路图中包含 n 个波道:n 个滤波器输出的调谐频率为 $f_{01} \sim f_{0n}$,n 波道形成射频脉冲干扰 $\tau_{nj} \gg \tau_c$,n 个行波管和回波管的延时噪声振荡器,行波管和回波管有反馈电路和高频转换器,可以进行功率放大,包括在时间 τ_{nj} 内起作用的低频噪声干扰振荡器。实现该线路图需 n 副天线,但是,在所有的振荡器输出端,采用一副天

114

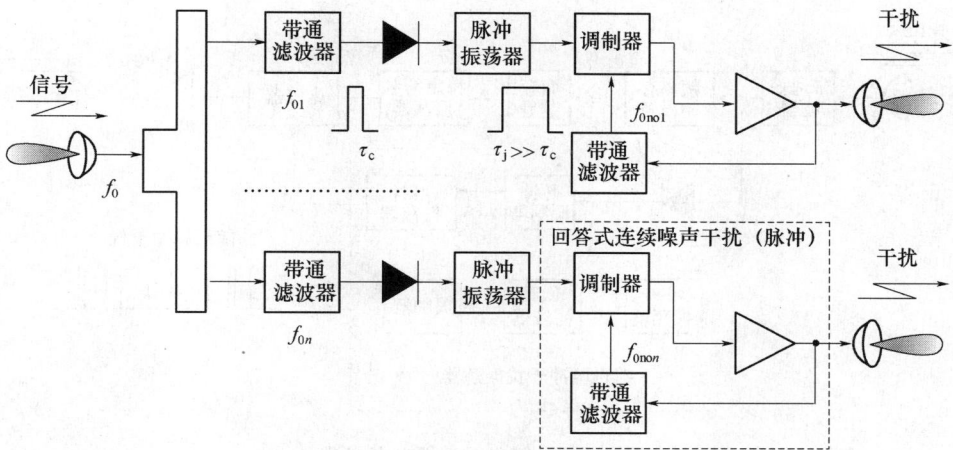

图 9-15   具有梳状滤波器和在行波管中有 n 个独立
延时振荡器的回答式连续噪声干扰电路图

线和回答式脉冲噪声干扰电压加法器也可以实现。

图 9-15 的一个变种是图 9-5,采用回答式脉冲噪声干扰延时振荡器代替可视噪声振荡器,形成梳状滤波。

图 9-15 的另一个变种是图 9-16,只有一个带反馈的振荡器和一副天线。

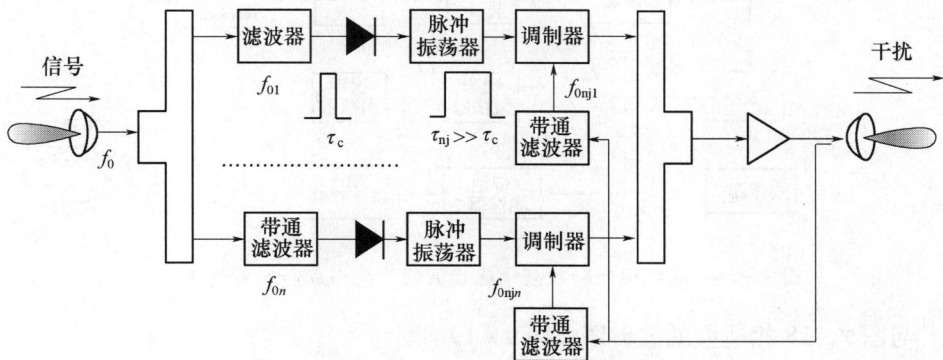

图 9-16   带反馈的回答噪声脉冲干扰振荡器线路图

图 9-17 是典型的随机脉冲干扰形成线路图,在基本波道上,即线路图的上半部分,形成随机脉冲干扰载频 $f_{0j} \approx f_0^*$。

在线路图的下半部分,在可视脉冲信号波道电路中,脉冲信号参数 $\{\tau_0^*, T_0^*\}$ 激励随机脉冲振荡器,振荡器参数为 $\tau_j \approx \tau_c$;$T_j \ll T_c$,该脉冲由可视噪声通过比较器的限制形成。

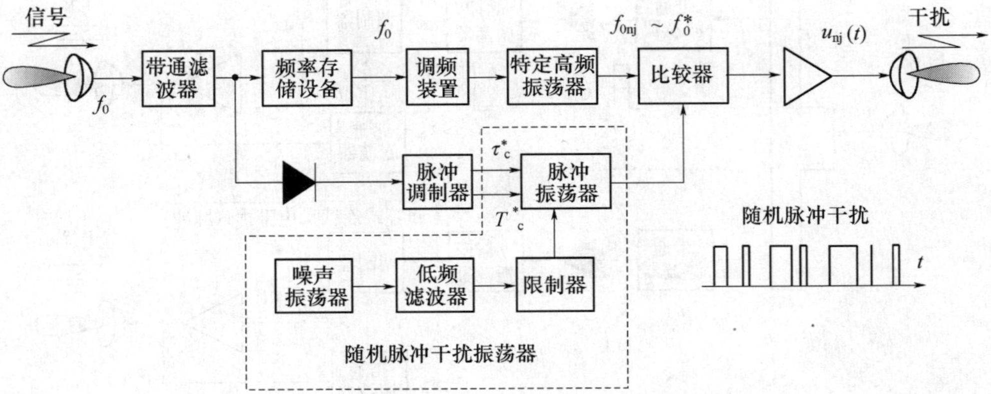

图 9 – 17   随机脉冲干扰振荡器

在图 9 – 18 所示线路图中,发射瞄准式转发干扰,并为随机调制的随机脉冲序列,可以根据脉冲进行载频快速重新调整。

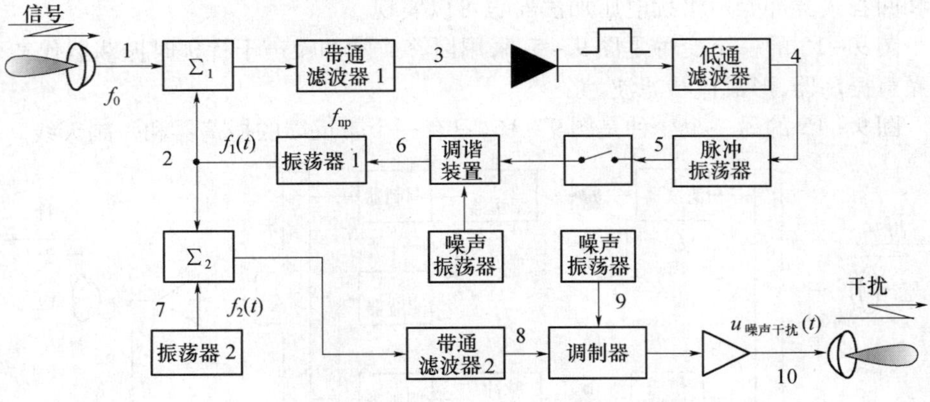

图 9 – 18   随机调制和载频快速重调的干扰形成和发射线路图

与图 9 – 18 相适应的波形图如图 9 – 19 所示。

为了按振荡器 1 的频率进行搜索,通过改变振荡器线性电压转换频率频段,搜索只有在这种状态下停止,即载频为 f_0 的脉冲信号来到,并且带通滤波器 1 的输出频率为 $f_{n1} = f_d - f_0$,加上搜索停止设备的剩余振荡频率,脉冲振荡器形成干扰脉冲 $\tau_n \gg \tau_c$。不难看出,振荡器 1 的终止频率为 $f_d = f_0 - f_{n1} - \Delta f(t)$。在下部分的波道(加法器和振荡器 2 的频率 f_{n2}),在停止的时候,重新恢复信号频率 $f_{n2} + \Delta f(t)$,使脉冲持续时间为 τ_n,由可视噪声调制,在输出端形成高频脉冲噪声干扰。

在线路图中,回答式脉冲噪声干扰频率形成窄带瞄准式干扰,使战术侦察设备子系统的频率存储设备输出的信号,与瞄准式回答式脉冲噪声干扰(小功率直接

116

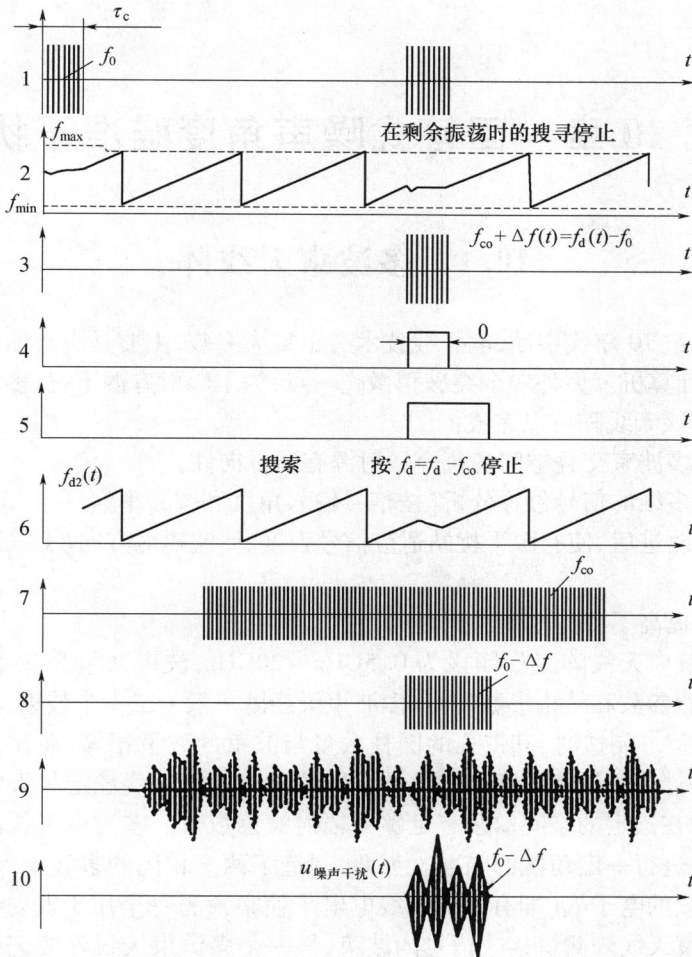

图 9-19 图 9-18 工作波形图

噪声或调制振荡器）延时振荡器同步。然后运用限制器和功率放大器,或大功率低频噪声干扰振荡器,并利用小功率振荡器载频干扰。此外,在主动模拟干扰站,运用附加的调制器,输出不同的振荡信号。

第 10 章　回答式噪声角度瞄准干扰

10.1　多波束天线阵

在 20 世纪 70 年代中期,电子战技术有了重大突破,主要是当时的有源干扰站运用了数字计算机。另外一个突破稍微晚一点,为了辐射有源干扰,多波束天线阵得到了应用,该天线阵可以完成:

—— 保障多波束交叠空间的每个辐射源有强方向性。

—— 保障多维的信号位置分析(按信号输入角度和按频率)。

—— 进行改进后,使有源干扰站适应信号强度、回波辐射方向、干扰种类和参数得到改善。

—— 保障提高了测向精度和测角的精度。

现代多波束天线阵工作频段为 0.5GHz ~ 20GHz,波束数量为 3 个 ~ 144 个。考虑到电性能参数和结构参数特点,多波束天线阵一般为二十个波束,波束宽度为 $\Delta\theta_a = 10° ~ 12°$。制造时,其带孔的圆柱数量与波束的数量相等,在孔上安装移相器,并与数字计算机控制设备一致。有反馈电路的通用线性定相天线阵可以进行调相,保障在指定的空间扇区有足够的辐射波束数量。多波束天线阵应进行回答式干扰,并进行一定角度的瞄准。为此,制造了两个相同的多波束天线阵:一个用于进行有效的电子战(即有效的无线电电子侦察);另一个用于发射干扰。结果是一个多波束天线阵测量接收信号的波束,另一个多波束天线阵按记录的来波信号方向,发出相应的干扰,这样建立的干扰是按角度进行瞄准的,然后,在指定的方向上,以较小角度集中干扰功率,提高了干扰能量的使用效率。

多波束线性定相天线阵回答式噪声阻塞干扰工作流程如图 10 - 1 所示,回答式噪声阻塞干扰(连续谱或脉冲)工作流程图与相应的图 9 - 9 没有什么不同,但是这里只有一个低频噪声干扰振荡器,两个带控制系统的角度共轭多波束天线阵,控制系统在数字计算机的控制下工作。

图 10 - 2 与图 10 - 1 的差别是,图 10 - 1 在频率上是多波道,包含 n 个梳状滤波器,但是图 10 - 2 的每个波束可以形成带宽为 $\Delta f_{nj} = f_{0n} - f_{01}$ 的阻塞干扰。

图 10 - 3 所示为共轭多波束天线阵线路图,该线路图可以进行角度分配,可以进行噪声与脉冲干扰,噪声干扰包括自振荡和回答式。

该线路图工作流程具有较好的适应性,主要体现在形成波束的数量、每个波束

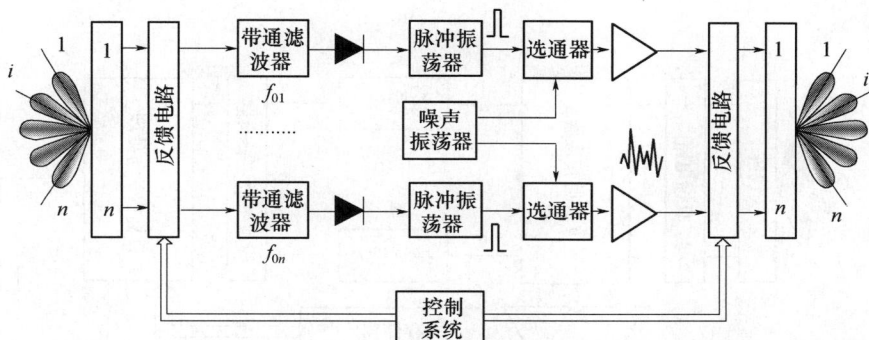

图 10-1 多波束线性定相天线阵回答式噪声阻塞干扰工作流程图

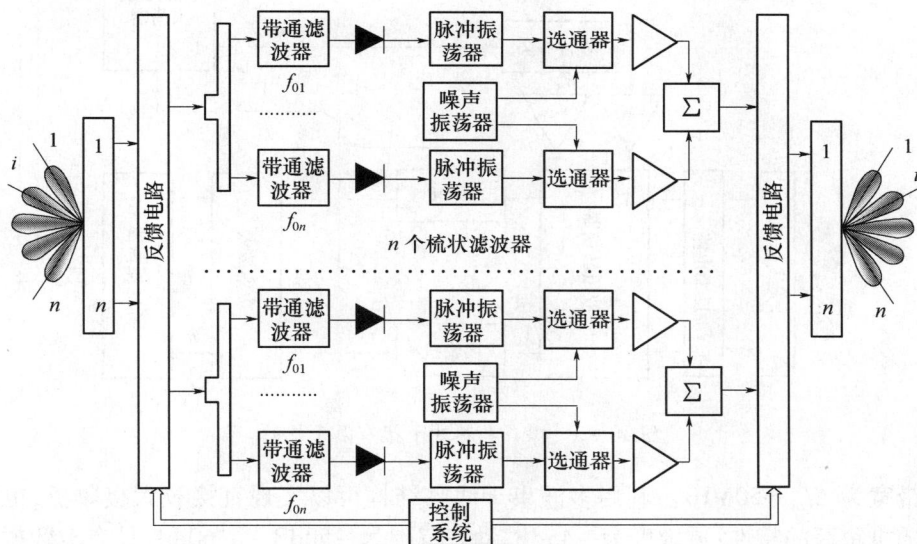

图 10-2 多波束天线阵的多波道线路图

的能量、每个波束的干扰类型。多波束天线阵有 20 个波束,一套系统的扇面为 120°,其他参数为 $\Delta\theta_a = 10° \sim 12°$,$G_j = 15\text{dB} \sim 20\text{dB}$。线路图的上部分电路有干扰函数振荡器和调制器,可以快速选择每个波束,进行噪声或脉冲调制的回答式干扰,其工作主要取决于快速制定不同调制函数 $u_{\text{M}i}(t)$,$i \in [1,n]$。下部分电路主要是建立各种种类的噪声调制干扰,带数字计算机的控制电路包括 n 波道特定振荡器,为每个波束规定载频 f_{oi},$i \in [1,n]$。

选择图 10-3 有源干扰站的电场和设备参数是一个判断问题,无线电技术侦察的带宽范围应为 $\Delta f_0 = 1000\text{MHz}$,这个带宽分为 n 个频段,当 $n = 20$ 时每个频段

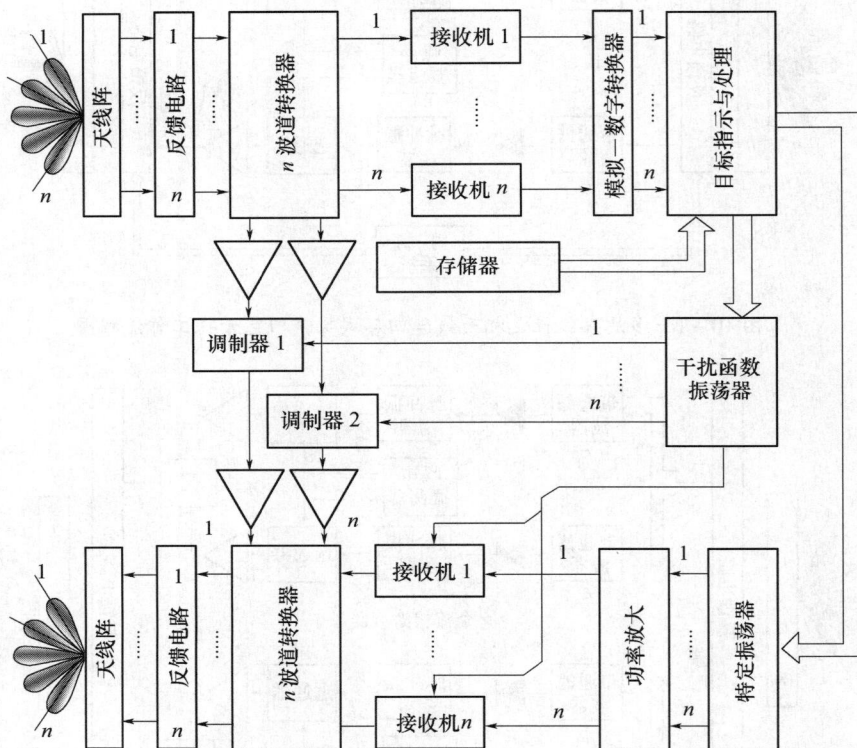

图 10-3 噪声和脉冲干扰有源干扰站

的带宽为 $\Delta f_{\mathrm{nj}} \approx 50\mathrm{MHz}$。利用多波束天线阵结构可以实现直接放大接收机,也具有随机跟踪的特性:灵敏度为 $-45\mathrm{dB}$,动态范围为 $-50\mathrm{dB} \sim -60\mathrm{dB}$,具有对数振幅特性曲线。为了对所干扰的无线电电子系统测向,运用可接收的振幅系数法,把信号与相邻的信号强度进行比较,以天线方向图的中心线的最大信号强度鉴别方位,该方法可以保证方位精度达到 $\sigma_{\mathrm{a}} \approx 15°$。现代微型行波管可以保障达到功率 $P_{\max} = 25\mathrm{W} \sim 50\mathrm{W}$,带宽为 2 个 ~ 4 个倍频,有效系数 $\geqslant 20\%$。干扰函数振荡器由数字调制综合器完成,由数字计算机控制。高频振荡器具有快速作用,并与任意的多波束天线阵组合连接,以便适应天线方向图的方位控制。回答式干扰相对于探测信号的时间延迟应该为 $\Delta t \approx 1000\mathrm{ns}$。

图 10-4 所示为具有循环存储器的单个多波束天线阵线路图,线路图中的控制电路由高频交换机控制,按照战术侦察设备的手段形成。这里的所有天线方向图的波束只辐射同一脉冲或模拟回答式干扰。

120

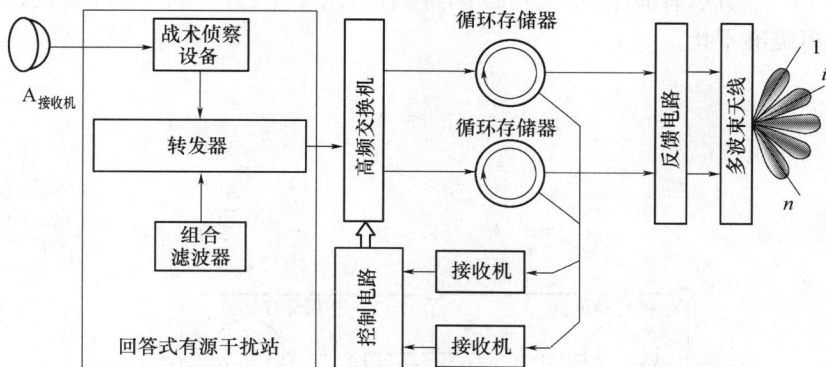

图 10 - 4　多波束循环天线阵

10.2　"阿塔网"相控天线阵有源干扰站

天线阵是这样一种设备,可以根据信号来波方向,建立干扰并辐射出去,"阿塔网"相控天线阵总是可以形成干扰,并针对角度进行瞄准,接收和发射天线振子成双成对连接在一起,所有阵列的长度和电性能特性是相同的,线路图如图 10 - 5 所示。通过阵列天线获取和转发信号,经过的路径相同,因此,最大的发射方向就是最大的接收方向,转发的电波相位与接收电波的相位总是平行的。天线阵元可以是不同类型和结构的天线,比如振子、线性定相天线阵、喇叭天线等,并可为任意极化形式,其作战使用原则也不会改变。

图 10 - 6 所示为"阿塔网"相控线性定相天线阵,采用互为镜面元素 A_{-N},A_{+N},A_{-i},A_{+i},在这种情况下,有相同的电性能长度 $l_{-N} + l_{+N} = l_{-i} + l_{+i}$。

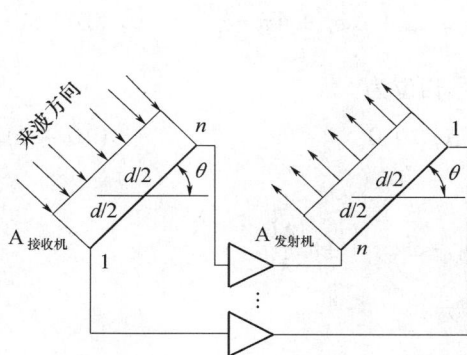

图 10 - 5　"阿塔网"相控天线阵

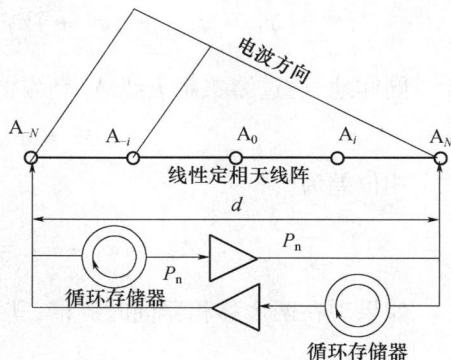

图 10 - 6　有线性定相天线阵的
"阿塔网"相控天线阵

121

图 10 - 7 所示有源干扰站,可以调整相位,用于进行窄带回答式干扰,比如回答式噪声瞄准干扰。

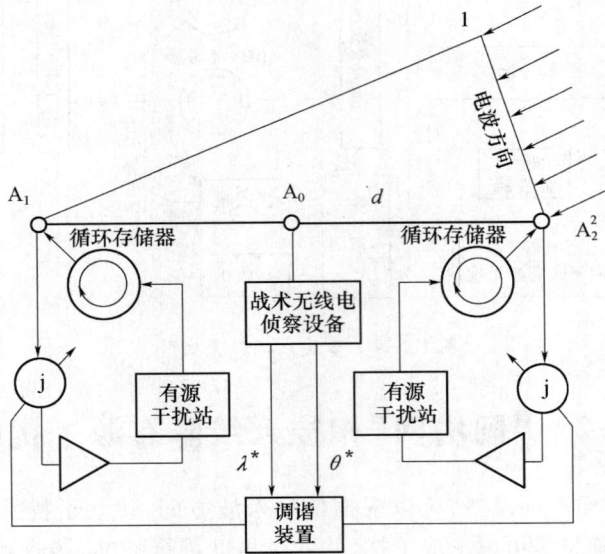

图 10 - 7　能调整相位的"阿塔网"相控天线阵有源干扰站

该系统有 3 副不同的天线 A_0, A_1, A_2, 基线长度为 d, 在方向 θ 上呈水平正弦波下降,天线 A_1, A_2 有循环存储器,既用于接收,也用于发射。每一个波道有行波管,有源干扰站进行窄带瞄准,按频率进行噪声回答式干扰。中心天线仅用于接收信号并进行方位 θ^* 和载波 f_0^* 的波长 λ^* 估算。在波的传播过程中,从 A_1 点位置通过转发器,重新到达点 A_1, 如图 10 - 7 所示,信号总的相移为

$$\varphi_1 = \varphi_{\text{next}} + \Delta\varphi_1 + 4\pi\frac{\Delta l}{\lambda} = \varphi_{\text{next}} + \Delta\varphi_1 + 4\pi\frac{d\sin\theta}{\lambda} \qquad (10-1)$$

同样地,通过第二副天线 A_2 转发的信号相位为

$$\varphi_2 = \varphi_{\text{next}} + \Delta\varphi_2 + 0 \qquad (10-2)$$

相位差为

$$\Delta\varphi = \varphi_1 - \varphi_2 = \Delta\varphi_1 - \Delta\varphi_2 + 4\pi\frac{\Delta l}{\lambda}$$

如果现在两个移相器同时调谐,其差值为

$$\Delta\varphi_2 - \Delta\varphi_1 = 4\pi\frac{\Delta l}{\lambda}d\sin\theta \qquad (10-3)$$

转发辐射的电波相位前沿是相同的,即 $\varphi_1 = \varphi_2$, 但是,这种调谐需要知道目标

122

方位 θ^* 和载波波长 λ^*。

宽带阻塞式噪声回答干扰线路图如图 10 - 8 所示。

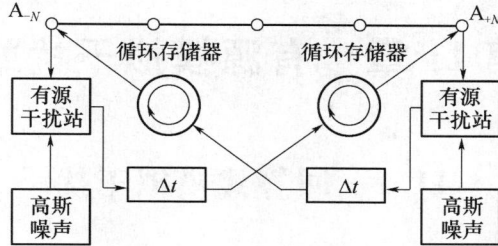

图 10 - 8　宽带阻塞式噪声回答干扰线路图

在图 10 - 7 所示线路图中,按频率形成阻塞式噪声回答干扰,并进行线性延迟,另外的具有中心天线 A_0 的变种图形如图 10 - 9 所示,该图的战术无线电侦察接收机允许在较宽范围内,快速选择回答式干扰类型。

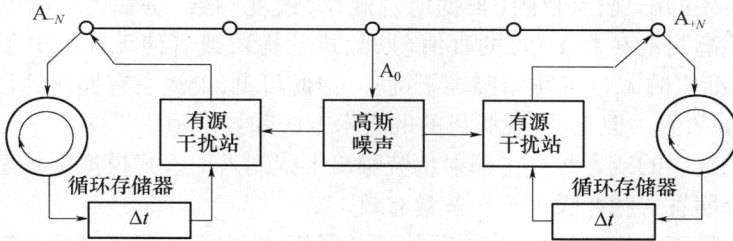

图 10 - 9　利用战术无线电侦察设备的改进型噪声有源干扰站

所有这些干扰站都有较大的电势能,比如以上干扰站的电势能为:

$$W = P_j G_a m \qquad (m \leqslant n) \qquad (10 - 4)$$

取决于波束数 $m \leqslant n$。

更高的回答式噪声干扰可以由"阿塔网"相控天线阵形成,比如,在图 10 - 7 中的两副天线 $A_{\pm N}$ 辐射回答式相干信号,该信号由接收信号形成,因此,$2n$ 个天线元的电势能为

$$W = P_j N^2 G_a \qquad (10 - 5)$$

式中:P_j 为行波管输出的回答式噪声干扰功率。

如果 $P_j = 400\text{W}, G_a = 100, n = 10$,那么 $W = 4\text{MW}$,但是,不能建立具有这样一个电势能的有源干扰站。

123

第11章 有源模拟干扰站

11.1 回答式模拟干扰

模拟干扰可把假信息引入敌方无线电电子系统使用的信号中,因此,这种干扰也被称为欺骗干扰。由于在有效信号的背景下,模拟干扰不需要无线电电子系统接收机进行选择,它们亦被称作信号类干扰。利用模拟干扰可以产生下列信号态势:真信号与假信号混淆在一起,敌方信息系统出现异常错误,使敌方接收的振荡具有与无线电电子系统有效信号的信息参数值 $\lambda_c(t)$ 不同的虚假信息参数 $\lambda_j(t)$,从而导致误差的出现,有目的(根据所选规律)改变参数,诱骗无线电电子系统的跟踪系统偏离测量参数 $\lambda_c(t)$ 的真值(欺骗式干扰),或者使无线电电子系统重新从 $\lambda_c(t)$ 瞄准假的 $\lambda_j(t)$(重新瞄准干扰)。由此可见,上述所有操作的目的只有一个—— 误导敌方。但是,实现此目的的战术方法和技术手段不同。

有时把连续的或者脉冲再辐射伪装噪声干扰列入回答式模拟干扰之列。效率最高的复合回答式脉冲噪声干扰非常有效。

区别于噪声干扰,回答式模拟干扰不是通用的,它们被用于对抗一定型号和用途的无线电电子系统。

模拟干扰以空间聚集干扰(从空间一个点辐射)和空间分布式干扰的形式使用。

可根据用途对各种回答式模拟干扰进行分类(图6-1)。因此,转发回答式模拟干扰实际上通过转发雷达询问信号来生成假目标。有时这些干扰被调制,以模拟有一定长度的运动目标反射信号参数的起伏和有规律变化。单参数的(单重的)回答式模拟干扰由一个类似于雷达反射信号脉冲的假脉冲组成,其目的是将双目标情况强加给无线电电子系统的跟踪系统。若该干扰脉冲的参数(频率、延迟)改变,则其为欺骗式干扰。作为应答信号脉冲,多参数的(多重的)回答式模拟干扰产生 n 个回答式类信号脉冲,从而出现假的多目标情况,有时还会出现雷达信号所有回答脉冲组同步偏移的情况。在瞄准回答式模拟干扰同时中断对有效参数 $\lambda_c(t)$ 的跟踪并强加一个带假参数 $\lambda_j(t)$ 的信号。这些干扰可能是单重和多重的。单点混合干扰用于抑制单位阵的无线电电子系统。为此,对探测、鉴别和识别通路、距离通路、速度通路、线性和锥形扫描的测角通路以及单脉冲型测角通路进行干扰。既用于信息通路,也作用于数据传输和通信无线电系统的同步通路。多点干扰用于抑制测角通路、主动和被动型多阵位雷达站、互相关的系统。

11.2 回答式模拟干扰效率

回答式模拟干扰典型站的标准结构电路如图 11 - 1 所示。

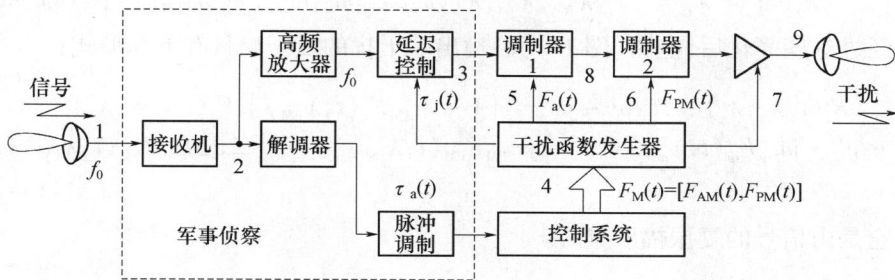

图 11 - 1 回答式模拟干扰典型站的标准结构图

电路类似于回答式噪声干扰的形式,但有几点不同:其一,在该电路中军事侦察分系统非常先进,正是该系统用于存储接收信号的频率(频率存储设备)、解调(解调器)和确定其参数,以便选择回答式干扰的类型,生成干扰控制系统工作的初始数据;其二,该电路使用了限定调制函数,在控制系统作用下,调制函数 $F_{AM}(t)$ 和 $F_{FM}(t)$ 是由干扰函数发生器形成的,它们被送入调幅器、调相器和功率输出放大器;其三,回答式模拟干扰典型站电路中总有一个延迟 $\tau_n(t)$ 的干扰延迟控制装置,需要可变化延迟的目的是使该站可形成距离欺骗式干扰。

在图 11 - 1 电路中,由军事侦察分系统接收的有效信号具有下列形式:

$$u_1(t) = u_c[t, \lambda_c(t)] = \mathrm{Re}\{\dot{E}_c(t,\ \lambda_c(t) \exp j\omega_c t\} \qquad (11-1)$$

式中,复振幅相等(考虑到调相和调频)。

$$\dot{E}_c(t,\lambda_c) = E_c(t,\lambda_c)\exp[j\omega_c(t,\lambda_c)]\exp[j\pi\Delta f_d F_c(t,\lambda_c)] \qquad (11-2)$$

在接收机理想的中频放大器输出端信号不发生变化。

在第三点,信号将延迟 $\tau_j = \tau_j(t)$。调幅和调相(调频)以及行波管的频率和振幅控制后,在有源干扰站输出端的第四点得到:

$$
\begin{aligned}
u_j(t,l_c,\lambda_j) = & K\mathrm{Re}\{E_c[t-\tau_j,\lambda_c(t-\tau_j)][1+m_{AM}F_a(t,\lambda_{AM})][1+m_{AM}F_A(t,\lambda_{Ma})] \\
& \times \exp\{-j_c[t-\tau_j,\lambda_c(t-\tau_j)]-jm_{PM}F_\phi(t,\lambda_{PM})\} \\
& \times \exp\{j2\pi[\Delta f_d F_c(t,\lambda(t-\tau_j))+\Delta f_d F_{FM}(t,\lambda_{FM})]\}\exp[j\omega_c(t-\tau_j)]\}
\end{aligned}
$$

$$(11-3)$$

式中:K 为图 11 -1 电路所有环节的总传输系数。

式(11 -3)可以简化。首先,在所有的调制函数中可以忽略延迟 τ_j,故

$$E_c[t - \tau_j, \lambda_c(t - \tau_j)] \approx E_c(t - \tau_j, \lambda_c)] \ 和 \ \varphi_c[t - \tau_j, \lambda_c(t - \tau_j)] \approx \varphi_c(t - \tau_j, \lambda_c)]$$

$$(11 - 4)$$

其次,可以引入统一的干扰矢量信息参数

$$\lambda_j(t) = \lambda_j = [\tau_j, \lambda_{AM}, \lambda_{Ma}, \lambda_{\phi}, \lambda_{PM}\lambda_{FM} m_a, m_{Ma}, m_{\phi}, m_{PM}\Delta f_{dj}] \quad (11 - 5)$$

经过这些简化后,电路(图 11 -1)输出端干扰的复振幅具有下列形式:

$$\dot{E}_j(t, \lambda_c, \lambda_j) = \exp(-j\omega_c\tau_j)[1 + m_{AM}F_a(t, \lambda_{AM})] \ E_c(t - \tau_j, \lambda_c)$$
$$\times \exp[-jm_{\phi}F_{\phi}(t, \lambda_{\phi})]\exp[-jm_{PM}F_{PM}(t, \lambda_{PM})]\exp[-2\pi\Delta f_{FM}F_{FM}(t, \lambda_{FM})]$$

$$(11 - 6)$$

它是由信号的复振幅形成的。

$$\dot{E}_c(t, \lambda_c)\exp\{-j\varphi_c(t, \lambda_c)]\exp\{j2\pi\Delta_g F_c(t, \lambda_c)] \quad (11 - 7)$$

回答式脉冲干扰施放装置的功能电路(图 11 -2)对应于式(11 -6)和式(11 -7)。由图可见,这些干扰是典型的调制(倍增)干扰。重点指出的是,有源干扰站通过矢量干扰参数 $\lambda_j(t)$ 应答无向量信号参数 $\lambda_c(t)$(式(11 -5)),正是这一情况可以确定大量的不同类型的具体干扰。

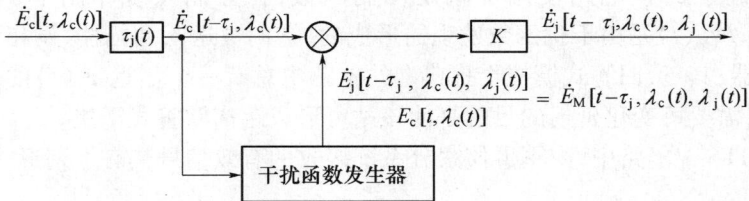

图 11 -2 回答干扰施放装置的功能图

几乎所有关于压制不同跟踪无线电电子系统的回答式模拟干扰效率分析研究都非常困难,而且这些研究得到的结果有限。最好根据数学模拟或实体试验的结果来判断回答式模拟干扰的效率。通过这种方法,在与无线电电子战设备冲突中,可以更简单地得到所使用的无线电电子系统中断、截获和重新瞄准目标概率的具体数据。

信号 $u_j(t)$ 回答式脉冲干扰的能量不能作为效率指标。相反,通常尽量生成功率可与信号功率相等的回答式脉冲干扰:功率或振幅——这种干扰参数与其他任何干扰的相同,而模拟干扰所有的参数应与信号相同,包括振幅。

126

11.3 假目标发生器（回答式脉冲干扰）

回答式脉冲干扰发生器使用和工作原理的电路如图 11-3 所示。探测雷达站在第一点生成并发射一个频率为 f_0 的探测信号。该信号到达飞行器（目标）并反射回来（图 11-3(b) 上的脉冲 D）。反射脉冲的振幅为 $E_{aim} \sim \sqrt{\sigma_{aim}}$，延迟 $\tau_{aim}(t) = \dfrac{R_{aim}(t)}{c}$，而频率与额定值相差多普勒位移 $f_{decoy} = \dfrac{\dot{R}_{aim}}{\lambda}$。更弱的信号 B 到达假目标并以振幅 $E_{decoy} \sim \sqrt{\sigma_{decoy}}$ 反射回来。

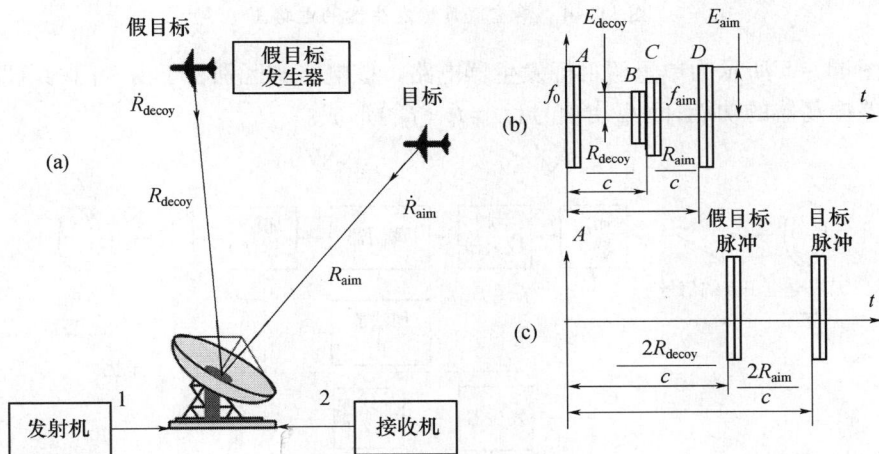

图 11-3　回答式脉冲干扰的使用

到达第二点，雷达接收机的信号具有双倍的延迟和多普勒频移，但它们的振幅不同。原则上，由于该参数的不同，能识别出真实背景上的假目标。为避免这点，在假目标上装一个假目标发生器，它发射干扰 C 的回答脉冲，其振幅约等于 E_{aim}。结果是来自真目标（飞行器）和带假目标发生器的假目标的脉冲来到第二点的雷达接收机（图 11-3(c)），这些脉冲的振幅区别不大。这使雷达无法进行飞行器与假目标之间的选择，产生飞行器队形增多的效果。应当采取措施使目标脉冲 aim 和假目标（图 11-3(c)）不仅参数相同，而且起伏一致，该起伏由一定长度目标（飞行器）信号回波造成的。最简单的方法是：在带有雷达重新发射询问信号补充放大和调制的转发器电路上形成假目标发生器。有几种产生转播干扰的方法，单重假目标发生器电路如图 11-4 所示。该电路利用公用振荡器工作，在中频 $f_{co1} = f_c - f_d$ 上放大，在第二个混频器内恢复载波 $f_{co2} = f_{co1} + f_d$。电路可在其他工况下工作,以便在一次动作发射机中使用。此方案中没有混频器,A_3 天线接收信号,A_4 天线在同一频率上发射。

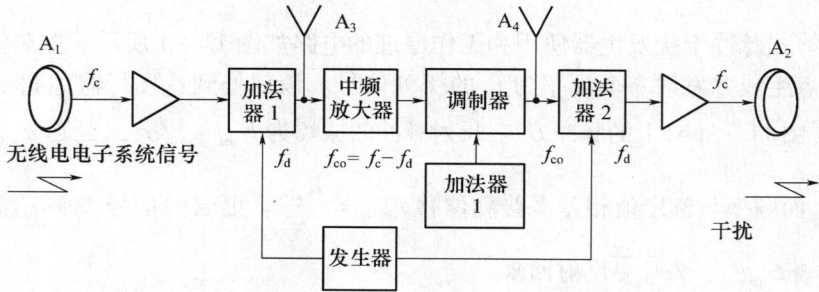

图 11-4　单重假目标发生器的电路图

图 11-5 所示为单重假目标发生器电路。该电路的区别在于由专门的电路实现外差振荡器的功能,而 f_d 由信号($f_d = f_c + f_{co}$)形成。

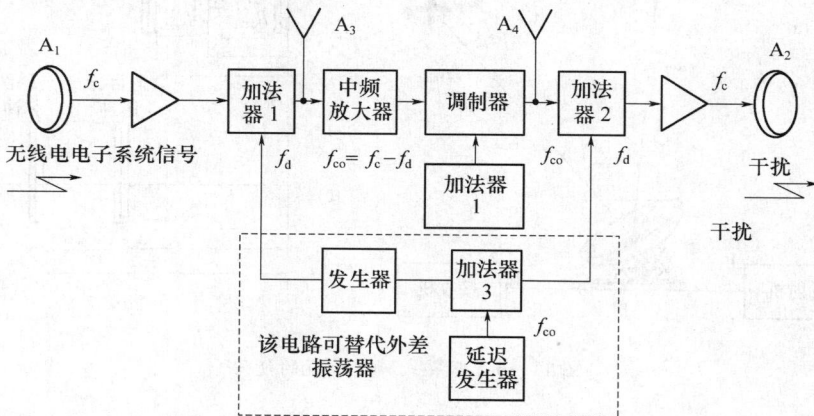

图 11-5　单重假目标发生器的电路图

有时需要创建一个延迟 Δt、脉宽扩展到 $\tau_j \gg \tau_c$ 的应答信号脉冲。为此使用图 11-6(a)所示电路,其中的信号形式如图 11-6(b)所示。

在脉冲发生器和调制器中生成起伏调制且加宽的脉冲。调制器控制功率输出放大器。信号从脉冲发生器中选通该放大器。技术上很方便在脉冲行波管上选通放大器。除了假脉冲,电路还发射有效脉冲,但是是以随机方式调幅的信号脉冲(图 11-6(a)和(b)的第五点)。

带交混回响的假目标发生器电路(图 11-7)也可生成延迟($\Delta t = 2\tau_c$)但并非加宽的回答脉冲。

电路中有两个间隔 $2\tau_c$ 同步工作的开关 aim1 和 aim2。若它们处于位置1,信

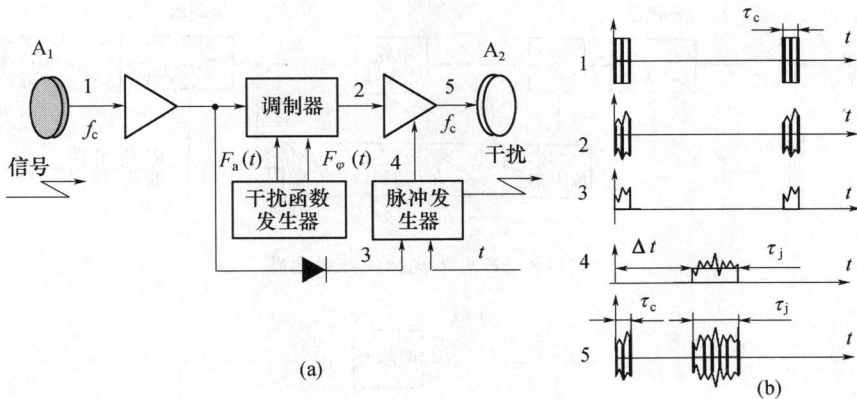

图 11 - 6　可变延迟和脉宽干扰电路的产生

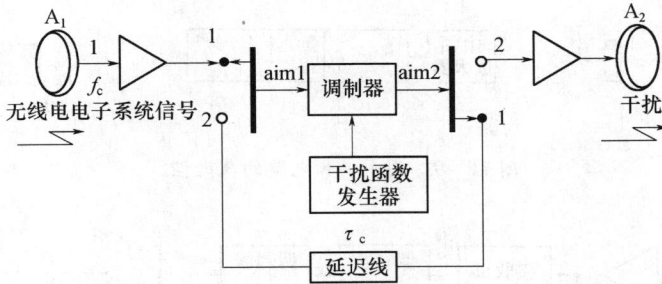

图 11 - 7　带交混回响的假目标发生器

号脉冲进入反馈电路,在那里接通延迟线 $\tau_z = \tau_c$。从左边进入延迟线的信号脉冲以双倍延迟 τ_c 进入开关 aim1 的第 2 点。这时,aim1 和 aim2 在位置 2 转换并发射延迟应答脉冲。

　　有时无线电电子战的战术需要用假脉冲组来回答单个脉冲信号。在图 11 - 8 中,带延迟控制线和两个变频器 $f_{co} \leftrightarrow f_i$ 的反馈电路用于产生回答脉冲组。分频器给出一个在反馈电路上工作的中频 $f_{co} = \dfrac{f_c}{n}$。

　　电路的标准参数可用于不同频段各种用途雷达的无线电电子战。图 11 - 9 所示为一个带共用外差振荡器的电路。该电路是图 11 - 4 电路和图 11 - 5 电路的组合。

　　带有军事侦察设备的回答干扰站电路如图 11 - 10 所示。军事侦察设备实现信号频率的搜索和截获。

　　在图 11 - 10 的电路中利用功率输出放大器脉冲行波管中的反馈电路来保证

129

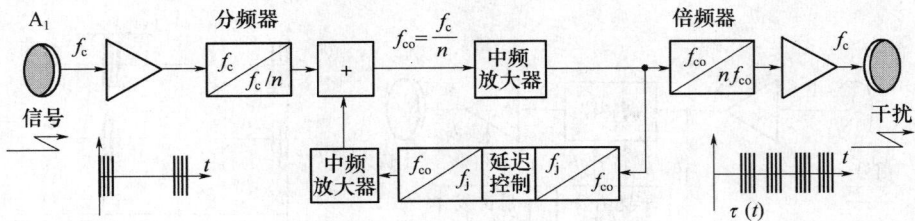

图 11-8　产生干扰脉冲组的电路

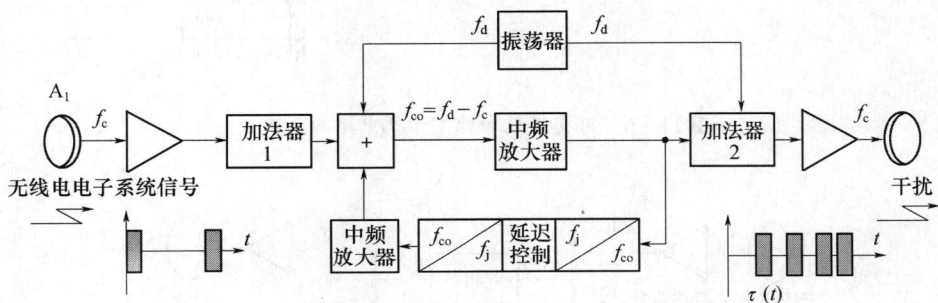

图 11-9　图 11-8 电路的改进型

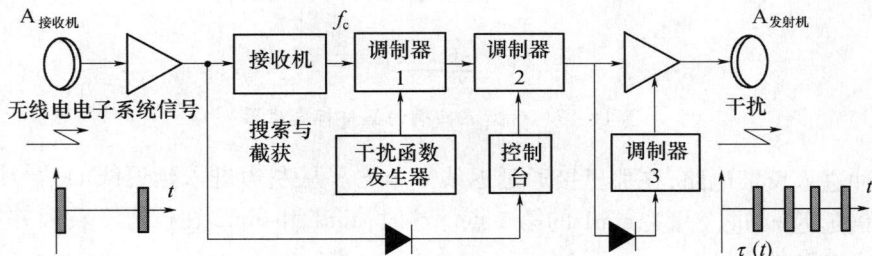

图 11-10　根据军事侦察设备的数据确定干扰参数

回答干扰的多重性。

假目标专用发生器的建立用于带复杂信号(线性调频、相位调制)的雷达站无线电电子战以及脉冲到脉冲载频突变的雷达站无线电电子战。下面讨论几个这样的电路。

图 11-11(a)给出的是假目标发生器电路,该电路可通过干扰回答线性调频脉冲。

电路为辐射回答干扰增加了附加的带内调频。描述电路工作的波形图如图 11-11(b)所示。在电路的输出端,在未压缩的信号探测脉冲期间发射回答干扰,像

130

脉冲序列,脉宽 $\Delta\tau = \tau_{low}/n$,周期 T_j。这时,脉冲干扰的载频等于 $f_j(t) = f_c(t) + \Delta f_j$。

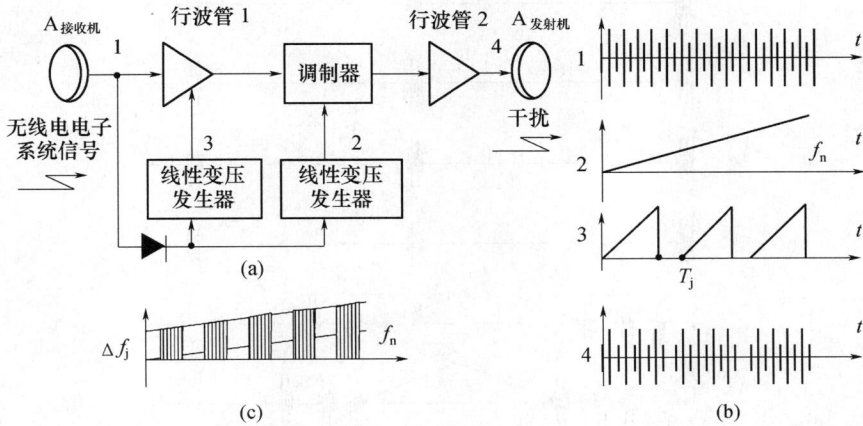

图 11 - 11   带线性调频信号的雷达站无线电电子战设备

图 11 - 12 所示电路用于在带有快速突变伪随机频率重调的雷达探测范围内生成假目标。电路使用的信号形式如图 11 - 12(b)所示。电路工作的实质——把带载频 f_{ci} 的信号脉冲转变成恒定中频脉冲(第 4 点)。之后生成由 n 个假目标脉冲组成的脉冲组。利用中频放大器电路中的循环存储器形成脉冲组。利用线性延迟装置 $\Delta t = 0 \sim t_1$,控制电路可使脉冲组慢慢移动,并进行补充延迟 Δt。在第 7 点恢复初始频率 $f_{ci}{}^*$。

对于快速重频信号,有假目标发生器电路[6]。但要保证这些电路的工作必须

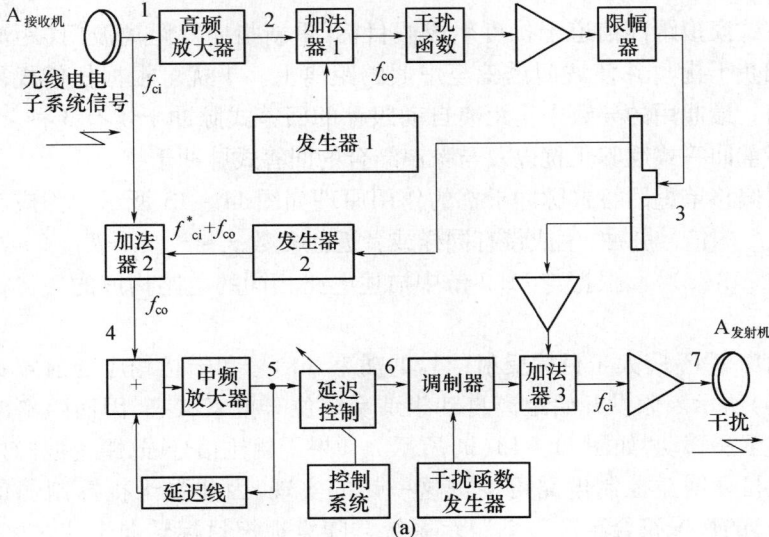

(a)

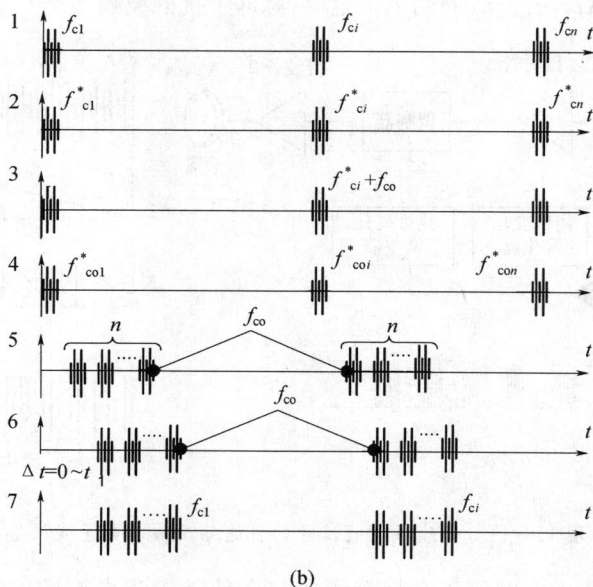

图 11－12　带伪随机频率重调的无线电电子战雷达站

事先了解控制载波相位的代码。下面,我们将探讨在系统中使用假目标发生器生成空间分布式干扰的问题。

11.4　距离信道干扰

回答式模拟距离信道干扰可生成假目标,重新指向其距离波门(距离自动跟踪系统截获干扰),并使波门诱骗至虚假的距离上。干扰可根据任何规律诱骗至距离波门。最通用的导致中止距离自动跟踪的回答式脉冲干扰有 3 种。它们是:单重和多重回答式欺骗干扰以及与噪声结合的回答式脉冲干扰。

距离偏移单重回答式脉冲干扰的作用原理如图 11－13 所示。为应答带有参数 τ_c、T_c、f_c 的信号脉冲,生成带有同样或者近似参数 $\tau_j \approx \tau_c$、$T_j \approx T_c$、$f_j \approx f_c$ 的假目标(图 11－13(a))。根据与 11.3 节中描述电路相同的电路构成的假目标发生器形成干扰。

干扰功率 P_j 应大于目标反射信号的功率。信号和干扰相应的射频脉冲如图 11－13(b)所示。假设开始距离自动跟踪系统位于搜索状态,因而距离波门沿时间轴从右至左移动,如图 11－13(b)所示。如果干扰比信号强,距离波门捕获更强的干扰。自动增益控制电路可促进这一切的实现,因此强干扰抑制弱信号。图 11－13(c)的情况符合距离自动跟踪系统非随意地把目标转向干扰。之后,干扰

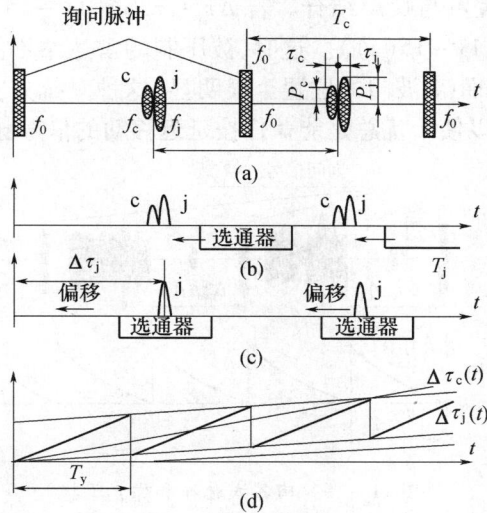

图 11 - 13　距离偏移单重回答式脉冲干扰的作用原理

脉冲延迟 $\Delta \tau_i(t)$ 变化,随之变化的还有距离波门的位置(干扰导致距离偏移),选择该延迟 $\Delta \tau_i(t)$ 的变化规律非常重要。为了模拟假目标的均匀移动,$\Delta \tau_i(t)$ 以周期 T_y 按照逐段线性(锯齿形)规律发生变化(图 11 - 13(d))。为了使干扰模拟缓慢移动的目标,$\Delta \tau_c(t)$ 在多个 T_c 周期内缓慢变化。应通过计算 $T_y \gg T_c$ 选择 T_y。采用抛物线延迟变化规律 $\Delta \tau_j(t) = kt^2 + \tau_0 t$ 来模拟恒速假目标的移动。有时随诱骗同时改变干扰功率 $P_j(t)$,以随着靠近雷达站或远离雷达站模拟信号强度变化。

如图 11 - 14(a)所示,为生成距离偏移多重回答式脉冲干扰,在应答每一个信号脉冲时发射一个由 n 个周期为 T_j 的脉冲组成的脉冲组。这时,如图 11 - 14(b)所示,在满足同样条件 $P_j \gg P_c$ 时,整个脉冲组按逐段线性周期(锯齿形)规律同步偏移。距离自动跟踪系统捕获 n 个脉冲中的一个并跟踪移动的脉冲组。

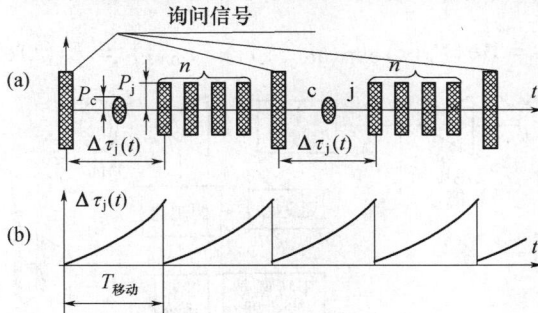

图 11 - 14　距离偏移多重脉冲干扰

133

回答式脉冲干扰可与噪声结合。若 $\Delta\tau_j \approx \tau_c$（图 11 – 15（b）），脉冲和噪声干扰盖住信号脉冲（图 11 – 15（a））。这时，被压制的雷达站不能同步被干扰噪声脉冲伪装的信号脉冲和距离波门的位置。很明显，这种对抗方式也需要实现按延迟 $\Delta\tau_j(t)$ 偏移的规律，以使干扰总是能盖住按延迟移动的信号脉冲。

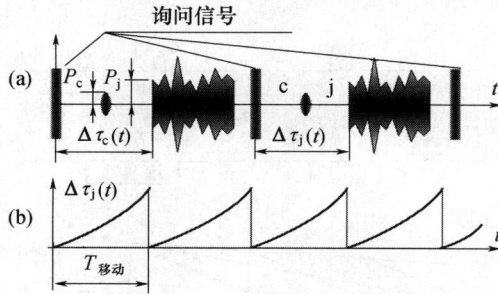

图 11 – 15　回答式脉冲和噪声干扰

应当指出，回答式脉冲干扰可以被生成，只是相对信号脉冲有一些延迟 Δt，达到 $0.15\mu s$（有源干扰设备内）。因此，为了可靠地盖住伪装的信号脉冲，回答式噪声脉冲应比信号脉冲有时间提前。为此，应答雷达接收信号脉冲而形成的噪声脉冲应延迟稍小于探测信号重复周期的时间，该脉冲应该在下一个周期可靠地覆盖信号脉冲。所以，在针对脉冲到脉冲载频快速重调和询问脉冲重复交变频率的雷达站时，所有的与覆盖的噪声脉冲配套使用的回答式脉冲干扰工作效果不佳。

无线电电子战技术中，通用的用于在无变频下诱骗距离自动跟踪系统的回答式脉冲干扰电路如图 11 – 16 所示。根据此电路，重调的延迟线 $\Delta\tau_j(t)$ 由线性变化电压发生器控制。利用控制放大器改变输出端的干扰功率 $P_j(t)$。频率存储装置评估信号载频 f_c^* 并创造条件，在与接收脉冲同样载频上发射延迟的脉冲。图 11 – 16 的电路可以避免用频率存储设备中接收信号的高载频存储。探测信号可用通常的模型描述。

$$u_0(t) = \mathrm{Re}\{\dot{E}_0(t)\exp(\mathrm{j}\omega_0 t)\}; \quad \dot{E}_0(t) = E_0(t)\mathrm{e}^{-\mathrm{j}\varphi_0(t)}$$

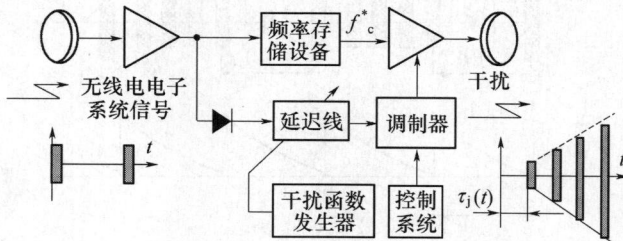

图 11 – 16　延迟一个重复周期的回答式干扰脉冲的形成

134

这样,图 11 – 16 中电路生成的干扰可以是下列形式:

$$u_j(t) = \sqrt{P_j(t)}\, u_0[t - \Delta\tau_j(t)] = \mathrm{Re}\{\dot{E}_j(t)\exp j\omega_0 t\} \qquad (11-8)$$

式中

$$\dot{E}_j(t) = \sqrt{P_j(t)}[t - \Delta\tau_j(t)]\exp[-j\omega_0\Delta\tau_j(t)] \qquad (11-9)$$

符合式(11 – 9)的干扰形成等效电路如图 11 – 17 所示。

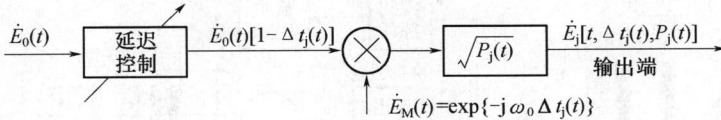

图 11 – 17　符合式(11 – 9)的干扰形成等效电路

图 11 – 18 所示为距离诱骗且带有中频信号存储和双重外差作用的回答式脉冲干扰形成电路。

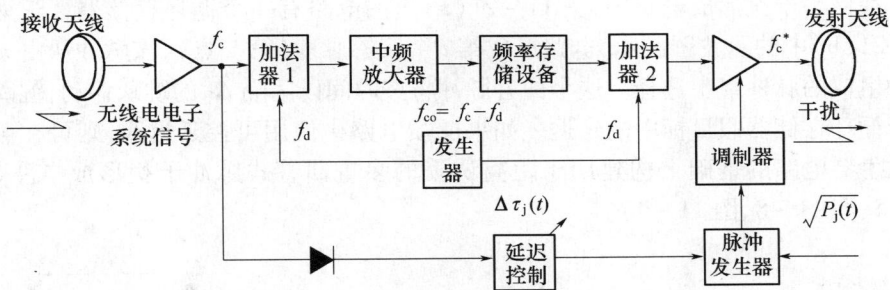

图 11 – 18　中频信号存储

许多情况下,图 11 – 18 电路中的频率存储装置与信号搜索和捕获接收机配置在一起,图 11 – 19 电路中的延迟控制则与由控制器控制的程序装置配置在一起。

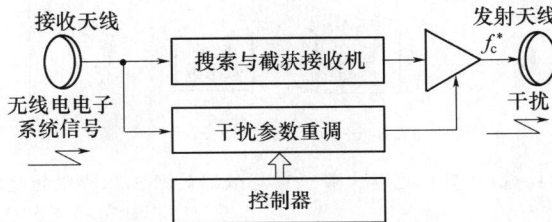

图 11 – 19　距离诱骗程序控制

图 11 – 20 所示为调制函数形成电路中带循环存储器的电路。该循环存储器复制回答式干扰脉冲,以周期 Δt 重复所接收的询问脉冲。延迟控制线造成回答脉

冲组的偏移。控制部件形成调制函数 $\sqrt{P_j(t)}$。脉冲发生器生成距离多重干扰脉冲。这些脉冲调制被输出为脉冲行波管增加的幅度振荡。

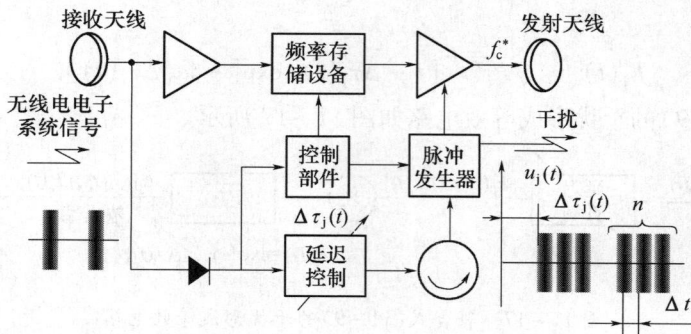

图 11-20　循环存储器内干扰脉冲的复制

在回答干扰形成电路中,图 11-21(a)上的电路有一个循环存储器。正如图 11-21(b)中的示波图所示,电路形成第 i 个回答脉冲(第 5 点),该脉冲从由 n 个脉冲组成的脉冲组中选择。这个回答脉冲将按时间以间隔 Δt 的跳跃移动,跳跃值等于循环存储器假目标中的延迟。如果反馈电路中使用可控延迟线,则可在假目标发生器电路的基础上构建用于距离诱骗的多重回答式脉冲干扰形成电路(图 11-5、图 11-8、图 11-9)。

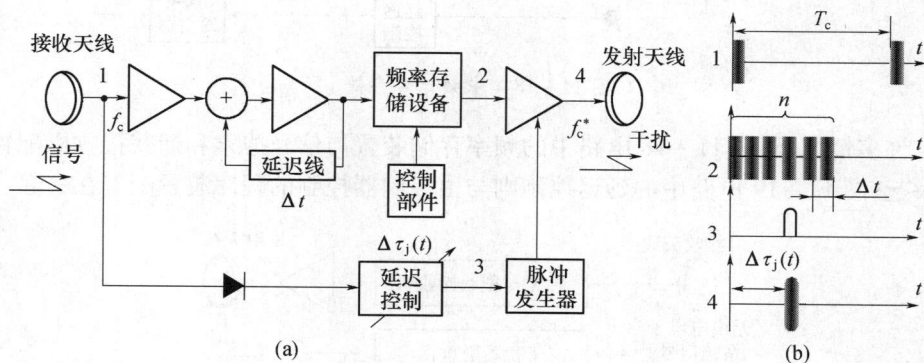

图 11-21　直达电路中带循环存储器的欺骗脉冲组的形成

多重回答式脉冲干扰形成电路也可以归纳成图 11-17 的模型形式,但调制函数变为 $E_M(t)$,它是 n 个带有 $\exp[-j\omega_{0i}\Delta t]$,$i \in [1,n]$ 相差的振荡和。

通过信号和干扰总脉冲能量中心的移位,在信号脉宽 τ_c 范围内,存在一些能够导致距离自动跟踪系统波门偏离的干扰。按此原则组织无线电电子战的示例如图 11-22 所示。该图 2~4 示波图给出的是 3 个连续时刻下 3 个信号与干扰的总

136

脉冲。在不对称脉冲的作用下,距离自动跟踪系统跟踪脉冲的能量中心(图 11 - 22 上的能量中心),将在小范围 $\frac{\tau_c}{2}$ 内偏移距离波门。

文献[6]指出,当每一个通路实现自己的偏移规律时,可以建立多通路距离诱骗有源干扰站。为此,在距离诱骗电路中采用了带独立延迟控制线组和输出累加器的部件。

在距离自动跟踪系统中经常使用干扰防护电路。该电路的依据是:在同时观察几个信号时,捕获其中最弱的那个 P_c 为最小。在这种抗干扰的条件下,具有 $P_j(t)$ 特别变化规律的诱骗干扰比较有效(图 11 - 23)。

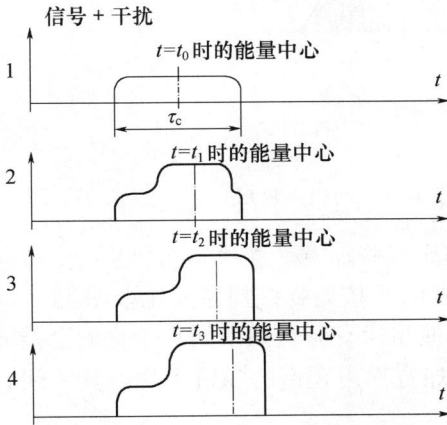

信号 + 干扰

图 11 - 22　干扰造成的反射信号能量中心偏移

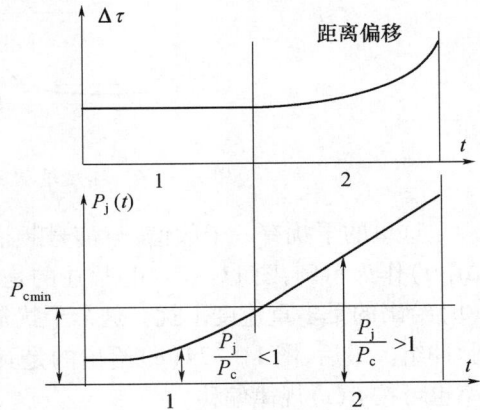

图 11 - 23　功率变化的诱骗干扰

在没有诱骗的区域 1,干扰模拟目标,设置脉冲的电平 $\frac{P_j}{P_{cmin}} < 1$。这时,在带最小信号选择的干扰防护电路的距离自动跟踪系统内捕获干扰(正是所有同时观测脉冲中最弱的)。随着诱骗,距离波门移向 $\frac{P_j(t)}{P_c} > 1$ 的区域 2。但是距离自动跟踪系统始终跟踪干扰而不是信号。

在有些带距离诱骗的有源干扰站内使用对新增假目标的重新瞄准。为此,干扰阻止信号的自动跟踪并把波门移向假目标的方向。假目标的信号被距离自动跟踪系统捕获。

11.5　速度信道干扰

速度信道干扰与距离信道干扰在各方面都很相似。但在形成干扰时,速度信

137

道干扰使用的不是时间延迟,而是频移。与距离诱骗的干扰相似,实现其速度类似诱骗:多重速度干扰和多普勒噪声。最普遍的速度跟踪和测量通路的干扰作用原理如图 11 –24 所示。在图 11 –24(a)上复制出速度诱骗干扰。

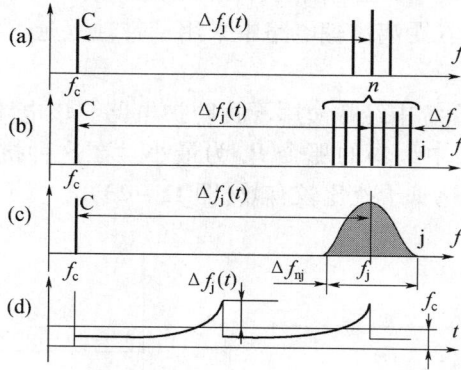

图 11 –24 速度跟踪通路诱骗干扰的组织原则

这里的干扰有一个频谱,与信号频谱相比有些加宽。频率差 $f_j(t) - f_c(t) = \Delta f_j(t)$ 作为示例,图 11 –24(d)描述的是频率 $f_j(t)$ 按抛物线规律变化。图 11 –24(b)给出的是多重速度干扰。这个干扰是脉冲组所有分量频率同步变化的谱谐波脉冲组。最后,图 11 –24(c)给出的是具有加宽噪声频谱的随机干扰。其中间频率也可按 $f_j(t)$ 规律偏移。

不难建立速度诱骗干扰形成装置的模型和等效电路。如 $u_c(t) = \mathrm{Re}\{\dot{E}_0(t) \exp(\mathrm{j}\omega_0 t)\}$——进入的信号,则

干扰可表示为

$$u_j(t) = k\mathrm{Re}\{\dot{E}_0(t)\exp[\mathrm{j}(\omega_0 + \Delta\omega_j(t))]\} = \dot{E}_0(t)\dot{E}_M(t)\mathrm{e}^{\mathrm{j}\omega_0 t}$$

式中: $\dot{E}_M(t) = \exp[\mathrm{j}2\pi\Delta f_j(t)t]$。

干扰形成装置的等效电路(图 11 –25)与该解析模型相符。

速度诱骗常采用行波管调相电路(图 11 –26)。

$$f_j(t) = \frac{\mathrm{d}\varphi(t)}{\mathrm{d}t} = \frac{k}{2\pi} \tag{11 – 10}$$

根据该电路,利用电压线性(锯齿形)变化发生器,在行波管输出端进行振荡调相 $\varphi(t) = kt$。放大信号的频移符合此相移。

根据来自控制系统的信号,改变锯齿形电压的陡度 k,可以实现速度的向前(Δf_j 增加)和向后(Δf_j 随时间减少)诱骗。

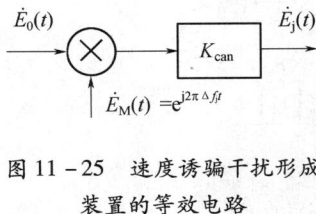

图 11 – 25　速度诱骗干扰形成
装置的等效电路

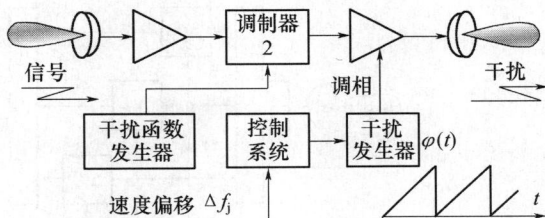

图 11 – 26　通过行波管调制的速度诱骗

图 11 – 27 的电路可以在任何信号下工作,其中包括线性调频和相位调制信号。如果要在干扰辐射中制造间歇,则在图 11 – 27 的电路上增加中断有源干扰形成站工作的电键和转换器。

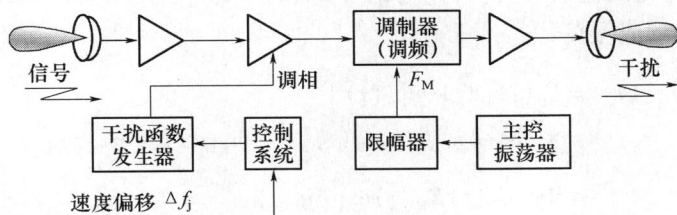

图 11 – 27　载波任意调制下速度信道干扰的形成

有几种产生速度诱骗多重干扰的方法。其中一个这样的电路如图 11 – 28 所示。

根据图 11 – 28 的电路,在行波管 – 2 中信号频率通过线性电压改变发生器和相位调制移动并按 $\Delta f_{\mathrm{j}}(t) = \dfrac{k(t)}{2\pi}$ 规律偏移。调制器中干扰信号以 F_{M} 频率的振荡被按频率调制。该调制生成振荡,其频谱是 n 个谐波的组合。谐波频率的区别为 $iF_{\mathrm{M}}, i = 1, \cdots, n$,即,干扰有一个间距为 F_{M} 的频率网栅形式的频谱。限制器均衡谐波分量的强度。

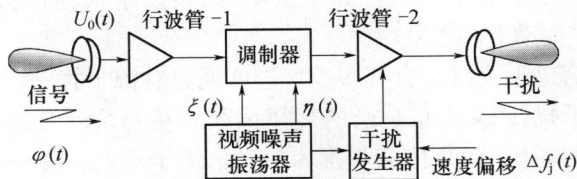

图 11 – 28　速度通路随机诱骗干扰的形成电路

速度有源干扰的多通路形成电路见图 11 – 29。频移 $\Delta f_1, \Delta f_2, \cdots, \Delta f_n$ 生成电路通过多通路线性电压变化发生器来控制。其中的每一个电压都有对应于 $k_1, k_2, \cdots, k_n$ 的陡度。按程序控制发生器,程序可以形成脉冲组同步偏离的频移变化规律。

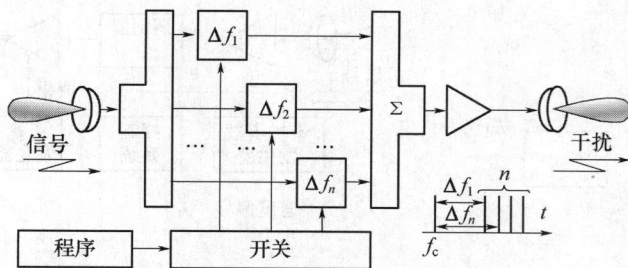

图 11-29 速度有源干扰的多通路形成电路

根据图 11-29 的电路,在调制器中对接收的信号用射频噪声进行调幅和调相。依靠符合 $\varphi(t) = k(t)t$ 规律的相位调制来进行频率偏移 $\Delta f_j(t)$,即根据陡度 $k(t) = 2\pi\Delta f_j t$ 变化的锯齿形规律,作为信号 $u_0(t) = \mathrm{Re}[\dot{E}_0(t)\exp(j\omega_0 t)]$ 的应答,干扰在输出端形成振荡:

$$
\begin{aligned}
u_j(t) &= \dot{E}_0(t)[1 + m_P\xi(t)] \\
&\quad \times \cos\{2\pi[f_0 + \Delta f(t)]t - m_P\eta(t) - \varphi_0(t)\} \\
&= \mathrm{Re}\{\dot{E}_0(t)\dot{E}_M(t)\exp(j\omega_0 t)\}
\end{aligned} \tag{11-11}
$$

式中 $\dot{E}_M(t) = 1 + m_P\xi(t)\exp[j2\pi\Delta f(t)t - m_P\eta(t)]$。

该干扰又与图 11-29 的模型相符,但调制电压为 $\dot{E}_M(t)$。射频噪声电压进行的相位和振幅调制 $\eta(t), \xi(t)$ 可产生带频谱的噪声振荡(图 11-24(c)),其中,中央频率 $f_j(t) = f_0 + \Delta f_j(t)$ 根据给定的频率(速度)偏移规律变化。干扰带通常为 $\Delta f_{nj}(t)$(图 11-24(c)),约 11kHz~20kHz,$t_{偏移}$ 达 10s,$\Delta f_j(t) = (0 \sim 200)$kHz。有时,可使用伪随机序列发生器来替代射频噪声振荡器作为相位调制器——抑制输出端载波的平衡调制器。

在所有形成速度信道干扰的有源干扰站内,可以增加输出振荡的振幅调制。改变 $P_j(t)$,组织"摆动"干扰。

在施放距离信道干扰时也会有多程序速度通路有源干扰站。在这些站内同时发射各种频率的干扰,每一个按自己的规律偏移。在一系列有源干扰站内偏移周期 $T_y(t)$ 也适应地变化。距离信道干扰和速度信道干扰经常在一个有源干扰站内使用(下面会谈到这些组合干扰的话题)。

11.6 对线性扫描测角通路组合干扰

通常在探测雷达站中使用带有扫描天线方向图的无线电测向仪。通过天线方

140

向图 $f_N(\alpha)$ 射线的线性扫描(旋转或摆动)在"通路中"测量目标的方位(方位角 α 和高低角 β)。在接收点,也就是雷达角通路天线的布置位置上,会到达周期性的目标反射的无线电脉冲序列(图 11 –30(b))。

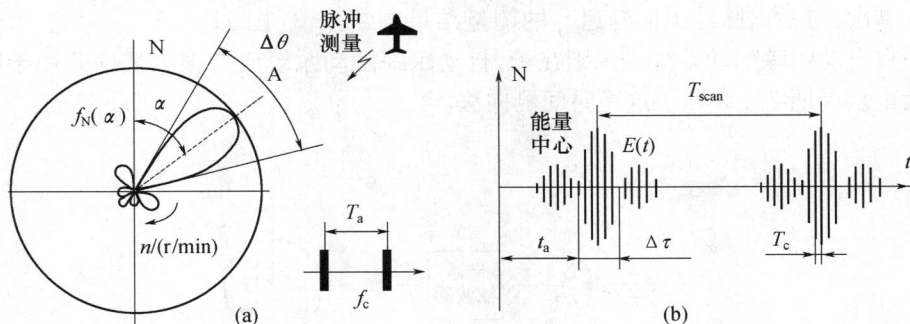

图 11 – 30 在"通过中"测量目标方位(方位角 α 或仰角 β)

探测信号 $u_0(t) = E_0(t)\cos\omega_0 t$ 无论是脉冲的还是连续的,目标反射的信号将具有脉冲组的形式。周期脉冲组的包络线形状既与探测信号的包络线有关,也与目标的角坐标有关:

$$E(t) = E_0(t)f_N[\alpha(t)] \qquad (11 – 12)$$

目标反射和雷达扫描天线接收脉冲信号组的重复周期等于:

$$T_{scan} = \frac{60}{n} = \frac{1}{F_{scan}} \qquad (11 – 13)$$

式中:n 为天线射线的旋转速度(r/s)。

扫描周期的倒数称作线性扫描频率,它是测角通路的重要参数。

$$F_{scan} = \frac{1}{T_{scan}} \qquad (11 – 14)$$

目标反射的信号组宽度等于

$$\Delta\tau = \frac{\Delta\theta}{F_{scan}} \qquad (11 – 15)$$

而信号组能量中心 t_i 的位置具有方位信息 α,

$$\alpha^* = \frac{360 t_j^*}{T_{scan}} \qquad (11 – 16)$$

对应的方位值 t_i 可通过各种方法测量。

首先,可利用环扫显示器来测量。来自检波器输出端的包络群(图 11 – 31)控制环扫显示器电子射线管的亮度。这时,以 $\omega = \dfrac{d\alpha}{dt}$ 角速度旋转天线的电动机以同

141

样的速度使辉点波束从扫描发生器转动到环扫显示器。经常利用环扫显示器同时测量方位和到目标的距离，显示目标在极坐标上的位置。在很多情况下也使用带笛卡儿坐标的直角显示器（图 11 –31）。据此测量方位的原则不变。

其次，可根据脉冲组群延迟 t_j 的测量结果判断方位（图 11 –33）。为此，可使用距离自动跟踪随动系统。区别在于，自动跟踪随动系统应有很大惯性并用于脉冲大重复周期 $T_{scan} \gg T_c$。这是时间测向法。

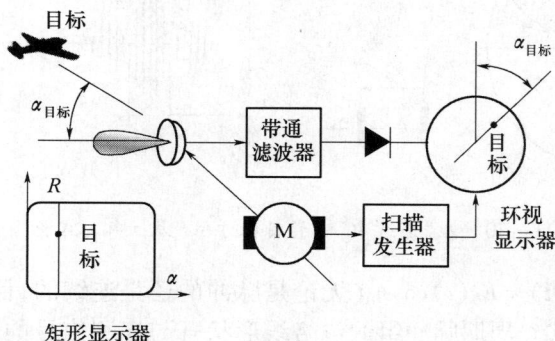

图 11 –31　直角显示器的测向

第三，可使用相位法用于通过中的测向。脉冲组的周期序列（图 11 –30(b)）可用傅里叶级数表示。梳妆谱（带分隔）的复振幅等于

$$\dot{C}_k = C_k \exp(-j\varphi_k) = 2F_{san} \int_0^\infty E(t-t_a) \exp(j2pF_{san}kt)\,\mathrm{d}t$$

$$= \left\{ 2F_{scan} \int_{-T_{scan}/2}^{+T_{scan}/2} E_0(t) \exp(j2\pi kF_{scan}t)\,\mathrm{d}t \right\} \exp(-j2\pi kF_{scan}t_a)$$

$$(11-17)$$

假使测量这些分量 $\varphi_k^* = 2\pi kFt_k^*$ 的相位（图 11 –32 电路中的相位测量仪用于此目的）可以确定方位。

$$\alpha_{ru}^* = \varphi_1^*, \quad \alpha_T^* = \varphi k, \quad k \geqslant 1 \tag{11-18}$$

式中：α_{ru}^* 为方位的粗略但是单义的估计值；α_T^* 为准确的非单义估计值。

不是目标辐射的所有混合干扰都能有效地对抗线性扫描的角通路。首先，任何对抗线性扫描无线电测向仪的噪声干扰（发生器的、应答的、应答脉冲的）是低效或无效的。实际上是让目标发射振荡式直接噪声干扰。

$$u_j(t) = E_j R(t) \cos[\omega_0 t - \theta(t)] \tag{11-19}$$

式中：$R(t)$ 为按继电器规律分配的随机包络；$\theta(t)$ 为概率相等的相。

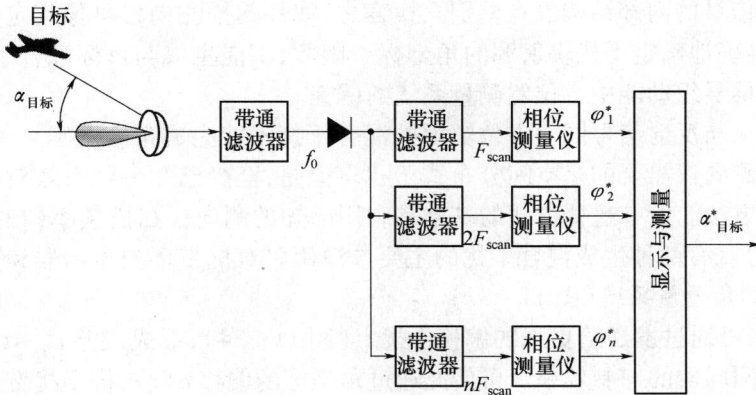

图 11 – 32　相位测向法

反射信号 $u_0(t) = E_0(t)\cos\omega_0 t$ 和干扰式(11 – 19)的叠加混合体形式如下：

$$u_r(t) = [E_0\cos\omega_0 t + E_j R(t)\cos[\omega_0 t - \theta(t)]]$$

$$= \sqrt{E_0^2 + [E_j R(t)]^2 + 2E_0 E_j R(t)\cos\theta(t)}\cos[\omega_0 t - \psi(t)] \quad (11 – 20)$$

若干扰比反射信号强很多 $\dfrac{E_j}{E_0} \gg 1$，则可用下列形式表示混合体的包络：

$$E_r(t) \approx E_j R(t)\left[1 + \frac{E_0}{E_j R(t)}\cos\theta(t)\right] \quad (11 – 21)$$

若在包络检波器后接通低频滤波器,正如图 11 –33(a)的电路一样,在第 2 点得到在图 11 –33(b)上显示的振荡。

$$\overline{E_r(t)} \approx E_j \overline{R(t)} \sim E_N(t) 2P_j$$

$$(11 – 22)$$

这样一来,线性扫描角测量通路输出端的干扰生成脉冲序列。该序列与信号的包络完全相似(图 11 – 30)。很显然,这种干扰振荡同样携带有目标方位的信息和用于测向仪的目标反射有效信号。很明显,这个与目标混合在一起的干扰对于无线电对抗测向仪是无效的。造成上述效果的原因是根据扫描调制信号的包络与目标反

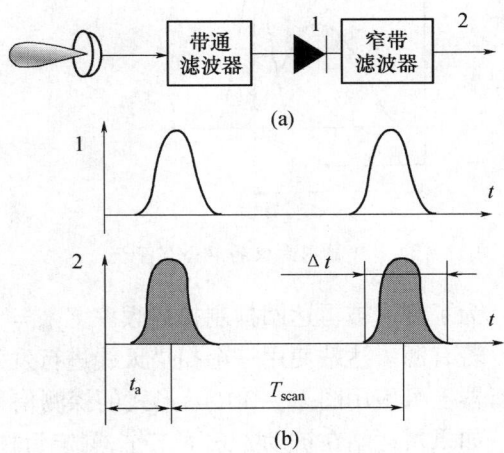

图 11 – 33　线性扫描角测量通路输出端的干扰

143

射或辐射信号的内部结构没有差别。换言之,线性扫描测向仪可像其定位反射目标一样,准确地确定干扰辐射源的角坐标。因此,不能生成与目标混合干扰,且形成对反射信号组动能中心位置测量系统的诱骗。

因为从与反射信号同一方位辐射的混合干扰不能完成角度诱骗。一般来说,对于对抗测向仪需要的是空间分布式干扰。但是,至少已知一些有效对抗混合干扰的技术方法。所有这些方法的基础是利用已知的测向仪扫描频率(扫描频率瞄准式干扰)。有两种生成混合干扰的主要方法用以对抗带环扫显示器和直角显示器 $R-\alpha$ 的角测量系统(图 11-31)。

首先,可通过发送给更强的偏移干扰 t_α(图 11-34),形成误差 $t'_\alpha - t_\alpha$,以达到线性扫描测向器的抑制效果。可借此通过角坐标的偏移 $\alpha(t)$,将干扰变成诱导干扰 $t_\alpha(t)$。

其次,可使用逆变干扰来抑制信号脉冲(图 11-35)。若 $E(t)$ 为信号脉冲的包络,则逆变干扰的包络将为

$$E_j(t) = \frac{k}{E(t)} \tag{11-23}$$

调幅的信号与干扰混合体的振幅为

$$E_\Sigma(t) = E(t)E_j(t) = k \tag{11-24}$$

在此信号中,由于包络的形状失真,目标角坐标的信息被完全破坏。

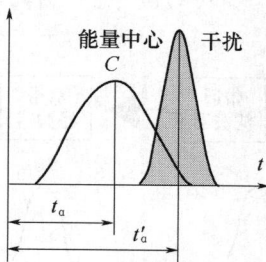

图 11-34　抑制测向仪的混合强干扰

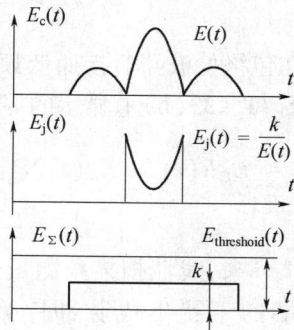

图 11-35　抑制信号脉冲的逆变干扰

为了测量被雷达站抑制扫描频率 $F_{scan} = T_{scan}^{-1}$,已知如下方法:

若有源雷达站使用一个扫描天线进行发射和接收,则使用第一种方法。这时,飞行器上可使用图 11-30(b)形式的探测信号组来直接测量 F_{scan}。

如果雷达站在被动方式下工作,测定目标自身的辐射或只利用接收天线扫描工作时可使用第二种方法。这时,军事侦察设备不能测量扫描频率。但是,极有可能雷达的接收天线意外地辐射一些振荡,接收这些振荡可以推断雷达接收使用的

144

扫描频率。比如,接收天线可能无意辐射接收装置第一个本机振荡器的振荡。当军事侦察设备位于在扫描频率上进行干扰点上时,可接收衰弱的信号(图 11 – 30(b))。显然,该信号的包络带有频率信息 $F_{scan} = T_{scan}^{-1}$。

测定扫描频率的第三种方法的依据是利用雷达天线有效散射面积与辐射方向的关系:在方向图最大主波瓣方向辐射时,有效散射面积将最大。因此,如果飞行器的机载雷达用自己的探测信号来照射带线性扫描的地面雷达站,地面雷达站天线的反射信号将在射线最大值对准机载雷达时具有最大的振幅。反射信号振幅急剧增加相邻时刻的间隔正好与扫描频率的周期 T_{scan}(式(11 – 13))相等。

第四种方法是实现扫描频率的反射测量。使用这种方法要在飞行器上产生调幅干扰(图 11 – 33(b)形式)。干扰振荡的包络具有方形波形状,而干扰脉冲组的重复频率 $F_j(t)$ 随时间发生变化。当 $F_j(t) \approx F_{scan}$ 时会产生定位误差,且天线方向图的射线从目标处聚集。这个频率值被存储,之后被用于扫描频率瞄准式干扰。可以观察雷达对频率调制干扰的反应,该频率与扫描频率成倍数关系 $kF_{scan} = F_j(t)$。

施放动能中心偏离的扫描频率瞄准式干扰的一种可行性方法可利用图 11 – 36(a)来实现。雷达接收的脉冲组的动能中心偏向旁波瓣方向。

电路中信号对应的形式如图 11 – 36(b)、(c)所示。用军事侦察设备组成部

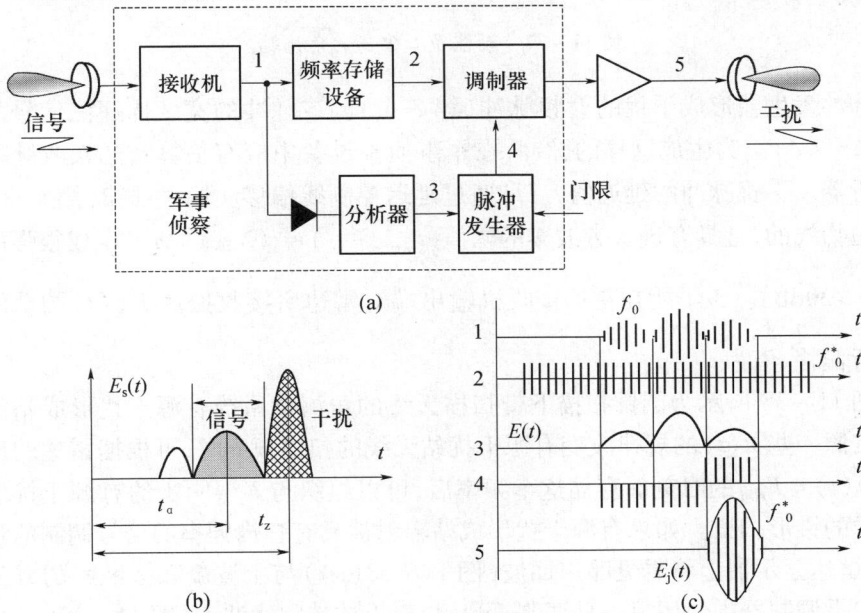

图 11 – 36 动能中心偏离的扫描频率瞄准式干扰的形成

分的分析器(图11-36(a)中的分析器)来测量雷达探测信号的载频f_0^*和分析第3点包络的电平$E(t)$(通过与门限值比较)。其中包括可通过接收雷达的寄生或随意辐射来确定频率f_0^*。

第4点,在左旁波瓣和主波瓣辐射飞行器时间内,脉冲发生器形成闭锁脉冲,在右旁波瓣辐射时形成打开式脉冲。极高放大率的功率输出放大器$\left(\dfrac{P_j}{P_c}>30\mathrm{dB}\right)$可产生很强的干扰脉冲(第5点的信号)。如图11-36(b)所示,雷达接收机输入端振荡的总包络具有偏移的动能中心$t'_\alpha \neq t_\alpha$,激发方位的误测量。

另一种根据雷达中接收信号的动力中心偏离来生成角诱骗干扰的方法如图11-37所示。阐述电路工作的电压波形见图11-37(b)所示。

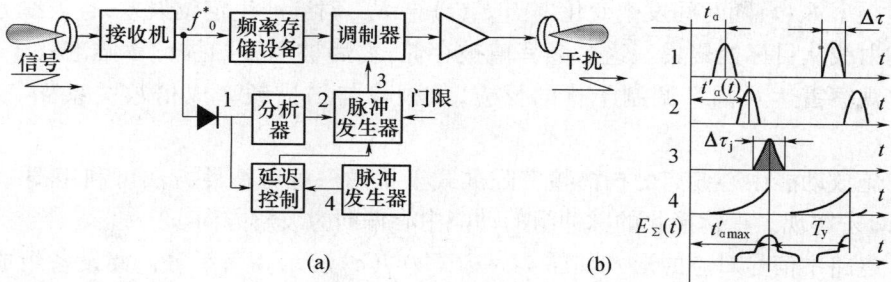

图11-37 动能中心偏离的角诱骗

脉冲发生器形成干扰的射频脉冲(第3点)。该脉冲的宽度比探测信号的脉宽小$\Delta\tau_j < \Delta\tau$。为生成这样的脉冲,在军事侦察设备中应有估算雷达接收脉冲值的分析器。干扰脉冲的延迟值$t_\alpha(t)$通过延迟控制线偏移。偏移规律(第4点)通常是抛物线的,且具有进入旁波瓣的幅值$(t_{\alpha\max} - t_\alpha) \approx (2\sim3)\Delta\tau$。生成很强的干扰$\left(\dfrac{P_j}{P_c}>30\mathrm{dB}\right)$。该干扰在雷达接收机输出端对雷达所接收振荡$E_{c\Sigma}(t)$的动能中心进行偏移,值为$t'_\alpha - t_\alpha$。

图11-38所示为圆锥扫描下带扫描天线的角测量系统有源干扰形成站的电路。按照一些$F(t)$的规律改变有源干扰站天线的扫描频率时,可根据雷达的反应确定$F(t) = F_{scan}$的时刻。存储这个频率后,可以组织与F_{scan}同步的有源干扰形成站天线的锥形扫描。如果有源干扰形成站辐射被具有扫描频率的信号调制的强干扰,在雷达显示器上将看见噪声回波(图11-38(a))与主波瓣和旁波瓣的方位一致。如果调制器中使用另一种调制,可从目标上拉伸雷达波束(图11-39)。如果利用专门的干扰来压制反射信号组中信号的个别脉冲,图11-38(b)中信号组的能量中心可移动。

(a)

(b)

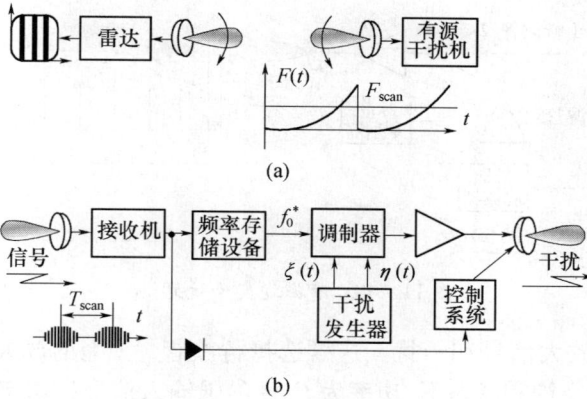

图 11 – 38　带扫描天线的角测量系统的有源干扰形成

图 11 – 39(a)所示为线性扫描时可抑制方位信息的逆变干扰的有源干扰站电路。

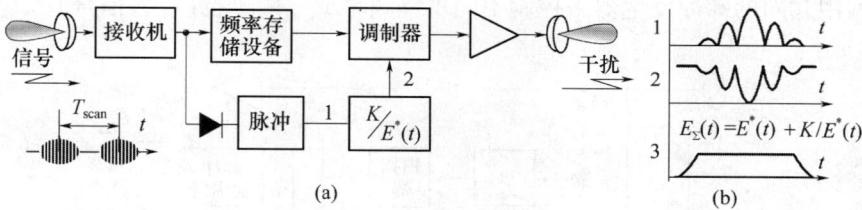

图 11 – 39　线性扫描时可抑制方位信息的逆变干扰的有源干扰站

在该电路中,利用变系数$\left(K(E) = \dfrac{k}{E^*(t)} \right)$倒相放大器,形成可生成干扰的逆变调制函数:

$$u_j(t) = \frac{k}{E^*(t)}\cos\omega_0 t \qquad (11 - 25)$$

这时在接收点,包络(图 11 – 39(b))将被压制(低于门限值 $E_{\text{threshold}}$)。

如果雷达无规则地改变扫描频率 F_{scan},则使用的是所谓的瞬时逆变干扰。该干扰可以对应接收探测信号组中的每一个脉冲。

图 11 – 40 所示为在专门行波管中形成的逆变干扰的有源逆变干扰站电路。

在直达电路(图 11 – 40(a)上的信号同步器)中有 4 个行波管:第一个和第四个用于信号的通带 $\Delta f_{行波管_{1,4}}$(图 11 – 40(b))。在下行电路中由频率 f_c 的信号和频率 f_d 的振荡器振荡形成中频($f_c - f_d$)干扰。该干扰由带通滤波器形成并在频带 $\Delta f_{行波管_{-3}}$上进行功率放大(图 11 – 40(b))。行波管 – 2 频带 $\Delta f_{行波管_{-2}} > \Delta f_{行波管_{-1}}$

147

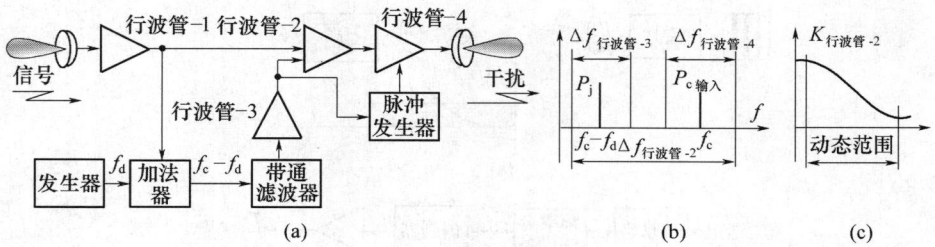

图 11 −40　有源逆变干扰站

$+\Delta f_{行波管-3}$，它可放大信号和干扰。这样选择行波管 − 2 上的放大器的动态范围（图 11 −40（c））：在饱和状态下，功率为 $P_{c\,max}$ 的强输入信号比功率为 $P_{c\,min}$ 的弱信号放大的要弱些。干扰使行波管 −2 进入饱和状态。依靠饱和状态下的工作可以生成干扰的逆变调制，该干扰是为了对应每一个信号脉冲而产生的。

图 11 −41 所示为可同时抑制几个不同扫描频率雷达站的多通路逆变干扰的形成电路。在该电路中可析出不同重复频率 F_{scan} 的脉冲组。然后，脉冲的振幅逆转并利用共同的脉冲发生器来控制不同重复频率 F_{scan} 的干扰（应答信号）。

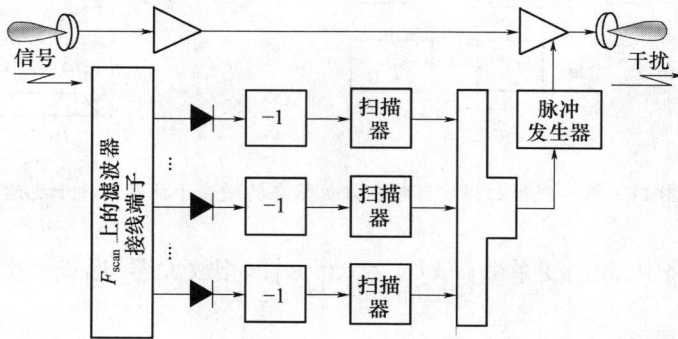

图 11 −41　多信道逆变干扰的形成

如果高频噪声干扰对线性扫描测向仪无效，则可使用调幅干扰，用低频噪声阻断扫描频率的整个可能频带（图 11 −42（a）），该干扰是随机扫描频率干扰。

包络 $E_j(t)$ 是 $0 \sim F_{scan\,min}$ 频带上带频谱的射频噪声，因此，雷达接收机输出端的振荡总包络具有图 11 −42（b）上的形式 $[E_\Sigma(t) = E(t)E_j(t)]$。该效应可导致信号包络 $E(t)$ 的失真，在估算有效脉冲动能中心位置时产生随机突变，从而产生测向的随机误差。此类型有源干扰可能电路之一如图 11 −43 所示。用于代替专门的调幅调制器，在图 11 −43 中，通过天线的锥形扫描，可以形成干扰的调制。在这种情况下，扫描可以是有规则的，也可是无规则的。

148

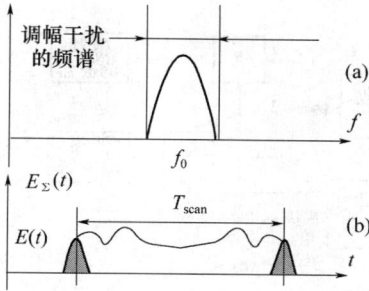

图 11 - 42　随机扫描频率的干扰

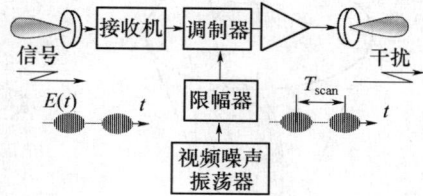

图 11 - 43　随机扫描频率干扰形成站

我们已知的一系列干扰(相干型或极化型)可在接收点或者更确切地说在雷达接收天线孔径处使波沿失真。波沿失真可造成测向误差。利用空间散射干扰产生相干干扰,但是利用混合干扰可造成波沿失真。

根据图 11 - 44 的电路用有源干扰站来生成混合相干干扰,该站使用的是双瓣形方向性图的天线。用天线方向图的一个瓣对准雷达,另一个瓣对准外置的反射目标。

在雷达接收天线的孔径上相干地干扰着两个振荡,即目标反射信号 α_c 和位于另一方位上的局部目标或无源反射器重复反射的干扰 α_j。其结果是,总波的前沿失真,测向仪测出假方位。

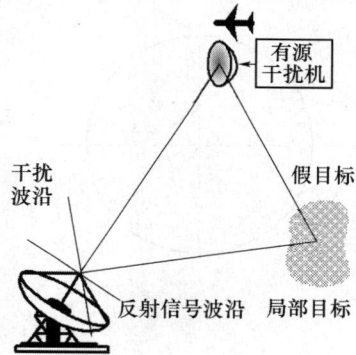

图 11 - 44　用测向仪生成混合相干干扰

11.7　锥形扫描角测量通路混合干扰

随动振幅测向仪的扫描天线方向图相对偏离最大值辐射方向的轴线角度 ε_0 转动(图 11 - 45(a))。此扫描下,在空间中,天线方向图最大值方向描述的是天线配置点上带峰值的锥形面。天线方向图的旋转轴与等强信号方向相同。如果目标的方位为 ε_{aim},则在测向仪的远距上,目标与最大天线方向图方向的相互角位置将如图 11 - 45(b)所示。

目标相对等强信号方向的角偏差 $\varphi(t)$ 由下式确定:

$$\varphi(t) = \sqrt{\varepsilon_0^2 + \varepsilon_{aim}^2 + 2\varepsilon_0\varepsilon_{aim}\cos\theta(t)} \qquad (11 - 26)$$

式中

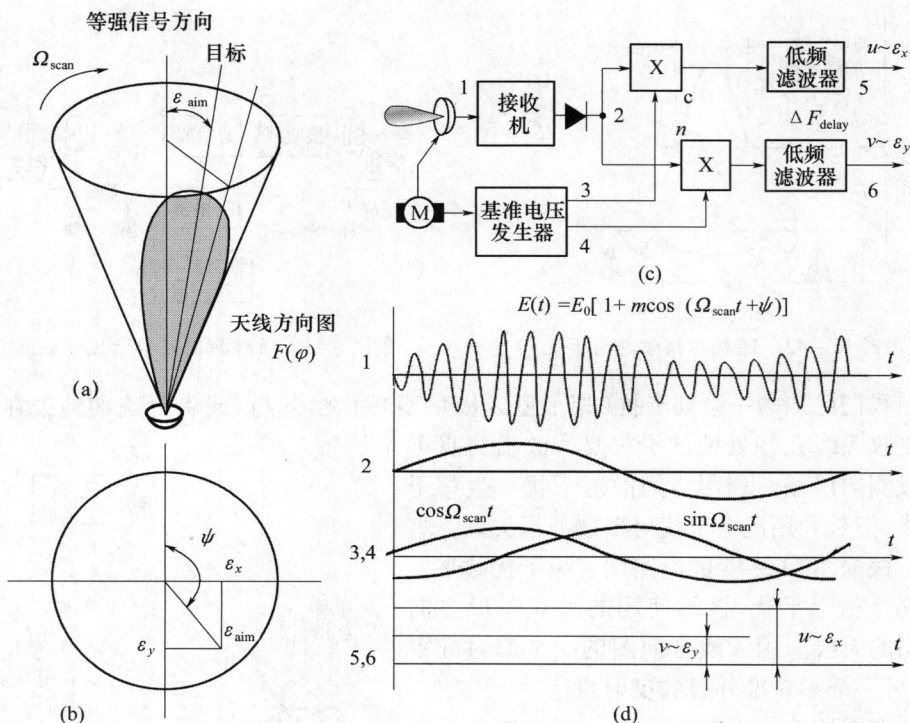

图 11 –45　锥形扫描的测向原理

$$\theta(t) \;=\; \Omega_{\text{scan}}t + \psi \qquad\qquad (11-27)$$

而方位 ε_{aim} 可分解成正射投影，即相对于等强信号方向，目标方向的偏差分量：

$$\varepsilon\binom{x}{y} \;=\; \varepsilon_{\text{aim}}\binom{\cos}{\sin}\psi \qquad\qquad (11-28)$$

而且，由按图 11 –45（c）电路形成的无线电测向仪来测量 ε_x 和 ε_y。当相对于等强信号方向，目标方向的角偏差较小 $\varepsilon_{\text{aim}} \ll 1$ 时，由式（11 –26）和式（11 –27），得

$$\varphi(t) \;\approx\; \varepsilon_0 + \varepsilon_{\text{aim}}\cos(2\pi F_{\text{scan}}t + \psi) \qquad\qquad (11-29)$$

图 11 –45（d）第 1 点中接收信号的包络与第 2 点中的谐波低频信号（频率为 F_{scan}）相符。调制深度与目标方位成比例：

$$E(t) \;=\; E_0 f_{\text{N}}[\varphi(t)] \approx E_0 f_{\text{N}}[1 + \mu\varepsilon_{\text{aim}}\cos(2\pi F_{\text{scan}}t + \psi)] \quad (11-30)$$

$$m \;=\; \mu\varepsilon_{\text{aim}} \;=\; \frac{f\,'_{\text{N}}(\varepsilon_0)}{f_{\text{N}}(\varepsilon_0)}\varepsilon_{\text{aim}} \qquad\qquad (11-31)$$

而包络的相位包含角 ψ 的信息。两个带有基准电压 $\binom{\cos}{\sin}\Omega_{\text{scan}}t$ 的同步检波器在电

压输出端生成两个方位正交分量的仪表模拟器(式(11-28))。这两个电压通常用于在两个正交平面 $\varepsilon_x,\varepsilon_y$ 内跟踪目标的角偏差,努力将天线等强信号方向对准目标。

这样一来,根据锥形扫描振幅测向仪的工作原理,天线接收的任何振荡,无论是目标的反射信号或者目标辐射的干扰都用扫描频率的正弦波调幅。在这种情况下,在被抑制的雷达接收装置输入端上形成震荡。

$$u_r(t) = u_j(t)E(t) = E_j E_{Nj}(t)[1 + \mu\varepsilon_{aim}\cos(2\pi f_{scan} + \psi)]\cos[\omega_0 t - \chi(t)]$$

$$(11-32)$$

包络 $E_j E_{Nj}(t)[1 + \mu\varepsilon_{aim}\cos(2\pi f_{scan} + \psi)] = E_\Sigma(t)$ 进入到同步检波器(图11-45(c)),在频率特征如下的滤波器输出端被检出,谐波频率为 F_{scan},通带为 $2\Delta F_{scan}$。

$$K(jf) = K(f)e^{-j\varphi(f)} \qquad (11-33)$$

在振幅测向仪中没有设计从干扰中选择任何其他有效信号的包络,这是因为通过同步检波器的任何干扰可能误导测向仪或者压制有效信息,这意味着通过同步检波器的任何干扰在对抗锥形扫描振幅测向仪方面是有效的。

很显然,上面所说的一切都属于调幅干扰振荡,其调制频率 F_j 接近扫描频率 F_{scan}(接近的意思是 $|F_j - F_{scan}| < \Delta F_{scan}$)。实际上,干扰的包络具有如下形式:

$$E_{Nj}(t) = [1 + m\cos(2\pi F_j + \delta)] \qquad (11-34)$$

而且,其调制深度不包含角度信息 ε_{aim}。这时同步检波器输入端混合物的包络如下,且具有图11-46(a)所示的频谱。

$$E_\Sigma(t) = E_j[1 + m\cos(2\pi F_{scan}t + \delta)][1 + \mu\varepsilon_j\cos(2\pi F_{scan}t + \psi)]$$

$$= E_j\{1 + \mu\varepsilon_j\cos(2\pi F_{scan}t + \psi) + m_j\cos(2\pi F_j + \delta)$$

$$+ \frac{m_j\mu\varepsilon_{aim}}{2}\cos[2\pi(F_j + F_{scan})t + \psi + \delta)]$$

$$+ \frac{m_j\mu\varepsilon_{aim}}{2}\cos[2\pi(F_j - F_{scan})t + \psi + \delta + d)]\}$$

$$(11-35)$$

如果满足下列条件:

$$F_j - F_{scan} < 2\Delta F_w \qquad (11-36)$$

则在同步检波器的输出端会产生两个振荡(图11-46(b))。当等强信号方向与目标方向相同时,其中一个振荡的振幅趋于 $0(\mu\varepsilon \to 0)$,而第二个振荡仍保持 $m=$ 常数并将误差带入无线电测向仪的跟踪系统。

如果飞行器上的扫描频率未知(这是反侦察式扫描或者只是接收扫描)可使

用随机频率的调制波干扰(图 11 – 47(a))。

也可按照锯齿形规律改变 $F_j(t)$(图 11 – 47(b))。这时,$F_j(t)$ 应有与扫描频率未知频带相符的幅长。可以使用被射频噪声调幅的干扰。这时,射频噪声的频谱应盖住所有频带 ΔF_{scan}。如果在频带 ΔF_{scan} 上集中一部分可形成梳状频谱的调谐分量,则可使用多重角干扰(如图 11 – 48 所示)。利用补充的调频、调相或调幅给出频率调制频带 F_j($F_j < F_{scan}$),也可得到类似效应。

最后,可以使用带包络的逆变干扰对抗锥形扫描振幅测向仪:

$$E_j(t) = \frac{K}{E(t)} = \frac{K}{[1 + \mu\varepsilon_j\cos(2\pi F_{scan}t + \psi)]} \approx \frac{K[1 - \mu\varepsilon_j\cos(2\pi F_{scan}t + \psi)]}{1 - \frac{\mu\varepsilon_j}{2}}$$

$$= K'[1 - \mu\varepsilon_j\cos(2\pi F_{scan}t + \psi)] \tag{11 – 37}$$

这样,在有源干扰施放站完全可以选择出信号的包络(式(11 – 30)),使其相位倒置 180° 后调制辐射的干扰。

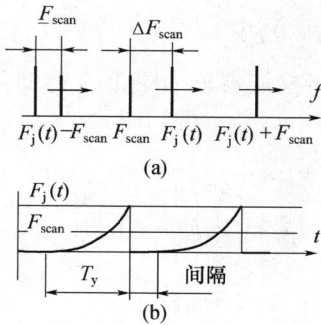

图 11 – 46 中：

低频滤波器

$\frac{m_j\mu\varepsilon_{aim}}{2}$ ... $m_j\mu\varepsilon_{aim}$ ... $\frac{m_j\mu\varepsilon_{aim}}{2}$

$F_j - F_{scan}$ ... F_j F_{scan} ... $F_j + F_{scan}$

(a)

$\mu\varepsilon_{aim}$ m_j

F_j F_{scan}

(b)

图 11 – 46 对锥形测向仪的干扰和信号频谱

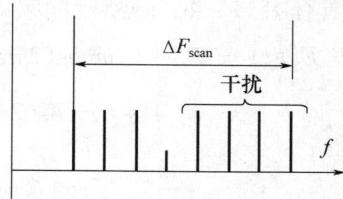

F_{scan} ΔF_{scan}

$F_j(t) - F_{scan}$ F_{scan} $F_j(t)$ $F_j(t) + F_{scan}$

(a)

$F_j(t)$

F_{scan}

T_y 间隔

(b)

图 11 – 47 扫描频率未知下对测向仪的干扰

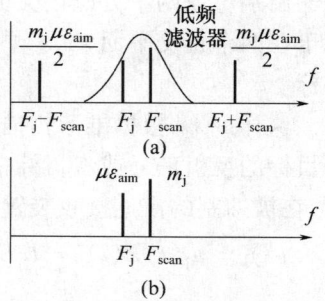

ΔF_{scan}

干扰

图 11 – 48 多重干扰的梳状频谱

图 11 – 49 所示为扫描测量频率上的干扰形成站电路。在此,由锯齿电压发生器控制的主控振荡器可在扫描频率 $F_j(t)$ 上产生干扰。当通过检波器、探测器和测量仪来估算雷达接收信号的扫描频率 F_{scan}^* 时(主要的强辐射或次要的弱辐射),停止锯齿电压发生器的调谐。从这一时刻起,将扫描频率上的振荡送到干扰发射机的振幅调制器。

在军事侦察设备分系统中,重新调节扫描频率的有源干扰站电路的区别是估算 F_{scan}^* 方法的不同。

使用有源干扰站的扫描（F_{scan}频率的同步）天线可以产生频率为F_{scan}的干扰调制（图11-43），其区别在于，该自动跟踪的等强信号方向不能朝向雷达。

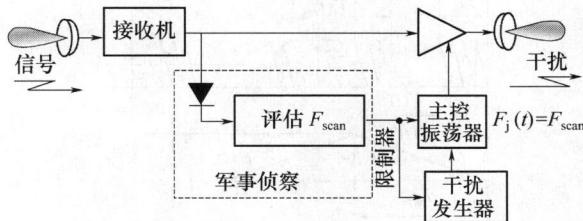

图11-49　带随机扫描频率的有源干扰站的总配置图

带随机扫描频率的有源干扰站的总配置图与图11-43的右半边电路相同。如果雷达站使用反侦察式扫描，控制规律为$F_j(t)$（如图11-47（b）所示）的矩齿形电压对有源雷达的未调制的探测信号进行调幅。

通常把随机扫描频率的干扰与其他干扰，特别是探测脉冲占空系数同步变化的干扰相混合，如图11-50所示。

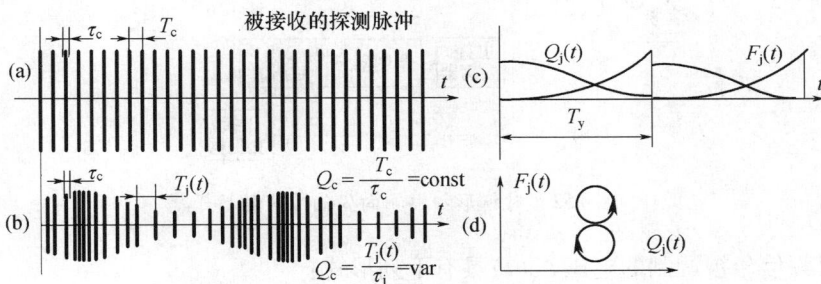

图11-50　对锥形扫描测向仪的综合干扰

干扰（图11-50（b））对敌方同步和随机变化的是：扫描频率$F_j(t)$（图11-50（c））和占空系数$Q_j(t)$应进行同步，使图11-50（d）上$F_j - Q_j$坐标上的轨迹呈螺旋状。

正如分析和实践证实的那样，在锥形扫描雷达中会出现角跟踪误差。

文献[6]上描述的电路，同步改变调幅干扰的频率$F_j(t)$并诱骗速度跟踪通路$f_j(t)$，该电路如图11-51所示。

干扰振幅变化的重复频率按$F_j(t)$规律变化（偏移周期T_y的三角形规律）。在覆盖雷达可能的多谱勒频移的频段Δf_j上，干扰的载频按照锯齿形规律变化。

锯齿形电压的重复频率$F(t) = \dfrac{1}{T(t)}$按照与$F_j(t)$变化规律反相的规律变化。间隔

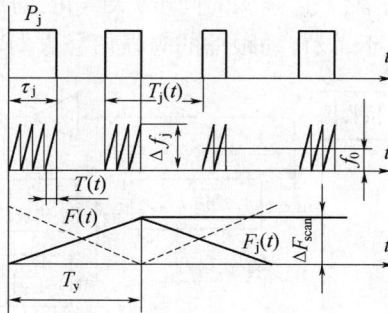

图 11 –51　对角度和速度跟踪系统的干扰

时间 $P_j(t)$ 内,停止速度偏移。该干扰较好地阻挠了连续信号雷达的角度跟踪。有时通过脉宽变化的跳跃值来改变 $f_j(t)$。

在图 11 – 52 上,根据对锥形扫描测向仪噪声转播干扰生成电路,在连续工况下雷达接收信号并由行波管放大。发射的脉冲放大转播给输出脉冲行波管。

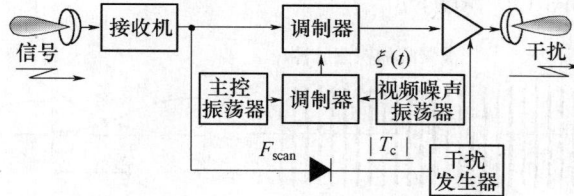

图 11 – 52　对锥形扫描测向仪的噪声转播干扰

射频信号被调制的电压 $\xi_A(t)$ 具有下列形式:

$$\xi_A(t) = E_j(t)\{1 + mR_j(t)\cos[2\pi F_{scan}t - \theta_j(t)]\} \qquad (11-38)$$

式中:$R_j(t)\cos[\theta_j(t)]$ 为射频噪声振荡器生成的射频电压;F_{scan} 为主控振荡器根据军事侦察设备的数据赋予回答式干扰的扫描频率。

可使用伪随机序列数字振荡器来代替图 11 – 52 电路中的射频噪声振荡器。该型有源干扰站的电路如图 11 – 53 所示。

图 11 –53(b)所示为调制的伪随机序列 $\xi(t)$,以及其在振幅测向仪同步检波器输出端和输入端上的频谱。该谱是间距为 $\Delta F = \dfrac{F_c}{M}$ 的离散谱,其中,F_c 为伪随机序列振荡器的节拍频率 $\xi_A(t)$,而 M 为节拍频率的宽度(周期内的符号数)。

经过测向仪的同步检波器后,干扰具有一系列压制频率 F_{scan} 上有效信号的谐波分量。重要的是使干扰覆盖由序列码给出的扫描频率的可能频谱。生成有源干扰的伪随机序列的具体形成电路和方法在下面的章节中讨论。

154

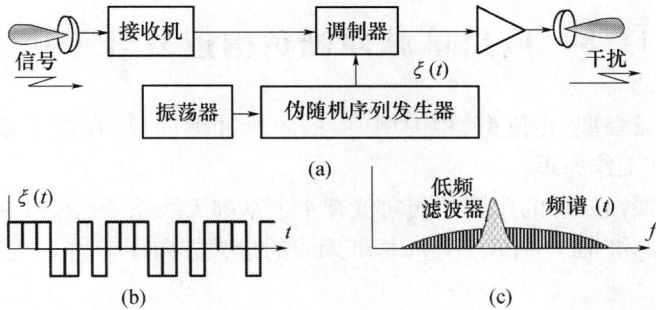

图 11 – 53   带伪随机调制的回答式干扰站

一些情况下,在图 11 – 53(a)的电路图中增加带随机扫描频率的干扰振荡装置(二次调幅)。该干扰的谱宽 ΔF_{scan} 被伪随机序列的梳状谱覆盖。

逆变有源干扰站的扩展电路图如图 11 – 54 所示。电路图的下部分电路有一个短固定时间的检波器 D_1,它选择出雷达接收的探测信号的射频脉冲。脉冲发生器先调制行波管(脉冲),然后释放信号脉冲到输出端。第二个带长固定时间的检波器 D_2 电路(峰值检波器)选择出雷达信号的包络 $E(t)$(经过开放式或次级辐射)。

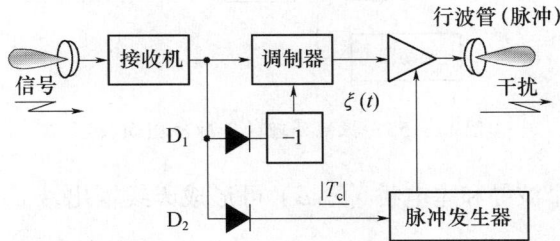

图 11 – 54   形成对锥形扫描测向仪的逆变干扰

逆变器产生干扰振荡,同时形成瞄准扫描频率的逆变干扰。

$$E_{j}(t) = \frac{K}{E(t)} = [1 - \mu\varepsilon_{aim}\cos(2\pi F_{scan}t + \psi)] \qquad (11 – 39)$$

有时,为代替调制的谐波振荡在逆变干扰中使用重复频率 $(1\sim2)F_{scan}$ 的方波形振荡。

可以这样使用此型瞬时逆变干扰(参见 11.6 节):在此干扰下,包络回答来自于雷达信号的每一个脉冲。逆变干扰可与扫描频率堵塞的噪声干扰一起使用。

同样,为了压制锥形扫描的振幅测向仪,极化和伪相干混合干扰对是有效的,后面将对此予以叙述。

11.8 应用单脉冲侧角信道复合干扰

存在大量振幅型、相位型、相关型$^{[2,6]}$的单脉冲测向仪,在以下章节介绍其典型模式,描述其工作原理。

进行信号振幅处理的单脉冲测向仪有 4 个基础天线系统(图 11 – 55),相对于轴 Ox(A_1,A_2)和 轴 Oy(A_3,A_4),基础天线的最大方向图转角 $\pm \varepsilon$。

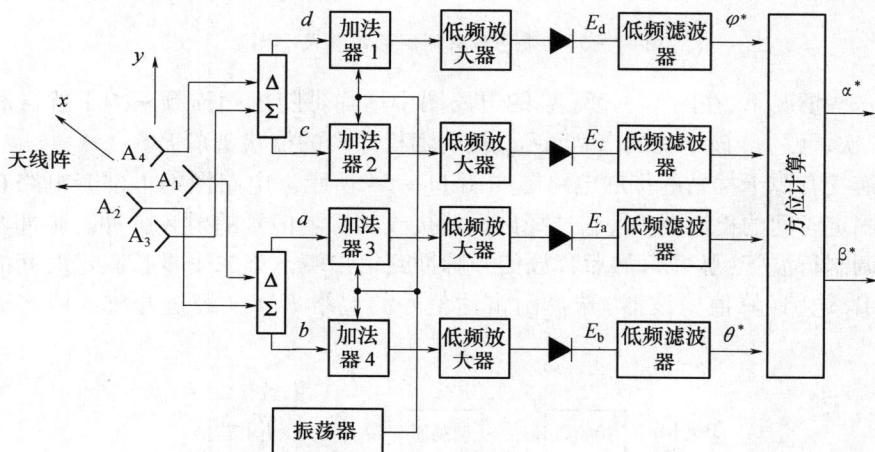

图 11 – 55 振幅处理的单脉冲测向仪

点 $a \sim d$ 的两个波导和差电桥（Σ,Δ）可形成天线输出端 $u_1 \sim u_4$ 电压的总和与差。

$$u_a(t) = u_1 + u_2; \; u_b(t) = u_1 - u_2; \; u_c(t) = u_3 + u_4; \; u_d(t) = u_3 - u_4$$

$$(11 - 40)$$

电桥后包含四信道接收机,该接收机具有相同信道的低频放大器和含专业系统图的自动电频调节器,在接收机输出端的点 A 和 B 上形成电压:

$$E_{A_N}(t) = \frac{E_b}{E_a} = \frac{E_1 - E_2}{E_1 + E_2} \text{（在点 } A\text{）}$$

$$E_{B_N}(t) = \frac{E_d}{E_c} = \frac{E_3 - E_4}{E_3 + E_4} \text{（在点 } B\text{）} \qquad (11 - 41)$$

正如以下所示,这些电压与目标方位角的余弦 $\cos\theta$,$\cos\varphi$ 成比例关系,在总信道的输出端形成电压

$$E_{\Sigma x} = E_1 + E_2 ; E_{\Sigma y} = E_3 + E_4 \qquad (11-42)$$

分析单脉冲测向仪(图 11-55)工作的几何关系用图 11-56 来说明。

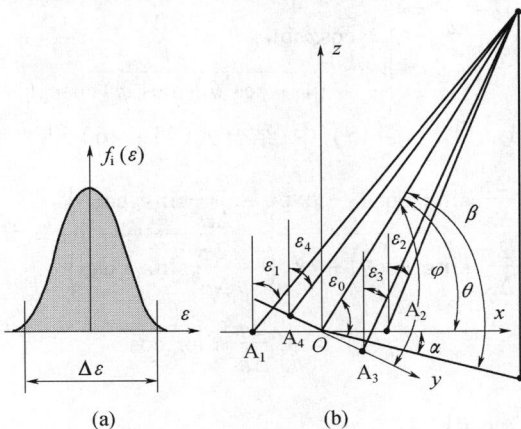

图 11-56 图解说明 11-55 工作的几何关系

$A_1 \sim A_4$ 每一个天线的天线方向图是对轴的,可用旋转表面来描述。比如,在天线 $A_1 \sim A_4$ 光轴周围旋转高斯曲线:

$$f_N(\varepsilon) = \exp\left[-\pi\left(\frac{\varepsilon}{\Delta\varepsilon}\right)^2\right] \qquad (11-43)$$

式中:$\Delta\varepsilon$ 为主瓣的有效宽度;ε 为目标方位角和最大天线方向图之间的方向角。

这个近似值很好地描述了天线方向图的主瓣形状,但没有考虑到旁瓣。

角 ε 与方向余弦 $\cos\theta_i$,$\cos\varphi_i$ 相符,天线方向图最大值 $i = 1 \sim 4$,$\cos\theta$,$\cos\varphi$ 是目标方位角的余弦(图 11-55(b))

$$\cos\varepsilon_i = \cos\theta\cos\theta_i + \cos\varphi\cos\varphi_i$$
$$+ \sqrt{(1 - \cos^2\theta - \cos^2\varphi)(1 - \cos^2\theta_i - \cos^2\varphi_i)} , i \in [1,4] \qquad (11-44)$$

结合式(11-42),对 4 个天线方向图 $f_{Ni}(\varepsilon_i)$ 形态进行描述,可得出测向仪信道的输出电压为

$$\begin{cases} E_{A_N}(t) = \dfrac{E_1 - E_2}{E_1 + E_2} = \dfrac{f_{N_1}(\varepsilon_1) - f_{N_2}(\varepsilon_2)}{f_{N_1}(\varepsilon_1) + f_{N_2}(\varepsilon_2)} \\[3mm] E_{B_N}(t) = \dfrac{f_{N_3}(\varepsilon_3) - f_{N_4}(\varepsilon_4)}{f_{N_3}(\varepsilon_3) + f_{N_4}(\varepsilon_4)} \end{cases} \qquad (11-45)$$

角 ε_i 相当小(任一情况下,$\varepsilon_i \ll \pi$),因为目标方位角不应该超过每个天线的窄天线方向图的宽度。结合 4 个方向图的余弦 $A_1(\cos\theta_1 = \sin\varepsilon_1, \cos\varphi_1 = 0)$,$A_2$ $(-\sin\varepsilon_1, 0)$,$A_3(0, \sin\varepsilon_0)$,$A_4(0, -\sin\varepsilon_0)$,由式(11-44),得

$$\cos\varepsilon_i \approx 1 - \frac{\varepsilon_i^2}{2} = \begin{cases} \pm\cos\theta\sin\varepsilon_0 \\ +\sqrt{(1-\cos^2\theta-\cos^2\varphi)}\cos\varepsilon_0 (i=1,2) \\ \pm\cos\varphi\sin\varepsilon_0 \\ +\sqrt{(1-\cos^2\theta-\cos^2\varphi)}\cos\varepsilon_0 (i=3,4) \end{cases} \quad (11-46)$$

把式(11-44)代入式(11-45)中,结合式(11-46),得

$$E_{A_N}(t) = \frac{\exp\left(\frac{2\pi}{\Delta\varepsilon^2}\sin\varepsilon_0\cos\theta\right) - \exp\left(-\frac{2\pi}{\Delta\varepsilon^2}\sin\varepsilon_0\cos\theta\right)}{\exp\left(\frac{2\pi}{\Delta\varepsilon^2}\sin\varepsilon_0\cos\theta\right) + \exp\left(-\frac{2\pi}{\Delta\varepsilon^2}\sin\varepsilon_0\cos\theta\right)} = M\frac{2\pi}{\Delta\varepsilon^2}\sin\varepsilon_0\cos\theta$$

$$E_{B_N}(t) = M\frac{2\pi}{\Delta\varepsilon^2}\sin\varepsilon_0\cos\varphi \quad (11-47)$$

式中:$M = \dfrac{2}{3}\dfrac{6-\left(\frac{2\pi}{\Delta\varepsilon^2}\cos\theta\right)^2}{4-\left(\frac{2\pi}{\Delta\varepsilon^2}\cos\theta\right)^2}\to 1$。

这样,进行振幅处理的单脉冲测向仪(图11-55)测出目标方位角的方向余弦$\cos\theta$,$\cos\varphi$。因此

$$\cos\theta = \cos\alpha\sin\beta; \quad \cos\varphi = \sin\alpha\cos\beta \quad (11-48)$$

根据公式:

$$\alpha = \arctan\left(\frac{\cos\varphi}{\cos\theta}\right), \beta = \arccos(\sqrt{\cos^2\theta+\cos^2\varphi}) \quad (11-49)$$

可计算出方位角α和目标高低角。

如果单脉冲测向仪的4个分散的天线在方向上相同(它们最大天线方向图的方向与轴z相互平行),那么由目标至天线对A_1,A_2(沿轴X)的波束程差值与由目标至天线对A_3,A_4(沿轴Oy,图11-56(b))的波束的程差值相等,即

$$\Delta\tau_x = \frac{d}{c}\cos\theta; \Delta\tau_y = \frac{d}{c}\cos\varphi \quad (11-50)$$

这样,具有相同信道的四信道接收机输出端的信号存在相位差。测量相位差的相位测量仪(图11-57)形成目标方位角方向余弦的读数。

$$\Delta\varphi_x = 2\pi\frac{d}{\lambda_0}\cos\theta = \omega_0\Delta\tau_x$$

$$\Delta\varphi_y = 2\pi\frac{d}{\lambda_0}\cos\varphi = \omega_0\Delta\tau_y \quad (11-51)$$

相关单脉冲测向仪从本质上说,是一个处理信号相位的装置,但是不同之处在

于它使用的是相关测量仪。这种测量仪可以测定信号的分组延迟 $\Delta\tau_x^* \sim \cos\theta$，$\Delta\tau_y^* \sim \cos\varphi$。接收机输入端正弦信号的测量与目标方位角方向余弦的测量是等价的。但是对于更加复杂的信号（宽带信号、噪声信号、类噪声信号），与相位测量仪相比，相关测量仪就具有其他特点。

在文献[2,22]中研究了图 11-55 所示的振幅测向仪，它与分散在（$\Delta\alpha$，$\Delta\beta$），（$-\Delta\alpha$，$-\Delta\beta$），（$+\Delta\alpha$，$-\Delta\beta$），（$-\Delta\alpha$，$+\Delta\beta$）方向上的最大天线方向图有所区别，在图中有两个波导和差电桥。这种测量仪直接测出方位角 α^* 和目标高低角 β^*，应注意的是，振幅测量仪的分集基线 $\Delta\tau_x^* \sim \cos\theta$ 很小。在相位测向仪和相关测向仪上，基线（更确切地说，相对值，即测向仪的比值 $\dfrac{d}{\lambda}$）会尽可能地大，因为它是相位读数 $\Delta\varphi_x$ 与 $\Delta\varphi_y$ 和方位

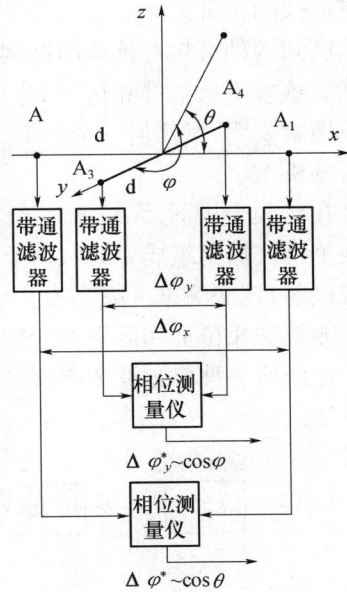

图 11-57　具有相同信道的四信道接收机输出端的信号相位差

角方向余弦 $\cos\varphi$ 与 $\cos\theta$（式（11-50），式（11-51））的比例系数，并确定测向的准确性。对于接收机提出了不同要求。无线电振幅测向仪最重要的就是保证信道的振幅指数恒等。对于相位和相关测向仪而言，要求接收通道的相位指标恒等。

单脉冲测向仪的优点是当信号振荡和复合型干扰振荡的波形从相同方向 $\cos\theta$，$\cos\varphi$ 到达天线系统时，单脉冲测向仪受其影响不大。实际上，在相位和相关测向仪上有来自目标的干扰振荡。

$$u_j(t) = E_j\xi(t)\cos[\omega_o t - \eta(t)] \tag{11-52}$$

式中：$\xi(t)$，$\eta(t)$ 为随机过程。

利用天线 A_1，A_2 输出端的振荡程差相等，得

$$u_1(t) = u_j(t);\ u_2(t) = u_j(t - \Delta\tau_H)$$
$$= E_j\xi(t - \Delta\tau_H)\cos[\omega_o(t - \Delta\tau_H) - \eta(t - \Delta\tau_H)] \tag{11-53}$$

由于随机延迟（低频）过程，$\xi(t)$，$\eta(t)$ 与随时间变化 $\Delta\tau$ 的值相关：$\left[\binom{\xi}{\eta}(t - \Delta\tau) \approx \binom{\xi}{\eta}(t)\right]$，在随机干扰振荡 $u_1(t) = E_j\xi(t)\cos[\omega_0 t - \eta(t)]$ 和 $u_2(t) = E_j\xi(t)\cos[\omega_0 t - \eta(t) - \omega_0\Delta\tau x]$ 中，确定相位信息差 $\Delta\varphi_x = \omega_0\Delta\tau_x$（与正弦信号的测向情况下类似），由上述可得出，任何复合干扰都不能破坏任一类型单脉

159

冲测向仪的正常工作。

已知两种有效对抗单脉冲测向仪的复合型干扰,它们分别是双频干扰和极化干扰。这些干扰组件和信号共同作用,形成的结果导致方位测量误差。这个观点需要图解说明,对任何一个图 11 – 58 所示的双通道接收设备多脉冲无线电定向仪进行分析。

在双频干扰下,无线电对抗的原则如下所述。如果干扰是由分布在 f_{co} 频率上的两个谐波振荡组成,那么,由于两次振荡的振摆,在无线电接收装置的混频器上形成振荡,该振荡进入频率为 $f \approx f_{co}$ 的低频放大器的频带中,但这个振荡与有效信号在振幅和相位上相区别。干扰振荡和信号的共同作用建立了导致测向误差的条件。把任何一种单脉冲测向仪示意图的局部看做是双频接收装置,即可用图说明该论述。

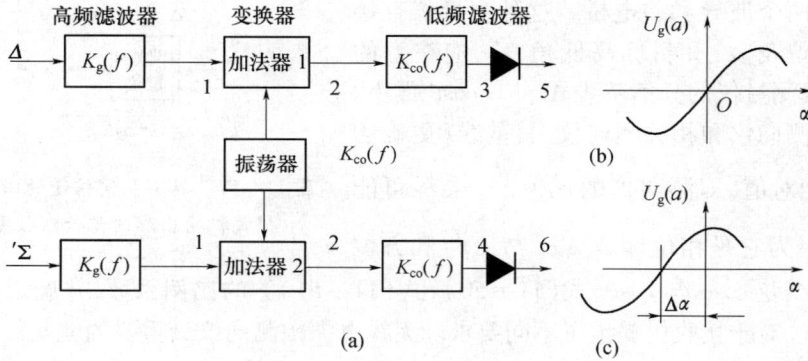

图 11 –58　在单脉冲测向仪系统中的双频接收装置

使输入端 Δ 和 Σ 出现由信号和干扰的混合体而形成的振荡:

$$u_1(t) = \Delta E_0 \{ \cos(\omega_0 t - \varphi_0) + E_j \cos[(\omega_0 - \Delta\omega_1)t - \varphi_{j1}]$$
$$+ E_j \cos[(\omega_0 + \Delta\omega_2)t - \varphi_{j2}]\};$$
$$u_2(t) = \Delta E_0 \{ \cos[\omega_0(t - \Delta\tau) - \varphi_0]$$
$$+ E_j \cos[(\omega_0 - \Delta\omega_1)(t - \Delta\tau) - \varphi_{j1}] + E_j \cos[(\omega_0 + \Delta\omega_2)(t - \Delta\tau) - \varphi_{j2}]\}$$
$$(11 - 54)$$

式中:Δ,Σ 为使用方向图形成和与差的天线系统。

在式(11 – 54)中引入针对相位和相关的单脉冲测向仪的传播路径差 $\Delta\tau$,干扰频率的解谐为

$$\Delta\omega_1 + \Delta\omega_2 = \Delta\omega_{co} \qquad (11 - 55)$$

高频放大器改变信号和干扰的相位和振幅,如图 11 – 58 所示,高频放大器的振幅和相位指数为

双信道信号 $\qquad K_0 = K_B(f_0)$, $\varphi_0 = 0$;

求差信道中的干扰 1 $\quad K_1 = K_B(f_0 - \Delta f_1)$, $\varphi_1 = \varphi_B(f_0 - \Delta f_1)$;

求和信道中的干扰 1 $\qquad\qquad\qquad K_1$, φ_1;

求差信道中的干扰 2 $\quad K_2 = K_B(f_0 - \Delta f_2)$, $\varphi_2 = \varphi_B(f_0 - \Delta f_2)$;

求和信道中的干扰 2 $\qquad\qquad\qquad K_2$, φ_2;

$$(11-56)$$

根据式(11-56),在求和信道中依据较大振幅 ΣF_j 可产生非线性效果。在这种情况下增益系数 K_1,K_2 和相位位移 φ_1,φ_2 可能与求差信道中的相应的 K_1,K_2,φ_1,φ_2 有所差别。

差频振荡器产生振荡 $u_{差频}(t) = E_{差频}\cos\omega_{差频}t$。而混频器则极好地完成连乘运算,应用理想的带通滤波器(调谐在 $\omega_{co} = \omega_0 - \omega_{差频}$ 上)进行滤波。那么在点 3 和 4 会得到中频($\omega_{co} = \omega_0 - \omega_{差频} = \Delta\omega_1 - \Delta\omega_2$)信号和干扰的强度。

$$u_3(t) = \Delta\left\{\frac{K_0 E_0 E_n}{2}\cos(\omega_{配送}t - \varphi_0) + \right.$$
$$\left.\frac{K_0 E_0 E_n^2}{2}\cos[\omega_{co}t - (\varphi_{j1} + \varphi_{j2}) - (\varphi_1 - \varphi_2)]\right\};$$

$$u_4(t) = \Sigma\left\{\frac{K_0 E_0 E_n}{2}\cos(\omega_{co}t - \varphi_0 + \omega_0\Delta\tau) + \right.$$
$$\left.\frac{K_0 E_0 E_n^2}{2}\cos[\omega_{co}t - (\varphi_{j1} + \varphi_{j2}) - (\varphi_1 - \varphi_2) - \omega_0\Delta\tau - \omega_{co}\Delta\tau]\right\}$$

$$(11-57)$$

依据所作分析可得出以下结论:

(1) 在没有干扰时,振幅单脉冲测向仪具有鉴别特性:

$$u_g(\alpha) = \frac{E_3}{E_4} = \frac{\Delta}{\Sigma}(\alpha) \qquad (11-58)$$

如图 11-58(b)所示,在等强信号方向上零位。

(2) 在强干扰 $\left(\dfrac{E_j}{E_0} \gg 1\right)$ 下,根据式(11-57)确定的识别特征为

$$u_{gn}(\alpha) = \frac{K_1 K_2}{K_1' K_2'}(\alpha)\frac{\Delta}{\Sigma}(\alpha) \qquad (11-59)$$

鉴别特性的零位误差(正如 11-58(c)所示)是 $\Delta\alpha$。

(3) 在相位和相关测向仪上,鉴别特性为

$$u_g(\alpha) = \omega_0\Delta\tau(\alpha), \quad u_{gn}(\alpha) = [\omega_0\Delta\tau(\alpha) + \omega_{co}\Delta\tau + \varphi_1 - \varphi_2]$$

$$(11-60)$$

同样也会导致测向误差。

众所周知[6]，任一天线主极化和正交极化的方向图是明显不同的。在图 11 - 59(a)中，在笛卡儿坐标系中有最大尖锐值和低旁瓣的主天线 A_0 的主极化方向图 $f_\perp(\alpha)$。

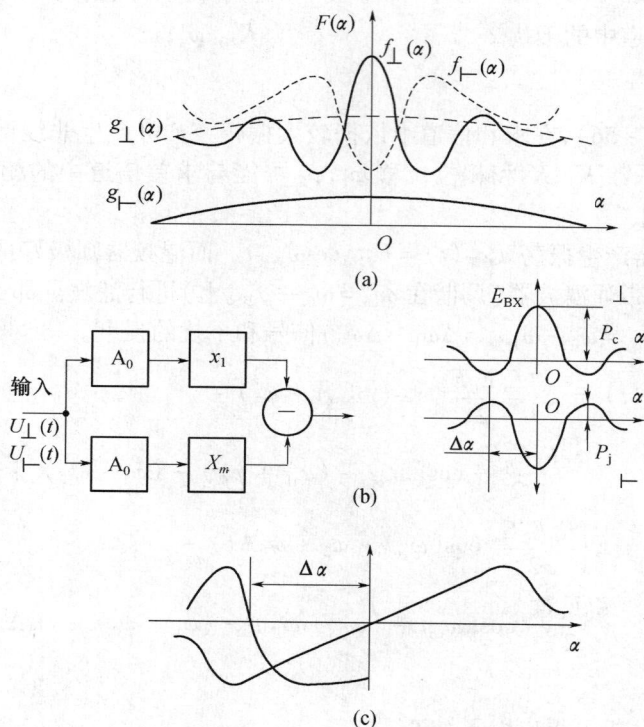

图 11-59　主极化和正交极化天线方向图

同时，正交极化天线 A_0 有完全不同的天线方向图（$f_\vdash(\alpha)$ 在 $\alpha=0$ 时最小，偏移最大，旁瓣电平高）。在这种高值下，主极化和正交极化天线方向图有 $K=30\text{dB}\sim40\text{dB}$ 的差别。为了抑制旁瓣，常使用辅助天线 A_B（主极化 $g_\perp(\alpha)$，正交极化 $g\rightarrow(\alpha)$ 的天线方向图）和补偿图（图 11 - 59(b)）。当成比例的 $E_{\text{out}}(\alpha)=f_\perp(\alpha)-mg_\perp(\alpha)$ 输出信号电平很低时，易于形成临界图。对于正交极化干扰，天线具有完全不一样的天线方向图（最大偏移为 $\Delta\alpha$）。在图 11 - 59(b)中，具有成比例 $E_{\text{out}}=f_\vdash(\alpha)-mg_\perp(\alpha)$（图 11 - 59(c)）的输出效果。如果 $\dfrac{P_j}{P_c}\gg1$，该图将依据干扰的天线方向图来工作，在图 11 - 59(b)中不会抑制旁瓣干扰。

现在使天线 A_0 应用于含单脉冲式测角信道的跟踪雷达站中，而不应用辅助天线 A_B。那么，通过天线 A_0 相干极化，振幅为 U_0 的有效信号得出变幅 $f_\vdash(\alpha)E_0$。

162

如果 A_0 输入端有振幅为 E_j 的极化干扰,但却是正交极化,那么接收机输入端的振幅等于 $f(\alpha)E_j$。此时,信干比为

$$\bar{q} = \frac{f_\perp(\alpha)E_j}{f_\vdash(\alpha)E_c} \approx \frac{E_j}{E_c}\frac{1}{K} \qquad (11-61)$$

如果有源干扰站保证 $\dfrac{E_j}{E_c} \gg K$,那么在天线 A_0 输出端的干扰将强于有效信号,天线方向图将与 $f_\vdash(\alpha)$ 一致。换言之,当 $\alpha = 0$ 时,天线方向图有盲区,最大偏移 $\Delta\alpha$,同时具有较高的旁瓣电平。该天线上的单脉冲测向仪将以 $\Delta\alpha$ 的角误差来工作。极化干扰的效能条件是干扰的极化,有效条件是干扰信号高出压制雷达天线接收信号 $30\text{dB} \sim 40\text{dB}$。

正如所述,假相干的复合干扰对抗单脉冲测向仪有效。为建立这种干扰常应用指向外部局部目标的最大天线方向图。进入雷达站的干扰信号波前失真,从而在目标测向中产生角误差。

图 11-60 所示为在高频范围内形成双频干扰的示意图。

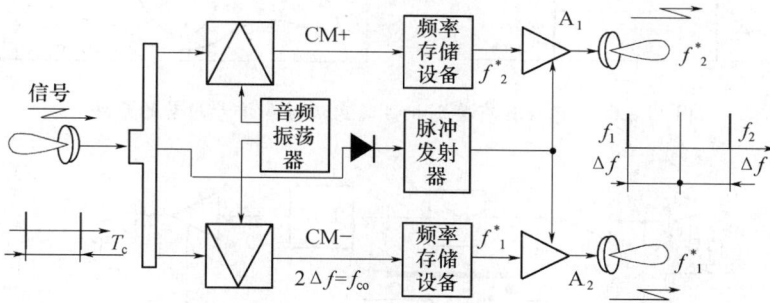

图 11-60 双频干扰的形成图

接收频率为 f_0 的脉冲信号,借助混频器 CM + 和 CM - 形成载频 $f_0 \pm \Delta f$ 上的干扰振荡,并且 $\Delta f = \dfrac{f_j}{2}$。在存储声频放大器的频率后,依据含脉冲调制器的行波管的功率,这些振荡通过天线 A_1,A_2 单独发射。

图 11-61 所示为建立双频干扰应用平衡调制器。

可见,如果引入附加的异步振幅调制、差分相位调制和差频调制(图 11-62),使调制函数 $P_{j1}(t)$,$P_{j2}(t)$,$\Delta\varphi(t)$ 同步,在任一单脉冲测向仪中可建立一种条件,在该条件下,将产生具有鉴别特性的角偏移和额外的信号闪动。

图 11-63 所示为一种形成角偏移和闪动的系统图。它按两种机制工作。当转换器处在位置 I 时,音频振荡器 -1 以频率 $\Delta f(t)$ 和相位 $\Delta\varphi(t) = \varphi_1 - \varphi_2$ 的振荡进行平衡调制,在点 2 形成具有频谱(图 11-62(a))的振幅相同 $P_{j1} = P_{j2}$ 的信号。

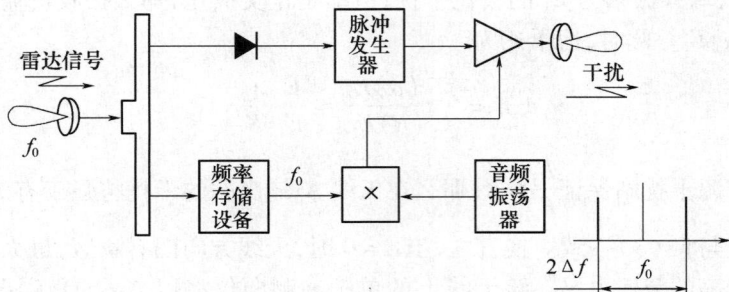

图 11 - 61　根据平衡调制器建立双频干扰

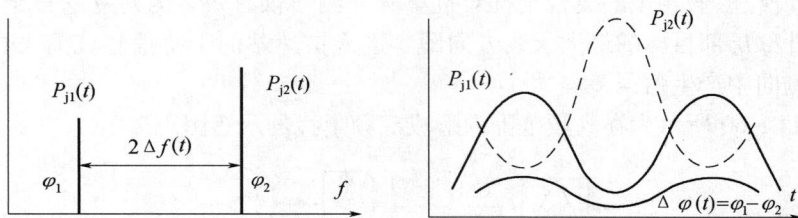

图 11 - 62　产生具有鉴别特性的角偏移和信号闪动的条件

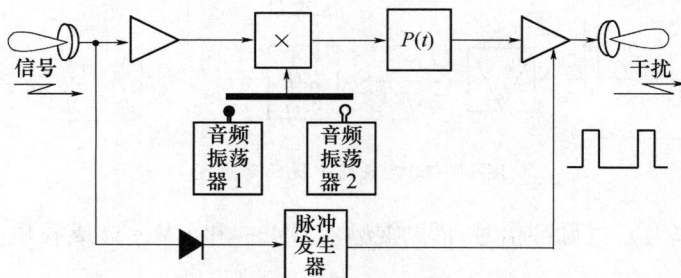

图 11 - 63　角度摆动和偏移的系统图

当转换器处在位置 2 的时候,出现另外一种机制,在频谱（图 11 - 64 (a)）和点 2 上形成参数为 $\{P_{j2}(t), \Delta f(t), \varphi_2\}$ 的调幅。

在国外的文献中双频干扰有时称作 δ - 干扰。依据所压制雷达站的超外差式接收器的镜像通道来进行双频干扰（图 11 - 64）。尽管事实上已构成镜像干扰,并在同一频率 $f_j = f_z = f_0 + 2f_{co}$ 上进行辐射,这种干扰的效能类似于双频干扰效能。

由于信号和频率振荡器干扰的振荡,频率为 $f_{co} = f_d - f_0$ 的振荡信号和频率为 $f_z = f_j - f_d$ 的干扰出现在低频放大器的频带上。

164

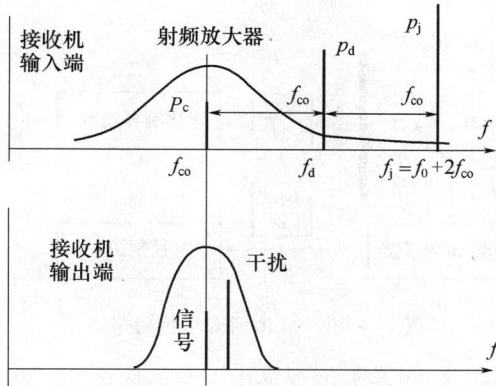

图 11 - 64　镜像波道上的双频干扰

镜像干扰形成图如 11 - 65 所示,在混频器的输出端,频率为 f_0 的信号形成频率为 $f_{co} = f_d - f_0$ 和 $f_w = f_d + f_{co} = f_0 + 2f_{co}$ 的信号强度。

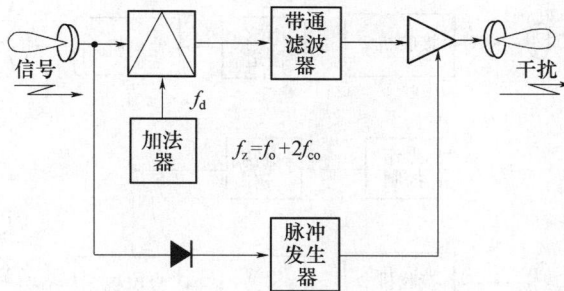

图 11 - 65　镜像干扰的形成

带通滤波器过滤掉次要振荡(考虑到其干扰)

$$u(t) = KE_j(t)\cos[2\pi(f_0 + 2f_{co})t - \varphi_c(t)] \tag{11 - 62}$$

利用低频噪声振荡器振荡或准随机振荡进行调幅和调相干扰。

任一天线均可用于接收水平极化或垂直极化的信号。除此以外,还存在一种极化滤波器,它可过滤具有一定极化度的信号。存在顺时针和逆时针回路极化的天线,还存在很多与极化(正交)干扰有关的有源干扰站。

在无线电电子战时,应用两种类型的极化干扰:一种是该天线的极化调谐,另一种是调谐在正交线性极化上的两种天线。

图 11 - 66 为一级图。在输入端有 3 种不同极化(垂直 ↑、水平 → 或环形 φ 极化)的天线。

极化信号类型在极化测定仪中依据天线 $A_1 \sim A_3$ 响应来决定。极化测定仪把

165

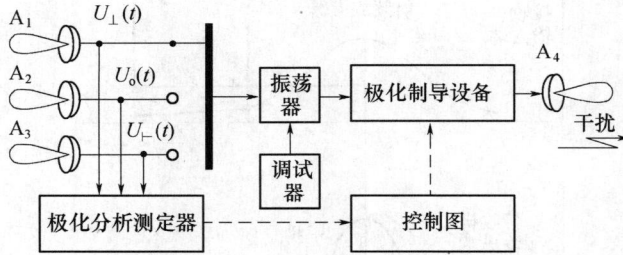

图 11-66 极化调谐干扰的形成

有源干扰站的发射天线 A_t 调谐为正交极化。转换器使 3 个信号之一通过调制器。不足之处在于在测定所需的极化时因延迟而产生某种惰性。

第二种类型的图——两种天线正交极化。线性极化时总有两个波道,然而具有较小的惰性,图 11-67 为相似类型的图。

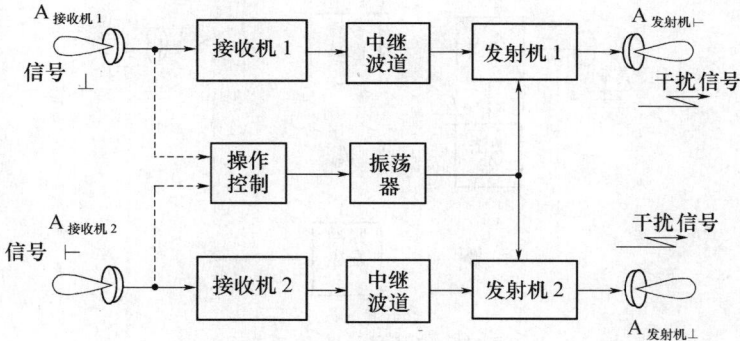

图 11-67 极化干扰的自动调谐

图中天线 $A_{接收机1}$,$A_{接收机2}$ 被调谐为相应的垂直极化和水平极化。传输天线 $A_{发射机1}$,$A_{发射机2}$ 呈正交极化。

进入天线 A_{t1} 的信号经过上部的无线电中继波道,通过极化的天线 A_{t2} 进行辐射。下部的波道也按此进行。因为,在极化干扰下,无线电对抗要求辐射出大强度干扰振荡,需要使用高增益($K \approx 40dB \sim 50dB$)和较小延迟的输出级,以使发出的干扰脉冲与所压制信号的脉冲相一致。然而,此时出现接收和发送波道的去耦问题。在图 11-67 中,很难保证去耦。

在 11-68 中有类似的图,借助信号脉冲的延迟线,回答信号移动 $\Delta t \geqslant \tau_c$。

两对选通级(&)保证信号($\&_{1,2}$)选通和干扰($\&_{3,4}$)脉冲选通。图中,通过分时划分信号接收与干扰发射可以保证发送和接收波道的去耦。

166

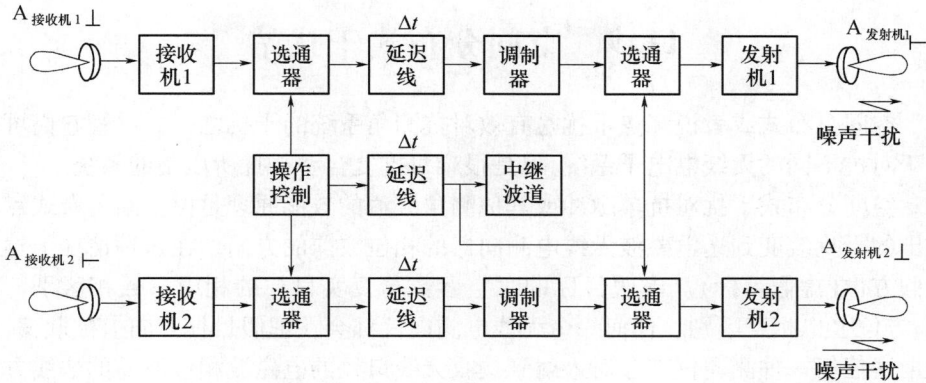

图 11 -68　接收和发送波道随时间而去耦

在无线电电子战预先未知的极化信号的系统时,可以应用 3 部天线和超高频转换器(图 11 -69)。

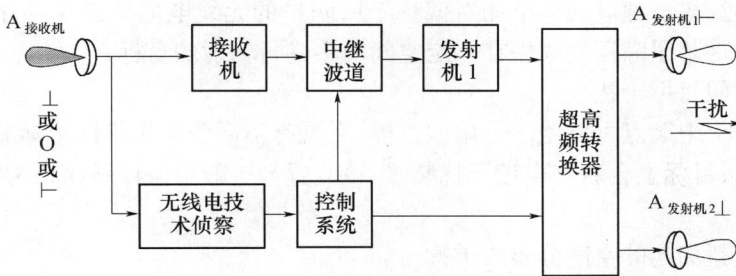

图 11 -69　极化应答干扰的形成

图中,无线电技术侦察设备决定了极化类型,通过控制系统和高速运行的超高频转换器接通单部或两部天线 $A_{发射机⊥}$,$A_{发射机⊦}$(在倾斜极化时)测定通过信号的参数,无线电技术侦察设备操纵转发器,从而建立极化调谐的组合应答脉冲干扰。正交极化系统中可补偿相位位移的校正移相器包含在所有双路系统的单个波道中如图 11 -67 ~ 图 11 -69 所示。

有时,为得到有源极化干扰站($K > 40dB ~ 50dB$)的高增益系数,一般应用多级输出的功率增益器,其中最常见的是行波管。输出干扰的强度由校准衰减器来改变。保持干扰和信号极化矢量精准的正交性是非常重要的。在非正交情况下,当这些矢量之间的角度 $\theta \neq \pi/2$ 时,极化干扰的效果和无线电单脉冲测向仪的角误差大大减小,因而无线电电子战的效能也急剧减弱:当 $\theta = 90° \pm 2°$时,$q = \dfrac{P_{\mathrm{j}}}{P_{\mathrm{c}}}$在接收点低于 29dB。

11.9　空间分布式干扰站

空间分布式或者说多点干扰是有效对抗测角系统的干扰之一。尽管它们可应用于对抗不同的无线电电子系统,但是很难对抗复合型干扰所压制的系统。

空间分布式干扰对抗单脉冲或其他测角波道的效能原理是由空间分布式点辐射出的干扰改变到达电磁波无线电测向器的相位波前的方向。在这种情况下建立虚假方位(虚假目标)。虚假目标的时空参数与真实目标的相应参数相区别。其中,方位上也相互区别。任何一个无线电测向仪都会在虚假目标方向上被欺骗,因为上述任何一种测向仪都会对入射到接收天线口径的电磁波相位波前的法线方向进行评估。

从影响无线电电子系统的物理原理角度,分别有以下几种空间分布式干扰的类别。

(1)空间分布式虚假噪声干扰。

如果噪扰辐射源进入一个相对偏移于所防护的无线电电子系统的任意点,那么干扰能够伪装跟踪探测集中在一定空间内不进行辐射的目标。

(2)虚假目标干扰。

任何一个中继点可能是一个虚假目标,它具有不同于真实目标坐标的坐标系。通常,在虚假目标上会装有模拟干扰装置,该装置与有效虚假信号在结构和参数上类同。

(3)重新测向的空间分布式干扰。

建立虚假目标并把该目标的坐标强加于任一无线电电子设备上的干扰被看作是重新测向的空间分布式干扰。在重新测向时需要使无线电跟踪系统从真实目标的方位移动至虚假目标的方向。同时,还要应用额外的欺骗干扰站。有时,考虑到在无线电电子设备中实现搜索方法时能够自动截获虚假目标,仅限于中断跟踪真实目标。

作为外部干扰辐射源,所应用的载体(平台)类型多样化。其中包括:

— 有人驾驶的干扰施放装置;

— 无人驾驶的远距操控飞行设备;

— 载有一次性有源干扰发射装置的缓慢降落的飞行设备(降落伞、旋翼机、浮空器);

— 拖曳在飞机后的有源干扰施放装置,拖曳式雷达诱饵;

— 喷物弹和载有重新测向干扰的火箭(雷达诱饵)。

在这种情况下,同样的载体可用于不同目的。通常,噪声干扰用于目标的反侦察。然而,如果载于导弹上,它们可以作为重瞄的雷达诱饵。模拟干扰用于建立非相干干扰。闪烁干扰是非相干干扰的重要种类。一般地,空间分布式干扰的应用战术因所利用的载体的不同而不同。

使目标不被雷达观测站发现如图 11 - 70 所示。雷达观测站向天线 A 发出强度为 P_{ti} 的脉冲信号,其电位为

$$W_i = P_{ti}G_A\tau_{\text{uncompressive}} \tag{11 - 63}$$

式中:G_A 为天线方向系数;$\tau_{\text{uncompressive}}$ 为发射(非压缩)探测脉冲的长度。

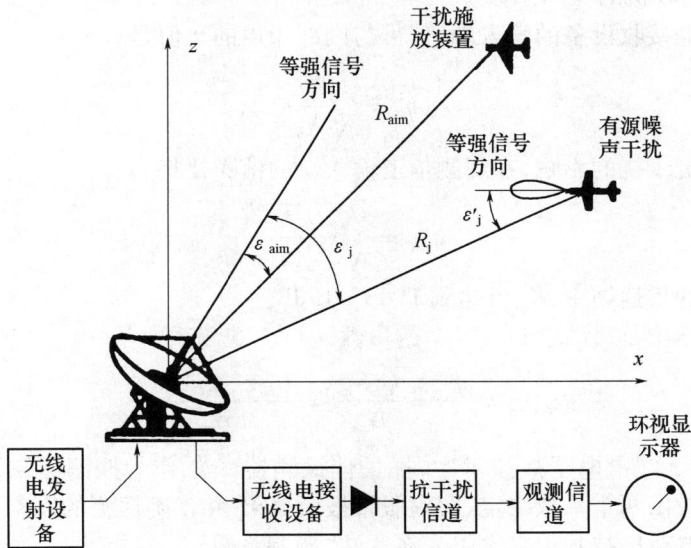

图 11 - 70   对雷达观测站反侦察目标

如果目标有效散射面积 σ 从雷达站移开距离 R_{aim},那么在没有干扰的情况下由目标反射的脉冲信号将具有能量:

$$Q_c = P_c\tau_{\text{uncompress}} \tag{11 - 64}$$

式中:P_c 由雷达方程式决定,即

$$P_c = \frac{P_t G_A^2 \lambda_0^2 \sigma f_A^4(\varepsilon)}{(4\pi)^3 R_{\text{aim}}^4 K_A}\eta \tag{11 - 65}$$

式中:η 为由于极化不符、信号衰减以及其他一些因素,在接收过程中的总损耗系数;$f_A(\varepsilon)$ 为满足条件 $f_A(0) = 1$ 的雷达站方向图。如果无需考虑旁瓣影响,则使用天线方向图的高斯模数。

$$f_A(\varepsilon) = \exp\left[-\pi\left(\frac{\varepsilon}{\Delta\varepsilon}\right)^2\right] \tag{11 - 66}$$

如果考虑旁瓣的影响,那么模数为

169

$$f_A(\varepsilon) = \left(\frac{\sin\left(\dfrac{\pi D_A}{\lambda}\sin\varepsilon\right)}{\dfrac{\pi D_A}{\lambda}\sin\varepsilon} \right)^n \quad (n \geqslant 1) \tag{11-67}$$

在没有干扰的情况下,仅考虑含谱密度的接收机内部噪声。

$$N_{no} = 1.38 \times 10^{-23}(F_{no} - 1), T^o \tag{11-68}$$

式中:F_{no} 为接收机的噪声系数。

在无线电接收设备的输入端,信号与内部噪声的比值是:

$$q_0 = \sqrt{\frac{2q_c}{N_{no}}} \tag{11-69}$$

考虑到抗干扰的影响,在观测信道输入端的信噪比将为

$$q_{out} = \sqrt{\frac{2Q_c K_{nz}}{N_{no}}} \tag{11-70}$$

在现实的雷达站中,K_{nz} 可达到 $11dB \sim 15dB$。

在雷达学中,取代式(11-70)的参数,引入"观测系数"。

$$K_{detect} = \frac{q^2}{2} = \frac{Q_c K_{nz}}{N_{no}} = \frac{P_{co}\tau_{uncompress} K_{nz}}{N_{no}} \tag{11-71}$$

通常,在无线电电子战技术中,把最佳探测器[15,16]作为探测器来进行能量计算。探测质量由两个系数决定,即虚假警报概率 P_{xj} 和正确探测的概率(P_{jo})。

在无线电对抗技术中常常引入雷达站"压制系数":

$$K_{blanket} = K_{detect}^{-1} = \frac{2}{q^2} \tag{11-72}$$

在 $K_{blanket} > K_{blanket\ threshold}$ 条件下,雷达站被噪声干扰所压制。通常,选择含 $q_{threshold}$ 的探测器作为 $K_{blanket\ threshold}$,以保证观测性能指数低于 $P_{jo} = 0.3$;$P_{xj} = 10^{-2} \sim 10^{-3}$。

在没有干扰的情况下,目标距离称为目标观测距离,$R_{max} = R_{max}(F_{xj}, P_{jo})$。此时,可确保临界的观测性能指标 P_{xj}, P_{jo} 或在观测信道输入端确定 $q_{threshold}$。

$$K_{detect\ threshold} = \frac{q_{threshold}^2}{2} K_{blanket\ threshold} = \frac{2}{q_{threshold}^2} \tag{11-73}$$

在式(11-63)~式(11-72)基础上可得出没有噪声干扰情况下的观测距离:

$$R_{max}(P_{jo}, P_{xj}) = \sqrt[4]{\frac{W_i G_A \lambda_0^2 f_A^4(\varepsilon) \sigma K_{detect}}{(4\pi)^3 \cdot 4 \cdot 10^{-21}(F_{no} - 1) K_{detect\ threshold}(P_{jo}, P_{xj})}} \tag{11-74}$$

170

把雷达站的总系数(考虑到损耗后)引入到式(11-74)中,得出:

$$K_{\text{process}} = \frac{K_{\text{threshold}}}{K_{\text{j}}} \tag{11-75}$$

这样,下面给定由曲线观测所确定的临界值(对于正常探测所能接收的)。

$$K_{\text{detect threshold}} = \frac{P_{\text{rithreshold}}\tau_{\text{uncompress}}K_{\text{detect}}}{4 \cdot 10^{-21}(F_{\text{j}} - 1)} \tag{11-76}$$

在已知电位 W_i 下,不难计算出雷达对目标的探测距离,目标具有一定有效散射面积 σ。

因此,雷达站观测参数包含 $P_{\text{ti}} = 50\text{kW}$,$G_A = 1500$,$\lambda_0 = 3\text{cm}$,$F_{\text{no}} = 6\text{dB}$,$\tau_{\text{uncompress}} = 0.4\text{MHz}$,$W = 30\text{W/Hz}$,假定 $K_{\text{process}} = 1$,$K_{\text{detect threshold}} = 4$($P_{\text{xj}} = 10^{-4}$,$P_{\text{no}} = 0.5$),$f_A^4(\varepsilon_{\text{aim}}) = 1$,可计算出

$$R_{\text{max}} = 24\sqrt[4]{\sigma} \tag{11-77}$$

这样的雷达站具有 7.6km 的弹头($\sigma \approx 0.1\text{m}^2$)观测距离,轰炸机($\sigma = 100\text{m}^2$)观测距离为 76km。具有类似参数的雷达站基本适用于观测空间范围内的大目标。这样,航空母舰($\sigma = 10^4\text{m}^2$)能在最大距离为 240km 时被观测到。

高能陆基防空防导雷达站有相当大的观测距离,甚至应用了"隐形"($\sigma \leqslant 1\text{m}^2$)技术的目标也可能被这种雷达站所观测到。

当噪声干扰由干扰释放装置(位于距离 $R_{\text{j}} \neq R_{\text{aim}}$ 处,在雷达观测站另一方向 ε_{j} 工作)辐射出时,如图 11-75 所示,较之目标信号,因为噪扰远远强于雷达站接收机的内部噪声,因此可忽略不计。

由信号目标反射的脉冲能由比值式(11-65)来决定。干扰发射装置上的连续噪扰站具有发射机功率 P_{nj} 干扰在频段 $\Delta f_{\text{nj}} \gg \Delta f_{\text{co}}$ 上被拦阻。在接收机调谐频率 f_0 附近的干扰谱密度为

$$N'_{\text{nj}} = \frac{P_{\text{nj}}}{\Delta f_{\text{nj}}} \tag{11-78}$$

在接收点 2 为

$$N_{\text{nj}} = \frac{N'_{\text{nj}}G_{\text{j}}G_{\text{a}}\lambda_0^2 f_{\text{a}}^2(\varepsilon_{\text{j}})f_{\text{j}}^2(\varepsilon'_{\text{j}})}{(4\pi)^2 R_{\text{j}}^2 K'_A} \tag{11-79}$$

在式(11-79)中,计算有源干扰站天线参数 $f_{\text{j}}^2(\varepsilon_{\text{j}})$ 和 G_{j}(图 11-70),同时,也包含由于干扰 K'_A 雷达站损耗总系数(由于信号极化与干扰不符,以及一些其他因素)。因此,在点 5 的观测系数为

$$K_{\text{detect}} = \frac{q^2}{2} = \frac{Q_{\text{c}}K_{\text{nz}}}{N_{\text{nj}}} = \frac{w_{\text{i}}\sigma K'_{\text{fx}}f_{\text{a}}^4(\varepsilon_{\text{aim}})}{W_{\text{nj}}4\pi f_{\text{a}}^2(\varepsilon)f_{\text{j}}^2(\varepsilon'_{\text{j}})R_{\text{aim}}^4} \tag{11-80}$$

式中:K'_{fx} 为引入的干扰条件下的雷达站合成处理系数,即

$$K'_{process} = \frac{K_{nz}K'_a}{K_a} \qquad (11-81)$$

对噪声干扰来说,有源干扰站的电位:

$$W_{nj} = N_{nj}G_a \qquad (11-82)$$

解出式(11-80)的 R_{aim},引入压制系数(式(11-71))$K_{blanket}(P_{no},P_{xj}) = K_{detect}^{-1}$,可得出目标(被外部干扰所反侦察)观测距离,在无线电电子战技术中,该值称为雷达站压制距离。

$$R_{blanket} = (R_{aim\,max})_j = \sqrt[4]{\frac{W_i \sigma R_j^2 K_{detect\,threshold}(P_{xj},P_{jo})K'_{detect}}{W_j 4\pi \dfrac{f_a^2(\varepsilon_j)f_j^2(\varepsilon'_j)}{f_a^4(\varepsilon_{aim})}}} \qquad (11-83)$$

无线电电子战的等式(式(11-83))称为反雷达等式。

在复合型噪扰的部分情况下 $R_j = R_{aim}$,可假定 $\varepsilon_j = \varepsilon_{aim} = 0$,在目标反射信号被该干扰完全反侦察的条件下,可得出复合型噪扰的压制距离:

$$R_{j0} = (R_{aim\,max})_{sumj} = \sqrt{\frac{W_i K'_{process} \sigma K_{blanket\,threshold}(P_{no},P_{xj})}{W_j 4\pi}} \qquad (11-84)$$

通常,依据无线电电子战的任务条件,要求计算出保证一定压制距离所需的复合有源干扰站的电位:

$$W_{nj} = (N_{nj}G_j)_{min} = \left(\frac{P_j G_j}{\Delta f_j}\right) = \frac{W_i K'_{process} K_{detect\,threshold}(P_j P_{xj})}{4\pi R_j^2} \qquad (11-85)$$

图 11-71 中呈对数比例的关系式叫做曲线压制。由式(11-85)和图 11-71 可得出以下论断:

(1)在距离 $R_j > R_{aim}$ 时,雷达站可观测目标。

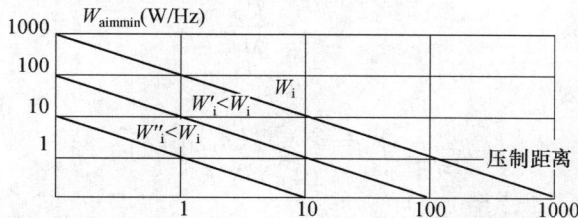

图 11-71 压制系数特性

(2)飞机干扰所覆盖的有效散射面积 σ 越大,对于一定的压制距离,需要更加强大的有源干扰站。

(3)雷达站的功率越大,为保证一定的压制距离,要求有源干扰站的电位

更大。

（4）在雷达旁瓣抑制时，所需的有源干扰电位剧增（增幅达 $20dB \sim 40dB$）。

（5）如果所选的有源干扰不能保证所需的压制距离，干扰就被认定为无效。

当干扰发射装置和目标处于同一条线（$\varepsilon_j = \varepsilon_{aim}$）时，外部噪声干扰的情况如图 11-72 所示。此时，假设 $\varepsilon_j = \varepsilon'_{aim} = 0$。这样由式（11-72）得出以下形式：

$$K_{blanket}^{-1} = K_{detect} = \frac{W_i \sigma K'_{process} \left(\dfrac{R_j}{R_{aim}}\right)^2}{W_j 4\pi R_{aim}^2} \qquad (11-86)$$

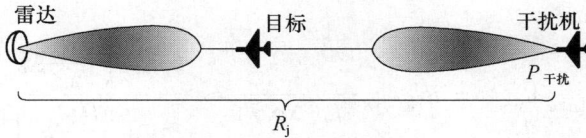

图 11-72　外部噪扰的情况

假定式（11-84）中的 $R_{aim\,max} = R_{jg}$，结合式（11-86），得

$$R_{blanket} \mid_{\varepsilon=0} = R_{blanket0} \left(\frac{R_j}{R_{aim}}\right) \qquad (11-87)$$

外部有源噪扰所要求的电位（图 11-76）为

$$\frac{W_j \mid_{\varepsilon=0}}{W_{sumj}} = \mu = \left(\frac{R_j}{R_{aim}}\right)^2 \qquad (11-88)$$

图 11-73（a），（b）显示出关系式（11-87）和式（11-88）。通过分析，还可得出以下结论：

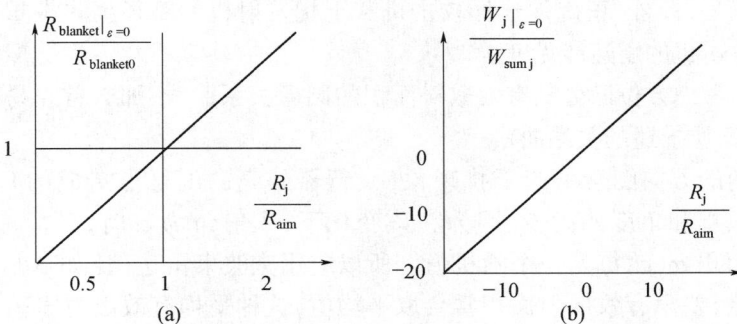

图 11-73　外部噪扰的电位关系

（6）干扰发射装置与目标相比越靠近雷达站$\left(\dfrac{R_{\mathrm{j}}}{R_{\mathrm{aim}}} < 1\right)$，那么，为保证既定压制距离，其噪扰功率越小。

（7）在一定的有源噪扰的电位 $W_{\mathrm{nj}} = \mathrm{const}$ 下，干扰发射装置离雷达站越近，压制距离越小。

研究外部噪扰压制区域具有重要意义。分析个别情况（图 11 – 74）：$\varepsilon_{\mathrm{aim}} = \varepsilon'_{\mathrm{j}} = 0, R_{\mathrm{j}} = R_{\mathrm{aim}}, \Delta\varepsilon_{\mathrm{j}} \neq 0$。

雷达站压制距离取决于角 $\Delta\varepsilon_{\mathrm{j}}$，干扰发射装置沿着半径为 $R = \mathrm{const}$ 的圆周转动时可得出该关系式。对于所研究的情况，由式（11 – 87），式（11 – 88）和式（11 – 67），得

$$R_{\mathrm{blanket}}\big|_{\Delta\varepsilon \neq 0} = R_{\mathrm{blanket0}} \frac{1}{|f_{\mathrm{a}}(\Delta\varepsilon_{\mathrm{j}})|} \approx \frac{R_{\mathrm{blanket0}}\left(\dfrac{\pi D_{\mathrm{A}}}{\lambda}\Delta\varepsilon_{\mathrm{j}}\right)}{\left|\sin\left(\dfrac{\pi D_{\mathrm{A}}}{\lambda}\Delta\varepsilon_{\mathrm{j}}\right)\right|} \qquad (11 – 89)$$

由式（11 – 89）得出的结论是：

（8）当噪扰在雷达站天线方向图主瓣上工作时，复合干扰条件下具有最小压制距离 R_{blanket}。

（9）当 $\Delta\varepsilon_{\mathrm{j}} \neq 0$ 时，压制距离依据雷达站天线方向图的 $f_{\mathrm{a}}^{-1}(\Delta\varepsilon_{\mathrm{j}})$ 规律而变化。当 $\Delta\varepsilon_{\mathrm{j}} = 0.5k\Delta\varepsilon_{\mathrm{a}}(\Delta\varepsilon_{\mathrm{a}}$— 雷达站天线方向图波束主瓣宽度），在零位接收的方向上噪扰无效，并且雷达站观测距离由接收机的内部噪声所决定。

压制区域如图 11 – 74 所示，在区域 $R_{\mathrm{detect}} > R_{\mathrm{blanket}}(\Delta\varepsilon_{\mathrm{j}})$ 干扰有效。

在实际情况中，跟踪噪扰发射机的攻击机应该同时覆盖多雷达（在一定的防空区域活动）所探测的目标。此时，探测雷达站不断交换信息，所以要求同时压制所有探测雷达站。这一复杂的任务需要进行预算（考虑具体不同类型的雷达站及所处的位置）。此外，正确地选择攻击机和干扰发射机的路径也非常重要。在此需要考虑攻击机的雷达能见度。

如果不考虑方位微分的有效散射面积的圆形关系曲线，那么首先易于得出类似图 11 – 75 所描述的关系曲线。

不规则的方向图会引起干扰现象（飞行器外壳的闪烁点造成的）。干扰现象会导致振幅和角度的闪变，因为在该变化下，入射角为 α 时，目标可见，微分有效散射面积 $\sigma(\alpha, t)$ 是一个随机值。所以应用宽波束雷达（比如 $\Delta\theta_{\mathrm{a}} = 10°$）作为测量仪器，差角有效散射面积常会取平均值，这种平均有效散射面积是飞机的雷达能见度的主要指标。分析不同雷达目标的曲线图 $\sigma(\alpha)$，都可得出一些共性规律。

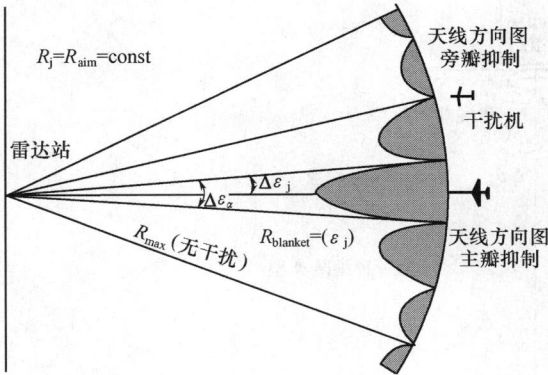

图 11-74　外部噪扰的雷达压制区域

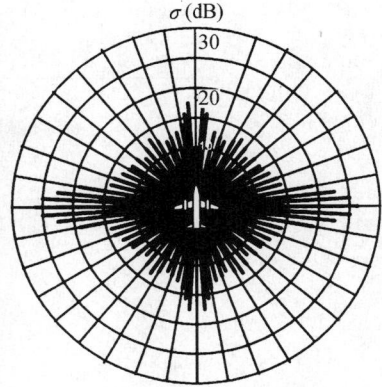

图 11-75　飞机的反向散射方向图

第一,没有应用"隐身"技术的任一目标,前后均有最小有效散射面积。有效散射面积的值如表 11-1 所列。

表 11-1

雷达目标	有效散射面积/m²	雷达目标	有效散射面积/m²
汽车,坦克	7~30	汽艇	50~100
炮弹	0.01	巡航飞机	(11~14)·10³
直升机	0.5~1.0	巡航导弹	0.3~0.8
洲际弹道火箭"民兵"-2 的弹头	0.003	反舰导弹	0.15
歼击机	3~7	"百舌鸟"空对地反雷达导弹	0.02
轰炸机 B-52	11~100	偶极子云	10

第二,在目标进入侧角下,有效散射面积增加 11dB~30dB,取决于飞行器的类型。

第三,如果机载有源干扰机掩护攻击机,使攻击机不受位于其前后的雷达的探测(当有效散射面积最小),那么,位于目标进入侧角($\alpha = 90°$,270°)下的防空雷达不可能被压制干扰(此时,干扰功率不够大),这些雷达在大片防空区域内将发现、观测和跟踪飞机。

存在一系列方法可避免出现这种不良效果,首先是正确地选择干扰施放装置编队。

当干扰发射装置处于测向雷达和攻击机之间时,或为保证一定的 $R_{j\,min}$,需要较小的干扰功率时,使用图 11-76(a)显示的 I 类型系统。

当干扰发射装置在攻击机的前面时,并具有增强功率比的有源干扰台时,使用图 11-76(b)显示的 II 类型系统。

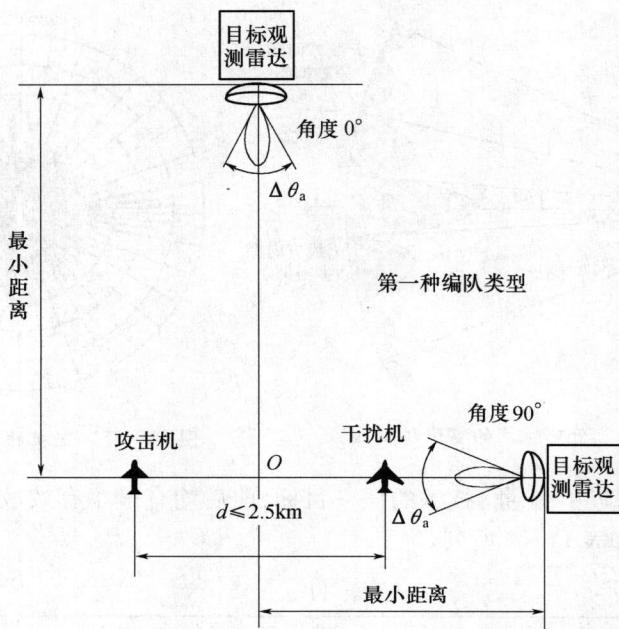

(a)

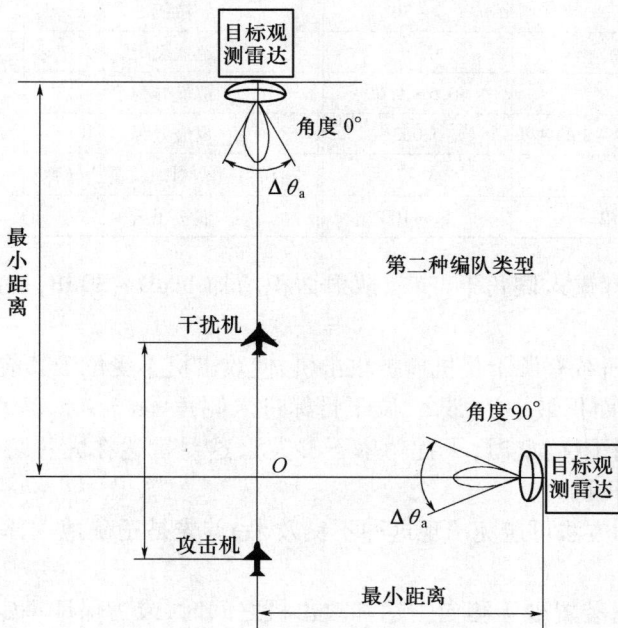

(b)

图 11-76 Ⅰ 类 Ⅱ 类干扰机编队类型

图 11－77 所示为由 4 个干扰发射装置所保护的 9 个攻击机按圆周部署的编队。当编队飞机的有效散射面积 $\sigma = 10\mathrm{m}^2$（从正面）和 $\sigma = 50\mathrm{m}^2$（从侧面）时，机载有源干扰机的电位 $W_{\mathrm{nj\ min}}$ 值的计算将显示出 Ⅲ 类编队方案最合理。在计算时，应该可使干扰发射机在高空和低空飞行，并可在不同的目标进入角下，与个别目标指示雷达相遇。对于标准的电位 W_{jr}，Ⅲ 类编队所需的 W_{nj} 明显减小。计算也显示，实体干扰机并不总能保证在目标进入侧角下能充分地掩护攻击机。

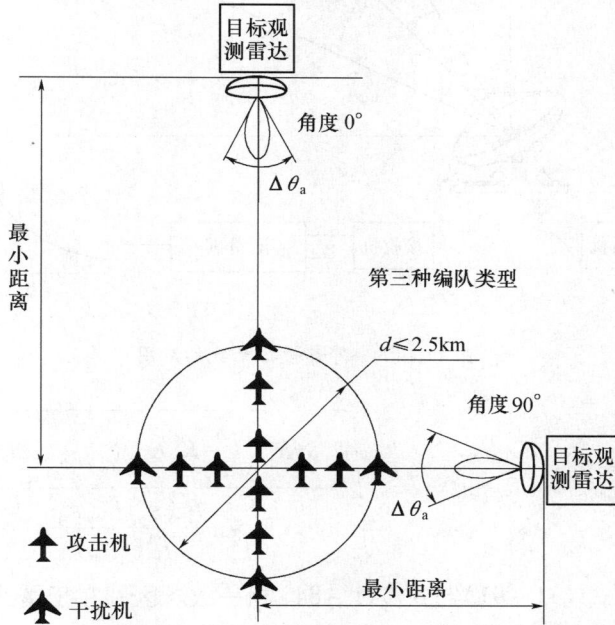

图 11－77　Ⅲ 类干扰机编队类型

11.10　外部模拟干扰

应用模拟干扰对抗武器跟踪控制系统中的雷达。这种电子对抗的方法如图 11－78 所示。

对于这种情况，易于计算雷达系统中仪器输入端的干信比：

$$\bar{q} = \frac{P_{\max} G_{\mathrm{tj}} 4\pi f_{\mathrm{j}}^2(\varepsilon_{\mathrm{j}}') f_{\mathrm{a}}^2(\varepsilon_{\mathrm{j}}) R_{\mathrm{aim}}^2}{P_{\mathrm{r}} G_{\mathrm{a}} \sigma K_{\mathrm{process}} f_{\theta}^4(\varepsilon_{\mathrm{aim}}) R_{\mathrm{j}}^2} \sqrt{\frac{K_{\mathrm{a}}}{K_{\mathrm{j}}}} \qquad (11-90)$$

解出等式 $(R_{\mathrm{aim\ max}})_{\mathrm{sj}} = R_{\mathrm{jg}}$，利用外部模拟干扰，可得出武器控制系统的雷达的压制距离：

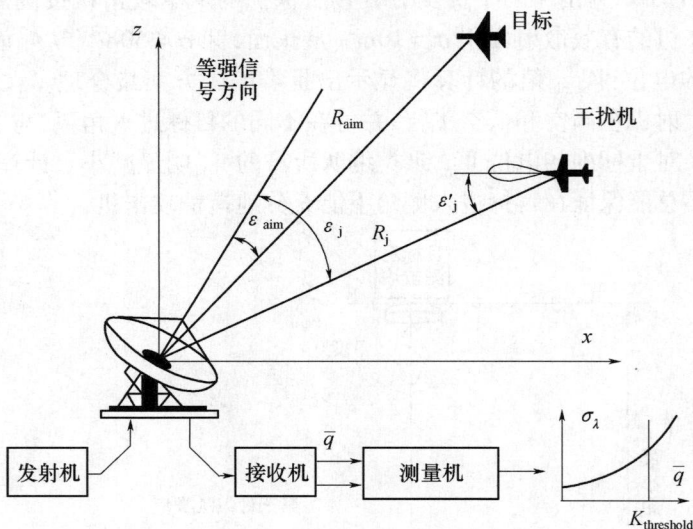

图 11 –78　外部模拟干扰的应用

$$R_{\text{blanket}} = (R_{\text{aimmax}})_{\text{sj}} = \sqrt[4]{\dfrac{W_j^* \sigma R_j^2 \sqrt{\dfrac{K_j}{K_a}} K_{\text{fx}} K_{\text{blanket threshold}}(P_{\text{cp}})}{W_{\text{sj}} 4\pi \dfrac{f_a^2(\varepsilon_j) f_j^2(\varepsilon_j')}{f_a^4(\varepsilon_{\text{aim}})}}} \qquad (11 - 91)$$

在结构上,式(11 –91)与式(11 –84)相一致。区别在于雷达有源干扰的电位值不同,取决于测量仪跟踪中断概率的压制系数也不同。

$$K_{\text{blanket threshold}}(P_{\text{cp}}) = \bar{q}_{\text{threshold}} \qquad (11 - 92)$$

由于式(11 –84)和式(11 –91)类似,对于外部噪扰所作出的论断和外部模拟噪扰类似。

为避免对准电磁辐射的无源自动导引头导弹对干扰发射装置的危险攻击,干扰发射装置距巡防区有较大的距离(超过导弹制导距离 $R_j \gg R_{\text{aim}}$)。这些干扰装置的任务是利用模拟干扰和噪声干扰压制高射系统(可掩护攻击机攻击目标)的雷达旁瓣,此时要保证指定的压制距离 R_{jg} 不小于雷达最大作用距离。

一般应用式(11 –91)来评估 R_{jg},该式在 $K_a = K_j = K_{\text{process}} = 1$;$\varepsilon_j' = \varepsilon_{\text{aim}} = 0$;$\varepsilon_j = \Delta\varepsilon_j$ 下取以下形式:

$$R_{\text{blanket cruise}} = \sqrt[4]{\dfrac{W_{\text{jr}} \sigma K_{\text{blanket threshold}} K_{\text{js}}}{\dfrac{W_{\text{ajs}}}{R_j^2 4\pi}}} \qquad (11 - 93)$$

式中:W_{jr}为电位,其代表能量大小(对于噪扰),或强度大小(对于模拟干扰);K_{js}为干扰衰减系数(应用于雷达天线旁瓣)。

$$K_{js} = f_a^2(\Delta\varepsilon_j) \tag{11-94}$$

分析式(11-93)可得出以下结论:

(1)有源干扰站的等价电位随着R_{js}和R_j的增加而减小:

$$W_{ajsj} = \frac{W_{ajs}}{R_j^2 K_{js}} \tag{11-95}$$

(2)目标有效反射面的增加需要增大有源干扰站的辐射强度。

应用由外部单个移动点发出的单点非相干干扰来压制雷达站,如图11-79所示。此时,可认为外部干扰是噪声干扰(发生器干扰或回答干扰),也可能是模拟干扰。单脉冲测向仪接收由目标反射的信号。

两点的空间分布由矢量$\boldsymbol{d}(x)$确定。其模数为

$$|\boldsymbol{d}_j(t)| = \sqrt{[x_{aim}(t) - x_j(t)]^2 + [y_{aim}(t) - y_j(t)]^2 + [z_{aim}(t) - z_j(t)]^2}$$
$$\tag{11-96}$$

式中:$\boldsymbol{H}_c = \{x_c, y_c, z_c\}$, $\boldsymbol{H}_j = \{x_j, y_j, z_j\}$是真假目标的空间位置矢量。

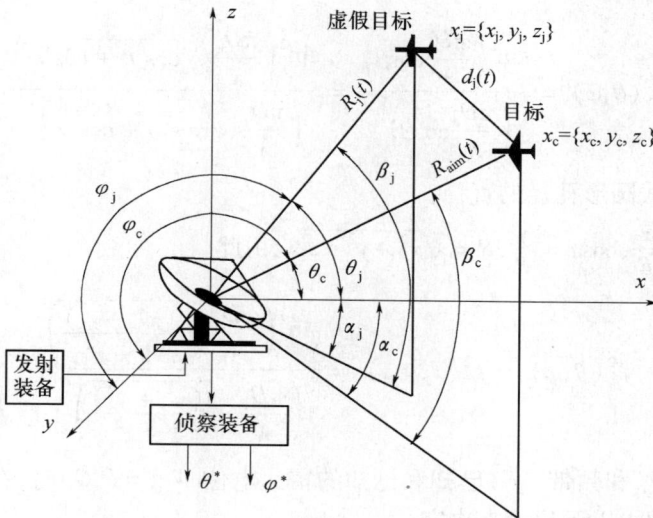

图11-79 应用由单个外部点发出的单点非相干干扰

任务在于,在虚假目标存在的时间内选择其位置(路径),以使真假目标都处在无线电测向仪天线方向图的主瓣上。为此,需要控制由投影所提供的差值矢量$\boldsymbol{d}_j(t) = \boldsymbol{H}_c - \boldsymbol{H}_j$。

$$\Delta x = (x_c - x_j); \ \Delta y = (y_c - y_j); \ \Delta z = (z_c - z_j) \qquad (11-97)$$

在这种情况下,在无线电测向仪的点位上确保干扰超过信号:

$$\bar{q} = \left(\frac{P_j}{P_c}\right)_{\text{out}} > \bar{q}_{\text{threshoid}} \qquad (11-98)$$

反之,所要求的干扰功率剧增。这些条件足以满足无线电测向仪跟踪真实目标中断后跟踪虚假目标。在这个意义上反侦察噪扰是最优的,因为反侦察噪扰起初就压制了反射信号,并自动地使无线电测向仪进入跟踪更强干扰的状态。

如果应用模拟干扰,首先是为了速度和距离的自动跟踪系统重新瞄准测向,然后该系统使量角信道自动重瞄虚假目标。为保证模拟干扰的效能,其算法应考虑到目标的位置和移动。

对于具有角坐标 θ, φ(方向余弦 $\cos\theta, \cos\varphi$)、高低角 β 和方位角 α 的空间图中的任意点适用以下比值关系:

$$\cos\theta = \cos\alpha\cos\beta$$
$$\cos\varphi = \sin\alpha\cos\beta$$
$$\cos\beta = \sqrt{\cos^2\theta + \cos^2\varphi} \qquad (11-99)$$

那么,用 $\dfrac{\sin x}{x}$ 的天线方向图近似算法(考虑到 $\varepsilon = \dfrac{\pi}{2} - \beta$),得

$$f_N^2(\theta,\varphi) = \frac{\sin^2\left(\dfrac{\pi D_a}{\lambda}\cos\beta\right)}{\left(\dfrac{\pi D_a}{\lambda}\cos\beta\right)^2} = \frac{\sin^2\left(\dfrac{\pi D_a}{\lambda}\sqrt{\cos^2\theta + \cos^2\varphi}\right)}{\left(\dfrac{\pi D_a}{\lambda}\sqrt{\cos^2\theta + \cos^2\varphi}\right)^2} \qquad (11-100)$$

式中:D_a 为天线圆形孔径的直径。

但 $\cos\theta = \dfrac{x}{R}, \cos\varphi = \dfrac{y}{R}, R = \sqrt{x^2 + y^2 + z^2}$,由此

$$f_N^2(\theta,\varphi) = f_N^2(x,y,z) = \frac{\sin^2\left(\dfrac{\pi D_a}{\lambda}\sqrt{\dfrac{(x^2+y^2)}{1+z^2}}\right)}{\left(\dfrac{\pi D_a}{\lambda}\sqrt{\dfrac{(x^2+y^2)}{1+z^2}}\right)^2} \qquad (11-101)$$

在噪扰(W_{nj} 和频带 Δf_j)已知和已知的雷达电位 $W_{\text{out}} = P_r G_a$ 时,在雷达天线的输出端,信噪比由以下比值来决定:

$$\bar{q}_0 = \frac{W_{nj}R_c^4 f_N^2(\theta_r,\varphi_r)}{W^* R_j^2 f_N^4(\theta_c,\varphi_c)}\left(\frac{\Delta f_{co}}{\Delta f_j}\right) \qquad (11-102)$$

此时,确定真目标和假目标的笛卡儿坐标需计算:

$$R_j(t) = \sqrt{[\Delta x(t) + x_c]^2 + [\Delta y(t) + y_c]^2 + [\Delta z(t) + z_c]^2}$$

$$R_c(t) = \sqrt{x_c^2 + y_c^2 + z_c^2} \qquad (11-103)$$

干扰和目标的方位有差别:

$$\theta_j - \theta_c = \Delta\theta; \quad \varphi_j - \varphi_c = \Delta\varphi \qquad (11-104)$$

式中

$$\Delta\theta = \frac{\xi\sqrt{(\xi^2 + \eta^2 + \zeta^2)}}{\sin\theta_c[1 + 2(\xi\cos\theta_c + \eta\cos\varphi_c + \zeta\sqrt{1 - \cos^2\theta_c - \cos^2\varphi_c})]};$$

$$\Delta\varphi = \frac{\eta\sqrt{(\xi^2 + \eta^2 + \zeta^2)}}{\sin\varphi_c[1 + 2(\xi\cos\theta_c + \eta\cos\varphi_c + \zeta\sqrt{1 - \cos^2\theta_c - \cos^2\varphi_c})]}$$

$$(11-105)$$

$$\xi = \frac{\Delta x}{R_c}; \quad \eta = \frac{\Delta y}{R_c}; \quad \zeta = \frac{\Delta z}{R_c} \qquad (11-106)$$

式(11-104)、式(11-105)确定了真假目标的角间距,同时,也确定了无线电测向仪重新测向时的测向误差。

为了使无线电测向仪重新瞄准成对虚假目标的能量中心,可应用两个假目标或复合型干扰的两个目标所建立的两点式非相干干扰。

两点式非相干干扰的几何关系如图11-80所示。

含非相干干扰的两个飞机飞向和差型单脉冲无线电测向仪。图11-80的平面与角 φ 平面相一致。

结构最简单的辐射干扰是谐波振荡,即

$$u_{ji}(t) = \text{Re}\{E_{ji}e^{j\omega_i t}\}, \quad i = 1,2$$

$$(11-107)$$

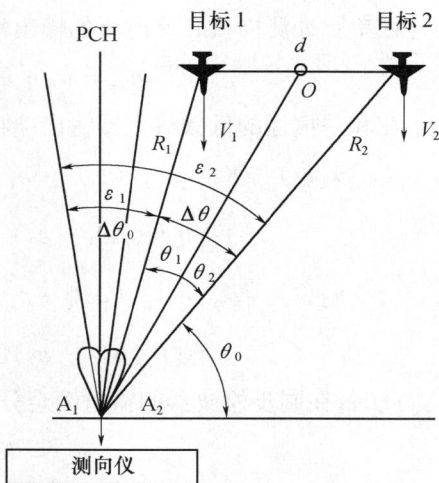

图11-80 两点非相干干扰的比例关系

式中:$E_{ji} = E_i\exp(-j\psi_i)$ 为复包络。

无线电测向器的天线 A_1,A_2 方向图在等强信号方向的角度 $\Delta\theta_0$ 上展开,并由比值关系来描述。

对于任意干扰源的测向,天线方向图都展开角度 $\Delta\theta_0$。

$$f_{Ni}(\varepsilon) = f_{Ni}(\Delta\theta_0 \pm \varepsilon) \qquad (11-108)$$

与式(11-108)相符的方向图在图11-81有所描述。在天线 A_1,A_2 的输出

端目标 ε_i 方位有以下电压:

$$u_1(t) = E_1 f_N(\Delta\theta_0 - \varepsilon_1)\cos(\omega_1 t - \psi_1) + E_2 f_N(\Delta\theta_0 - \varepsilon_2)\cos(\omega_2 t - \psi_2);$$

$$u_2(t) = E_1 f_N(\Delta\theta_0 + \varepsilon_1)\cos(\omega_1 t - \psi_1) + E_2 f_N(\Delta\theta_0 + \varepsilon_2)\cos(\omega_2 t - \psi_2)$$

$$(11-109)$$

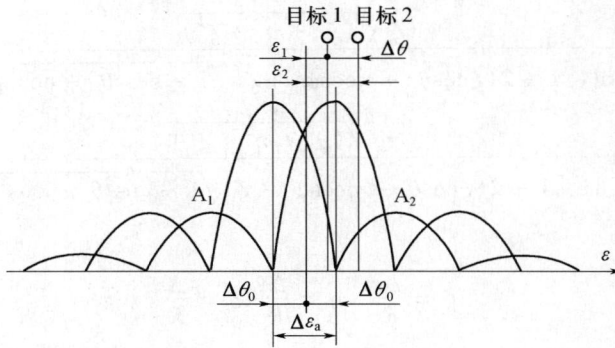

图 11-81　测向仪天线方向图(相对等信号方向展开 $\Delta\theta$)

在单脉冲测向仪和差电桥的输出端形成电压:

$$u_\Sigma = u_1 + u_2 \qquad u_\Delta = u_1 - u_2 \qquad (11-110)$$

在和差信道的低频放大器输出端将有电压:

$$u_\Sigma(t) = K_\Sigma\{E_1[f_N(\Delta\theta_0 - \varepsilon_1) + f_N(\Delta\theta_0 + \varepsilon_1)\cos(\omega_{co1}t - \psi_1)]$$

$$+ E_2[f_N(\Delta\theta_0 - \varepsilon_2) + f_N(\Delta\theta_0 + \varepsilon_2)\cos(\omega_{co2}t - \psi_2)]\}$$

$$u_\Delta(t) = K_\Delta\{E_1[f_N(\Delta\theta_0 - \varepsilon_1) + f_N(\Delta\theta_0 + \varepsilon_1)\cos(\omega_{co1}t - \psi_1)]$$

$$+ E_2[f_N(\Delta\theta_0 - \varepsilon_2) + f_N(\Delta\theta_0 + \varepsilon_2)\cos(\omega_{co2}t - \psi_2)]\}$$

此时,在同步检波器的输出端会分离出平均振荡

$$u_{fg} = K' u_\Sigma(t) u_\Delta(t)$$

在两点目标的情况下,无线电测向仪的分辨力特征的等式是

$$u_{fg} = K' K_{\Sigma\Delta}\{E_1^2[f_N^2(\Delta\theta_0 - \varepsilon_1) - f_N^2(\Delta\theta_0 - \varepsilon_1)] + E_2^2[f_N^2(\Delta\theta_0 - \varepsilon_2)$$

$$- f_N^2(\Delta\theta_0 - \varepsilon_2)]\}$$

$$(11-111)$$

首先取第一目标的方位读数 $\varepsilon_1 = \theta$,那么 $\varepsilon_2 = \theta + \Delta\theta$;在两点目标的情况下,无线电测向仪的总体分辨力特征的等式为

$$u_{fg} = K_{fg}\{\beta^2[f_N^2(\Delta\theta_0 - \theta) - f_N^2(\Delta\theta_0 - \theta)]\} \qquad (11-112)$$

式中

182

$$K_{\text{fg}} = K'K_{\Sigma}K_{\Delta}E_2^2; \ \beta = \frac{E_1}{E_2} \qquad (11-113)$$

对于部分情况 $\beta=1$（两个辐射源的辐射强度相同）在天线方向图的高斯近似值下,有

$$f_N^2(\varepsilon) = \exp\left[-\pi\left(\frac{\varepsilon}{\Delta\varepsilon_a}\right)^2\right] \qquad (11-114)$$

式中:$\Delta\varepsilon_a$ 为主瓣的有效宽度(接近波束宽度 $\Delta\theta_{0.5}$)。

在式(11-112)基础上,可确立无线电测向仪的分辨力特征。对于不同的目标分布角 $\Delta\theta$,这些特征族在图 11-82 确立。

在 $\Delta\theta=0$ 下,最初的曲线符合单目标情况(图 11-79$d=0$)。分辨力的零读数与无线电测向仪天线系统的等强信号位置相符,此时,无线电测向仪跟踪单个目标。图 11-82 中的第二条曲线($\Delta\theta^{\text{I}} = 0.4\Delta\varepsilon_A$)和第三条曲线($\Delta\theta^{\text{II}} = 0.8\Delta\varepsilon_A$)显示,分辨力的零读数与几何中心 O(基线中心)相一致。也就是在 $\beta=1$ 时,测向仪跟踪成对目标的几何中心。可见,随着目标偏离的增加,在零相 K_{dg} 分辨力的曲率下降。

$$\Delta\theta^{\text{III}} = \Delta\theta_p = (0.8 \sim 0.9)\Delta\varepsilon_A \qquad (11-115)$$

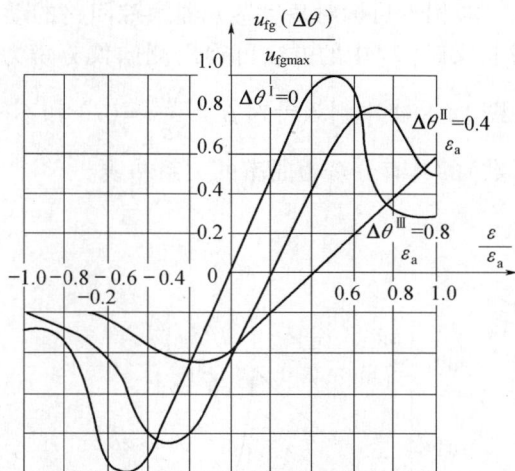

图 11-82　在两点目标下单脉冲
测向仪的分辨力特征

在某些分布下,分辨力的坡度 $K_{\text{dg}} \to 0$。在这种情况下,测向仪不能跟踪任何目标。在目标偏离增大 $\Delta\theta^{\text{IV}} > \Delta\theta_p$ 时,测向仪开始对目标之一进行测向,在分辨力上,显出与两个目标的角位置相符的两个零读数。角度式(11-115)称为成对目标的分辨角,在非相干干扰效能理论中发挥着重要作用。

在辐射强度的不等式 $(\beta\neq1)$ 和较小的角偏移 $\Delta\theta\ll\Delta\varepsilon_a$ 下,当天线方向图近似于以下关系式时,分辨力式(11-112)

$$f_N(\Delta\theta_0 \pm \theta) = f_N(\Delta\theta_0) \mp |f'_N(\Delta\theta_0)|\theta;$$
$$f_N(\Delta\theta_0 \mp (\theta - \Delta\theta)) \approx f_N(\Delta\theta_0) \pm |f'_N(\Delta\theta_0)|(\theta - \Delta\theta) \qquad (11-116)$$

取以下形式:

$$U_{\text{fg}} = 4K_{\text{fg}}[f'_N(\Delta\theta_0)|\theta(1+\beta^2) - \Delta\theta] \qquad (11-117)$$

分辨力的零读数 $u_g = 0$ 与偏转度相一致。

$$\theta = \frac{\Delta\theta}{(1 + \beta^2)} \qquad (11-118)$$

可见,测向仪的等强信号方向指向成对目标的能量中心。解分辨力等式(11-112)可确定角 θ_1(图 11-80),即等强信号向第一目标偏转了 $\Delta\theta$,如图 11-83 所示。

从图 11-83 的曲线部分可看出,随着 $\beta = \dfrac{E_1}{E_2}$ 的增加,跟踪大功率辐射源的误差减小。

非相干目标对角度鉴别器跟踪回路的动态有影响,这一现象的分析详见文献[2],文献[2]中的方法可得出测向仪分辨力曲率 K_d 在其零位的准确解法,这样,在图 11-84 中引入针对 $\beta = \dfrac{\Delta\theta_0}{\Delta\varepsilon_A} = 0.3$ 和不同的 M(自动控制调整器链路的增益系数)的具有分辨力曲率的关系曲线。

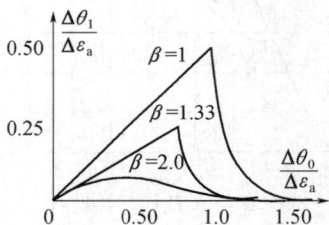

图 11-83　成对目标的方位偏移

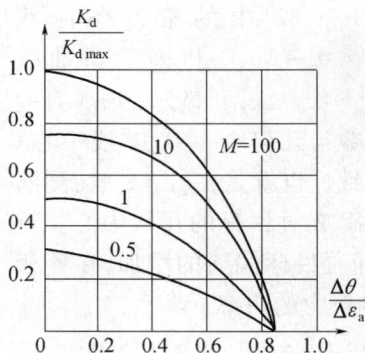

图 11-84　成对目标测向特性曲率

由图可知,随着目标偏转角 $\Delta\theta$ 的增大,鉴别器的传输系数减小。减小的速率越大,那么在自动控制调整器 μ 中的回授系数越小。当 $\Delta\theta = 0.85\Delta\varepsilon_A$ 时,系统进入中性状态,即 $K_d \to 0$,对成对目标进行分辨。应注意,随着 K_d 的减小,在进行分辨之前测向仪跟踪成对目标的动态误差剧增,即随着成对目标的移动会产生读数延迟。

描述成对目标的电磁波(具有非相干干扰)相前形态变化的几何关系图如图 11-85 所示。

两个目标的有源干扰站辐射出谐波振荡:

$$u_1(t) = \mathrm{Re}\{E_1 e^{j\omega t}\}, \ u_2(t) = \mathrm{Re}\{E_2 e^{j\Delta\psi t} e^{j\omega t}\} \qquad (11-119)$$

式中: $\Delta\psi$ 为两个非相干振荡的随机相位差。

184

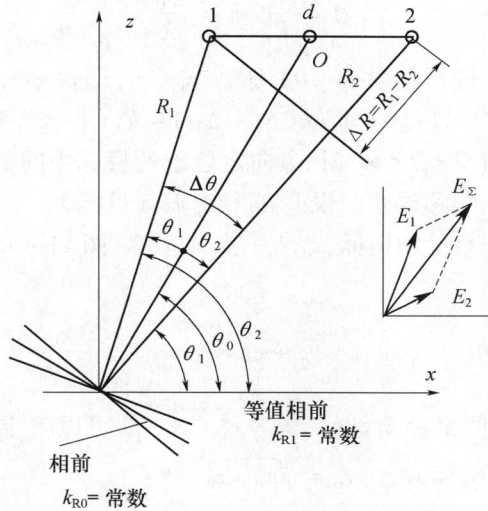

图 11-85 成对目标的波相前

在无线电测向仪天线系统的输入端接收点 O 形成总振荡：

$$u_\Sigma(t) = u_1\left(t - \frac{r_1}{c}\right) + u_2\left(t - \frac{r_2}{c}\right)$$

$$= \mathrm{Re}\{E_1\mathrm{e}^{-jkr_1}\mathrm{e}^{j\omega t}\} + \mathrm{Re}\{E_2\mathrm{e}^{-jkr_2}\mathrm{e}^{-j\Delta\psi}\mathrm{e}^{j\omega t}\} = \mathrm{Re}\{E_\Sigma\mathrm{e}^{-jkr_0}\mathrm{e}^{j\omega t}\} \quad (11-120)$$

等价代入可确定，在距离无线电测向仪 r_0 的点 A 上建立虚拟源 $\dot{E}_\Sigma$，由式 (11-120)，得

$$E_\Sigma\mathrm{e}^{-jkr_0} = E_1\mathrm{e}^{-jkr_0} + E_2\mathrm{e}^{-jkr_2}\mathrm{e}^{-j\Delta\psi} \quad (11-121)$$

总磁场的振幅和相位：

$$E_\Sigma = \sqrt{E_1^2 + E_2^2 + 2E_1E_2\cos(k\Delta r + \Delta\psi)};$$

$$\varphi_\Sigma = kr_0 = \arctan\left\{\frac{E_1\sin kr_1 + E_2\sin(kr_2 + \Delta\psi)}{E_1\cos kr_1 + E_2\cos(kr_2 + \Delta\psi)}\right\} \quad (11-122)$$

$$= kr_1 + \arctan\left\{\frac{E_2\sin(k\Delta r + \Delta\psi)}{E_1 + E_2\cos(k\Delta r + \Delta\psi)}\right\}$$

式中：$\Delta r = r_1 - r_2$。

这样，总波的相位 ($\boldsymbol{kr}_0$) 区别于第一目标的相前 ($\boldsymbol{kr}_1$)：

$$k(r_0 - r_1) = \arctan\left\{\frac{\beta\sin(k\Delta r + \Delta\psi)}{1 + \beta\cos(k\Delta r + \Delta\psi)}\right\} \quad (11-123)$$

式中

$$\beta = \frac{E_2}{E_1}, \ k = \frac{2\pi}{\lambda} \qquad (11-124)$$

如果仅第一目标进行辐射 $\beta \to 0$，那么 $r_0 \to r_1$，即仅第一目标进行测向。在 $\beta \to \infty$（第二目标辐射），$k(r_0 - r_1) = k(\Delta r + \Delta \psi) \approx k(r_1 - r_2)$ 和 $r_0 \to r_1$ ——指向第二目标，以作为方位。在 $0 < \beta < \infty$ 时，方向定位于两目标中间的基线点。这样的测向会有空间角度 θ_1 的偏移误差。误差 θ_1 相对偏向目标 1。

如果 x_1, z_1 ——第一目标的坐标，x_0, z_0 ——点 A 坐标（图 $11-85$），角 θ_1 由方向余弦决定：

$$\cos\theta_1' = \cos\theta_1\cos\theta_0 + \cos\gamma_1\cos\gamma_0 = \frac{x_1 x_0 + z_1 z_0}{r_1 r_0} \qquad (11-125)$$

确定目标 1 的空间坐标 $x_1, y_1, r_1 = \sqrt{x_1^2 + y_1^2}$，就可以确定虚假方位线 r_0 与基线 d 的交叉定位点的坐标 $x_0, y_0, r_0 = \sqrt{x_0^2 + z_0^2}$

$$x_0 = \frac{x_1(z_1 + z_2) - z_1(x_1 + x_2)}{(z_2 - z_1) - k'(x_2 - x_1)}, z_0 = k'x_0 \qquad (11-126)$$

式中：k 为由条件 $r_0 = x_0\sqrt{1 + k'^2}$ 算出的作战机场线曲率

$$k' = \sqrt{\left(\frac{r_0}{x_0}\right)^2 - 1} \qquad (11-127)$$

式中：x_0 由式 $(11-127)$ 计算出；r_0 由式 $(11-125)$ 得出。

其他情况是两个假目标或两个飞行器（图 $11-79$）辐射出相关干扰：

$$u_1(t) = \text{Re}\{E_1 a(t) e^{-j\varphi(t)} e^{j\omega_0 t}\};$$
$$u_2(t) = \text{Re}\{E_2 a(t) e^{-j\varphi(t)} e^{-j\Delta\psi} e^{j\omega_0 t}\} \qquad (11-128)$$

式中：$\Delta\psi$ 为辐射干扰振荡的非随机相位差数。

点 O 的干扰应用的是单脉冲和差测向仪（含天线 $f_N(\Delta\theta_0 - \varepsilon)$ 和 $f_N(\Delta\theta_0 + \varepsilon)$）最大天线方向图展开角度 $\pm\theta_0$（图 $11-79$）。相对于天线 A_1, A_2 方向图的目标相互位置如图 $11-86$ 所示。

一般情况下，等强信号导向相对于目标间的基线中心偏移约 ϑ 误差角。可推测，干扰发射装置与测向仪天线的距离 r_1, r_2 与 r_0 相差相同值。由图 $11-86$ 可见，相对于测向仪等强信号方向所读出的目标相位为

$$\varepsilon_1 = -\left(\frac{\Delta\theta}{2} + \vartheta\right), \ \varepsilon_2 = +\frac{\Delta\theta_2}{2} - \vartheta \qquad (11-129)$$

天线 A_1, A_2 方向图在 $-\Delta\theta_0$ 和 $+\Delta\theta_0$ 方向上有相应的最大值：

$$f_N(\Delta\theta_0 - \varepsilon), f_N(\Delta\theta_0 + \varepsilon) \qquad (11-130)$$

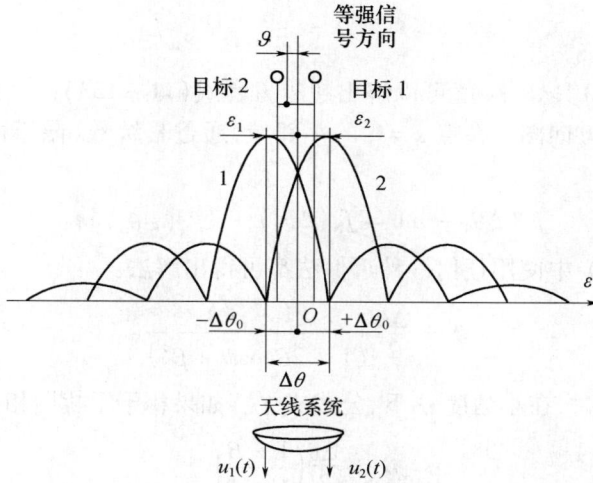

图 11 - 86　相对于天线方向图的目标相互位置

依据式(11 -128),式(11 -129)和式(11 -130),可记录天线 A_1 和 A_2 上的成对目标产生的信号复包络:

$$\dot{E}_{c_1}(t) = E_1 a(t - \Delta t) e^{-j\varphi(t-\Delta t)} e^{j\omega_0(t-\Delta t)} f_N\left(\Delta\theta_0 + \frac{\Delta\theta}{2} + \vartheta\right)$$

$$+ E_2 a(t - \Delta t) e^{-j\varphi(t-\Delta t)} e^{-j\Delta\psi} e^{j\omega_0(t-\Delta t)} f_N\left(\Delta\theta_0 - \frac{\Delta\theta}{2} + \vartheta\right)$$

$$\dot{E}_{c_2}(t) = E_1 a(t - \Delta t) e^{-j\varphi(t-\Delta t)} e^{j\omega_0(t-\Delta t)} f_N\left(\Delta\theta_0 - \frac{\Delta\theta}{2} - \vartheta\right)$$

$$+ E_2 a(t - \Delta t) e^{-j\varphi(t-\Delta t)} e^{-j\Delta\psi} e^{j\omega_0(t-\Delta t)} f_N\left(\Delta\theta_0 + \frac{\Delta\theta}{2} - \vartheta\right)$$

$$(11 - 131)$$

无线电测向仪将跟踪点 B(点 B 相对于两目标基线中心偏移约 ϑ,ϑ 由以下条件决定):

$$\left| \dot{E}_{c_1} \right| - \left| \dot{E}_{c_2} \right| = 0 \qquad (11 - 132)$$

依据式(11 -131),简化,得

$$\beta f_N\left(\Delta\theta_0 + \frac{\Delta\theta}{2} + \vartheta\right) + f_N\left(\Delta\theta_0 - \frac{\Delta\theta}{2} + \vartheta\right)$$

$$- \left| \beta f_N\left(\Delta\theta_0 - \frac{\Delta\theta}{2} - \vartheta\right) + e^{-j\Delta\psi} f_N\left(\Delta\theta_0 + \frac{\Delta\theta}{2} - \vartheta\right) \right| = 0 \qquad (11 - 133)$$

式中

187

$$\beta = \frac{E_1}{E_2} \tag{11-134}$$

如果使 $f_N(\varepsilon)$ 具体化,就可以解出超越方程式(11-133)。为此,要广泛应用高斯曲线的天线方向图。在点 $\varepsilon = 0$ 的小邻域,通过幂级数(限于两个展开项)呈现天线方向图。

$$f_N(\Delta\theta_0 - \varepsilon) = f_N(\Delta\theta_0) - |f'_N(\Delta\theta_0)|\varepsilon \tag{11-135}$$

式(11-133)中使用任何一种近似法都可得出解法:

$$\vartheta = \frac{\Delta\theta}{2} \frac{(1-\beta^2)}{(1+2\beta\cos\psi+\beta^2)} \tag{11-136}$$

当 $\tan\vartheta \approx \vartheta$ 时,在小角度 ϑ 下,公式成立。如果相干干扰同相($\Delta\psi = 0$),则

$$\vartheta = \frac{\Delta\theta}{2}\left(\frac{1-\beta}{1+\beta}\right) \tag{11-137}$$

换言之,$\beta = 1$ 时,测向仪跟踪基线中心。$\beta \neq 1$ 时测向仪的等强信号跟踪将会跟踪基线内的点 A。如果相干干扰反相($\psi = \pi$),那么由式(11-133),得

$$\vartheta = \frac{\Delta\theta}{2}\left(\frac{1+\beta}{1-\beta}\right) \tag{11-138}$$

即 $\beta \to 1$ 时,误差 ϑ 剧增,可能超过基线角大小(视差),相干干扰的辐射源在基线上散布。

为说明这种效能,可分析由相干干扰振荡的成对辐射源生成的电磁波相前结构,图11-87显示的是相干干扰的两个反相辐射源(1和2)

$$\begin{cases} u_1(t) = E_1\cos(\omega_0 t - \varphi_1) \\ u_2(t) = -E_2\cos(\omega_0 t - \varphi_1) \end{cases} \tag{11-139}$$

在轴 $x = s$ 的任意接收点 B 上,将观察这些振荡与复振幅:

$$\dot{E}_1 = E_1 e^{-j\varphi_1} e^{-jkr_1}; \ \dot{E}_2 = -E_2 e^{-j\varphi_1} e^{-jkr_2} \tag{11-140}$$

式中

$$\Delta r = r_2 - r_1 \tag{11-141}$$

波束程差。

电磁波在任一接收点上的总振幅为

$$\dot{E}_\Sigma = E_\Sigma e^{-j\varphi_s} = \dot{E}_1 + \dot{E}_2 = E_1 e^{-j\varphi_1} e^{-jkr_1}(1 - \beta e^{-jk\Delta r}) \tag{11-142}$$

式中:$\beta = \dfrac{E_2}{E_1}$,$|\boldsymbol{k}| = \dfrac{2\pi}{\lambda} = \dfrac{\omega}{c}$ 为波矢量模数(相干干扰的空间频率)。

成对辐射器所确定的场相位指数为

$$\varphi_\Sigma = \arctan\left(\frac{\beta\sin(k\Delta r)}{1 - \beta\cos(k\Delta r)}\right) \qquad (10-143)$$

式中：$(k\Delta r)$ 为矢量 $k\Delta r$ 和 Δr 所形成的角。

当 Δr 增加 λ，相位 $k\Delta r = \dfrac{2\pi}{\lambda}\Delta r$ 增加 2π，$\beta = 1$ 时，总场强 E_Σ 变为 0。图 11 – 87 中，沿轴 Ox，E_Σ 在变为零的点区间内变化，即具有周期性特征。在瓣与瓣的转换中，E_Σ 产生相位 φ_Σ 的变化。由图 11 – 87 可见，干扰辐射源距测向仪较大距离 $r_0 \gg d$ 时，零位的距离 s 等于

$$s \approx r_0\sin\theta \approx r_0\theta \approx r_0\frac{\Delta r}{\lambda} \qquad (11-144)$$

比如，在 $r_0 = 20\mathrm{km}$；$\lambda = 5\mathrm{cm}$，$d = 5\mathrm{m}$，那么 $s = 200\mathrm{m}$，因为接收天线的口径 $D_A \ll s$，无线电测向仪的天线位于干扰图的一个瓣的范围内 $E_s[x = f(\theta)]$。

如果在极坐标中沿轴 x 描述图 11 – 87 中的干扰图，那么，可以更加直观地观察相干反相干扰总磁场的振幅和相位特征。图 11 – 88 直观地显示出随着瓣 E_Σ 的变化，相位变化了 π。

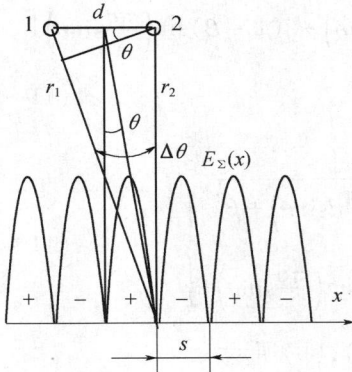

图 11 – 87　相干辐射源的信号相位

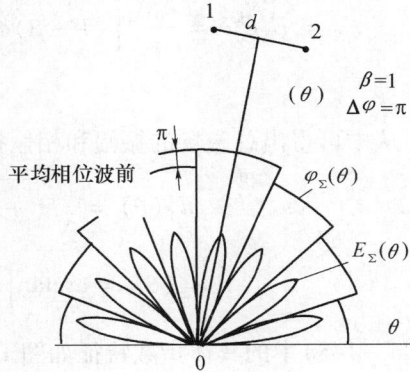

图 11 – 88　相干辐射源的相位波前

在 $\beta \neq 1$ 时，在瓣的范围内，相位特征并没有改变，有限宽度[2] 上的 $\Delta\theta$ 角间隔内平稳地由值 φ 变化为 $\varphi \pm \pi$，在这些间隔中（在逆相范围内[2,22]），有导致测向误差的条件。单一辐射源波相前和成对相干干扰源所确立的峰之间的正切角等于等信号方向与基线中心方向之间的角。分析几何构图（图 11 – 89）后可以找到这个角。

在同相相干干扰下，两个辐射源的复包络总数在接收点 O 等于

$$\dot{E}_\Sigma = \dot{E}_1 + \dot{E}_2 = \frac{k_0}{r_0}E_2(\beta\mathrm{e}^{\mathrm{j}kr_1} + \mathrm{e}^{\mathrm{j}kr_2}) \qquad (11-145)$$

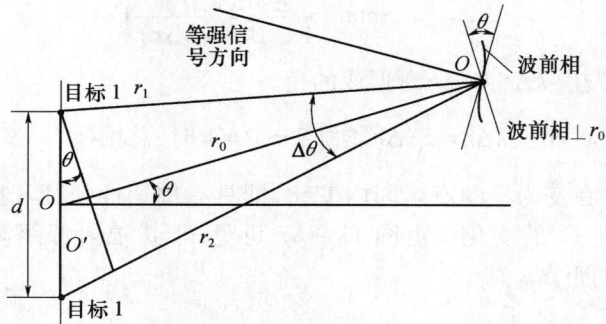

图 11-89 成对相干辐射源的波相前的曲度图解分析

当矢量 r_1, r_2, r_0 相互平行时,对于辐射源与测向仪远距情况,适用近似值:

$$r_1 \approx r_0 - \frac{d}{2}\sin\theta, \quad r_2 \approx r_0 + \frac{d}{2}\sin\theta \tag{11-146}$$

在这种情况下,复振幅等于

$$\dot{E}_\Sigma = E_\Sigma e^{j\varphi_\Sigma} = \frac{k_0 E_2}{r_0}\Big[(1+\beta)\cos\Big(\frac{\pi d}{\lambda}\sin\theta\Big) + j(1-\beta)\sin\Big(\frac{\pi d}{\lambda}\sin\theta\Big)\Big] \tag{11-147}$$

从中可得出总磁场的振幅和相位指数:

$$\left. \begin{aligned} E_\Sigma(\theta) &= \sqrt{1 + 2\beta\cos\Big(\frac{2\pi}{\lambda}d\sin\theta\Big) + \beta^2} \\ \varphi_\Sigma(\theta) &= \arctan\Big[\frac{(1-\beta)}{(1+\beta)}\tan\Big(\frac{\pi d}{\lambda}\sin\theta\Big)\Big] \end{aligned} \right\} \tag{11-148}$$

式(11-148)中的具体指数特征如图 11-90(a),(b)所示。

如果小幅 $\delta\theta$ 改变角度 θ,总波相位位移发生 $\delta\varphi_\Sigma$ 的变化。因为这一变化而产生的程差 δr 和相位差 $\delta\varphi_\Sigma$ 与关系式 $\delta\varphi_\Sigma = \delta r\dfrac{2\pi}{\lambda}$ 有关。

由图 11-89 可知,$\delta r = NN'$,角误差 ϑ 由 $\tan\delta = \dfrac{NN'}{ON}$ 来衡量。在这种情况下,$ON = 2\delta\theta$。因此,$\tan\theta = \dfrac{\lambda}{2\pi r_0}\dfrac{\delta\varphi_\Sigma}{\delta\theta}$,$\delta\theta \to 0$ 时,有

$$\begin{aligned} \tan\theta &= \frac{\lambda}{2\pi r_0}\frac{\delta\varphi_\Sigma(\theta)}{\delta\theta} \\ &= \frac{\Delta\theta}{2}\Big(\frac{1-\beta^2}{1+2\beta\cos\Delta\psi+\beta^2}\Big) \approx \vartheta \end{aligned} \tag{11-149}$$

190

与式(11-125)完全相符。

图 11-91 显示出关系式(11-149),从图可见,随着 $\Delta\psi\to180°$, $\beta\approx1.0$ 时,测向误差增加(至 40 倍)。即测向仪对辐射源进行测向时会出现误差。

分析的基础源于相干干扰——谐波振荡。对于振幅—调相相干干扰,也可以得出类似的结论。

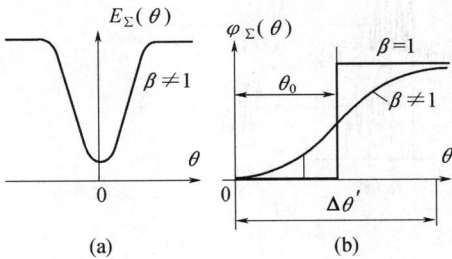

图 11-90　点 $E_\Sigma(\theta)$ = min 邻域的成对辐射源波的振幅和相位

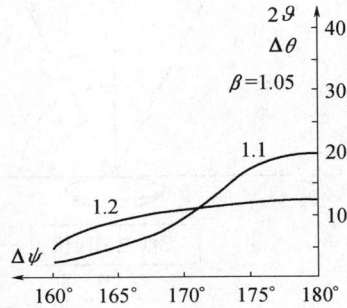

图 11-91　成对相干目标的测向误差

分析也显示,相干干扰在 $r_1\approx r_2\approx r$, $\beta=1$ 和 $\Delta\psi=\pi$ 条件下,是有效的任一无线电测向仪偏移设备,其中,还包括跟踪干扰辐射目标产生很大误差的设备。在这种干扰下,为保证对抗效能需要遵循条件:

$$\Delta\theta\leqslant\theta_p \qquad\qquad (11-150)$$

也就是使两个辐射源处在测向仪的天线方向图主瓣上。否则,无线电测向仪很可能单独分辨两个目标并跟踪其中单个目标。

闪烁干扰——具有振幅调制的两点式非相干或相干干扰,在某些条件下,使用测向仪可以有效对抗。图 11-92(b)描述图 11-92(a)中同步闪烁干扰的原理。图 11-92(c)描述图 11-92(a)中非同步闪烁干扰的原理。

第一种情况下,轮流地发出干扰的两架飞机,互换频率和相位信息。

$$F_M = \frac{1}{T_M} \qquad\qquad (11-151)$$

每一个目标的辐射时间为 $\frac{T_M}{2}$。在第二种情况下不存在这种同步。当闪烁辐射源位于单个位置的边界时,闪烁干扰的基线较小(比如,单架飞机的机翼尾部)。如果辐射点处在不同位置,是基线较大的闪烁干扰。在较小基线上干扰也可能是相干的,因为在单个飞机上实现没有技术障碍。较大基线时,通常在不得已的情况下应用非相干干扰,否则要建立无线电信息(关于闪烁控制的信号)交换线路。

已知几种方法可在大基线上建立闪烁干扰。第一种方法是一个长机,一个副

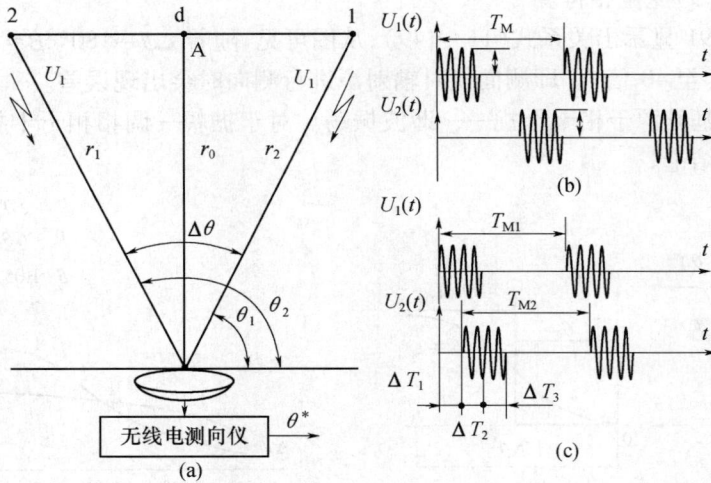

图 11-92 对测向仪进行闪烁干扰

机。长机独立地发出闪烁干扰,并对副机进行远距同步同相闪烁辐射。第二种方法是两个飞机均为副机,同步闪烁与外部的第三方飞机相连。第三种方法是一架飞机闪烁,另一架飞机发出连续的噪扰。第四种方法是利用闪烁干扰的键控幅度,使电子钟(可确定回纹振荡器的相位)同步。

随着无线电测向仪接近成对目标(辐射同步闪烁干扰),会出现以下情况:由于 T_M 通常很大,任何一种精度极高的无线电跟踪测向仪都能重复方位变化图(由 θ_1 变化为 θ_2,摆幅为 $\Delta\theta$)(图 11-93),直到分辨出成对目标为止,也就是说,当 $\Delta\theta$ 小于 θ_p 时,分辨出目标,且成对闪烁目标位于天线方向图的主瓣上。

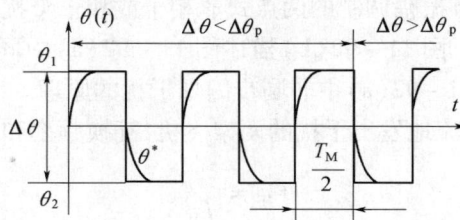

图 11-93 闪烁干扰下的方位变化

如果测向仪被安装在瞄准成对目标的导弹上(图 11-94),那么当 $\Delta\theta < \theta_p$ 时,等方向信号导弹自动导引头定位目标基线的动力中心,并对每一个目标都具有瞬时脱靶值:

$$\Delta_j = \frac{d}{2}\cos\theta \qquad (11-152)$$

192

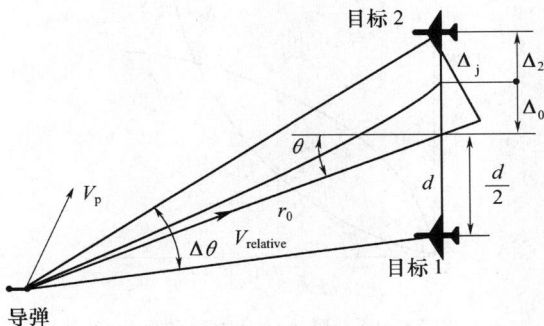

图 11 - 94　导弹自动导引头定位

从 $\Delta\theta = \Delta\theta_p$ 瞬间开始,导弹以最大横向载荷 j_{max} 飞向第二个目标,在时间内:

$$\Delta t = \frac{r_{0min}}{V_{relative}} \qquad (11-153)$$

由脱靶值 Δ_j 中选择数值:

$$\Delta_0 = \frac{1}{2}j_{max}\Delta t^2 = \frac{1}{2}j_{max}\left(\frac{r_{0min}}{V_{relative}}\right)^2 \qquad (11-154)$$

并且在 $r_1 \gg d$ 的远距下适用:

$$r_{0min} = \frac{d\cos\theta}{\Delta\theta_p} \qquad (11-155)$$

结合式(11 - 152),式(11 - 154)的解法,可得出第二目标的合成脱靶值,在 $\Delta t < \dfrac{T_M}{2}$ 内,有

$$h = \frac{d}{2}\cos\theta - \frac{1}{2}j_{max}\frac{d^2\cos^2\theta}{\Delta\theta_T^2 V_{relative}^2} = \Delta_j - \Delta_0 \qquad (11-156)$$

该关系式(11 - 156)由图 11 - 95 呈现。

由图 11 - 95 可见,存在最佳基线长度 d_{opt},有

$$d_{opt} = \frac{1}{2}\frac{\Delta\theta_j^2 V_{relative}^2}{j_{max}\cos\theta} \qquad (11-157)$$

对此,瞄准结束阶段的脱靶值,即最终脱靶值 $h = h_{max}$ 是最大的,即

$$h_{max} = \frac{\Delta q_p^2 V_{relative}^2}{8j_{max}} \qquad (11-158)$$

例如,当 $\Delta\theta_p = 6°$,$V_{relative} = 5m$,$j_{max} = 9g$ 时,由式(11 - 158)可得出 $h_{max} = 42m$,通过谐波线性化[2]的方法,可得出无线电跟踪测向仪在闪烁干扰下更加精准的解

193

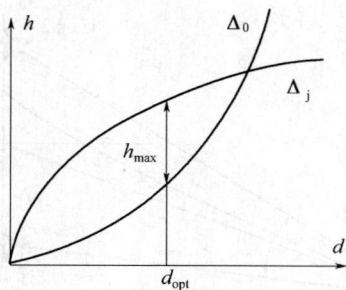

图 11 - 95　瞄准结束阶段的脱靶值

法,但是解出和估测成对目标脱靶值仍有意义。尽管相干干扰的效能要高于非相干干扰,但两者不存在原理性的差异。

11.11　与空间传播干扰相对应压制方法

无线电相关侧向仪、测距定位系统都属于相关无线电电子系统。它们组成了无线电电子系统的重要类别。类似的这种无线电电子系统能稳定地对抗空间集中的干扰,但同时也存在针对相关系统的电子对抗技术,可实现此技术的干扰属于反相关的空间传播干扰。

应注意的是,两点式相关干扰在对抗相关系统时无效。

由目标 1 和目标 2 辐射出的噪扰 $\xi_1(t)$ 和 $\xi_2(t)$ 作用于测向器。噪扰 $\xi_1(t)$ 和 $\xi_2(t)$ 彼此相关,所以

$$\langle \xi_1(t)\xi_2(t) \rangle = K_{12}(\tau)\cos\omega_0 t \qquad (11-159)$$

经过具有行程差的不同距离 r_1, r_2,辐射源的平面波:

$$|\Delta\rho| = |\rho_1 - \rho_2| = d\sin\theta \approx d\theta \qquad (11-160)$$

在无线电测向器天线 A_1, A_2 的输出端形成相称的电压:

$$u_1(t) = \xi_1(t) - \xi_2(t); u_2(t) = \xi_1(t-\Delta t) - \xi_2(t-\Delta t) \qquad (11-161)$$

式中

$$\Delta t = \frac{\Delta r}{c} \approx \frac{d}{c}\theta \qquad (11-162)$$

图 2 - 5 中积分器输出端(点 8)的电压可确定为

$$Z(\Delta\tau^*) = \int_0^T v_2(t-\Delta\tau^*)v_1(t)\,\mathrm{d}t \approx [R_1(t_0-\Delta t+\Delta\tau^*) + R_2(t_0-\Delta t+\Delta\tau^*)$$

$$+ R_{12}(t_0-\Delta t-\Delta\tau^*) + R_{21}(t_0-\Delta t+\Delta\tau^*)]\cos\omega_{co}(t_0-\Delta t+\Delta\tau^*)$$

$$(11-163)$$

194

式中：$R(\tau')$ 为相应噪声的自相关函数包线；$\cos\omega_{co}(\tau')$ 为相同的容量。

相关函数 $R_{12}(\tau')$ 及其派生式如图 11-96(a)，(b) 所示。

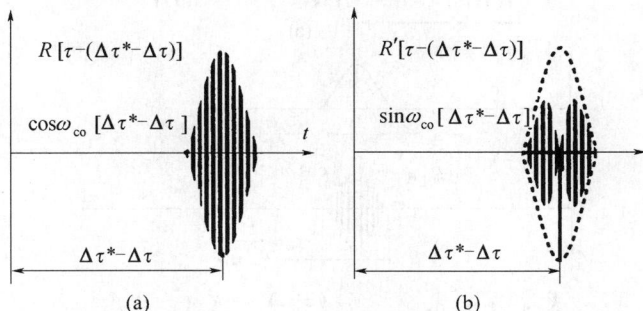

图 11-96　式(11-163) 中的 $R_{12}(\tau)$ 和 $R'_{12}(\tau)$

如果利用图 11-96(b) 中的分辨特征，可以接收无线电跟踪测向器，此时，在以下条件下可确定成对目标的方位 θ：

$$\Delta\tau^* = \frac{d}{c}\theta^* \qquad (11-164)$$

函数 $R'_{\Sigma}(\tau)\sin\omega_{co}\tau$ 取零值可确定方位，此时可依据包线 $R'_{\Sigma}(\tau)=0$（粗略读数）或者 $\sin\omega_{co}\tau=0$（非单值的精确方位读数）来确定。利用图 11-96(a) 的识别特性，依据 $R_{\Sigma}(\tau)\cos\omega_{co}\tau$ 最大值，可测定式(11-164) 的读数。

依上所述，共同相关函数：

$$R_{\Sigma}(\tau) = R_1(\tau) + R_2(\tau) + R_{12}(\tau) + R_{21}(\tau) \qquad (11-165)$$

具有相同的测量信息 $\Delta\tau^* - \Delta t$，并可确定成对目标的真实方位。这样，相关的噪扰 $\xi_1(t)$ 和 $\xi_2(t)$（$R_{12}=R_{21}\neq0$）只提高测向定位的精准度，而在对抗相关测向器时无效。

对于无线电电子战来说，重复噪扰具有高效性，图 11-97(a) 展示的是波形图。该图用来说明有源噪扰站单点干扰的形成方法。该干扰辐射出带有谱密度和图 11-98(b) 中自相关函数的长时噪扰脉冲序列 $\xi(t)$：

$$\xi(t) = \sum_{i=-\infty}^{+\infty} \xi^*(t-iT) \qquad (11-166)$$

频谱有效宽度 Δf_{nj} 与相关间隔 $\Delta\tau_w$ 之间的关系如下式：

$$\Delta\tau_w\Delta f_{nj} = 1 \qquad (11-167)$$

显然，式(11-166) 的重复噪扰具有重复自相关函数，如图 11-97(c) 所示。

$$K_x(\tau) = \sum_i \{K_x(\tau-iT)\} = \sum_i \{R_x(\tau-iT)\cos\omega_{co}(\tau-iT)\}$$

$$(11-168)$$

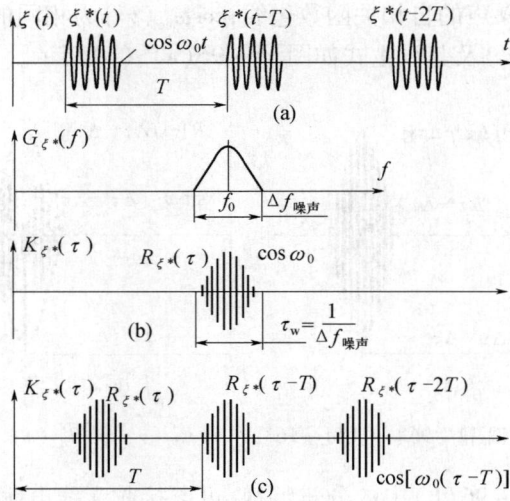

图 11－97 重复噪扰

导入的符号可研究无线电相关测向器对重复噪扰的反应。

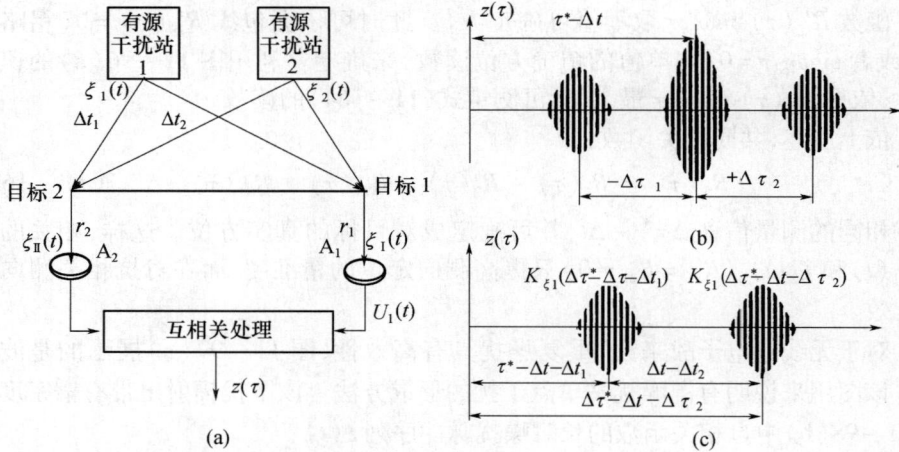

图 11－98 成对噪扰对相关处理的测向器的影响

积分器输出端的电压(如图 11－98(c))有以下形式：

$$z(\Delta\tau^*) = \int_0^T \xi(t)\xi(t - \Delta t + \Delta\tau^*)\,dt = K_\xi(\Delta\tau^* - \Delta t)$$

$$= \sum_i \{R_{\xi*}(\Delta\tau^* - i\Delta t)\cos\omega_{co}(\Delta\tau^* - i\Delta t)\} \qquad (11-169)$$

可见,无线电测向器的输出效应在重合的重复噪扰下呈现多峰值反应,在该反应下不可能选出实际的最大值 $\sum\limits_{i} R_{\xi}(\Delta\tau^{*})\cos(\omega_{co}\Delta\tau^{*})$，可依据该反应测量目标方位 θ^{*}。错误截获处于相对真实的 kT 上的虚假峰值可导致方位误差。

$$\theta_{lz}^{*} - \theta_{uz}^{*} = \frac{c}{d}kT \qquad\qquad (11-170)$$

这种错误截获的概率非常高，对抗相关测向器可以建立成对相干噪扰，如图 11-98 所示。

鉴于两个辐射源的波前是平行的，天线 A_{1}，A_{2} 输出端的总振荡分别为

$$\begin{cases} u_{1}(t) = \xi(t) + \xi(t - \Delta t_{2}) \\ u_{2}(t) = \xi(t - \Delta t) + \xi(t - \Delta t_{2} - \Delta t) \end{cases} \qquad (11-171)$$

式中：Δt 由式(11-162)中的比值确定。

无线电相关测向仪的输出效应为

$$z(\Delta\tau^{*}) = \int_{0}^{T} \left[\xi(t - \Delta t + \Delta\tau^{*}) + \xi(t - \Delta t_{2} - \Delta t + \Delta\tau^{*}) \right] \left[\xi(t) + \xi(t - \Delta t_{2}) \right] \mathrm{d}t$$

$$(11-172)$$

如果 $\xi(t)$ 是具有单峰值自相关函数 $K_{\xi}(\tau) = \langle \xi(t)\xi(t+\tau) \rangle = R_{\xi}(\tau)\cos\omega_{co}\tau$ 的非重复噪扰，那么输出效应 $z(\Delta\tau^{*})$ 等于

$$z(\Delta\tau^{*}) = K_{\xi}(\Delta\tau^{*} - \Delta t) + K_{\xi}(\Delta\tau^{*} - \Delta t + \Delta t_{2}) + K_{\xi}(\Delta\tau^{*} - \Delta t - \Delta t_{2})$$

$$(11-173)$$

$z(\Delta\tau^{*})$ 标准式如图 11-98(b)所示。

分析(11-173)和图 11-98 可以得出以下结论：

(1) 有源干扰站的延迟线 Δt_{2} 建立距主峰($\Delta\tau^{*} - \Delta t$)有 $\pm\Delta t_{2}$ 的成对假目标。Δt_{2} 随时间变化而改变，可建立虚假角目标。

(2) 效应 $z(\Delta\tau^{*} - \Delta t)$ 的主峰值强于虚假峰值，并认为虚假峰值是真实的。

(3) 为了均衡峰值，需要在有延迟线 Δt_{2} 的链路上安放一个放大器。这时非重复噪扰就不能在相关测量仪输出信号的 3 个峰值里选出真实峰值。

(4) 如果把延迟线 $\Delta t_{2i}(t)$ 和放大器 K_{i}，$i \in [1, n]$ 也归入第二个辐射器的链路上，那么就可以模拟移动的虚假目标。

(5) 取代干扰延迟脉冲，辐射出含延迟线 Δt_{2} 的多峰重复噪扰 $\xi(t) = \sum\limits_{i} \left[\xi^{*}(t - i\Delta t_{2}) \right]$，依旧是多峰效应。与之前一样，利用第二个辐射器链路上的放大器来均衡图 11-98 中的输出峰值。

当 $K_{12}(\tau) = \langle \xi_{1}(t)\xi_{2}(t) \rangle = 0$，非相关噪扰的两个辐射器 $\xi_{1}(t)$ 和 $\xi_{2}(t)$ 辐射出成对干扰，如图 11-98(a)所示。

辐射出的噪扰：

$$\begin{cases} \xi_{\mathrm{I}}(t) = \xi_1(t) + \xi_2(t); \\ \xi_{\mathrm{II}}(t) = \xi_1(t - \Delta t_1) + \xi_2(t - \Delta t_2) \end{cases} \qquad (11-174)$$

此时，在无线电测向器天线 A_1，A_2 输出端的幅度为

$$\begin{cases} u_1(t) = \xi_{\mathrm{I}}(t) = \xi_1(t) + \xi_2(t) \\ u_2(t) = \xi_{\mathrm{II}}(t - \Delta t) = \xi_1(t - \Delta t_1 - \Delta t) + \xi(t - \Delta t_2 - \Delta t) \end{cases}$$

$$(11-175)$$

式中 Δt 由 $(11-162)$ 的比值关系所确定。利用重调的测量延迟线在接收机信道的链路上评估 $\Delta \tau^*$，以此确定无线电测向器的输出效应：

$$\begin{aligned} z(\Delta \tau^*) &= \int_0^T [\xi_1(t) + \xi_2(t)] \, \mathrm{d}t \\ &= K_{\xi_1 \xi_2}(\Delta \tau^* - \Delta t - \Delta t_2) + K_{\xi_2 \xi_1}(\Delta \tau^* - \Delta t - \Delta t_2) \end{aligned}$$

$$(11-176)$$

可见，成对非相关辐射产生波峰位移的双峰输出效应（如果干扰强度 ξ_1 和 ξ_2 相等，那么峰值是相同的）。

$$t_1 - t_2 = \Delta t_{12} \qquad (11-177)$$

随时间改变 $\Delta t_{12} = \Delta t_{12}(t)$，可变为欺骗式干扰。这种干扰被认为是有效的。因为 Δt_1 和 Δt_2 未知，被压制测向仪的接收器从两个峰值中选择出真实峰值的概率不可能为百分之百，因而不具有绝对的可靠性。

$$\xi_1(t) = \sum_i [\xi_1^*(t) - iT_1]; \quad \xi_2(t) = \sum_i [\xi_2^*(t) - iT_2] \quad (11-178)$$

那么相关测量仪输出效应的每一个波峰增多，输出效应呈多峰效应。

如果无线电测向仪的天线系统接收来自有源干扰站在天线方向图不同波束上辐射出的噪扰。

$$u_1(t) = \xi_1(t) = \xi_2(t); \quad u_2(t) = \xi_2(t) = \xi_1(t - t_2)$$

那么相关无线电测向器的输出效应为

$$z(\Delta \tau^*) = \int_0^T \xi(t)\xi(t - \Delta t_2 - \Delta t + \Delta \tau^*) \, \mathrm{d}t = K_\xi(\Delta \tau^* - \Delta t - \Delta t_2)$$

$$(11-179)$$

如果利用可变的时差，并应用延迟线 $\Delta t_2 = \Delta t_2(t)$，那么干扰就变为欺骗式的。在这种干扰下，无线电测向仪将测出相对于真实方位值的偏移角：

$$\theta^*(t) = \frac{c[\Delta t + \Delta t_2]}{d} = \theta_{\mathrm{actual}} + \Delta \theta_{\mathrm{j}}(t) \qquad (11-180)$$

在波束分离的非相干噪扰($\Delta t_1 = 0$)辐射下,无线电测向器天线 A_1, A_2 的输出电压相等,即

$$u_1(t) = \xi_1(t); \ u_2(t) = \xi_2(t - \Delta t_2 - \Delta t) \qquad (11-181)$$

在有限的 T 内,无线电测向器的输出效应相等:

$$z(\Delta \tau^*) = \int_0^T \xi_1(t) \xi_2(t - \Delta t_2 + \Delta \tau - \Delta t) \mathrm{d}t$$

$$= K_{\xi_1 \xi_2}(\Delta \tau^* - \Delta t - \Delta t_2) + \Delta K_{\xi_1 \xi_2}(\tau) \qquad (11-182)$$

$\Delta K_{\xi_1 \xi_2}(\tau)$ 为图 11-99 所描述的噪声,噪扰越强,积分时间 T 越短。

如果雷达站的询问信号反射出目标(无线电测向仪—有源雷达站的一部分),那么,它们呈现出有效信号输出效应 $z_c(\Delta \tau)$。如果在变化的 Δt_2 下,干扰 ξ_1 和 ξ_2 是拦阻式噪声,它们常覆盖 $z_c(\Delta \tau - \Delta t)$。所以,如果满足以下条件,那么这种噪扰就可以压制无线电测向仪。

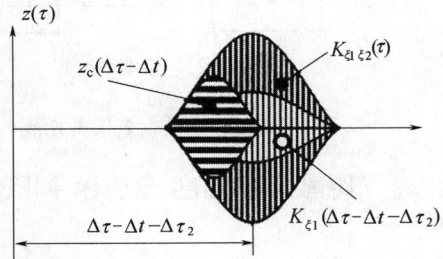

图 11-99　信号与非相关噪扰

$$\langle K_{\xi_1 \xi_2} \rangle > z_c(\Delta \tau)$$

$$(11-183)$$

应考虑到,$\Delta K_{\xi_1 \xi_2}(\tau)$ 与噪扰强度 $\overline{\xi_1^2(t)}$ 成正比。这样,在波束分离时,强大(具有高电位)的非相干干扰 ξ_1 和 ξ_2 能有效地压制雷达站的测向仪。

在非相干噪扰 $K_{\xi_1 \xi_2}(\tau) \to 0$ 时,相关测量仪所形成的评估质量由噪信比决定。

$$\bar{q} = \frac{w[\Delta K_{\xi_1 \xi_2}(t)]}{w[z_c(\Delta \tau)]} \qquad (11-184)$$

它取决于很多参数,如天线的结构和特点、信号和干扰的功率、距离等。如果这个值大于 $\bar{q}_{\text{threshold}}$,信号 $z_c(\Delta \tau)$ 将被噪声压制。

为使噪声脉冲覆盖脉冲 $z_c(\Delta \tau)$,需要组合噪扰发射机的延迟线 $\Delta t_2(t)$,在部分情况下,也可使延迟线为零:

$$\Delta t_2 \to 0 \qquad (11-185)$$

最困难的是保证波束分离。为此,需使天线方向图在主瓣上非常窄,而在旁瓣上—相对水平位 $-40\mathrm{dB} \sim -50\mathrm{dB}$。当然,为压制含中继信号的无线电导弹制导系统,可使发射机发出重复噪声。这种干扰会在测量仪中形成虚假多峰效应。

现代化多位置系统依据双阶原理工作,如图 11-100 所示。

如果需测量辐射目标 R^* 的位置,那么要标出位置线,用初始测量仪测出空间

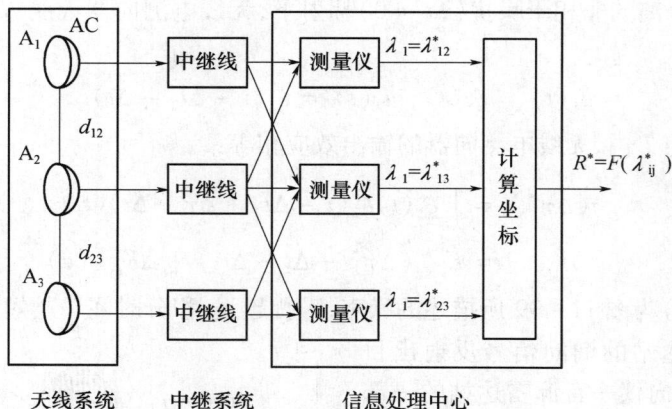

图 11-100　多位置无线电电子系统中的信号双阶分析

参数 $\lambda_{ij}{}^*$（距离、辐射速度、角坐标、间隔和差）。然后在信息处理中心点进入二次处理：

$$\boldsymbol{R}^* = F(\lambda_{ij}{}^*) \tag{11-186}$$

无线电测距仪、测向仪、相关测量仪是初始测量仪器。测量仪器的同一组成部分构成了每一个定位系统的特点。在 3 个分散的接收点上，三角测量系统中常使用测向仪（包括单脉冲的）作为初始测量仪。在无线电有源定位系统中常使用无线电测距仪、测向仪、靠近目标的速度测量仪。无线电定位有源与无源测量仪器中包含距离差值的相关测量仪。

在三维笛卡儿坐标空间内，目标总坐标 $\boldsymbol{R} = \{x_0, y_0, z_0\}$ 与信号的空间时间参数有以下方程关系：

$$
\begin{aligned}
x_0 &= F_x[\lambda_1, \lambda_2, \lambda_3] \\
y_0 &= F_y[\lambda_1, \lambda_2, \lambda_3] \\
z_0 &= F_z[\lambda_1, \lambda_2, \lambda_3]
\end{aligned} \tag{11-187}
$$

式中：$\lambda_i, i = 1, 2, 3$ 是 3 条位置线相应的 3 个参数，目标的真实位置是 3 条线的交叉点。使用少于 3 个的独立无线电技术参数可使方程系统具有非确定性，而多于 3 个则具有冗余性。

已知两种对抗多位置定位系统的干扰方案。

第一种应用方案建立在欺骗干扰的基础之上。与目标相关的空间分布式干扰会导致任一类型初始测量仪的读数 $\lambda_i + \Delta\lambda_i (i = 1, 2, 3)$ 出现误差。为此，需要充分了解应用于该多位置系统中的无线电测量仪器的具体类型，应用最有效的干扰进行对抗。

在与式（11-187）相符的条件下，多位置系统将产生虚假坐标。

$$\begin{cases} x = x_0 + \Delta x = F_x(\lambda_1 + \Delta\lambda_1; \lambda_2 + \Delta\lambda_2; \lambda_3 + \Delta\lambda_3) \\ y = y_0 + \Delta y = F_y(\lambda_1 + \Delta\lambda_1; \lambda_2 + \Delta\lambda_2; \lambda_3 + \Delta\lambda_3) \\ z = z_0 + \Delta z = F_z(\lambda_1 + \Delta\lambda_1; \lambda_2 + \Delta\lambda_2; \lambda_3 + \Delta\lambda_3) \end{cases} \quad (11-188)$$

即确定虚假目标的位置。

如果虚假干扰可以同步控制误差 $\Delta\lambda_1$、$\Delta\lambda_2$、$\Delta\lambda_3$，那么就可以把虚假目标放在任一指定的空间点 $\{x_0 + \Delta x; y_0 + \Delta y; z_0 + \Delta z\}$ 上。如果不能控制干扰发射装置方向的误差，那么虚假目标的坐标对于无线电电子战设备将具有随机性和非确定性。

第二种方案要求应用伪装干扰。如果应用空间分布式干扰（噪扰或模拟干扰），这种干扰可以压制（中断跟踪和测量）初始测量仪器，那么就不可能做出式（11-188）的计算，多位置系统被彻底压制。如果应用无线电测距仪、速度测量仪、扫描测向仪作为初始无线电测量仪器，那么，可以通过组合干扰来压制这些仪器，尤其是多位置系统。

在一系列干扰条件下，无线电测量仪器中会出现随机误差 $\Delta\lambda_i$，$i=1,\cdots,3$，那么，与式（11-188）相符，虚假目标的坐标也是随机的。

对工作在 Oxy 平面上的二维三角测量系统的干扰效果范例，参见图 11-101。

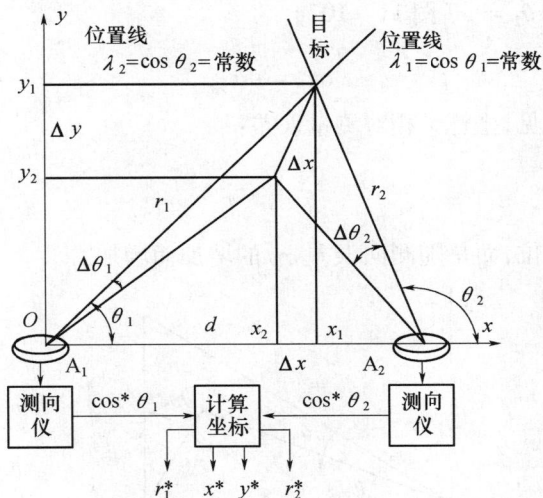

图 11-101　工作在 Oxy 平面上的二维三角测量系统被干扰的效果范例

在没有干扰的情况下，在坐标点 $x=0$，$x=d$（$y=0$）测出目标方位：

$$\lambda_1^* = (\cos\theta_1)^*; \quad \lambda_2^* = (\cos\theta_2)^* \quad (11-189)$$

电子计算设备依据读数 λ^* 测出目标的真实坐标：

$$x_0^* = \frac{d(\sin\theta_2)^*(\cos\theta_1)^*}{(\sin\theta_2 - \theta_1)^*}; \quad y_0^* = \frac{d(\sin\theta_2)^*(\sin\theta_1)^*}{(\sin\theta_2 - \theta_1)^*} \quad (11-190)$$

必要时可测出目标距离：

$$r_1^* = \sqrt{(x_0^*)^2 + (y_0^*)^2}; \quad r_0^* = \sqrt{(d - x_0^*)^2 + (y_0^*)^2} \quad (11-191)$$

应用式(11-188)、式(11-190)可计算出位置误差,比如,依据坐标 x：

$$\Delta x = x - x_0$$

$$= \frac{d}{\cos(\theta_2 - \theta_1)}\left[\sin\theta_1\sin\theta_2\Delta\theta_1 + \cos\theta_1\cos\theta_2\Delta\theta_2\right] \quad (11-192)$$

式中：$\Delta\theta_1$，$\Delta\theta_2$ 为方位测量误差。

如果测量误差与相同的方差之间是随机且无关的,则

$$\sigma_{q1}^2 = \sigma_{q2}^2 = \langle\Delta\theta_1^2\rangle = \langle\Delta\theta_1^2\rangle \quad (11-193)$$

那么坐标 x 的均方根误差为

$$\sigma_x = \frac{d}{\cos(\theta_2 - \theta_1)}\sqrt{\sin^2\theta_1\sin^2\theta_2 + \cos^2\theta_1\cos^2\theta_2}\,\sigma_q \quad (11-194)$$

在部分情况下 $\theta_2 = \frac{\pi}{2}$(图 11-102)。

$$\sigma_x = d\sigma_\theta \quad (11-195)$$

由这一运算可见,坐标 x 相对测量误差：

$$\frac{\sigma_x}{d} = \sigma_\theta \quad (11-196)$$

并不取决于方位,而是随测向误差 σ_θ 的增加而增加。

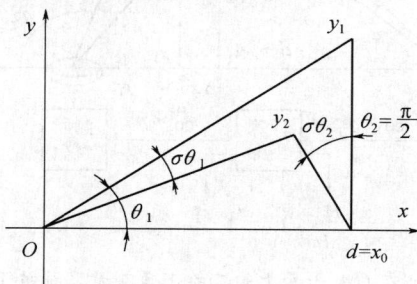

图 11-102　定位误差

第三部分　无线电电子反侦察

第 12 章　无线电电子设备反侦察

12.1　无线电电子反侦察总体特点

无线电电子反侦察是一种旨在降低敌方无线电电子设备与雷达侦察设备[1]效能的技术与组织的综合手段。换句话说,无线电电子反侦察技术的主要目的是降低不同等级与用途的无线电电子侦察目标[23]被发现的可能性。侦察设备接收机收集的有关目标电磁辐射的信息越多,侦察目标被发现的可能越大。目标被暴露主要是由于侦察设备接收机从干扰中发现并分选出侦察目标的信号。目标被暴露的程度也就是接收机接收未经核准的信号质量,这些信号来自不同频段不同侦察目标的电磁辐射。

侦察目标通过多种方法进行电磁辐射。

第一种,部署在目标上的无线电电子系统和设备进行辐射。无线电电子系统的辐射分为基本辐射和附加辐射,基本辐射包括在载频附近的信号频谱带上和天线方向图主瓣上的辐射,附加辐射指的是在拍发信号频谱外的频率上以及天线方向图旁瓣的频率上的辐射。除了无线电发射设备的辐射之外,还存在无线电电子系统的非预料性辐射,在侦察设备所存在的空间内建立电磁场是预料之外的。

非预料性辐射跟踪无线电接收设备(首先是外差振荡器辐射)、计算机系统(宽频信号在该系统的内部线路中进行循环)和隐性的(非预计性辐射)数据传输通信系统的工作。对无线电侦察设备和无线电技术侦察设备[23]而言,这种辐射具有信息价值。

第二种,侦察目标外部辐射器发出入射无线电波,由于该电波的能量散射而产生侦察目标的电磁辐射。雷达侦察设备可接收到这种散射出(或反射)的辐射。

第三种,由于移动目标与外部环境的相互作用而产生不同频段的电磁辐射。由于与大气摩擦,飞行设备表面发热,并伴有红外线范围和无线电频段的低频辐射,在多路冲击波区域内产生等离子体辉光(电磁波谱可见区域的辐射)。这些辐射可使热辐射侦察设备和红外设备发现目标。外壳与大气的摩擦、喷气助推器和火箭助推器产生的气体摩擦均可使飞行器带电。电荷的流动和伴随的火花放电会引起无线电频段的脉冲电磁辐射。

当然，只能在扩散环境参数发生改变的干扰条件或者其他不可预计的因素作用下，才可以未经核准接收侦察设备通过电磁辐射转发的无线电信号。所以，探测出侦察目标的信号是一个随机事件，测定信号参数的误差也是随机的，侦察设备在所接收结果和信号处理的基础之上所做的结论也可能是错误的。换句话说，概率可用来描述辐射的反侦察程度和发现侦察目标的指标。使用侦察设备接收信号时，通常把信号检测概率作为目标被发现的指标，该概率是正确解出接收机输入端存在信号的条件概率。

由于正确检测出干扰噪声下所接收的信号的概率 P_f 是其能量的单调函数（确切地说，是信号能量与干扰谱密度的比值），在文献[2,16,23]中这一指数被称为能量反侦察指标 $P_w = P_f$。侦察目标在无线电频段中被发现（目标辐射的能量反侦察性）的影响因素如图 12-1 所示。图 12-1 中主要列出的是降低目标被发现的方法，即无线电反侦察的方法。

大部分无线电电子系统和设备在工作时都伴有信号的辐射。当然，对于工作有益的辐射也会破坏其反侦察性，暴露使用无线电电子系统的目标。为提高反侦察能力，需要尽量降低基本辐射功率。通过合理选择无线电电子系统反侦察的基本辐射信号的结构，在接收端对信号进行处理，可以降低信号功率。因而，在传输信号的额定功率下，为确保在无线电波道输出端对信息进行最佳复制（确保一定的传输质量），非常有必要对通信编码译码算法的原理和载波调制解调的原理进行探索。在抗干扰理论中深入研究了信号最佳结构的选择方法和信号处理手段。

应用宽频带信号（具有频谱宽度与长度的最大乘积值（$B = \Delta f T \gg 1$））时，无线电电子系统基本辐射的能量反侦察性显著提高。通过延长基线可形成功率谱密度很小的信号，在侦察设备接收机上进行非相干处理时，这些信号难以被发现。同样，使用侦察设备接收信号时，通过延长基线也可生成信号，这些信号的参数具有很大的不确定性。换句话说，信号基线越长，在该辐射功率下的能量反侦察性越高。

然而，无线电电子侦察设备并不总能接收到所反侦察的无线电电子系统发出的基本辐射。在相对狭小的空间范围内，几乎所有的无线电定位系统、无线电控制系统以及信息传输系统都集中了基本辐射功率，即这些系统都使用了测向辐射。如果该区域没有出现敌方的无线电侦察设备和无线电技术侦察设备（或者更确切地说，侦察设备在该区域出现的可能极小），无线电电子系统的基本辐射就能很好地被反侦察。但在这种情况下，由于自身非预料性的附加电磁辐射，导致无线电电

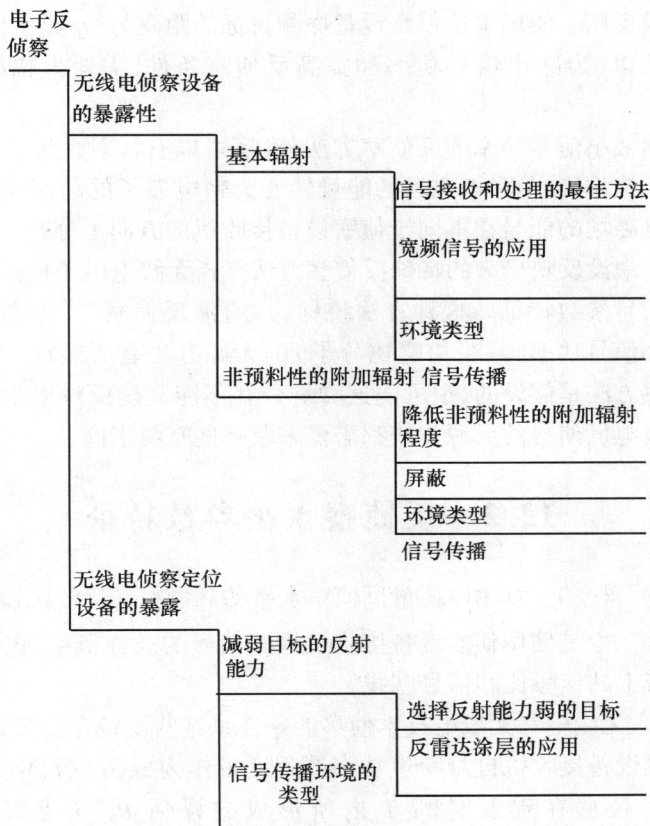

图 12-1 降低目标被暴露的问题

子系统极易暴露。附加辐射分布在信号频带外和天线方向图主瓣扇形区域外的频率上。为减弱附加辐射,需采用结构上的措施,首先就是无线电电子系统部分的屏蔽。

反侦察无线电电子系统的重要技术方向是减弱雷达目标的附加辐射(散射、漫射)。这种辐射与所反侦察目标的无线电电子系统的工作无关,而是由目标与无线电定位场的相互作用而产生的。反侦察目标表面入射波的强度与雷达侦察接收设备的天线方向上辐射出的信号功率之间的比值系数具有面积维次,该系数被称为有效散射面积。因而,减弱反射信号的方法就是减小有效散射面积的方法。减小有效散射面积有两种方法,它们既可以综合使用也可以单独使用。第一种方法是选择反射能力弱的目标,第二种方法是应用反雷达涂层。

应指出,减小雷达目标的有效散射面积并不是雷达反侦察的最有效方法。根据雷达学[7]基本公式,目标接收的信号功率与有效散射面积大小线性相关,与距离的 4 次方成反比。使用雷达侦察设备探测目标的距离与 $\sqrt[4]{\sigma}$ 成正比，σ 即为有效散射面积。所以，为减小信号功率和提高反侦察条件，需要大幅减小有效散射面积。

除了上述减小信号功率的反侦察方法外，还可以有针对性地作用于电磁场传播环境。由于该作用，信号电磁场的能量转变为带电粒子的动能或导体内电流产生的热能。电磁场的能量在不同于侦察设备接收机的方向上分布。

图 12 – 1 中没反映出来的特殊反侦察方法是指无线电电子侦察设备伪造所反侦察系统的信号参数特征。这种方法统称为"有源反侦察"[15]，这种方法与在泄密通道上减小信号功率（减少信噪比分子）的无源方法有所差别。划分为有源和无源的反侦察方法是假设的，很可能这种划分并不能完全反映出本质。因为应用任何一种无线电反侦察的无源方法都需要采取一些有源措施。

12.2　反侦察水平参数特征

上节已述，概率 P_w 可用以衡量反侦察水平的高低。在接收机输入端存在信号的条件下，概率 P_w 是使用侦察设备接收机检测信号的条件概率，该概率取决于侦察接收机频带上的信噪比和信号基线。

通常，引入无线电和无线电技术侦察的条件是这些设备先前未知。所以，振荡功率超过侦察设备接收机自身噪声功率的程度可作为振荡 $x(t)$ 中存在信号 $s(t)$ 的唯一标志。根据在观察时间 T 内所形成的评估 P_x^* （或依据 $x(t)$，$t \in \left[-\dfrac{T}{2}, \dfrac{T}{2} \right]$ 的功率评估），可判断所接收振荡的功率水平。

探测器（由无线电侦察和无线电技术侦察接收设备所组成）的工作性能特征可通过便于实际运算的比例式(3 – 8)来确定。

正确检测信号的条件概率与能量反侦察性指数等同。

$$P_E = P_{tr} = 1 - P_{co} \tag{12 – 1}$$

$$q = \frac{P_c}{P_j} = \frac{Q}{N_0} \frac{1}{\Delta fT} = \frac{Q}{N_0} \frac{1}{B} \tag{12 – 2}$$

无线电侦察和无线电技术侦察设备的信号能量反侦察性取决于侦察接收机频带上的信噪比，取决于信号基线 $B = \Delta fT$，取决于阈电平 $h_0 = \dfrac{Q_0}{N_0}$，即取决于在构建由侦察接收机组成的探测器时所接收的最佳标准。在统计学和信号检测系统技术中研究并应用着不同的标准，所有标准都依据信号存在的先验概率的假设。这样，根据理想的观察标准[13]，接收机输入端有无信号的先验概率是已知的。选择电平阈值,使错误解法的复合概率最小。

$$1 - P_{tr} = P_{sum} = P_{(0)}P_{xj} + P_{(1)}P_{lj} \qquad (12-3)$$

式中:$P(1)$ 为接收机输入端有噪声信号的先验概率;$P(0)$ 为无噪声信号的先验概率;P_{xj} 和 P_{lj} 为虚警误差的条件概率和漏警误差的条件概率。

在先验概率相等的情况下,有

$$P(1) = P(0) = 0.5 \qquad (12-4)$$

理想的观察标准把误差的条件概率的总和降至最小,即

$$P_{xj} + P_{lj} = min \qquad (12-5)$$

根据理想的观察标准,正确检测信号的概率关系式取决于侦察接收机频带上的比值 $q = \dfrac{p_c}{p_{no}}$ 和先验概率比,该关系式可参见图 12-2,图 12-2 为针对基线为 $B \approx 1$ 的信号而形成的面。

对于应用电子侦察设备接收机来优化信号识别的情况,理想观察标准非常适用。在应用无线电侦察和无线电技术侦察设备检测信号时,未必适用于雷达阵的特征。因为对于使用这个设备的系统来说,信号遗漏和虚警绝不能够等同。

根据聂伊玛—彼索标准,不能把有无信号的先验概率纳入计算。要求最佳接收机在固定的虚警概率下使信号遗漏的条件概率最小。观察标准易于应用,并能得出关于确保反侦察的设备与方法的分析评价。

最低标准的基础是侦察对己方最有利,并在被检测信号的先验信息不明确时保证误差概率最小。

所列举的标准只供形成二选一方案。但侦察需使用更复杂的多选一方案以及相应的标准。比如,根据连续观察的标准,可在接收机线性部分输出端进行振荡的连续分析,并与两个临界值 q_{01} 和 $q_{02}(q_{02} > q_{01})$ 进行振荡水平的对比。如果超出上限 q_{02},那么信号在干扰中被发现。如果低于下限 q_{01},就作出没有信号的解法。如果处于 $[q_{02}, q_{01}]$ 中间区域,根据已知数无解,只要出现 $q > q_{02}$ 或 $q < q_{01}$ 任意一种情况时才能继续观察。连续观察的优点在于,可以使先验概率 $P(0)$ 和 $P(1)$ 相互独立,在某些情况下,也节省了观察信号的时间。

当然,在保证无线电电子系统的反侦察性时,并不能断言,敌方在构成己方侦察接收机时选择得是哪一种最佳标准。但是,在常用标准一览表中首选的标准是聂伊玛—彼索标准。图 12-3 描述的是依据该标准检测信号时,取决于信噪比和基准的能量反侦察性指数的关系曲线。当 $P_{xj} = 10^{-3}$ 作为参数时,根据关于 P_{lj} 的方程式 $(3-8)$ 的解法得出关系曲线。

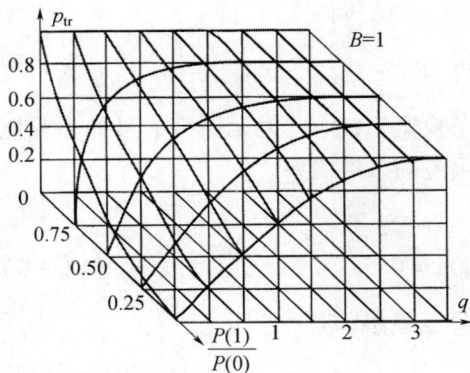

图 12 - 2　理想观察标准下
的正确检测概率

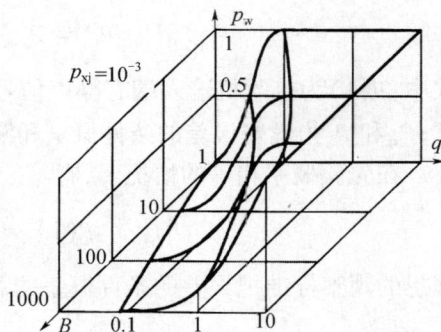

图 12 - 3　以聂伊玛—彼索
为标准的反侦察性

图 12 - 3 中的观察曲线建立在某种假设上,该假设认为侦察接收机的通频带与信号频谱宽度相一致。如果不能满足该假设条件,例如,如果频带比信号频谱宽,且关键设备(强度测定仪)输入端的噪声功率较之同步接收时更大,那么反侦察水平不高。如果信号频谱宽度比频带宽,那么强度测定仪输入端的信噪比就不小于频带相一致时的信噪比。

除了概率 P_w 可描述无线电电子系统对无线电侦察和无线电技术侦察设备进行反侦察的概率特征外,临界信噪比 $q_{threshold}$ 也可作为无线电反侦察的指数。但在 $q_{threshold}$ 和 P_w 之间存在单值关系,由式(3 - 8)所确定的每一个 P_w 都指向一个 $q_{threshold}$ 值。

无线电技术侦察设备[7]接收机频带的信号功率

$$P_c = \frac{P_r G_r G_z}{(4\pi R)^2}\eta \tag{12 - 6}$$

式中:P_r 为反侦察系统辐射出的信号功率;G_r 为该系统发射天线在侦察设备接收天线方向上的增益系数;G_z 为侦察设备接收天线的增益系数;η 为接收系统的有效系数;R 为信号源和接收机之间的距离。

无线电侦察或无线电技术侦察设备所接收的信号并不是由天线所辐射,而是有其他的辐射源(比如,由于电磁屏蔽和馈线的不均匀性,通过设有无线电电子系统的建筑设施内的门窗或其他门孔辐射)。这些辐射源不能采用增益系数,在式(12 -6)中一般使用等价辐射功率值。

$$P_r^* = P_r G_r \tag{12 - 7}$$

侦察接收机的检波器输入端的噪声功率:

208

$$P_j = kT_j\Delta f \qquad\qquad (12-8)$$

式中:$k = 1.38 \times 10^{-23}$J/K 为波耳兹曼常数;T_j 为输入链路的等价噪声;Δf 为线性电路的频带。

为确定侦察接收机输入端的信噪比,由式(12-6)、式(12-7)和式(12-8),可得出公式:

$$q = \frac{p_r G_r G_z}{(4\pi R)^2 kT_j\Delta f}\eta = \frac{p_r^* G_z}{(4\pi R)^2 kT_j\Delta f}\eta \qquad\qquad (12-9)$$

如果已确定离侦察接收机分布点的距离 R,那么可确定 q,并以 q 作为能量反侦察性系数。如果已确定反侦察水平的条件(P_w 或 q),在接收机和侦察设备的已知参数下,由式(12-9)可得出安全距离 R,在这个距离下,侦察目标被反侦察,且无线电电子系统反侦察措施充分有力。

根据已知比值[7],可确定雷达侦察设备接收机输入端的信号功率,比值在同一天线上接收和发送信号时被确定。

$$P_c = \frac{p_r G_r^2 \lambda^2 \sigma}{(4\pi)^3 R^4}\eta \qquad\qquad (12-10)$$

式中:σ 为目标的有效散射面积。

由式(12-7)可以得出雷达侦察接收机的探测器输入端的信噪比:

$$q = \frac{G^2 \lambda^2 \sigma}{(4\pi)^3 kT\Delta fR^4}\eta \qquad\qquad (12-11)$$

含随机初相与波动幅度的信号模型非常符合雷达探测器的工作条件。依据列里原则,当目标方位角变化时,目标反射表面波动会引起信号幅度的随机改变。在这种情况下探测器的工作性能可见[12]。最佳探测器(探测含随机初相与波动幅度的信号)的误差概率用以下关系式表示:

$$P_{xj} = \exp\left\{-\frac{q_0}{2}\right\} \qquad\qquad (12-12)$$

$$P_{lj} = 1 - \exp\left\{-\frac{1}{2}\frac{q_0}{1+q}\right\} \qquad\qquad (12-13)$$

式中:q_0 为在固定的虚警概率下,以聂伊玛—彼索标准作为方程式(12-7)而得出的临界信噪比;$B = T\Delta f$ 为侦察设备所应用的探测信号的基线。

使用雷达侦察设备探测目标的工作性能而形成的工作面如图12-4中的坐标系 $q-P_{xj}$。这样,在侦察设备接收机自身噪声背景下就能发现目标。如果在接收机输入端存在降低目标对比度的噪声干扰,那么信噪比 q 不仅需要考虑噪声功率,还要考虑该干扰的功率。

在目前使用无线电电子侦察设备进行信号检测与反侦察的所有任务中,可推

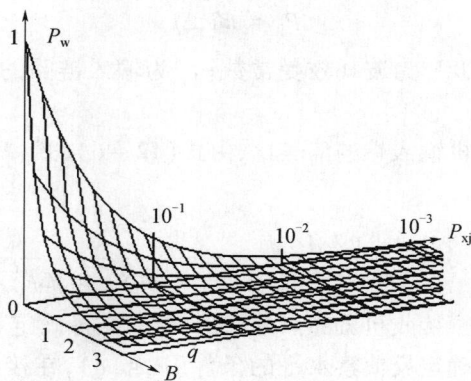

图 12 - 4　由无线电侦察设备组成的探测器的工作面

测,在侦察设备工作的空间—频率范围内,反侦察系统的信号要么存在,要么不存在。信号探测的过程伴随着在空间—时间—频率范围内对不确定的信号及参数的先验搜索过程。这样,就是另一种探测性能和无线电电子设备与雷达目标相应的反侦察性能。通常,反侦察目标的参数在时间、空间和频率上的不确定性可增大其反侦察指数[15]。所以,雷达目标在空间上的机动与无线电电子系统在时间和频率上的机动是提高无线电反侦察水平的本质方法。在时空频上的机动也就是增大信号基线。在一般条件下,空间机动可以增大反侦察指数,方法是扩大目标搜索的先验空间。在空间中混杂分散着机动目标空间位置的先验概率密度,见文献[15]和图 12 - 5。

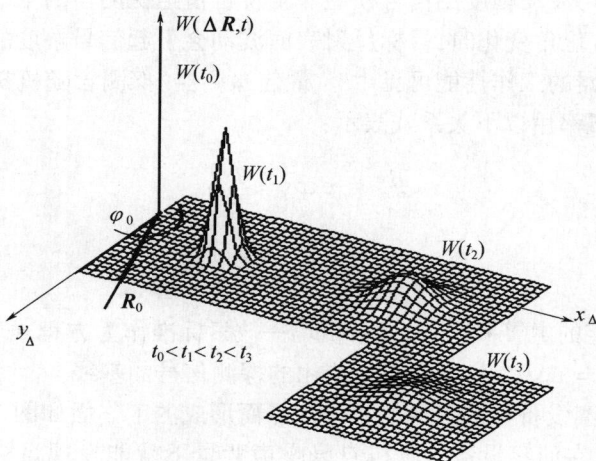

图 12 - 5　侦察目标空间位置的先验概率分配密度

第 13 章　无线电反侦察方法

13.1　信号优化及时空处理

通常情况下,降低信号功率是保证反侦察性的重要方法。为合理选择算法,并对信号进行空时处理[11],因而引入专业术语"信号—滤波器合成"[12]。

在任一干扰下,"信号—滤波器合成"都是相当复杂的,只有在拥有该种干扰的相同模式的条件下,才具有合成的可能。在无线电电子战条件下工作的系统并不总能满足这种条件。如果具有已知谱密度的固有常态附加噪声(比如,无线电接收设备的内部噪声或电子对抗综合噪扰[23])是唯一干扰,那么进行合成的条件就明显简化。在此情况下,在接收机输入端可观察到在时间间隔 $t \in \left[-\dfrac{T}{2}, \dfrac{T}{2} \right]$ 内信号 $s(t)$ 与干扰 $n(t)$ 的混合。其中,干扰 $n(t)$ 在频带 Δf 上具有谱密度 N_0。

$$x(t) = s(t) + n(t) \tag{13-1}$$

"信号—滤波器"的合成通常分为两个阶段。第一阶段是以所选的标准为基础,找出普遍通用信号的最佳接收机("滤波器")。第二阶段,把函数 $s(t)$ 具体化,以使最佳接收机在各类信号上都能产生最佳数据结果。在发射机和接收机上进行时间处理的所有组合法中,抗干扰能力最强的是"信号—滤波器"。

最佳接收机可以使接收信号的后验概率函数最大化。依据所采取的最优标准来确定函数的具体形式。在合成的过程中不进行标准的选择。在已知的 $x(t)$ 时,信号 $s(t)$ 的后验分布为

$$P(s \mid x) = kP(s)P(x \mid s) \tag{13-2}$$

式中:k 为不取决于 s,不影响接收机合成结果的常数;$P(x \mid s)$ 为在一定的 s 下,实现 $x(t)$ 的概率密度。

$$x(t) = \{x_1, \cdots, x_i, \cdots, x_n\} \tag{13-3}$$

其中:$x_i = x(i\Delta t)$;$n = T/\Delta t = 2\Delta f T \gg 1$。

因为,$x(t)$ 的随机性体现在干扰 $n(t)$,而干扰具有法向分布:

$$W_n[n(t)] = \kappa \exp\left\{ -\frac{1}{N_0} \int_{-\frac{T}{2}}^{\frac{T}{2}} n^2(t)\,\mathrm{d}t \right\} \tag{13-4}$$

k 为不重要的常数,不取决于信息 s,那么由式(13 – 1),得

$$P(x \mid s) = W_n[x - s(t)] = \kappa \exp\left\{-\frac{1}{N_0}\int_{-\frac{T}{2}}^{\frac{T}{2}}[x - s(t)]^2 \mathrm{d}t\right\}$$

$$(13 - 5)$$

式(13 – 1)变为

$$P(s \mid x) = \kappa' P[s(t)]\exp\left\{-\frac{1}{N_0}\int_{-\frac{T}{2}}^{\frac{T}{2}}[x - s(t)]^2 \mathrm{d}t\right\} \qquad (13 - 6)$$

κ' 为不重要的常数。由于在接收设备输出端所形成的关于 $s(t)$ 的解法应只取决于 $P(s|x)$,而并不取决于纵坐标轴上的比例尺。

式(13 – 6)可以转化为以下形式:

$$P(s \mid x) = \kappa'' P(x)\exp\left\{\frac{2}{N_0}\int_{-\frac{T}{2}}^{\frac{T}{2}}xs(t)\mathrm{d}t\right\}\exp\left\{-\frac{Q}{N_0}\right\} \qquad (13 - 7)$$

式中: $\kappa'' = \kappa'\exp\left\{-\dfrac{1}{N_0}\displaystyle\int_{-\frac{T}{2}}^{\frac{T}{2}}x^2(t)\mathrm{d}t\right\}$ 为不取决于 $x(t)$ 的常数,所以不会影响合成结

果; $Q = \displaystyle\int_{-\frac{T}{2}}^{\frac{T}{2}}s^2(t)\mathrm{d}t$ 为信号能。

由式(13 – 7)得出, $P(s|x)$ 的后验分布由主要相关积分确定,最佳接收机使其单调函数极大值化。

$$I(x,s) = \int_{-\frac{T}{2}}^{\frac{T}{2}}xs(t)\mathrm{d}t \qquad (13 - 8)$$

最佳接收机的结构不仅由式(13 – 8)决定,还由包含在信号 $s(t)$ 中的信息特征(离散值、连续值、时间函数)决定,还取决于最佳标准。然而在最佳接收理论的研究工作中显示,噪扰下的最佳接收设备结构如图 13 – 1 所示。

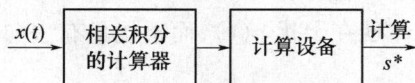

图 13 – 1 $s(t)$ 的最佳接收机

根据式(13-8),计算机 $I(x,s)$ 可确定所有的复制信息,并在计算设备上生成计算结果。在这些数据的基础上,计算设备对输入端所观察的信号和该信号所传递的信息作出解法 s^*。

在被压制的情况下,相关积分计算机是最佳接收机最复杂的部分。如果信息是离散随机值,那么,在任一最佳标准下,计算设备的任务都是对 $I(x,s_1)$,$\cdots$,$I(x,s_m)$ 总和值的线性无惰性变换。

依据式(13-8),进入接收机输入端的混合处理 $x(t)$ 被称为与信号 $s(t)$ 协同。因为每一个积分值 $I(x,s)$ 都与信号样本 $s(t)$ 相对应。在离散信息的情况下可以计算出 m 个信号型式 $s_1(t)$,$\cdots$,$s_m(t)$ 的 m 个积分值,其中,在信号检测时 $m=2$,$s_1(t)=s(t)$,$s_2(t)\equiv0$,由式(13-8)可计算出与信号样本 $s_1(t)$ 相符的相关积分值 $I(x,s_1) = \int_{-\frac{T}{2}}^{\frac{T}{2}} xs_1(t)\mathrm{d}t$。图 13-1 中的计算设备的任务就变为 $I(x,s_1)$ 与临界值 h_0 的对比。

这样,在接收设备上对信号进行最佳过滤实际上是对相一致的信号样本 $s(t)$ 的处理和相关积分的计算。因为在得到该结果时,对于信号 $s(t)$ 波形没有任何限制(除了该波形必须在接收点已知以外)。找出最佳的"信号—滤波器"组合对的任务在于合成的第二个阶段,即找出信号 $s(t)$ 的波形(确切地说,找出信息转化为信号的规律),在与信号处理相符的条件下,保证信息复制的最佳准确度。

对于离散信息而言,该任务的全部运算结果总结如下[8,12]:

(1)在信号检测时,检测水平并不取决于信号的波形,而是由信号能的值 $Q = \int_{-\frac{T}{2}}^{\frac{T}{2}} s^2(t)\mathrm{d}t$ 决定。其中,在先验概率相等的情况下 $P(s_1)=P(s_2)=0.5$,信号能要求保证一定的误差概率 $P_{sum}(P_{sum}\leqslant10^{-3})$。

$$Q \approx 4N_0\ln\left(\frac{1}{P_{sum}}\right) \tag{13-9}$$

(2)在复制具备 m 个等概率值之一的信息,并应用具有相同能量的信号时,有

$$Q(x_1) = \cdots = Q(x_m) = Q \tag{13-10}$$

即在识别具有相同能量的 m 个等概率信号时,单工信号是最佳的。在保证一定误差概率 $P_{sum}(P_{sum}\leqslant0.1)$ 的能量的信号下:

$$Q \approx N_0\frac{m-1}{m}\left[2\ln\left(\frac{1}{P_{sum}}\right) + \ln(m-1) - 2.8\right] \tag{13-11}$$

如果不用单工信号,而应用满足条件的正交信号:

$$\int_{-\frac{T}{2}}^{\frac{T}{2}} s_i(t)s_j(t)\mathrm{d}t = \begin{cases} 0\,(i \neq j) \\ Q\,(i = j) \end{cases} \tag{13-12}$$

那么,与式(13-11)相比,所要求的信号能量增加

$$\frac{Q_{正交}}{Q_{最佳}} = \frac{m}{m-1} \tag{13-13}$$

倍,即达到值:

$$Q = N_0\left[2\ln\left(\frac{1}{P_{sum}}\right) + \ln(m-1) - 2.8\right] \tag{13-14}$$

由式(13-14)得出,$m \geqslant 3$ 时,正交信号略逊于单工信号,另一方面,正交信号系统通常易于实现。所以,单工信号主要用于 $m=2$ 时。在这种情况下,单工信号就转为符合条件的反信号:

$$s_1(t) = -s_2(t) \tag{13-15}$$

在数据传输的通信技术中,广泛使用的相位键控180°的信号属于反信号的范畴。

这样,在法向辅助噪扰下,复制离散信号时,相当容易找到最佳"信号—滤波器"对。此时,在计算信号相关函数和信号样本的设备中所进行的线性协同处理一般是由最佳的滤波器来完成。如果信号能受到 Q 的限制,单工信号就是最佳的。在 $m > 2$ 较大的信号群下正交信号相对更优。如果接收机的任务仅仅是发现信号,那么抗干扰能力就由信号能 Q 决定,而不取决于信号波形。

在其他的干扰形式下,关于最佳"信号—滤波器"对的结论可能行不通。对于和信号相关的干扰(尤其是无源干扰),和式(13-8)一致的加工处理并不是最佳的。检测波动信号时,检测水平不仅取决于信号能,还取决于信号波形。为减弱波动信号的影响,信号从目标反射时或信号在信息传播系统进行多路径传输时,适宜使用其能量按频谱分布的信号。

目前存在着最佳的信号处理系统的一系列特征,这些系统由时间和空间坐标所决定。在接收设备上进行的空时处理包括对振荡进行协同处理,天线元件和分布在不同空间点上(包括间距较大的空间点)的子系统接收这些振荡。这种处理方式应用于雷达多位置系统和一系列复杂系统中。天线子系统既可由单个元件组成,也可以由离散和连续的元件集合组成,比如由天线阵组成,或是由分布在镜像天线中心的单个或多个元件的集合所组成。天线阵可以是一维的,或是二维的,或是三维的。

对接收天线空间范围内所得到的信息进行最佳的时空处理时,通常不会划分

为时间和空间的两个阶段。在可能进行这种划分的部分情形下,最佳时空处理的数学合成任务由于一些原因而变得相当复杂。首要原因是,作用于天线的干扰具有多样性、复杂性和不确定性,第二,对合成处理的参数与结构的限制。在接收信号的空间宽频带性时(即完成以下不等式时),可能出现其他的复杂情况:

$$\Delta f \Delta t > 1 \qquad (13-16)$$

式中:Δf 为信号频谱宽度;Δt 为相同信号进入天线口径边缘点的时间间隔。

通常,空时处理理论是合乎逻辑的传播原理,这种原理在时间处理上的抗干扰能力是最佳的,并建立在时间范围为 $\left\{ t \in \left[-\dfrac{T}{2}, \dfrac{T}{2} \right]; r \in L \right\}$ 的统计运算上。其中,t 为时间,r 为相对于中心的天线口径点的半径矢量,T 为一次信号接收与处理的时间间隔,L 为天线口径所占用的空间范围。

天线元件组合所接收的信号与干扰的混合,表示为

$$x(t,r) = s(t,r) + n(t,r) \qquad (13-17)$$

其中:n 为附加干扰所形成的强度矢量。

时间处理的主要区别在于矢量 x, s 和 n 不仅是时间上的函数也是空间坐标 $r \in L$ 的函数。所以,统计计算理论(例如,先验与后验分布、似直函数、最大后验概率解法等)的基本原理和方法都在时空处理的基础上扩展。如果 $x(\cdot), s(\cdot)$ 和 $n(\cdot)$ 被看作是时间 t 的函数,同时也是空间矢量 r 函数,这就是正确的。但是,由于 (t) 变为 (t,r) 而导致函数自变量的增加。自变量的增加通常会使原始矢量—矩阵方程式的解法变得复杂化。所以,得出的有实际意义的结果如下:干扰 $n(t,r)$ 是固定的高斯过程或是马尔可夫过程,信号 $s(t,r)$ 是空间窄频带的,即需要满足与式(13-16)相反的条件。这个条件是指相对于其他点的天线口径点上的信号包线延迟 $S(t) \exp\{ j\Psi(t) \}$ 可忽略不计,并认为,天线系统是一维点阵,$r \equiv |r|$ 是标量值。

通常,在合成与优化空时处理系统时,需要完成以下任务:

(1)在具备未知坐标 R 的远距(相对天线)固定点上观测空间窄带信号。接收机自身的噪声是唯一的干扰。此时,空时处理就分解为空间和时间的处理,并且是线性的空间处理。信号达到最大增益是空间处理的最优目标。对最佳的时间处理进行合成时并不依赖空间处理,也就是说,假设天线是已给定的。

如果内部噪声也包含分布在天线周围的外部热噪声,而天线由相同的接收元件组成,或在接收天线主瓣上的噪声条件下工作,就可以得出这个结果。

(2)与上述任务相区别的是,外部干扰包含有限数量的独立外部源,独立外部源工作在与有效信号源方向不一致的已知方向上。每一个干扰源都会产生高斯噪声,该噪声是宽频带的,在信号频谱带上可认为是白色的,即非相关的。但是,天线

上干扰源产生的电压在空间上是有相互关系的。在这种情况下，最佳空时处理又分解为空间的和时间的，最佳的空间处理需要对天线元件输出电压进行求和，这样可以解决有效信号所产生的空间积压和外部干扰所产生的相互抵偿之间的矛盾，也就是说，在有效信号方向上的天线增益和干扰源方向上的衰减（天线方向图的盲区）之间折中。此时，与接收系统的内部噪声相比，外部干扰强度越大，在干扰源方向上的盲区越大。这种情况下，对最佳的时间处理进行合成时并不依赖空间处理，也就是说，假设天线是已给定的。

（3）需要确定点状固定目标的坐标，窄带信号在天线上建立该点状目标。干扰由接收设备的内部噪声和空间分布的外部噪声所组成。包含相同元件的线性点阵是接收天线。在这种情况下，最佳空时处理也被分解为空间的和时间的处理。

由以上3种任务可见，在这几种重要情形之下，最佳空时处理被分解为两个独立的过程，即最佳的线性空间处理和随之而来的最佳时间处理。此时，空间处理能保证天线元件输出电压的加权求和，在一定的空间处理算法的假设下，利用最佳时间处理进行合成。

在额定的天线系统参数下，对于合成来说，天线系统输出端的干扰和信号混合（13.1）的统计学指标是原始指标。通常，天线系统有 m 个输出端，信号和干扰的附加混合用矢量表示如下：

$$\boldsymbol{x}(t) = \{x_1(t), \cdots, x_i(t), \cdots, x_m(t)\} \tag{13 - 18}$$

式中：$x_i(t)$ 为在天线系统第 i 个输出端信号与干扰的混合。

如果天线系统只有一个输出端，那么 $\boldsymbol{x}(t)$ 表示为：

$$\boldsymbol{x}(t) = s(t, \boldsymbol{\lambda}, \boldsymbol{\zeta}) + \boldsymbol{n}(t) \tag{13 - 19}$$

式中：$\boldsymbol{\lambda}$ 为信息参数的矢量；$\boldsymbol{\zeta}$ 为在接收位置上的寄生信号参数矢量；$\boldsymbol{n}(t)$ 为附加干扰。

在信息传输的多信道系统中，信息 λ_i 是指沿第 i 信道中传输的信息。角坐标—方位角 α、高低角 β、方向角 $\{\theta_x \theta_y\}$ 以及派生角，目标距离还有径向速度都属于信息 λ_i。

矢量 $s(t)$ 的每一个分量 $s_i(t)$ 在观测阶段时是随机离散值，在信号参数评估阶段是随机连续值。这是一个随机滤波过程。在寻求抗干扰能力最佳的处理方法时（即最佳接收机合成时），滤波会带来数学大难题。通常，滤波算法是非线性的，合成的过程就转为找出最佳的非线性滤波算法和与该算法一致的信息复制精确度，这是一种潜在可实现的精确度和抗干扰力。当前存在两种方法解决这一问题：第一种方法是用高斯过程取信息 $\lambda(t)$ 的近似值，第二种是应用马尔可夫过程取信息 $\lambda(t)$ 各部分的近似值。假设信息复制误差的平方值 $\langle \delta^2(t) \rangle$ 非常小，（即在干扰条件下，系统在复制的高精度信息下工作），那么就能成功地进行合成。

应用已知数学期待值 $m_\chi(t)$ 和相关函数 $K_\chi(t_1,t_2)$ 随机取信息 $\lambda(t)$ 的近似值，用错误复制的平均平方值 $\langle\delta^2(t)\rangle$ 来评估信息复制的精确度，通过信息 $\lambda(t)$ 可以直接调制信号 $s(t,\lambda)$，也就是说，信息 $\lambda(t)$ 不表示操作员的标记，而是直接标记，其中包括调幅或调相信号。

在所做的假设之下，最佳接收机的结构如图 13 - 2 所示。这种接收机应包含可以进行反馈的最佳鉴频器和线性滤波器 Φ[16]。

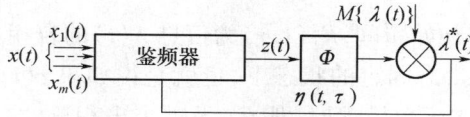

图 13 - 2　最佳接收机的结构

滤波器的输出信号与信息 $\lambda(t)$ 的先验已知数学期待值 $M_\lambda(t)$ 相叠。因为信号矢量 $x(t)$ 的各个部分被相同的信息 $\lambda(t)$ 所调制，输入端有 m 个信道的鉴频器在输出端成为单通道。最佳鉴频器的结构（即输入的 $x(t)$ 转为鉴频器输出电压 $z(t)$ 的换算法则）由以下比值所决定：

$$z(t) = -\left[\frac{\partial Q(x,\lambda,t)}{\partial\lambda}\right]_{\lambda=\lambda*} \tag{13-20}$$

式中

$$Q(x,\lambda,t) = \sum_{i=1}^{m}\frac{1}{N_{0i}}[x_i(t)-s_i(t,\lambda)]^2 \tag{13-21}$$

此时，鉴频器输出电压：

$$z(t) = k[\varepsilon(t)+\Delta\varepsilon_j(t)] \tag{13-22}$$

式中

$$\varepsilon(t) = \lambda(t)-\lambda^*(t) \tag{13-23}$$

为信息复制的误差；$\Delta\varepsilon_j(t)$ 为具有单向谱密度的常态噪声。

$$G_{j0} = \frac{1}{\sum_{i=1}^{m}\frac{1}{N_{0i}}\langle\left[\frac{\partial s_i(t,\lambda)}{\partial x}\right]^2\rangle} \tag{13-24}$$

式中：$<.>$ 指的是在时间间隔 T 内取平均值（严格地讲，$T\to\infty$）。

式（13-22）中鉴频器的斜率 k 与谱密度 G_{j0} 有以下关系：

$$k = \frac{2}{G_{j0}} \tag{13-25}$$

最佳线性滤波器 Φ 的结构由脉冲反应 $\eta(t,\tau)$ 所决定，一般在积分方程计算结果中存在 $\eta(t,\tau)$。

217

$$k \int_{\tau}^{t} c(t,\theta) \eta(\theta,t) \mathrm{d}\theta + c(t,\tau) = \eta(t,\tau) \qquad (13-26)$$

此时,辅助函数 $c(t,\lambda)$ 是积分方程的运算:

$$k \int_{t_0}^{t} c(t,\theta) R_\lambda(\theta,\tau) \mathrm{d}\theta + c(t,\tau) = R_\lambda(t,\tau) \qquad (13-27)$$

式中:t_0 为信息复制的初始瞬间;$R_\lambda(t,\tau)$ 为信息 $\lambda(t)$ 的自相关函数。

在滤波器 Φ 处在常态固定的状态下,也就是说如果 $c(t,\tau)$ 仅取决于 $(t-\tau)$,且信息频谱由有理分式函数描述时,那么,无需求出积分式(13-27)就可算出滤波器 Φ 的传递函数 $K_1(\mathrm{j}\omega)$ [11],从而简化为

$$K_1(\mathrm{j}\omega) = \frac{K_\mathrm{w}(\mathrm{j}\omega)}{k[1 - \kappa_\mathrm{w}(\mathrm{j}\omega)]} \qquad (13-28)$$

式中:$K_\mathrm{w}(\mathrm{j}\omega)$ 为与脉冲反应 $k_\mathrm{c}(t,\omega)$ 相一致的滤波器 Φ_w 传递函数。

最佳接收机保证信息复制误差的最小平方值为

$$M\{\varepsilon^2\} = c(t,t) \qquad (13-29)$$

式中:$c(t,t)$ 为 $t=\tau$ 时函数 $c(t,\tau)$ 的值。

在该条件下,误差的数学期待值等于零,误差的离散差 σ_ε^2 与平均平方值相同。如果信息 $\lambda(t)$ 频谱降低:

$$S_\lambda(\omega) = \frac{2\sigma_0^2 T}{1 + (\omega T)^2} \qquad (13-30)$$

则

$$\sigma_\varepsilon^2 = M\{\varepsilon^2\} = \frac{\sigma_0^2}{\sqrt{1+\rho}} \qquad (13-31)$$

由图 13-2 得出,在保证复制"误差信号"$\varepsilon(t)$(具有噪声 $\Delta\varepsilon_\mathrm{j}(t)$ 的最小谱密度值 $G_{\mathrm{j}0}$)时,鉴频器是最佳的。滤波器 Φ 压制鉴频器输出端所通过的干扰 $k\Delta\varepsilon_\mathrm{j}(t)$,同时保证信息 $\lambda(t)$ 复制的最大精确度。

综上所述,在信号与干扰混合的假设下,最佳接收设备具有由鉴频器和线性滤波器所组成的信息跟踪系统。一般情况下,不可能精确地把系统划分为鉴频器和滤波器,即使存在这种可能,最佳滤波器也是非线性的。在实际任务中,最佳的非线性滤波算法是非常复杂的,并要求具备高速运行的计算机和大型存储设备。所以常使用准最优算法取代最佳算法。与最佳算法的潜在精确度和抗干扰能力相比的差距值是衡量准最优算法的指标。

13.2 电磁屏蔽

除了天线方向图主瓣上的载频信号辐射外,无线电电子系统的工作还伴随着非预料性的附加电磁辐射,这种辐射可以转发信号。不含辐射的工作系统同样会产生非预料性的附加电磁辐射。无线电电子系统开发的工作人员致力于应用各种方法与设备,以降低附加辐射和非预料性辐射被发现的可能。对此,大多数技术手段都是建立在使用电磁屏蔽的基础上。电磁屏蔽不仅应用于单个部件(继动器、放大器等),也应用于子系统和系统(飞机、汽车、建筑物等)中。

磁场理论包罗万象,应用广泛,其方法可用来分析和设计金属壁垒形成的屏蔽。

非预料性的附加电磁辐射源产生的电场强(E_θ, E_r)和磁场强(H_Φ)用以下方程式来描述:

$$E_\theta = Z_0 k\sin\theta \left[-\left(\frac{\lambda}{2\pi r}\right)^2 \cos\left(\frac{\lambda}{2\pi r} - \omega t\right) - \left(\frac{\lambda}{2\pi r}\right)\sin\left(\frac{\lambda}{2\pi r} - \omega t\right) \right.$$
$$\left. + \cos\left(\frac{\lambda}{2\pi r} - \omega t\right) \right] \tag{13-32}$$

$$E_r = -2Z_0 k\cos\theta \left[-\left(\frac{\lambda}{2\pi r}\right)^2 \cos\left(\frac{\lambda}{2\pi r} - \omega t\right) - \left(\frac{\lambda}{2\pi r}\right)\sin\left(\frac{\lambda}{2\pi r} - \omega t\right) \right] \tag{13-33}$$

$$H_\Phi = k\sin\theta \left[-\left(\frac{\lambda}{2\pi r}\right)\cos\left(\frac{\lambda}{2\pi r} - \omega t\right) - \cos\left(\frac{\lambda}{2\pi r} - \omega t\right) \right] \tag{13-34}$$

式中: $Z_0 = \dfrac{E_\theta}{H_\Phi} = 120\pi \approx 377\Omega$ 为波阻; $k = \dfrac{Il}{2r\lambda}$; I 为长度为 l 的导线中的电流; λ 为符合频率 $\omega = 2\pi f$ 的波长; r 为导线至可确定 E 和 H 点位的距离; θ 为由法线至电流的半径矢量 r 的自变量; t 为时间。

式(13-32),式(13-33)和式(13-34)中的系数 k 包含因子 $\dfrac{1}{r}$,因此,随着辐射源的远离而减小。

当 $r \gg \dfrac{\lambda}{2\pi}$(在较远区域),式(13-32)和式(13-34)中的最后一项有意义,而波阻为 $Z_0 = \dfrac{E_\theta}{H_\Phi} \approx 377\Omega$。

远区域也称为辐射区域或平面波区域。当 $r \ll \dfrac{\lambda}{2\pi}$(较近区域),式(13-32)和式(13 – 34)中仅只考虑首项。在这种情况下，$\dfrac{E_\theta}{H_\Phi} = \dfrac{Z_0\lambda}{2\pi r} \gg Z_0$，这适用于电场或高波电阻场。如果辐射源使短导体和高电阻不等价，而使环形天线与低电阻等价，那么式(13 – 32)可以忽略首项，较近区域的波阻是$\dfrac{E_\theta}{H_\Phi} = \dfrac{Z_0 2\pi}{\lambda r}$，这种情况适用于磁场或低波阻场，条件$\dfrac{\lambda}{2\pi r} = 1$确定远域与近域的界限。图13 – 3所示为与高低电阻相应的场的构成图。

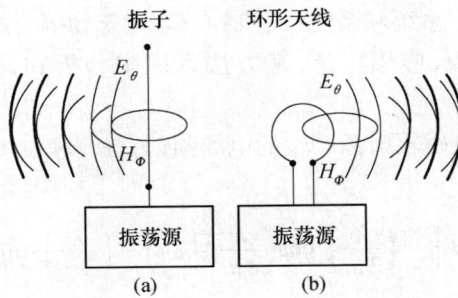

图 13 – 3   辐射源
(a) 高阻抗辐射源；(b) 低阻抗辐射源。

高波阻用于短导体附近的场，微弱电流通过该短导体。由于高波阻，电场分量在场中占大多数，这些电场分量随着离辐射源越远而减小$\dfrac{1}{r^3}$，比磁分量按$\dfrac{1}{r}$还要快。据此，波阻减小，渐近于远域Z_0。图13 – 3(b)适用于低阻抗的辐射源，由此所形成的场中占大多数的是磁场分量。但是阻抗又随着辐射源距离的增加而增加，渐近于$Z_0 = 377\Omega$。波阻随辐射源距离而变化如图13 – 4所示。

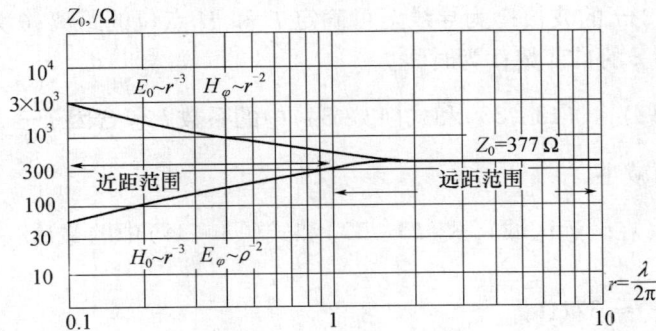

图 13 – 4   波阻的变化

220

该曲线关系可以计算出电磁屏蔽的结构,平面波与金属屏蔽的相互关系如图 13 – 5 所示。

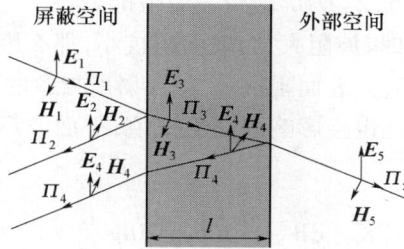

图 13 – 5　平面波与屏蔽的相互关系

进入屏蔽带内的平面波 $\boldsymbol{\varPi}_1 = [\boldsymbol{E}_1 \times \boldsymbol{H}_1]$ 一部分反射而形成回波 $\boldsymbol{\varPi}_2 = [\boldsymbol{E}_2 \times \boldsymbol{H}_2]$,还有一部分穿过屏蔽带。这两个部分的振幅取决于屏蔽材料表层的电阻和屏蔽空间内的波阻。

穿过屏蔽带的波与屏蔽空间内的波在传播方向上大致相同,其能量被屏蔽材料所吸收。部分波在屏蔽带表面再次反射,部分波折射入外部空间。所以,在经过屏蔽带表面的反射和屏蔽材料的吸收之后,仍有少部分的波的能量进入外部空间。当然,理论上,在外部空间中,存在着屏蔽带内外表面多次反射与折射的波,但是这一部分的总能量是无足轻重的。

考虑到波与隔屏的相互作用类型,易于计算平面波的屏蔽效应。

作为外部空间的功率流密度与屏蔽空间内的波的功率流密度的比值,屏蔽系数为

$$K_E = \frac{|\boldsymbol{\varPi}_5|}{|\boldsymbol{\varPi}_1|} = \frac{|[\boldsymbol{E}_5 \times \boldsymbol{H}_5]|}{|[\boldsymbol{E}_1 \times \boldsymbol{H}_1]|} = K_{01} K_{\mathrm{j}} K_{02} \tag{13 – 35}$$

式中:$|[\boldsymbol{E} \times \boldsymbol{H}]|$ 为矢量乘积模数;$K_{01} = \dfrac{|[\boldsymbol{E}_2 \times \boldsymbol{H}_2]|}{|[\boldsymbol{E}_1 \times \boldsymbol{H}_1]|}$ 和 $K_{02} = \dfrac{|[\boldsymbol{E}_4 \times \boldsymbol{H}_4]|}{|[\boldsymbol{E}_3 \times \boldsymbol{H}_3]|}$ 为衰减系数(因屏蔽内外表面的反射);K_{j} 为屏蔽材料中的波衰减系数。

通常屏蔽系数和其倍增部分都是以分贝来计算。由式(13 – 35)可得出屏蔽效应为

$$K_{\mathrm{E}}[\mathrm{dB}] = 20\lg \frac{E_1}{E_5} \tag{13 – 36}$$

式中:E_1 和 E_5 为屏蔽内外表面的电场强度(V/m)。

因反射而导致的衰减取决于屏蔽空间内的波阻和屏蔽带表面阻抗的差异程度:

$$K_{01}[\text{dB}] = 20\lg\frac{Z_\text{w}}{4Z_\text{E}} \tag{13-37}$$

式中：Z_w 为屏蔽空间的波阻；Z_E 为屏蔽带表面阻抗。

由式(13-37)得出，如果波阻大，而表面阻抗小，那么因反射而形成的屏蔽效果显著。相反，如果波阻小，而表面阻抗大，由反射所导致的衰减较少。

考虑到屏蔽材料的特性也会影响表面阻抗值，平面波反射时的衰减程度也可用以下比值来表示，即

$$K_{01}[\text{dB}] = 106 + 20\lg\frac{G}{\mu f}$$

式中：G 为屏蔽材料传导性(相对于铜，$G_\text{铜}=1$)；μ 为导磁率(相对于真空或者相对于铜)；f 为频率。

在吸收过程中，波的衰减不取决于波的类型：

$$K_\text{j}[\text{dB}] = 0.132t\sqrt{G\mu f} \tag{13-38}$$

可见，屏蔽低频辐射比屏蔽高频辐射更难。能拦截通信系统、计算系统和不同技术设备低频信号的便携式侦察设备所具有的高效性可用此来解释。

对比式(13-37)和式(13-38)可得出，在高于 300MHz 的频率上，因吸收而衰减的情况占主导，因为，随着频率的增加，高频电流的通过导体材料的能力减弱，由此，表面阻抗剧增。

如果介质的波阻与屏蔽带表面阻抗差别很大，波全部反射。这样，电场中 $r < \dfrac{\lambda}{2\pi}$。

$$K_{01}[\text{dB}] = 382 + 10\lg\frac{G}{f^3\mu r^2} \tag{13-39}$$

式中：r 为距屏蔽带的距离(mm)。

反射时，磁场中的衰减由下式决定：

$$K_{01}[\text{dB}] = 20\lg\left[\frac{0.462\sqrt{\mu}}{r\sqrt{Gf}} + \frac{0.136r\sqrt{Gf}}{\sqrt{\mu}} + 0.354\right]$$

$$\tag{13-40}$$

在距离辐射源 1m 的位置，分别布设铜和钢材料的隔屏而形成的电场衰减(图 13-6(a)、式(13-39))和磁场衰减(图 13-6(b)、式(13-40))对比图如 13-6 所示。

对比图 13-6(a)与图 13-6(b)可注意到，电场和磁场反射而形成的屏蔽在低频段具有不同的特征。建立低阻抗磁路，可以屏蔽低频磁场。磁力线穿过厚度

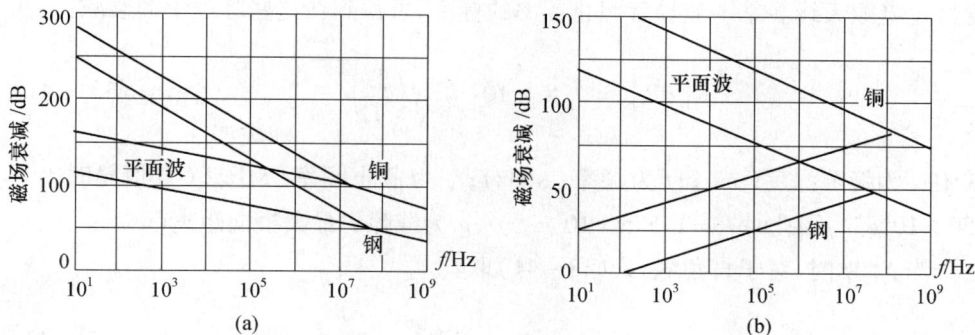

图 13 −6　电场(a)与磁场(b)衰减

为 l、角度为 90° 的空心目标壁,目标内部的磁场强度弱于外部,在 $\dfrac{\mu_r l}{s}$ 中(μ_r 为壁材料的相对导磁率;s 为所屏蔽目标的半宽),钢隔屏壁的磁场强度大大强于其周围空间,也远远强于壁内空腔。屏蔽效应正在于此。在低频段上,屏蔽系数可以达到 50dB。

这样,通过反射和吸收附加辐射的场能量[13.35],形成总屏蔽效应,该效应由式(13 −36) ~ 式(13 −40)来确定。在低频段上,主要通过反射来屏蔽更加有效,而高频段上主要通过吸收来屏蔽。

屏蔽电场应使用高导电性的材料。由式(13 −39)得出,在低频段上,这种屏蔽效能非常强大,该效能随着频率的增高而减弱。屏蔽磁场更加复杂,因为对于某些组合材料和频率而言,因反射而导致的衰减几乎为零。随着频率的降低,非磁性材料中因吸收和反射而形成的磁场衰减随之变弱,所以很难构建非磁性材料的磁性屏蔽带。在通过吸收和反射来屏蔽的高频段上,不需要选择临界的屏蔽材料。

磁性材料通过吸收平面波达到最好的屏蔽效果。同时,使用高导材料主要通过反射来进行屏蔽。

通常认为,大多数刚性结构材料都具有很好的屏蔽特性。但在声频上不遵循这一规律,磁屏蔽应采用高导磁率的材料。

理论上,屏蔽可以压制从直流至可见光任意频段上的大于 100dB 的辐射。然而实际上,任何一种隔屏都有缝隙,因而导致屏蔽效果减弱。

高频屏蔽的连续性常在细部接合处被破坏。该接合点通常被分为在物理上匀质和非匀质。

在使用螺钉、铆钉和点焊装配隔屏时,如果在结合处不具有连续性,比如在细处接点上有弯曲、凸起和其他的不平整现象,就形成了物理上非均匀的接合点。接点不平产生了缝隙,从而导致某些频率上的电磁波的渗入。可以说,隔屏的非均质

223

度好比缝隙天线。基于波导管截止频率的标准,可得到在这些缝隙中的衰减:

$$K[\text{dB}] = 1.8 \times 10^{-4} lf \sqrt{\left(\frac{f_c}{f}\right)^2 - 1} \qquad (13-41)$$

式中:l 为缝隙深度(mm);f 为频率(MHz);f_c 为截止频率(MHz)(直角缝时 $f_c = 150 \times 10^3 g^{-1}$,圆孔时 $f_c = 175.5 \times 10^3 g^{-1}$);$g$ 为缝隙的最大横向距离(mm)。

当 $f_c \gg f$ 时,对于直角缝,式(13-41)取:

$$K[\text{dB}] \approx 1.8 \times 10^{-4} lf_c \approx 27 \frac{l}{g} \qquad (13-42)$$

对于圆孔,式(13-41)取:

$$K[\text{dB}] \approx 1.8 \times 10^{-4} lf_c \approx 32 \frac{l}{g} \qquad (13-43)$$

有几种方法可用于减小缝隙对屏蔽效能的影响。

应用不同的方法都能减小接合点的物理非均质度。但这些方法都以选配屏蔽材料的导电性指数和(填充孔缝)导磁率为基础。

使用蜂窝状网孔格或顶盖来封闭隔屏的各种孔缝。这种蜂窝结构以波导管段块为主,并应用截止频率效应。利用式(13-41),当蜂窝状网孔格的波导管部件的数量为 N 时,可确定:

$$K[\text{dB}] \approx 27 \frac{l}{g} - 20\lg N \qquad (13-44)$$

可见,随着网格数量 N 增多,衰耗减小。位于网格出口端的相干交叠场因干扰而相互抵偿。

导线网和纤维织网形式的隔屏在使用状况上相类似,同样可确定通过系数和反射系数,但是,在以下条件下,由密实金属隔屏而构成的网与格的相似性特征一直存在:

$$b \ll \lambda \qquad (13-45)$$

式中:b 为网格间距,即组成网格的导体之间的距离。

如果格状物由非常细薄的导体(直径约为 $10^{-4}\lambda$)构成,那么当 b 约为 0.01λ 时,格状物就只会通过1%的功率。如果网格间距增大,接近于波长时,通过系数趋近于1;如果网格间距变小,通过系数也随之减小。当 d 较大(即导体厚度大)时,网格的屏蔽效能得到最大程度发挥。这样,网格的屏蔽性能不仅仅取决于单位网孔的大小(更确切地说,取决于网格间距与屏蔽辐射的波长之间的比值 b/λ),还由导体的厚度来决定。

13.3 减小旁瓣辐射被发现率

为降低附加辐射(非无线电电子系统接收天线方向上)被发现的可能性,需应用传输天线系统。天线方向图的形状 $F(\alpha,\beta)$ 完全由位于天线口径上的场的分布来决定。在距离为 $\boldsymbol{R} = \{x_{\boldsymbol{R}},y_{\boldsymbol{R}},z_{\boldsymbol{R}}\}$ 的空间(如果 $|\boldsymbol{R}| = R \gg \lambda$,即在远域)内建立传输天线口径 $\Lambda(x,y)$ 的每一单元 $\mathrm{d}s = \mathrm{d}x\mathrm{d}y$,场强为

$$\mathrm{d}E(\boldsymbol{R}) = \frac{i}{2\pi\lambda}\frac{\mathrm{e}^{-\mathrm{i}(\boldsymbol{k}\boldsymbol{R})}}{R}E(r)\exp\{\mathrm{i}(k_x x + k_y y)\}\mathrm{d}x\mathrm{d}y$$

$$(13-46)$$

式中:$E(\boldsymbol{R})$ 为在笛卡儿坐标系中,矢量 $\boldsymbol{R}$ 在与天线口径点 O 的中心位置相一致的点上的电磁场场强矢量的分量之一,即在对称口径下,在口径 $\Lambda(x,y)$ 中心的某位置可以选择出点 O;$E(r)$ 为位于天线口径的坐标点 (x,y) 上的场强;$k = |\boldsymbol{k}| = \frac{2\pi}{\lambda}$ 为波矢量模数;$(\boldsymbol{k}\boldsymbol{R}) = kR\cos\varphi$ 为标量乘积。

电磁场的形成 $\mathrm{d}E(\boldsymbol{R})$ 如图 13-7 所示。

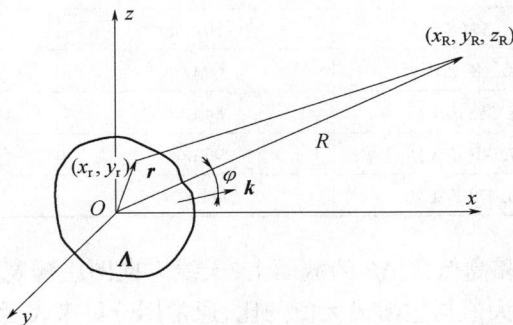

图 13-7 电磁场的形成

位于点 $\{x_{\boldsymbol{R}},y_{\boldsymbol{R}},z_{\boldsymbol{R}}\}$ 的口径 $\Lambda(x,y)$ 所形成的电磁场:

$$E(\boldsymbol{R}) = \int_{\Lambda}\mathrm{d}E(\boldsymbol{R})$$

$$= \frac{i}{2\pi\lambda}\frac{\mathrm{e}^{-\mathrm{i}(\boldsymbol{k}\boldsymbol{R})}}{R}\int_{\Lambda}E(x,y)\exp\{\mathrm{i}(k_x x + k_y y)\}\mathrm{d}x\mathrm{d}y \quad (13-47)$$

转为极坐标 $OR\alpha\beta$ 后,式(13-47)就变为

$$F(\alpha,\beta) = \int_{\Lambda}f(x,y)\exp\{-\mathrm{i}(\boldsymbol{k}r)\}\mathrm{d}x\mathrm{d}y \quad (13-48)$$

式中:$f(x,y) = f(r)$ 是为了使天线方向图最大值 $F_{\max}(\alpha,\beta)$ 等于1,在口径上场的

额定分布。除此之外,在天线口径所限区域 Λ 以外的范围,使 $f(r)$ 等于 0,即

$$f(r) \equiv 0 \quad (r \notin \Lambda) \tag{13-49}$$

式(13-48)可以转化为

$$F(\alpha,\beta) = \int_{-\infty}^{\infty} f(x,y)\exp\{-i(kr)\}\,\mathrm{d}x\mathrm{d}y \tag{13-50}$$

显然,天线方向图是对天线口径上场分布的傅里叶二维转换。也就是说,为得到所要求形状的天线方向图 $F(\alpha,\beta)$,需在表面上确定场的分布,这是对 $F(\alpha,\beta)$ 的反向傅里叶转换。其中,依据天线方向图 $F(\alpha,\beta)$ 旁瓣最小值可选择 $f(x,y)$。

如果运用方程式可近似地取传输天线矩形口径内 $x,y \in \left[-\dfrac{d}{2},\dfrac{d}{2}\right]$ 的电场振幅,表 13-1 通过例证可说明传输天线的特性。

$$f(x,y) = \cos n\left(\frac{\pi}{2}x + \frac{\pi}{2}y\right), \quad |x| \leqslant \frac{d}{2}; |y| \leqslant \frac{d}{2} \tag{13-51}$$

表 13-1

n	G	$\Delta\alpha_{0.5};\Delta\beta_{0.5}$,度	a/dB
0	$12.57(d/\lambda)^2$	$50\lambda/d$	-13.2
1	$10.18(d/\lambda)^2$	$69\lambda/d$	-23
2	$8.38(d/\lambda)^2$	$84\lambda/d$	-32
3	$7.00(d/\lambda)^2$	$95\lambda/d$	-40
4	$6.47(d/\lambda)^2$	$111\lambda/d$	-48

在方位角 $\Delta\alpha$ 和高低角 $\Delta\beta$ 的截面上,天线方向图主瓣宽度由角度来表示,而旁瓣电平是旁瓣最大值与主瓣最大值的比,通常用分贝来表示。

$$a_i = 20\lg\frac{F_{\mathrm{max}i}(\alpha,\beta)}{F_{\mathrm{max}0}(\alpha,\beta)} \tag{13-52}$$

式中:i 为旁瓣序号;0 为主瓣序号。

通常,最大附加辐射与第一旁瓣 $i=1$ 相一致。其数值如表 13-1 所列。

天线增益系数是指在 (α,β) 方向上的辐射功率与在立体角为 4π 的方向上具有各向同性辐射方向图的天线辐射功率的比值,即

$$G(\alpha,\beta) = \frac{4\pi P(\alpha,\beta)}{P_{\Sigma}}$$

式中:P_{Σ} 为天线完全辐射功率。

由表 13-1 可见,最大旁瓣电平符合场的均匀分布。

226

$$f(x,y) = \cos\left(\frac{\pi}{2}x + \frac{\pi}{2}y\right) = 1 \ (x,y \in \Lambda) \qquad (13-53)$$

考虑到场分布的不均匀性,可降低旁瓣电平。天线方向图主瓣在附加辐射方向加宽,从而使辐射功率减小,增益系数也随之变小。对于锐测向天线来说,会出现旁瓣辐射电平减小的问题,应在窄扇面上集中功率,这是一个不可还原的事实。所以,在构建锐测向天线时,常常需要在天线方向图主瓣的最大锐度和附加辐射方向的最小辐射电平这两种需求之间折中。但天线口径上最佳的场分布由中心最大程度降至边缘最小水平。此时,不完全地使用天线口径面,形成远域的场的有效面具有较小的几何性。在矩形口径的轴向截面上,相对口径大小 d/λ 减小。

众所周知,在旁瓣电平同步减小时要保证形成最佳的天线方向图。

在有源天线阵上很容易得出口径上场分布的规律 $f(x,y)$。为得到所要求的场分布,反射天线需要应用不同的结构。同时,首要的是通过应用吸收材料来改变反射镜面的电导率。

第 14 章 宽带信号无线电反侦察

14.1 宽带信号测定和应用

之前已讲述,为了提高无线电电子系统的反侦察性能,需采用宽带信号,且这些宽带信号的基线 B 远远大于 1,即

$$B = T\Delta f \gg 1 \qquad (14-1)$$

"远大于 1"这个条件相当模糊,无需精确测出频谱的宽度和持续时间。宽带信号也可以称为长基线信号、类噪声信号、频谱(或频带)扩展信号。

宽带信号之所以重要,主要是因为其整体的优异特性,而绝不仅仅是由于其良好的反侦察性。宽带信号系统主要具有以下特性:较高的反侦察性;较强的抗干扰能力;较高的测距精度;较高的分辨力;信息传输和多信道轨迹测定时的信号压缩和码分能力;多址时的选址能力;信号多路传播时的抗衰减能力;较高的电磁兼容性;频谱运用能力(与窄带信号相比)。

在第 1 章中,已讨论了信号的反侦察性,并指出:延长信号基线可确保其反侦察性。但"反侦察性"是个多义概念,而通常所说的术语"反侦察性"则是指:信号接收时的阻碍。对信号特性进行详尽分析,即可辨出能量反侦察性、结构反侦察性以及信息反侦察性。

在 12.2 节中,已研究了能量反侦察性,即信号的反探测能力。侦察接收机可工作于宽带,并能在干扰环境下探测信号,但它们所具有的信号参数等先验信息并不充足。因此,无线电侦察与无线电技术侦察接收机判断是否存在信号的依据只能是探测过程在探测时间间隔内所具有的能量。

$$E = \int_0^T x^2(t)\,\mathrm{d}t = (P_c + P_{no})T_H \qquad (14-2)$$

式中:P_c 为探测时间间隔 T_H 内的平均信号功率;P_{no} 为噪声功率。

把能量值 E^* 与门限值 h_0 相比较,即可判定是否存在信号。如果 $E^* > h_0$,则认为存在信号,即 $P_c > 0$,$x(t) = S(t) + n(t)$。如果 $E^* < h_0$,则认为接收机输入端只存在噪声,即 $P_c = 0$,$x(t) = n(t)$。

在探测门限 h_0 条件下,也就是在判定存在信号的接收标准条件下,探测信号的准确率只取决于侦察接收机在 Δf 频带上的信噪比:

$$q = \frac{E_c}{E_{no}} = \frac{E_c}{N_{no}\Delta f T_H} \qquad (14-3)$$

如果 Δf 等于信号的频谱宽度,探测时间 T_H 等于信号的持续时间,那么信噪比将随信号基线 $B = \Delta f T_H$ 的延长而减小。文献[15]表明,最佳接收机(相干接收机或带有匹配滤波器的接收机)在探测门限信号上的能量损耗与信号基线的平方根成正比。

反探测伪装并不能解决有关信号反侦察性的所有问题。结构反侦察性极其重要,它是一种信号能力,可对抗以识别信号为目的的无线电技术侦察措施,即信号识别措施,该信号具有已知的标准样式。标准样式就是信号特征的总和,即一组信号参数值。参数可定量为:频率、调制指数、频谱宽度、辐射点的空间坐标、功率等。参数可定性为:调制方式、极化方式等。因此,信号识别主要在于确定被探测信号参数与标准参数之间的对应关系。信号识别过程如下:首先,以信号集合的先验描述为基础,引入具有信号特征 λ_{ij}(i - 特征编号;j - 样式编号)的有序集合,并制定信号识别的判定规则,根据该规则可判断哪种样式可在最大程度上相符于所接收信号的特征;第二,侦察接收机可在运行过程中探测信号。如果发现信号(判明信号存在于输入端的噪声混合物中),则可识别出信号特征 $\lambda_i *$,也就是可测出该信号有别于其他信号的参数;第三,所得的信号参数值与预期信号的先验标准相比较,即 $\lambda_i *$ 与 λ_{ij} 相比较。如果 $\lambda_i *$ 属于自身范围 λ_{ij},那么可根据判定规则得出,所接收信号为第 j 个信号。

当各种信号特征值相互交叉时,就会产生较复杂的情况,而接收机所测定的信号特征本身也会出现误差。在这种情况下,就有可能误把第 j 个信号的第 i 个特征值 $\lambda_i *$,归属在第 k 个信号($k \neq j$)的相应特征值 Λ_{ik} 范围内。在某些情况下,这种错误会导致信号混淆,进而导致识别错误。该错误率等于识别无线电电子系统信号结构的错误率。此为条件概率。在发现信号条件下,可测出该错误率。

显然,误把所给信号特征当作其他信号特征的错误率越大,则信号识别错误率越大。而且,错误率越大,则需识别的信号群也越大。确切地说,用来形成标准以及用来把接收信号与标准样式相比较的信号特征越多,则信号识别的错误率越大。形成大信号群需以宽带信号为基础:信号基线 $B = T\Delta f$(有时也被称为信号的信息容量,以强调其对信号参数不确定性的作用)越长,则 $F \times T$ 空间中的各种信号就越多[10]。

宽带信号还可确保较高的信息反侦察性(即对抗信息解读的信号能力)。

信息传输系统的抗破译性取决于密码的安全性。编码时,信息与密钥序列相互作用。此时,密码的安全性首先取决于密钥序列的长度,该长度不能短于信息长度。密钥序列越长,则通信信息的安全性越高。密钥重复周期实质上就是密码安全系统的信号长度。因此,密钥重复周期可确定信号基线。

在无线电控制系统中，若想解读被传输信息，则需把每一接收信号与可产生和传输信号的信息相比较。为了确立这一关系，必须查明所发生的变化，这些变化能在相应的控制对象状态下产生信号。显然，无线电控制系统的信息反侦察性越高，那么能够引起控制对象状态发生同一变化的各种信号就越多。但信号群的数量只能随信号基线 $B = T\Delta f$ 的延长而增加。因此，信号基线值可作为反侦察信号的共同特点及其反侦察性的共同指标：基线越长，则反侦察性越高。这一论点适用于任一反侦察性（能量反侦察性、结构反侦察性、信息反侦察性）指标。

信号基线值可确定信号的抗扰性。抗扰性可表征无线电电子系统在自然干扰环境下的性能。一般来说，无线电电子设备的性能可通过其完成自身任务的概率来加以评估，这些任务包括：探测和跟踪目标、传输或复制信息、武器制导。在多数情况下，根据不同度标测得的抗扰性指标都可换算成门限信噪比：

$$q = \frac{P_c}{P_j} \tag{14-4}$$

q 越大，则无线电电子系统的抗扰性越差。

通常情况下，自然干扰就是对信号频谱进行干扰的随机过程。这时，最佳接收机（与信号相匹配）频带上的信噪比为

$$q = \frac{E_c}{N_j} = \frac{P_c}{P_j}T\Delta f_c = \frac{P_c}{P_j}B \tag{14-5}$$

该信噪比越大，则基线越长。

总之，式(14-5)包含了抗扰性指标的多种特性。它不仅可评估抗噪声干扰的稳定性，而且还可评估抗窄带干扰的稳定性。的确，最佳接收机可计算接收振荡与基准振荡的相干函数，该基准振荡的所有参数都完全符合于预期信号，且基准振荡的频谱与预期信号的频谱相一致。如果干扰（功率为 P_j，且其频谱宽度要比信号频谱宽度窄得多，即 $\Delta f_j \ll \Delta f_c$）与信号都作用于相关器或者匹配滤波器，那么与基准振荡连乘后，干扰频谱将增至 $\Delta f_c + 2\Delta f_j \approx f$，也就是不小于 Δf_c。连乘后，干扰的谱密度将为 $N_j \approx P_j/\Delta f_c$，而在信号持续时间内积分后，其功率则为

$$P'_j = N_j \frac{1}{T_c} = \frac{P_j}{\Delta f_c T_c} \tag{14-6}$$

（时间 T 内的积分相当于频带 $\Delta f = \frac{1}{T_c}$ 上的滤波）。换句话说，接收机（最适宜宽带信号）输出端的窄带干扰功率与该信号基线成反比。因此，如果在相干接收时把基线为 $B = \Delta f_c T_c$ 的信号进行"压缩"，那么窄带干扰就会被"扩为"振荡，其功率为 $p'_j = \frac{p_j}{B_c}$，而信噪比则变为

$$q = \frac{P_{\rm c}}{P'_{\rm j}} = \frac{p_{\rm c}}{p_{\rm j}} B_{\rm c} = \frac{P_{\rm c}}{p_{\rm j}} \Delta f_{\rm c} T_{\rm c} \qquad (14-7)$$

无线电电子系统的抗扰性与信号基线有关。总之,目前只能确定对相干干扰的抗扰性(有时也可确定对干扰等级的抗扰性,但前提是:抗扰性指标可确定分级参数函数)。有时,则需在最有害干扰的环境下来研究无线电电子系统的效能,即该效能符合于极小极大准则,也就是最大效能损失的最小值。为了确保对任何干扰的抗扰性,效能不能低于某一门限电平。但在一般情况下,抗扰性被认为是两个指标的导数,这两个指标为:反侦察性和抗干扰稳定性。该论点具有充分论据:为了实施有效的瞄准式干扰,需预先探测信号参数,也就是破解其能量反侦察性和结构反侦察性。如果反侦察性较高,很难探测到参数,那么最佳干扰就是噪声。抗干扰稳定性指的是能在噪声环境下保持效能。反侦察性和抗干扰稳定性都与信号基线值有关。这就是说,为了提高抗扰性,必须延长信号基线。

14.2 宽带信号分类

图 14-1 所示为宽带信号的分类。

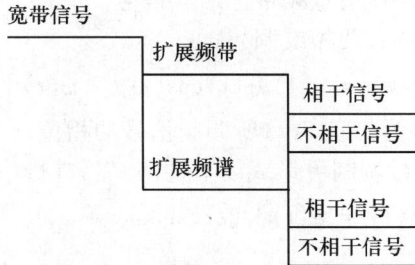

图 14-1 宽带信号的分类

宽带信号所占用的频带要大于其传送信息的频谱宽度。扩展频带或扩展频谱即可形成宽带信号(图 14-2)。

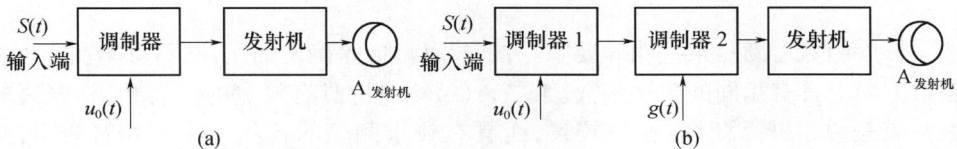

图 14-2 (a)扩展频带;(b)扩展频谱

为了比较宽带信号的两种形成方法,图 14-2 列出了扩展频带(图 14-2(a))和扩展频谱(图 14-2(b))的信号形成设备结构图。

对载波振荡 $u_0(t)$ 进行调制即可扩展频带,调制时,所形成信号的频带要宽于调制函数 $S(t)$ 的频带。其典型例子就是振荡调频,该振荡具有较大指数 $m_{FM} = \dfrac{\Delta f_c}{\Delta F} \gg 1$。当采用抗干扰编码时,可通过数字信号来扩展频带。

频带扩展系统的主要缺点是:只有当输出频带(也就是信号的所有频带)上的信噪比较大时,即 $q_{in} \gg 1$,该系统才能正常运行。而对于模拟调频来说,只要 $q_{in} \geqslant m_{FM}$,就能确保系统的良好运行,就能展现宽带信号的优越性。当 q_{in} 较小时,噪声将会抑制信号。

利用函数 $g(t)$ 对载波振荡 $u_0(t)$ 进行调制即可扩展频谱,该函数并不取决于传输信息。因此,频谱扩展信号也被称为合成信号或多级调制信号。在图 14 – 2 (b)中,用来扩展频谱的调制器 1 和调制器 2 还可进行互换:先利用传输信号 $S(t)$ 对扩展函数 $g(t)$ 进行调制,然后再利用振荡(具有扩展频谱)对载波 $u_0(t)$ 进行调制。在这种情况下,$g(t)$ 被称为副载波振荡,而输出端所形成的信号则被称为具有多级调制和副载波(通常为脉冲副载波)的合成信号[17]。

通常,扩展频谱所形成信号的频段要大于扩展频带所形成信号的频段。发射机和接收机将选择同一扩展函数 $g(t)$,所以在接收方向上就有可能进行频谱的逆变换,此时可取消调制,并在信息频带上形成信号。

为了扩展频谱,需调幅、调相或调频:

$$s(t) = g(t)A_c(t)\cos[\omega_0 t + \varphi(t)] \tag{14-8}$$

式中:$A_c(t)$ 为振幅;$\varphi(t)$ 为信息 $S(t)$ 所调制信号的相位。

对扩展函数 $g(t)$ 进行调制可形成以下振荡。当进行信号的平衡调制时,有

$$S(t) = g(t)A_c(t)\cos[\omega_0 t + \varphi(t)] \tag{14-9}$$

当调相时,有

$$S(t) = A_c(t)\cos[\omega_0 t + \Delta\varphi g(t) + \varphi(t)] \tag{14-10}$$

当调频时,有

$$S(t) = A_c(t)\cos\left[\omega_0 t + \Delta\omega \int_0^t g(\tau)\,\mathrm{d}\tau + \varphi(t)\right] \tag{14-11}$$

扩展函数需满足某些明确要求。首先,$g(t)$ 应是确定的,否则不可能在接收和发射方向上具有相同的扩展函数;第二,$g(t)$ 本身应具有较宽的均匀频谱(基线较长),就是说,其持续时间相对较长,而具有较小侧峰的自相关函数相对较窄;第三,不同系统或同一多信道系统所采用的扩展函数集 $g_i(t)$($i \in [1, I]$),应具有良好的相关性:任何 $g_i(t)$ 和 $g_j(t)$($j \neq i; j, i \in [1, I]$)都相关;第四,扩展函数最好具有周期性,因为这可简化 $g(t)$ 的振荡器(合成器)结构。

图 14 – 3 以图表形式描述了扩展函数特性与宽带信号(该宽带信号因扩展频

扩展函数特性 $g(t)$ 　　　加宽频谱所形成信号的特性

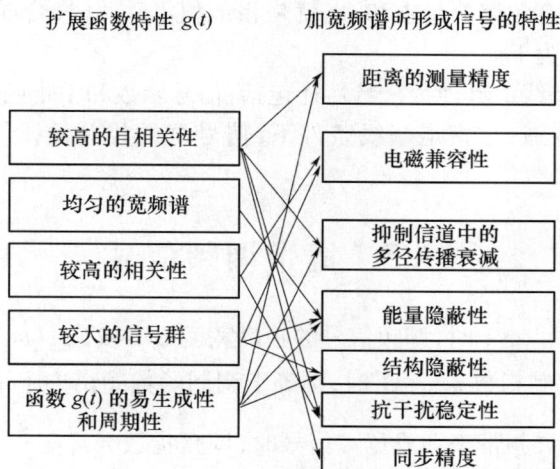

图 14 - 3　扩展频谱所形成信号的特性

谱而形成)特性之间的关系。

扩展函数 $g(t)$ 有可能是模拟函数、脉冲函数、离散函数或者数字函数。基于数字编码序列、且在电平和时间上是离散的扩展函数,最有可能形成宽带信号。

在某些情况下,可同时扩展信号频谱和频带。例如,扩展函数 $g(t)$ 和数字抗干扰编码并举。

扩展频谱所形成的信号可分为相干信号和不相干信号。经过调幅的脉冲群就是其中一种不相干信号,信号振幅可传输该信号信息,而脉冲序列则可扩展频谱。其他具有代表性的信号就是遵守随机定律或伪随机定律的频率重调信号(伪随机频率重调,频率跳变)。

信号谱带与信息频带 Δf_{inf} 的比值,或者与信息传输速度 R 的比值,都可表征不相干合成信号:

$$B' = \frac{f_{\text{c}}}{\Delta f_{\text{inf}}} = \frac{f_{\text{c}}}{R} \tag{14 - 12}$$

式(14 - 12)可作为不相干信号的等效基线,它可提高噪声环境下提取宽带信号的抗干扰稳定性。

相干合成信号的大部分指数要优于不相干信号。但不相干信号更易于接收机和发射机(调制器)的操作实施。

在最佳接收机接收和处理宽带信号的过程中,还会产生前面谈及的信号"压缩",即把基线 $B \gg 1$ 的信号压缩成基线 $B \approx 1$ 的简易信号。其压缩效应就是复合相干信号及其最佳接收机的基本特性。信号压缩分为时间压缩和频率压缩两种。在最佳接收机中,时间和频率的临界压缩系数都等于信号基线。为了进行物理压缩,需对信号的所有频谱分量求和,也就是相干积累。此时,合成信号被简化为简易信号,其基线约为1。

取决于信号基线的其他数量特性还包括:信号函数和不定函数;在指定基线条件下,信号群的范围;在指定基线条件下,信号群的相关性;形成信号的算法和电路。

14.3　宽带调频信号

当调制指数 $m_{FM} > 1$ 时,调频信号的频谱宽度 $\Delta f_c \approx 2F_{max}(m_{FM}+1)$,约等于频移 f_d 的 2 倍;当调制指数 $m_{FM} \ll 1$ 时,则等于调制函数频谱中上限频率的 2 倍[10]。或者说,当利用扩展频带来形成宽带信号时,调频指数 $m_{FM} = \dfrac{f_d}{F_{max}}$ 可作为扩展频带的度量单位: $B = \dfrac{\Delta f_c}{F_{max}} = 2(m_{FM}+1)$ 。

宽带调频信号最先用于雷达系统。在雷达信号的带内频率变化中,大多采用线性调频。此时,信号基线等于带内频移与该脉冲宽度的乘积,它可成百上千。对基线值的制约主要在于雷达接收机线性调频信号处理系统的技术结构。在通信系统中,其所采用的调频指数不是很大,即 $m_{FM} < 3 \sim 5$。在一级脉码调制的数据传输系统中,通常采用脉码调制信号—载波振荡频率键控。这种调制不能确保调频后的频带宽度会大于调制函数的频谱宽度。

技术上,频率合成器可形成调频信号,频率合成器的输出振荡频率只取决于输入的数字信号值或模拟信号值。为了获得超高频调频信号,通常采用行波管或回波管[6,23]。这些设备调频主要利用了输出振荡频率与延迟系统电压的关系效应。如果输出功率较高,有效功率较高,且在所有调频范围内输出信号电平的稳定性较高,那么这些振荡器所形成的信号基线较长。

14.4　二进制调相频谱扩展

目前,基于密码(离散扩展函数)的长基线信号形成方法极为普及,这些密码主要受控于信号相位(式(14-10))。采用数字技术可形成高精度和高稳定性的编码序列,再加上相干载波的高稳定性,可提高信号的形成精度。这些信号主要包括雷达探测信号,以及通信系统和数据传输系统的信息信号和基准信号。这不仅可确保信号的高反侦察性,而且还可优化无线电电子系统的性能,同时可提高信号参数的测量精度,甚至还可进行无线电线路与数字信号处理的统调。

接收值为 ±1 的双值(变号)序列 $\{g\}$ 与数列 $\{a\}$ 相关:

$$a_k = 0.5(1 + g_k)\,;\; a_k \in \{0,1\}\; g_k \in \{-1,1\} \qquad (14-13)$$

为进行信号调相,可采用各种编码序列,其中主要包括:基于巴科特密码的线性循环编码序列;汉明序列;M 序列;Gold 码;周期为两个单数乘积的编码序列[16]。

在线性序列中,最常使用的是 M 序列和 Gold 序列。为了产生线性序列,可使用线性反馈移位寄存器。移位寄存器所产生的字符序列 $\{a_k\}$ 需遵守循环以下规则:

$$a_k = c_1 a_{k-1} + c_2 a_{k-2} + \cdots + c_m a_{k-m} = f(a_{k-1}, \cdots, a_{k-m})$$

$$(14-14)$$

式中的字符 a_k 和系数 c_k 都设为 0 或 1。数值 m 称为序列存储器。式(14-14)实际上就是循环规则。由该式可知:可产生线性二进制序列的装置,应在每一时间间隔内存储序列 $\{a_k\}$ 中的 m 个字符 $a_{k-1}, a_{k-2}, \cdots, a_{k-m}$,将它们与重量系数 $c_1, c_2, \cdots, c_m$ 相乘,然后再根据模数 2 把乘积相加。

线性编码序列的相关性和频谱特性已在文献中进行了深入研究和详尽叙述。序列具有许多优异特性,但它们也有本质上的缺陷,即结构反侦察性较差。无线电侦察设备只需精确接收 $2m$ 连续字符即可破解线性编码结构。如果无线电技术侦察设备不能精确还原 $2m$ 字符,那么只需接收更长的信号,并利用冗余技术就可还原序列。

非线性序列具有更高的结构反侦察性,在线性振荡器中,不可能复制非线性序列结构。

非线性序列的形成方案可分为两种。第一种方案是采用移位寄存器,它在反馈电路中设置有非线性元件。其序列周期等于 2^n,其中 n 可为 0。周期为 2^n 的序列数量等于:

$$N = 2^{2^{(n-1)}-n} \qquad (14-15)$$

其中一种非线性循环方程(可描述序列振荡器的工作)为

$$x_i = \sum_{k=1}^{n} C_k X_{i-k} \oplus \prod_{k=1}^{n-1} x_{i-k} \qquad (14-16)$$

式中

$$\prod_{k=1}^{n-1} x_{i-k} = \begin{cases} 1 & (x_{i-1} = x_{i-2} = \cdots = x_{i-(n-1)} = 0) \\ 0 & (\text{其他}) \end{cases}$$

$$(14-17)$$

第二种方案是采用线性循环最大长度序列振荡器,在该振荡器的输出端含有非线性元件。这样,在理阶巴特(音译)算法中就可采用线性循环最大长度序列振荡器,在该振荡器的输出端,所有的移位寄存器都将采用非线性逻辑电路。理阶巴特(音译)振荡器的电路图如图 14 - 4 所示。

在 Geffe 振荡器中,将几个线性循环最大长度序列振荡器输出端的字符进行组合,即可形成非线性序列,如图 14 - 5 所示。

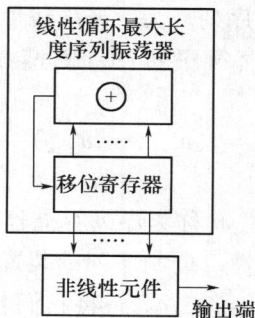

图 14 - 4 　理阶巴特(音译)振荡器 　　　　图 14 - 5 　Geffe 序列振荡器

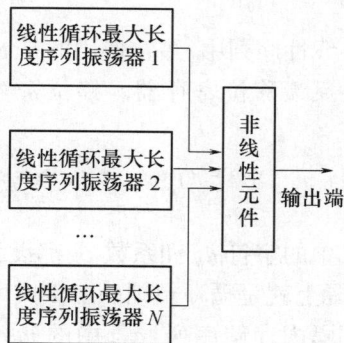

Gold 序列振荡器是把 Geffe 算法与理阶巴特(音译)算法相组合,如图 14 - 6 所示。根据这些算法,乘数 n_1 与线性循环最大长度序列存储容量 n 的关系为:$n_1 = \dfrac{n}{2}$。通过循环移位,振荡器可得到 $\dfrac{2^n}{N}$ 个伪随机序列,其周期为 N。

非线性序列的缺点就是加大了 0 与 1 之间的不平衡性,这将破坏序列的相关性。为了克服这一缺点,可将非线性序列字符与起初的伪随机序列字符相加,并使用非线性伪随机序列的卷积码。

形成级码的特征在于:上一级的输出信号可控制下一级的计时。图 14 - 7 列举了伪随机序列的两个形成电路。图 14 - 7(a)主要基于伪随机序列,而图 14 - 7(b)主要基于 Gold 码。

当然,这里列举的只是形成伪随机序列的最普及算法和电路。此外,还可根据汉尔、雅可比、列查等特(音译)、切比雪夫、贝利—伯乐利等正交多项式形成伪随机序列。

非线性反馈移位寄存器所形成的非线性编码序列可通过 Gold 进行解码。周期为 2^m 的非线性循环序列也称为全数码环。

全数码环的优点在于:以其为基础,可形成双正交序列群。进行多位信息编码时,需采用双正交序列群。通信系统(与信道码分同步)的正交信号群还可用于其他情况。目前一些双正交序列主要基于 Hadamard 矩阵序列和改进型序列,这些序列可优化自相关及相关函数的形态,但这些序列群的容量受限。而双正交序列群则不同,双正交序列群可基于全数码环。基于全数码环的序列群容量足以满足任

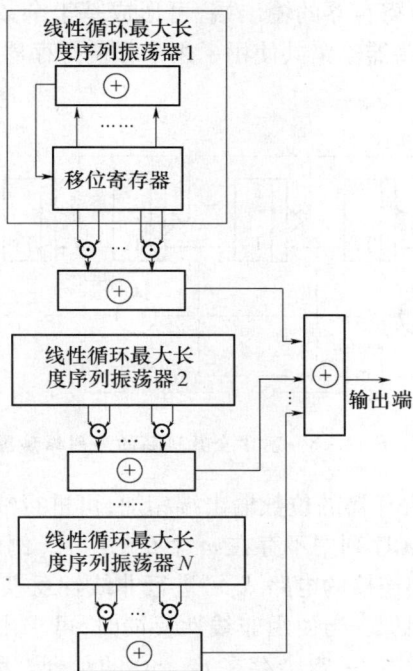

图 14 −6 Gold 码振荡器

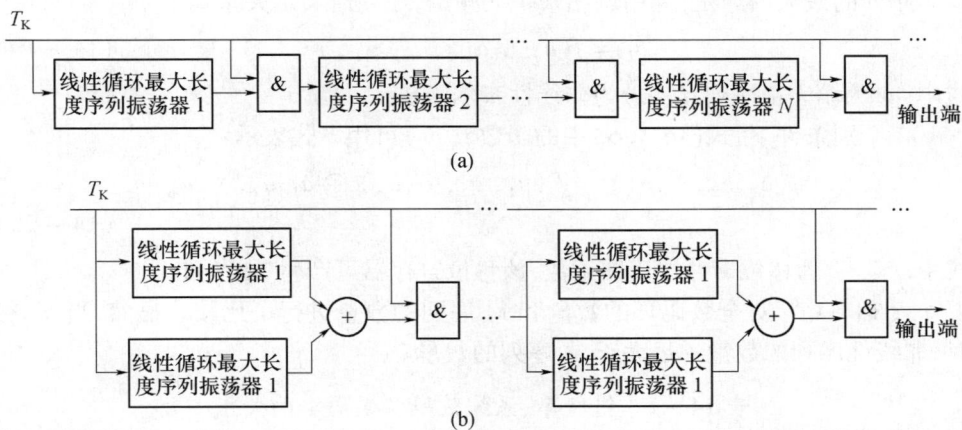

(a)

(b)

图 14 −7 级码形成器

何实际需求。

在非线性反馈移位寄存器的输出端,可形成基于全数码环的非线性序列。例如在图14-8中,其振荡器电路共使用了4个移位寄存器。当然,实际上也可使用数量更多的寄存器。

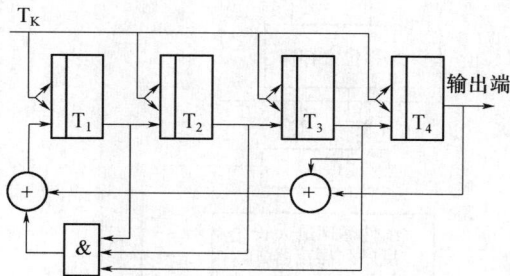

图 14-8　基于全数码环的序列振荡器

把第3、第4移位寄存器的位数输出端相加,可进行线性反馈。线性振荡器无法得出零位,因此,在 M 序列中不存在 m 个 0 的组合(例中 m 为4)。与前3个移位寄存器位数输出端相连接的电路 & 可进行非线性反馈。电路 & 的输出端与线性反馈电路的输出端相加。当使用非线性反馈时,可求出寄存器的所有零位。在该寄存器所产生的序列中,一定会存在 m 个 0 的组合。因此,M 序列可变为全数码环。应指出,数码环的序列周期为 2^m,序列数量为

$$n = 2^{2^{(m-1)} - m} \tag{14-18}$$

序列的最大用途是:利用调相来扩展频谱,序列需满足关系式:

$$a_k = f(a_{k-1}, a_{k-2}, \cdots, a_{k-m}) \tag{14-19}$$

式中:a_k 为第 k 项序列;$f(\cdot)$ 为非线性布尔函数。

在个别条件下,式(14-26)中的函数 $f(\cdot)$ 可用下式表示:

$$f(a_1, a_2, \cdots, a_m) = f'(a_1, a_2, \cdots, a_m) \oplus a_1, a_2, \cdots, a_m \tag{14-20}$$

式中:$f'(\cdot)$ 为移位寄存器反馈函数,该移位寄存器可产生 M 序列。

表14-1[16] 对全数码环的数量和 M 序列的数量进行了比较。显然,当 $m > 4$ 时,非线性序列的数量远远大于 M 序列的数量。

表 14-1　错组率、系统效率与误码率的关系

寄存器位数 m	3	4	5	6	7
全数码环的数量	2	2^4	2^{11}	2^{26}	2^{57}
M 序列的数量	2	2	6	6	18

一个移位寄存器可产生 $2m-1$ 个正交序列,把寄存器的位数输出端(从 1 至 m 的任意组合)相加即可得到该序列群。在这种情况下,一些序列只是循环移位有所不同。除去这些序列,可得到 $2m$ 个不同序列。如果把已知序列群的序列与其他循环移位寄存器的非线性序列相加,那么可大大增加正交序列群的数量。这些序列称为非线性导数编码序列。2 个寄存器可形成 $2m$ 个正交群和 2^{2m} 个不同序列。因此,不同正交序列群的总数量等于:

$$N = C_n^2 2^m + n \qquad\qquad (14-21)$$

各种序列的总数量为

$$N_1 = (C_n^2 2^m + n)2^{m-1} \qquad\qquad (14-22)$$

由式(14-22),得

$$N \approx 2^{2^m-m+1}; \quad N_1 \approx 2^{2^m-2} \qquad\qquad (14-23)$$

例如,如果 $m=5$,则 $N=6410^7$,$N_1=10^9$。

对于基于全数码环的信号来说,很难探究其相关性。通常可采用数值法来分析其频谱特性和相关性[26]。

14.5 频率重调频谱扩展

无线电电子系统的载频重调是确保反侦察性的最原始方法。首先要不时地对工作频率进行重调。例如,在每次新的作战中都使用不同的载频,载频对于自身系统接收机来说是已知的,但对于侦察设备来说是未知的。随着无线电侦察与无线电技术侦察设备效能的提高,即使在一次作战中也需频繁变换工作频率。如果每一频率的工作时间不大于侦察设备的测频时间,那么在选择变换速度时,应以确保其反侦察性为出发点。实际上,雷达通常以脉间频率跳变方式来改变其频率(如果在该时间内能够改变相控阵天线参数)。在数据传输系统中,信号载频可在所传输信息的字符之间进行变换。在这种情况下,可通过依次发射不同的频率脉冲来传输每一字符。

假设,当无线电电子系统发射机的工作载频为 N 个载频 $f_{ei}(i \in [1,N])$ 中的任一载频时,其具有反侦察性。对抗设备能够在频率 f_{ij} 上进行干扰($j \in [1,N]$)。对于长期积累侦察数据的对抗设备来说,所有这些频率都是已知的。压制无线电电子系统的概率 P_{ij} 可用来表征对抗效能。根据具体情况,压制指数 P_{ij} 可为:信息传输系统中信息的接收误差概率;雷达目标信号的接收误差概率;其他误差概率。如果敌方猜中发射机的工作频率,并在该频率上施放阻塞式干扰,那么其压制无线电电子系统的概率为 P_{ii}。如果敌方未猜中发射机的工作频率,那么对抗效能将会降低,而反侦察性则会相应提高:当 $i \neq j$ 时,$P_{ij} \geqslant P_{ii}$。显然,反侦察效能的平均指数

值为

$$\langle P \rangle = P_{ii}\frac{1}{N} + P_{ij}\frac{N-1}{N} \rightarrow P_{ij}(N \rightarrow \infty) \tag{14-24}$$

如果 $P_{ij} > P_{ii}$，且该条件满足任何抗干扰系统，那么由式(14-24)可得出：$\langle P \rangle$ 将随工作频率数量 N 的增大而增大，并趋向于 P_{ij}。也就是说，当使用频率跳变反侦察时，无线电电子系统的反侦察性将随工作频率数量的增加而提高。

一般情况下，在每一工作频率 $f_{ci}(i \in [1, N])$ 上进行频率跳变时，可辐射简易窄带信号，其基线为 $B_1 = \Delta f T$ 约为2。宽度为 Δf 的谱带可用来分配每一工作频率 f_i 周围的信号频谱，该谱带不能重叠。如图14-9所示，为使无线电电子系统能够反侦察运行，其频带不能小于 $\delta f = 2(N+1)\Delta f$。

这就是说，利用频率跳变可扩展频谱，所形成信号的基线为

$$B = 2(N+1)\Delta f T = (N+1)B' \tag{14-25}$$

只有在每一瞬间，无线电电子系统所采用的信号载频值对于接收机本身来说是已知，而对于侦察设备接收机来说是未知的，在这种情况下，利用频率跳变的频谱扩展才会对无线电电子系统的反侦察辐射有效。换句话说，频率的变化规律对于自身接收机来说应是确定的，但对于侦察设备接收机来说则是随机的。因此，可采用伪随机序列来控制振荡器，该振荡器可在频率跳变的不连续频率上正常运行，振荡器所形成的频谱扩展信号称为伪随机频率重调信号。序列实现可控制伪随机频率重调系统的载频，其结构需满足系统具有不连续的伪随机调相的条件。伪随机频率重调信号的形成电路如图14-10所示。

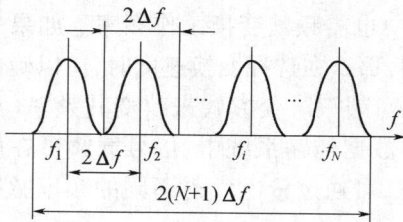

图14-9　伪随机频率重调时的信号频谱　　　图14-10　伪随机频率重调信号的形成

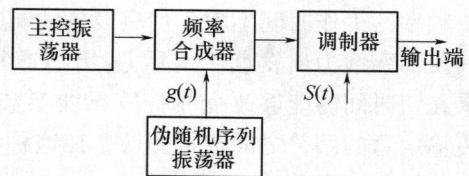

图14-10中的频率合成器可变换基准振荡的频率，该基准振荡由主控振荡器所产生，并取决于伪随机序列 $g(t)$ 的现时值。因此，合成器输出端的振荡载频对于侦察设备接收机来说将是随机的，而对于自身系统接收机(装有主控振荡器、合成器和伪随机序列振荡器)来说则是已知的。

在选择伪随机序列 $g(t)$ 结构时(该伪随机序列可扩展伪随机频率重调信号的频谱)，可考虑如下方案：利用不连续调相来扩展频谱(参见14.4节)。

伪随机频率重调信号的载频变化范围极大,也就是说,频率跳变的频谱扩展要比不连续调相的频谱扩展大得多。在进行不连续变频时,通常无法确保相位的零位跳变,也就是说,信号在每一载频上的相位都是随机的,与之前频率上的相位无关。这就无法在信号(信号的发送频率各不相同)的接收方向上进行相干积累,每一频率的辐射时间越短,则信号的反侦察性越高,但其相干积累(压缩)能力却越低。实际上,只有在单个频率发送的时间范围内,才能对伪随机频率重调信号进行压缩。为了对相干处理的时间压缩加以补偿,必须增加信号强度,这必然会降低能量反侦察性的指数。但是,由于产生跳频信号的技术简单以及具备扩展频谱的能力,这些信号的应用极为广泛。为了提高伪随机频率重调系统的反侦察性和其他指数,可采用带内线性调频。对频率重调信号进行不连续调相(即采用不连续的调频—调相信号)也可扩展频谱。

14.6　频相键控信号

同时对频率和相位进行载波键控,从而得到的信号即为频相键控信号,它可看作是对信号进行进一步的调相和伪随机频率重调。但与伪随机频率重调不同的是,这些信号在变换频率时,相位也需不断变化。频相鉴别器信号极其重要,其原因如下:可构建较大的正交信号群,该信号群具有较高的结构反侦察性;易于获取较大的信号基线值;可覆盖信号合成器的大部分频段,信号合成器的工作频率为较低的节拍频率;可分别选择调相和调频定律,以使所形成的信号具有一定的相关性。

以频相键控信号为例,该信号周期含有 L 脉冲,脉冲持续时间为 τ_i,每一脉冲的相对频移值为 $N_i \Delta f$,可根据二进制序列定律进行带内调相。二进制序列的调制方式有 3 种,即:每一频率单元含有相同的相序周期;每一频率单元含有不同的相序;频率组元含有相序段。

频相键控信号的复包络为

$$S(t) = \sum_{i=1}^{L} \sum_{r=1}^{M} a_k^i g[t - (k-1)\tau - M(i-1)\tau]$$
$$\exp\{j(N_i - N_n)\Delta\omega[t - \tau(k-1)] - T_0(i-1)\} \qquad (14-26)$$

频相键控信号合成器的结构图如图 14-11 所示。

频相键控信号的持续时间、频谱宽度以及基线分别如下:

$$T = ML\tau_i$$
$$F = \frac{1}{\tau_i}[1 + D'(L-1)]$$
$$B = 2FT = 2ML[1 + B'(L-1)] \qquad (14-27)$$

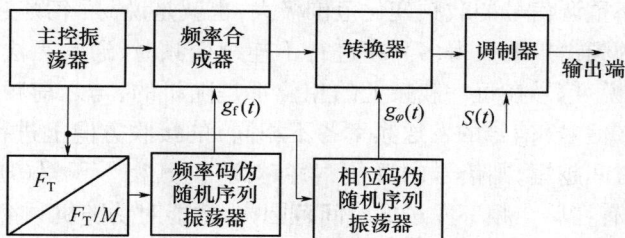

图 14 – 11　频相键控信号合成器

式中: $B' = \Delta f \tau_i$。

$M = 1$ 时, 为不连续调频信号; $L = 1$ 时, 则为调相信号。

τ_i 取决于数字码合成器的运算速度, 这种情况下, 无论是增加信号的持续时间(如调相信号), 还是加大其频带(如不连续调频信号), 都可延长频相键控信号的基线。这可确保所形成的频相键控信号群具有较大的基线值。

信号函数可确定频相键控信号的大部分特性, 但信号函数分析却相当复杂。更复杂的是反算: 根据频相键控信号的已知特性(通常为信号函数的侧峰电平和主瓣宽度)来选配调制数序 $g_f(t)$ 和 $g_\varphi(t)$ [16,26]。只有在不连续节点上才能得到不定函数的峰值:

$$p = \left[\frac{\tau}{M\tau_i}\right]; \gamma = \left[\frac{\tau}{\tau_i}\right] - Mp\tau; \eta = \left[\frac{\Omega}{\Delta\omega}\right] \qquad (14 – 28)$$

在这些点上可分别选择扩展数序 $g_f(t)$ 和 $g_\varphi(t)$, 以对频相键控信号进行调频和调相。

242

第 15 章　降低雷达发现率

15.1　目标的弱反射形状可降低有效散射面积

对于雷达侦察设备来说,目标的发现率可用有效散射面积值来加以评估[7]:

$$\sigma_0 = \frac{\xi P_{\text{OTP}}}{\Pi_1} = \frac{\xi D(\alpha,\beta) P_{\text{PAC}}}{\Pi_1} = SD(\alpha,\beta)\xi$$

$$(15-1)$$

式中:$\xi \in [0,1]$ 为目标散射场的去极化系数;P_{otp} 为雷达目标反射信号的功率;Π_1 为目标位置点周围的雷达信号功率通量密度;$D(\alpha,\beta)$ 为目标在雷达方向上的反向散射曲线值;S 为目标的总散射面积。

有效散射面积实际上就是雷达目标反射信号功率与磁场(雷达天线在目标位置点周围所产生的磁场)功率通量密度之间的比例常数。显然,σ_0 的度量单位为 m^2,σ_0 取决于目标表面材料的形状、面积和电性。雷达侦察目标(即雷达目标)的形状极其复杂,其所散射的电磁波为各向异性。每一具体方向 (α,β) 上的有效散射面积值各不相同。因此,有效散射面积通常为

$$\sigma_0 = \sigma_{0\max} D(\alpha,\beta)$$

$$(15-2)$$

式中:$\sigma_{0\max}$ 为最大有效散射面积;$D(\alpha,\beta)$ 为雷达目标的反向散射曲线。

实际目标的磁场散射问题是个难题。但对于许多形状简单的目标来说,这一问题不难解决。表 15-1 所列为几种简单表面的有效散射面积值,飞机及其他目标的复杂表面就是由这些简单表面所组成。

表 15-1

目标类型	目标形状	目标的有效散射面积
金属球 $r \gg 2\lambda$ $r \ll 2\lambda$		$\sigma_0 = \pi r^2$ $\sigma_0 = 144 \dfrac{\pi^5 r^6}{\lambda^4}$ $\sigma_0 = \sigma_{0\max} = \bar{\sigma}_0$

目标类型	目标形状	目标的有效散射面积
平板		$\sigma_0 = \dfrac{4\pi ab}{\lambda^2}\left[\dfrac{\sin\left(\dfrac{2\pi a}{\lambda}\sin\alpha\right)}{\dfrac{2\pi a}{\lambda}\sin\alpha}\cdot\dfrac{\sin\left(\dfrac{2\pi b}{\lambda}\sin\beta\right)}{\dfrac{2\pi b}{\lambda}\sin\beta}\right]^2$
圆板		$\sigma_0 = \dfrac{4\pi^2 r^4}{\lambda^2}\left[\dfrac{J_1\left(\dfrac{4\pi}{\lambda}r\sin\theta\right)}{\dfrac{4\pi}{\lambda}r\sin\theta}\right]^2\cos^2\theta$ $\sigma_{0\max} = 4\pi^2\dfrac{r^2}{\lambda^2}$
曲率半径 为 ρ_1 和 ρ_2 的凸面		$\sigma_{0\max} = \pi\rho_1\rho_2$
直角界面的 角形反射体		$\sigma_{0\max} = 12\pi\dfrac{a^4}{\lambda^2}$
双圆锥形 反射体		$\sigma_{0\max} = \dfrac{32\pi}{9\lambda}\left(b_2\sqrt{2b_2 - b_1} - \sqrt{b_1^3}\right)^2$
锥体（沿轴）		$\sigma_{0\max} = \pi a^2\tan^2\alpha$
柱体		$\sigma_0 = \dfrac{4\pi^2 rl^2}{\lambda}\left[\dfrac{\sin\left(\dfrac{4\pi l}{\lambda}\sin\theta\right)}{\dfrac{4\pi l}{\lambda}\sin\theta}\right]^2\sin\theta$ $\sigma_{0\max} = 12\pi\dfrac{rl^2}{\lambda^2}$

目标类型	目标形状	目标的有效散射面积
卵形面		$\sigma_{0\max} = \dfrac{\lambda^2}{16\pi}\tan^4\theta_0$
底面为球形的锥体		$\sigma_0 = 1.03\pi r^2\sqrt{\left(\dfrac{2\pi r}{\lambda}\right)^5}$ $1 < \dfrac{2\pi r}{\lambda} < 15$
锥体—柱体		$\sigma_0 = \dfrac{4\pi^3 r^2}{(\pi+\alpha)^2}$ $\times \dfrac{\sin^2\left(\dfrac{\pi^2}{\pi+\alpha}\right)}{\left[\cos\left(\dfrac{\pi^2}{\pi+\alpha}\right) - \cos\left(\dfrac{2\pi^2}{\pi+\alpha}\right)\right]^2}$

由表 15 – 1 可知,只有当辐射方向接近法线时,平面才具有较大的有效散射面积,平面在所有其他方向上的有效散射面积则要小得多。这对于柱面来说同样成立,条件是必须从法线方向向母线方向进行辐射。楔形和锥形为弱反射形状。在相同面积条件下,三棱界面角形反射体的有效散射面积最大。

由于实际散射体的形状较为复杂,所以在接收点上可观测到分信号的干涉图,这些分信号就是各单元反射体的各部位所反射的信号。如果各单元反射体在平面(垂直于观测方向)上的投影面积相等,那么对这些单元反射体的有效散射面积进行比较后可得出:它们的有效散射面积可相差 30dB ~ 40dB,而反向散射曲线的主瓣宽度则可在较大范围内发生变化。因此,复杂目标的有效散射面积主要取决于单元反射体所组成的外表形状,而不是取决于外形尺寸。此外,单元反射体的角位以及辐射方向也会对有效散射面积产生较大影响。当圆板上的辐射与法线成 10°时,圆板的有效散射面积要比三棱界面角形反射体的有效散射面积小 28dB,当入射波直射到圆板上时,圆板的有效散射面积则比三棱界面角形反射体的有效散射面积大 3dB。

目标面单元的反向散射曲线对所组成的合成反向散射曲线有着重要影响。例如,如果合成反射信号由具有较宽反向散射曲线的面单元所形成,那么其合成反向散射曲线将具有较大数值,且其波瓣较宽。如果面单元的反向散射曲线较窄,则与之相反。这可解释如下:当面单元与接收天线的相互位置发生变化时,并非只有信号相位发生变化。当面单元的反向散射曲线较窄时,分信号的振幅将发生巨变。

此外,还可在更窄的角空间区域形成次级电磁场的合成干涉图。因此,从目标结构中除去宽方向反射体,不仅可增加有效散射面积值的方差,而且还可减小反射信号的探测概率,进而提高目标的反侦察性。如果反向散射曲线较窄的面单元数量非常多,以致于其曲线相互重合,那么,在目标的任一角位附近将始终存在这样的面单元,即该面单元所产生的信号将叠置。的确,两个相同的单元反射体(每一反射体的有效散射面积为1贝)的信号干涉,可使其有效散射总面积的范围为0~4贝,平均值为2贝。因此,如果面单元具有相同的有效散射面积,那么就会提高雷达发现率。

依据上述构想可定出下列原则,在研制弱反射目标的外形时必须遵守这些原则:

(1)为了提高目标对雷达的反侦察性,其面单元的反向散射曲线应最窄。

(2)如果所研制目标需对雷达具有反侦察性,那么其面单元的有效散射面积应最小,而且反射体本身数量也应减至最少。最主要的是应避免使用反射面相互垂直的角形反射体。

(3)合成目标由各个单元组成,这些单元的相互位置应使方向(反向散射曲线的主瓣可在这些方向上重合)数量减至最小。如果无法避免重合,那么必须把各单元在这些方向上的有效散射面积减至最小。

图15-1中引用了高空侦察机SR-71的配置图,以说明这些原则的实际运用。

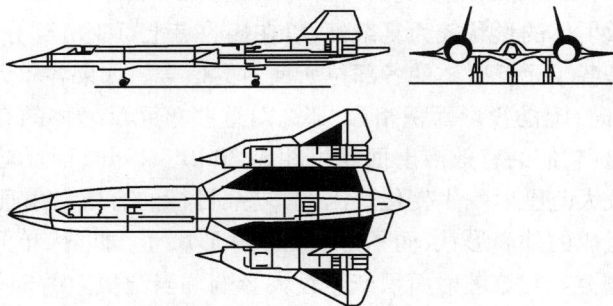

图 15-1　雷达难以侦察的飞机

从图15-1可看出,机体下表面极其平坦。因此,对于飞机正下方的雷达而言,飞机的有效散射面积非常大。飞机尾翼没有相互垂直的表面,为此需使用2个偏离垂线的稳定器。因此,对于飞行轨道上方的雷达而言,飞机的有效散射面积也较大。飞机折面和边缘具有较大的有效散射面积,它们需利用机身来屏蔽飞机下方的雷达辐射。机头近似于锥体,顶角极小。在吊舱和外挂武器装备的固定接头处,其折面和突变接头对有效散射面积至关重要。为了降低雷达发现率,应避免在挂架上悬挂器件,并竭力把所有的附加设备都安装在机身内。

弹道导弹的弹头为弱反射形状(图15-2)[21]。

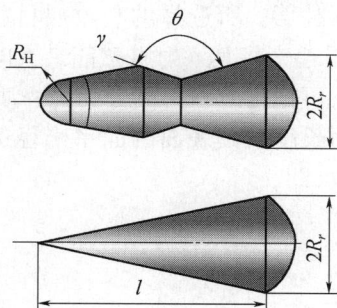

图15-2 洲际弹道导弹弹头的弱反射形状

选择弹头形状时的主要任务就是使其在投影上的有效散射面积达到最小,并根据所选弹头形状来安装反导防御的雷达设备。为此,其表面应由几个旋转面连结而成。弹尖为圆锥形或半球形。这样可减少二次辐射,该二次辐射取决于表面尖端上的衍射。锥体侧面可连接锥面或柱面。底部可为弧形、椭圆形、半球形或截头圆锥形。底部形状取决于是否装有助推器。弹头应在弹道中稳定飞行,这样才能以最小的有效散射面积指向雷达。

当相对于雷达的目标方位发生变化时,目标的发现率也将随有效散射面积的变化而变化。此时可认为,目标反射信号的功率将随机波动,但波动信号的探测概率要小于规则信号的探测概率。可见,为了提高反侦察性,不仅要减小雷达目标的平均有效散射面积,而且还要增加其波动方差。也就是说,目标的反向散射曲线应为多瓣形,且波瓣电平之间的差异较大。

15.2 反雷达防护层的运用

使用吸波材料和防护层是降低雷达发现率的强力措施。吸波材料的性能可归结为:它们能把波段磁场能变为其他形式能量。在磁场与材料的相互作用下,将出现波的吸收、散射以及干涉。利用介质损耗和磁性损耗,可把电磁能转化为热能,进而减少入射波场的波吸收。某一确定方向的磁通量传播变为各个方向的磁通量传播,即会产生散射。电波干涉可表征吸波材料在其最大二次辐射方向上的反射率。

涂于目标表面的吸波材料(反雷达防护层)和用于制造反侦察性目标的吸波材料,通常在结构上有所不同。无论是哪种吸波材料,都能确保防护表面的反射波最小,电磁波吸收最大,被吸收能量的波段最宽。这些吸波材料还具有较高的机械强度以及较高的抗热性、耐蚀性、可靠性和耐久性。

根据工作原理,所有反雷达材料和防护层都可分为干涉型和吸收型。干涉层中的入射波和反射波可相互补偿。所选择的吸收层材料必须能够利用涡流制导、磁滞损耗和(或)高频介质损耗来将其入射电磁能最大限度地转化成热能。

此外,鉴于电性和磁性,可把吸波材料划分为电介质材料和磁介质材料。

只有当防护目标的平面长度或其表面的曲率半径远远大于防护层波长时,吸波材料的掩蔽作用才能有效,即

$$\frac{2\pi}{\lambda}S \gg 1 \qquad\qquad (15-3)$$

式中:S 为目标的横截面面积。

如果波长大于目标的最大尺寸,那么有限电导率目标的散射约等于无限电导率目标的散射。因此,有限电导率防护层相当于良导体,但入射电磁能无法被其吸收。

吸收材料的功用为:确保其中没有表面外边缘的电磁波反射,且渗入吸收材料中的能量要完全被吸收材料所吸收。为了达到该目的,首先应考虑吸收材料的电性,如复介电系数和复导磁率。

具有极大传导能力、且涂有吸波材料的目标表面的电磁波反射可参见图 15-3。

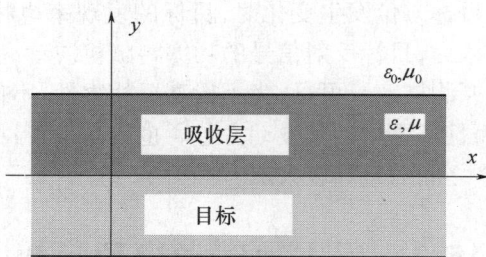

图 15-3

两种介质分界面的平面波复系数取决于波阻抗的差:

$$K = \frac{Z - Z_0}{Z + Z_0} \qquad\qquad (15-4)$$

式中:Z_0 为自由空间的波阻抗。

$$Z_0 = \sqrt{\frac{\varepsilon_0}{\mu_0}} = 120\pi \approx 377\Omega \qquad\qquad (15-5)$$

吸收层的波阻抗 Z 为

$$Z = \sqrt{\frac{\varepsilon'}{\mu'}} \qquad\qquad (15-6)$$

式中：ε' 和 μ' 为防护层材料的复介电系数和复导磁率。

$$\varepsilon' = \varepsilon'_{\Gamma} + j\varepsilon'_{K};\mu' = \mu'_{\Gamma} + j\mu'_{K} \qquad\qquad (15-7)$$

将式(15-5)和式(15-6)代入式(15-4)，得

$$K = \frac{1 - \sqrt{\varepsilon/\mu}}{1 + \sqrt{\varepsilon/\mu}} \qquad\qquad (15-8)$$

考虑到：

$$\sqrt{\varepsilon\mu} = n + jk \qquad\qquad (15-9)$$

式中：n 为介质折射系数，k 为衰减系数。

式(15-8)可变换为

$$K = \frac{\mu - n - jk}{\mu + n + jk} \qquad\qquad (15-10)$$

由式(15-10)可看出，当 $\mu = n + jk$ 时，两种介质分界面的反射系数等于 $0(y=0)$，或者说，根据式(15-7)可得出完全吸收的条件为

$$\mu_r = n, \mu_k = k \qquad\qquad (15-11)$$

防护层应满足式(15-11)，防护层所包含的材料需具有足够大的损耗(如铁磁材料)。这种防护层含有铁磁粒子以及由非磁性介质组成的胶合绝缘材料，其单层防护层在米波和分米波范围内极其有效。如果防护层不均匀，而且从防护层外表面至防护目标表面的吸收系数在逐渐增加，那么防护层的作用效果将大大提高。

多层防护层可吸收厘米波，其层间参数具有可变性，从外表面向内的导磁率 μ 在逐渐增加。每层防护层都由基于聚苯乙烯泡沫塑料或橡胶的绝缘混合物所组成，而碳(石墨或炭黑)则可用作吸收剂。层间的吸收剂含量可改变。为了使防护层与外部空间(自由空间)相匹配，相对介电系数必须等于1，即 $\varepsilon'_r = \varepsilon_0$，而虚数分量(介质损耗的角正切)则必须近似于0。层间参数不能剧变，因为这将会增加层间分界面的反射系数。

大量使用防护层可减少剩余反射，防护层外表面呈凸凹状，以角锥或圆锥周期性重复排列，如图15-4所示。

为了增加锥桦间的反射量，也就是减少防护层表面的反射，顶角 θ 应较小。

如果在电磁波到达被防护目标的反射表面之前，吸收层中的大部分能量就已转化为热能，那么干涉层中的目标反射就会由于两种反射波(目标表面反射波和干涉层表面反射波)的干涉而减小，如图15-5所示。

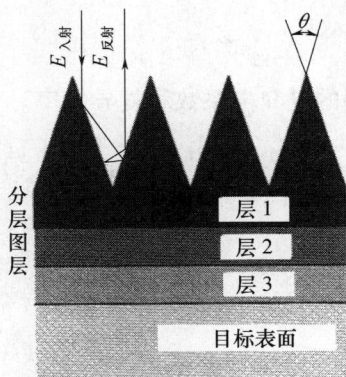

图 15 - 4　防护层的凸凹表面

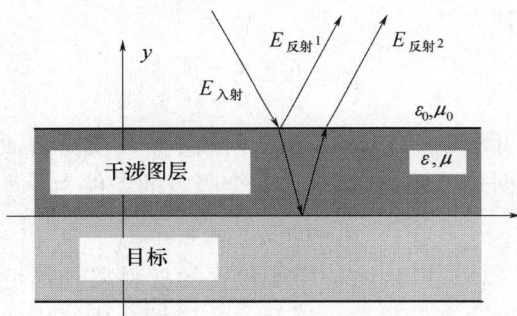

图 15 - 5　干涉保护层

入射波在两种介质"防护层—目标"分界面进行多次反射,并在防护层中被吸收。此时,反射面之间的距离(即防护层厚度)应能确保电波的逆相干扰。

当下式成立时,干涉层不存在反射。

$$\boldsymbol{E}_{\text{反射}} = \sum_{i=1}^{n} \boldsymbol{E}_i = 0 \qquad (15-12)$$

式中:$\boldsymbol{E}_i$ 为"自由空间—防护层"分界面的反射波分量。

当下式成立时,波源方向上的合成反射场等于 0。

$$\beta = \ln \frac{1}{|\boldsymbol{r}|},\, d = (2i+1)\frac{\lambda_{\varepsilon,\mu}}{4},\, i = 1,2,\cdots \qquad (15-13)$$

式中:β 为电波在正向、反向上通过吸收层的衰减系数;$|\boldsymbol{r}|$ 为防护层反射系数的模数;d 为防护层的总厚度;$\lambda_{\varepsilon,\mu}$ 为参数为 ε 和 μ 的防护层波长;

$$\lambda_{\varepsilon,\mu} = \frac{\lambda_0}{\sqrt{\varepsilon,\mu}} \qquad (15-14)$$

250

其中:λ_0 为谐振波长。

干涉层比吸收层薄。但由其作用原理可知,干涉层的频带更窄,其应用经常受限。复合型多层防护层更具前景。

为了使干涉层也具吸收性,可在干涉层中加入铁磁材料和绝缘混合物(基于各种塑料或添加有炭黑的橡胶或石墨粉)作为吸收剂。干涉层的优点是:机械强度和韧性极高,而厚度和质量相对较小。

干涉层的作用效果取决于电磁能射向干涉层表面的入射角。如果电波法向入射,则反射最小;如果以其他角度入射,则反射系数剧增。因此,干涉型防护层应是一种谐振吸收剂,由介质层组成,涂于被防护金属上。所选定的介质层厚度、介电常数以及介质损耗角正切必须能使反射系数等于 0。此时,入射波频率与被吸收辐射的谐振频率的最大偏差不能超过 $\pm 5\%$。否则,入射磁场能的吸收效果将大大降低。

多层干涉层的吸收能力及其带通响应主要取决于层数、层厚以及所用金属的电气参数。在选择电导率和介电常数时应考虑到,每一层干涉层都应与同一频率附近的窄带振荡相匹配,而多层干涉层则需确保波段内的反射系数较小。为了阐述该论点,图 15-6 绘出了多层干涉层的反射系数关系曲线[21]。

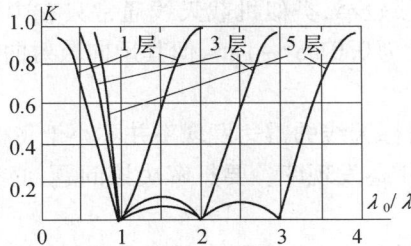

图 15-6　线性干涉层的反射系数关系曲线

应注意,多层吸收结构对电磁能的反射强度还取决于波的入射角、波的极化以及材料的最大容许工作温度。

因此,为了吸收电磁波能,目前所研制的吸波材料和反雷达防护层大多还是使用传统材料,即:导电分散填充剂(炭黑、石墨、金属粒子);纤维填充剂(碳纤维、金属纤维、聚合金属纤维);磁铁填充剂(铁板、铁粉、氧化铁、羰基铁)。这些填充剂既可单用,也可混用。选择粘结材料时,不仅要考虑技术要求,而且还要考虑结构和使用要求。目前,吸波材料和防护层所使用的材料有:绝缘聚合弹性材料、涂料、无纺布、耐火涂料。这些材料能够把反射系数降至 20dB。

为了雷达伪装,可在静止/固定目标和设施罩上由吸收材料制成的特殊披垫。为了减小建筑和设施的有效散射面积,可使用特殊的建筑材料(添加有导电粉和铁磁粉的混凝土)。

15.3 降低天线系统雷达发现率

被侦察目标的天线系统对雷达发现率起着至关重要的作用。根据机型和用途，飞机可携带 100 多部机载无线电电子系统天线。无线电电子系统包括：雷达瞄准器；侧视雷达；自主式无线电导航设备（雷达测高仪、雷达垂直仪、多普勒测速仪以及偏离角测量仪）；近距、远距及人造卫星无线电导航设备；信息传输和通信系统；雷达瞄准镜；无线电侦察与无线电技术侦察设备；有源无线电电子战设备。机载导弹将受控于无线电控制系统、自主导航无线电系统、雷达引信以及无线电遥测系统。舰船以及雷达侦察的地面移动/固定目标，都安装了大量的无线电电子设备。所有这些设备和系统都使用有发射和接收的天线，而这些天线则会增加雷达发现率。据现有评估，机载无线电电子系统天线将占战机有效散射面积的 10% ~ 20% 至 40% ~ 50%。如果自导引导弹位居于最危险的前半球角形扇面，那么其天线的有效散射面积将占总面积的 30% ~ 90%，而巡航导弹则占总面积的 50% ~ 60%。因此，飞机的有效散射面积将随其天线类型的不同而不同；大孔径镜面天线（雷达瞄准天线、雷达瞄准镜天线等）和平面天线阵将具有最大有效散射面积。但这些天线的反向散射曲线较窄，类似机载天线通常只有少数几种。其他天线的有效散射面积则较小，通常为 $0.01\,m^2 \sim 1\,m^2$，但其反向散射曲线则较宽，可达 $180°$，甚至更宽。

当然，陆地与海上目标天线的雷达发现率并不小于飞机天线。因此，目前的迫切问题就是降低天线的雷达发现率。要想解决该问题，必须着眼于 3 个主要研究方向。

第一个研究方向就是无线电电子设备的总体设计方案，根据该方案，可使无线电电子设备的天线总数达到最小。为此需采用机载多用途、多功能天线阵，这些天线阵可同时操纵雷达设备、无线电电子战设备、导弹预警设备、"敌我"识别设备、无线电通信设备以及信息传输设备等。缩减后的天线总数必须能确保飞机所必需的日常信息量，这些信息主要源自：卫星导航系统，目标探测、识别和跟踪系统，侦察—突击系统，以及远距雷达探测系统。此时，接收天线可从适当位置接收信息，比如，根据天线方向图的测向，接收天线可从上半球接收卫星系统信号。此时这些天线不会对飞机下半球的有效散射面积产生影响，而当利用地面和空中雷达对飞机进行探测时，飞机下半球则最为危险。

第二个研究方向是降低无线电电子综合系统和无线电电子战机载设备综合系统的每一天线的雷达发现率。

天线的散射场可根据其自身特性分为两个分量。第一个分量产自入射磁场能的接收和再次辐射，该分量可表示短路天线的特性；第二个分量与天线特性无关，它产自入射波在天线外部的衍射。一般情况下,这两个分量同时存在,但在反向散射曲线的主瓣方向及主瓣方向附近,第二个分量可忽略不计。而在较为偏离主瓣的方向上,第一个分量可忽略不计。这时应注意,由于使用有天线辐射器,反向散射曲线的主瓣将大大宽于天线方向图。

对散射体天线与反射体天线之间的相互关系加以分析,即可得出天线的有效散射面积:

$$\sigma = \left[\sqrt{\sigma_{CTP}} - (1 - K_a) \sqrt{\sigma_{ant}} \exp{j\varphi} \right]^2 \qquad (15-15)$$

式中:σ_{CTP} 为结构部分的有效散射面积;σ_{ant} 为天线部分的有效散射面积;K_a 为天线的反射系数;$j\varphi$ 为相对相位。

短路时,$K_a = 1$,$\sigma_{CTP} = \sigma_{ant}$;而断路时,$K_a = -1$,且

$$\sigma_{pa} = \left[\sqrt{\sigma_{CTP}} - 2 \sqrt{\sigma_{ant}} \exp{j\varphi} \right]^2 \qquad (15-16)$$

为了达到零散射,必须使式(15-15)中的 σ 等于 0。为此需满足以下条件:

$$\text{Re}\{K_a\} = 1 - \sqrt{\frac{\sigma_{CTP}}{\sigma_{ant}}} \cos\varphi, \text{Im}\{K_a\} = \sqrt{\frac{\sigma_{CTP}}{\sigma_{ant}}} \sin\varphi$$

$$(15-17)$$

由于

$$K_a = \frac{Z_a - Z_1}{Z_a + Z_1} \qquad (15-18)$$

式中:Z_a 为输出的天线电阻;Z_1 为负载电阻。

所以可通过选择负荷来确定 K_a 值,在该 K_a 值条件下,指定方向和指定频率上的散射为零。

方向图主瓣上的弱反射天线也可用以接收。

在多数情况下,直接使用吸波材料和防护层,很难降低天线的雷达发现率,因为这些天线防护层在吸收敌方雷达电磁辐射的同时,也将扰乱天线的正常功能。在第二个研究方向中,其降低天线有效散射面积的现有方法和设备可分为 3 类。首先是,天线结构的采用,直接采用具有不变参数的频选结构和极化选择结构。这些结构既可反射天线极化和工作频率下的电波,也可大大吸收所有其他频率和极化下的电波。第二是,通过降低非工作时间内(雷达信号辐射和接收之间的时间间隔,或者在信息传输系统不工作时)的天线性能,来减少天线的有效散射面积。使用电控介质或金属屏蔽层可改变天线性能。在工作时间内可恢复天线性能。与金属屏蔽层相比,电控介质的惰性要小些,它们可改换高频天线的电特性。第三是,如果天线孔径被屏蔽层所掩蔽(该屏蔽层可反射来自外部空间的入射波,且反射方向不同于入射方向),那么镜面天线很难被雷达发现。屏蔽层主要基于辐射

透过性平层介质,这些介质由介质材料层相互贴合而成。

目前所研制的屏蔽层主要为金属面或平层电介质。这些屏蔽层可掩蔽镜面天线孔径。研究表明,使用这种屏蔽层可使镜面天线的有效散射面积减小15dB～30dB。

运用吸波材料层可控制短波与超短波线性天线(由金属杆制成)的无线电反侦察性。吸收层虽增加了导线的横截面,进而增加了天线的有效散射面积,但同时也减小了工作频率谐振所必需的天线长度。这些厘米波天线的有效散射面积约可减小15dB。

目前已研制出许多种介质防护层和铁氧体防护层,它们可缩小无线电通信系统的短波与超短波天线尺寸。所有这些防护层的损耗都极小,足以确保天线的高效性。涂有这些防护层的厘米波天线虽可缩减天线尺寸,但"空气—防护层"界面的巨大失配却会使其有效散射面积非常大。具有较高导磁系数的吸波防护层可减小厘米波天线的有效散射面积。

降低线性天线的雷达发现率的其他有效方法就是在天线中接入无功集成负载(电容器和电感)。在选择容量、电感系数和连接点时,集成的线性天线必须能使逆向反射的厘米波功率最小。

在保持工作特性的条件下,对主频的要求和对最小雷达发现率的要求相互矛盾。一般情况下,根据综合标准对线性天线结构进行最佳化,即可解决上述矛盾。

目前有许多技术方案,可使天线的有效散射面积具有可变性和可控性。例如,可在天线之前、整流罩之下的空间中,设置等离子体屏蔽层。当天线不工作时(既不发射,也不接收),可产生等离子体。如果等离子体中的电子密度高于临界值,那么由于等离子体中的磁能吸收,天线、整流罩以及等离子体屏蔽层等整个系统都将具有较小的有效散射面积。天线的雷达发现率主要取决于天线的电极结构、气体压力、等离子体激励源以及激励控制法。

为了控制有效散射面积,可采用具有可控层的平层介质,如图15－7所示,该剖面图标示了不可控介质层和可控层。可控层为周期性排列的正方形格栅,格栅中载满了有源、无源开关元件。这些元件或是大功率PIN二极管,或是铁电陶瓷电容器。不可控介质层则为无损耗均质介质层,或者为周期性排列的正方形无载荷格栅。利用可控平层介质可减小雷达的发现率:或将该介质涂于天线表面,或在其基础上制造整流罩,该整流罩具有可控的功率传输系数。

第三个研究方向则是:在保持天线基本工作性能的前提下,把天线小型化。当然,由于天线尺寸的减小,再辐射功率也将随之大大减小。先前的天线小型化,其目的不是为了减小雷达发现率,而是为了减小天线系统的外形尺寸。在该研究方向中,第一个技术方案就是研制铁磁体天线。在给定的有效高度下,铁氧体接收天线在工作频率下的面积可减小 μ_g 倍,其中 μ_g 为铁磁体的有效导磁率。当波长减

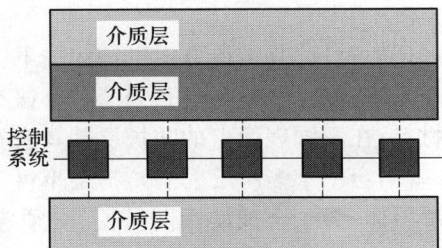

图 15 - 7   有可控层的平层介质

小时,导磁体的有效导磁率降低,而其中损耗则增加。因此,在给定的有效高度下,磁性天线在厘米波段的有效散射面积要远远小于其他天线的有效散射面积。

把超高频天线系统微型化的一个发展趋势是把参量磁性元件用作相控阵天线元件,该参量磁性元件通过控制运送信号的振幅和相位,不仅可放大被接收信号,而且还可对天线系统进行定相。这种天线不仅可提高放大系数、信噪比和分辨力,而且还可大大降低雷达发现率。这是各种因素综合作用所致,这些因素主要包括:天线长度的缩短、参数的放大以及波长在铁磁材料中的缩减效应。在选择天线来接收超高频和高频信号时,不必使用镜面天线,镜面天线会因入射波的波前转换而具有较大的有效散射面积。此时,更适宜使用引向器—波导系统。

15.4   反雷达伪装综合运用

上述反雷达伪装方法的效果都十分明显。将所有这些方法加以综合运用,可最大程度降低雷达发现率。可以肯定地说,反雷达伪装方法的综合运用,其效果要大于每一单个方法的效果总和。近年来,以降低目标探测概率为目的的综合方法研究被称为"隐身技术"。最主要的是,隐身项目将研究方向、设计方向及技术方向联于一体,目的是通过改进目标外形、消除闪光点以及使用专门的结构材料,从而降低目标的雷达发现率和热发现率。

降低雷达发现率与减小目标的有效散射面积有直接关系。隐身项目的任务是把飞机的有效散射面积降至 $0.001\mathrm{m}^2 \sim 0.01\mathrm{m}^2$,这就需要理论和实践基础。以此而研制的飞机对于单部固定雷达来说是看不到的。

对于水面舰艇来说,其隐身项目的基本构想在于:在无线电电子战设备所施放的人为干扰条件下,降低雷达对舰艇的发现率。因为舰艇与飞机、导弹不同,在自然干扰环境下,舰艇极易被雷达所探测。

开发隐身项目时,需研发合理的目标体系结构,并确定吸波材料的种类及其应用的最佳布势。直角构件和天线设备可用作特殊反射体,该反射体具有足够宽的反向散射曲线,并能形成合成反射场,最主要的是可减弱反射体所产生的次级雷达场。

隐身技术所遵循的弱反射目标,其结构方案可简述如下:飞机交叉空气动力面与其他表面所形成的角反射体的有效散射面积,为了减小该有效散射面积,必须选择相应的角度和防护层材料;在不同表面上的防护层需具有不同的阻抗;表面交叉角最好为钝角,因为这样就不会产生多次反射。防护层不仅可有效用于直角构件,而且还用于倾斜的角反射体;为了合理使用防护层,必须鉴别散射结构,并匹配相应的表面阻抗;建筑方案和防护层的使用应相互补充,这样不仅能减小单个构件的有效散射面积,而且还能减小整个目标的有效散射面积。该结构方案可参见图15－8。

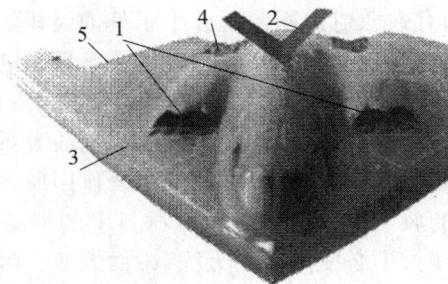

图 15－8 隐身飞机

1—进气口防护网;2—向内倾斜的垂直安定面;3—为减少反射的外边缘部分;
4—防电磁波反射的发动机喷管;5—前掠形机翼后缘。

为了减小目标天线的有效散射面积,隐身技术所采用的天线在方向图主瓣上为弱反射。

弱反射目标项目(类似于隐身项目)由各国公司联合开发。其设计重点在于:使飞机的空气动力特性最佳化,使雷达发现率和热发现率最小化,同时还需考虑上述因素的相互关系。

在隐身飞机的设计和构建过程中,需解决以下主要技术问题:发动机在飞机构件内的配置;减小飞机的横截面积;武器的内挂;研制自适应多功能天线系统,该天线系统具有可控的最小方向图,并兼负全球导航系统、战术信息分发系统和敌我识别系统 3 项职能。

如图 15－8 所示,飞机缩影的平均有效散射面积约为 $0.001\mathrm{m}^2 \sim 0.01\mathrm{m}^2$。为了预防驾驶舱构件的辐射和反射,可在驾驶舱盖上涂上专用防护层。由于该机外表面为斜面,且前缘和后缘不平行,所以其反向散射曲线有 4 个以上散射波瓣。为了得到较小有效散射面积,可开发软件来优化飞机的外表结构。其合理结构就是:把所有反射都集中在某些扇区内;飞机的前缘和后缘平行,其他构件则呈锯齿形,这样所形成的 4 个主要反射扇区就呈 X 形;飞机的所有武器都置于机身内。机舱两侧为发动机短舱,短舱带有可下伸的进气道前缘,这样可防护压缩机叶片免受雷达的辐射。其机载合成孔径雷达的工作频率为 12.4GHz ~ 18.0GHz。雷达所使用的共形阵天线不凸于机体表面,所使用的吸波复合材料的强度特性要高于钢和钛,且比铝轻 30% 。

在研制弱反射水面舰艇时,其隐身项目的思想体系则完全不同。水面舰艇所能达到的雷达发现率与其有源、无源无线电电子战设备的技术性能有关。因此,降低雷达对舰艇的发现率,是为了更加有效地防护舰艇免受自导引武器的打击。

如果根据隐身技术来设计舰艇,那么可采用凸形船体。凸起部分的构形应非常简单,如:侧壁斜度为 8° ~ 10° 的截锥、圆锥等。武器系统可安装在船体及凸起部分的周围。所采用的多功能作战情报系统安装有相控阵天线。从平面向曲面的过渡中,应避免角的形成,曲面可将二次辐射集中到狭小扇区及指定方向上。定态和活性吸波材料、防护层的应用都极为广泛。使用这些原理和方法可降低舰艇的有效散射面积。

第 16 章　介质掩蔽效果

16.1　信号传播介质改变

目前,许多方法和设备都可对信号传播介质产生影响,从而改变侦察目标的能见度。通常情况下,可利用新的物理效应以及信号在介质中的散射、反射、吸收和折射等装置来改变信号传播介质。改变介质的技术设备、掩蔽方法、侦察目标的特性变化,以及目标在其周围环境下减小的无线电反差都千差万别。

改变介质可掩蔽目标免遭无线电侦察设备以及雷达的探测和跟踪,而无需辐射干扰信号。因此,许多掩蔽方法都被称为"无源"方法,而非"有源"方法,因为"有源"方法是通过辐射干扰来进行掩蔽的。但这些称谓并不合理:它们都为积极行动。电子战技术中所采用的术语"无源干扰"则表示无线电反侦察方法。

在电子战技术中,空间目标电磁波散射和再反射所形成的干扰被称为无源干扰[2,3]。

甚至各种被电离的等离子体生成物(即延伸物体,可改变电磁波传播介质的特性)也属于无源干扰。

因此,应区分无源干扰的两个基本类别:一是无源空间干扰;二是可改变电磁波传播介质特性的设备。有时,可无源反射电磁波的假目标也被认为是产生无源干扰的设备。但这些目标并不会因为信号传播介质的改变而产生干扰。它们为空间点状目标,可产生独立干扰,该干扰可改变信号情况,并能用假情报欺骗雷达及雷达侦察设备,而这些雷达和设备的使命则是获知目标的实际性能和特性。

改变介质的方法类别如图 16 – 1 所示。

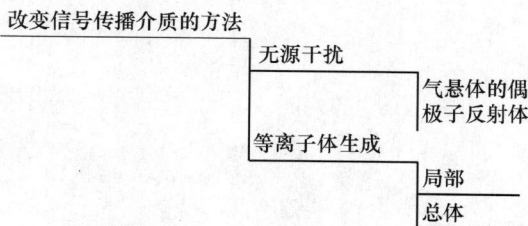

图 16 – 1　改变信号传播介质的方法

偶极子云属于无源干扰,它们能够吸收和散射雷达发射天线所产生的电磁波能量。当偶极子云被无线电电子战设备发射机所照射,并产生假信号时,偶极子云在有源干扰体系中可发生变化。因此,雷达会在空间态势参数以及反侦察目标动态参数等方面被假情报所欺骗。形成的气悬体可在电磁波高频段(即红外线)范围内掩蔽目标,使其免遭无线电电子侦察设备的侦察。但在某些条件下,气悬体则能吸收和散射毫米波雷达信号。

在烃燃料大气(通常含有特轻的电离添加物)中进行燃烧可生成等离子体。这样可形成局部的电离区域,该区域对于无线电电子侦察设备信号来说具有非穿透性。当飞行器(主要是弹道导弹的弹头)在稀薄的高空大气层中飞行时,可形成局部的等离子云。高空核爆炸所产生的高能粒子可对大气分子产生碰撞电离,进而在大气中(确切地说,是在较大的高电离空间范围内)生成球状等离子体[2]。

16.2 偶极子干扰

有史以来,偶极子干扰(锡箔带)一直是无线电电子反侦察的首选方法,但至今才运用成功。目前,带有传导层的电介质可制成长度为 $\frac{k\lambda}{2}$(k 为整数)的偶极子。但也可采用吸附有石墨涂层的"黑色"偶极子。不同长度的偶极子集为束,可确保其从飞机投放以及在空中扩散时的反射带宽为 $\frac{\Delta f}{f_0} \approx (5 \sim 15)\%$。为了使展开的偶极子束具有较大的有效反射面积($\sigma_{di} \gg \sigma_{la}$),应不断投放偶极子束,且投放的时间间隔较短。图 16 - 2 所示的偶极子云是雷达显示屏上颜色较为鲜亮的空间分布式干扰,长期悬于雷达信号的传播介质中,可对雷达探测系统以及武器控制系统进行干扰。偶极子通常很薄(数十微米),选择时应考虑其表面效应和机械强度。

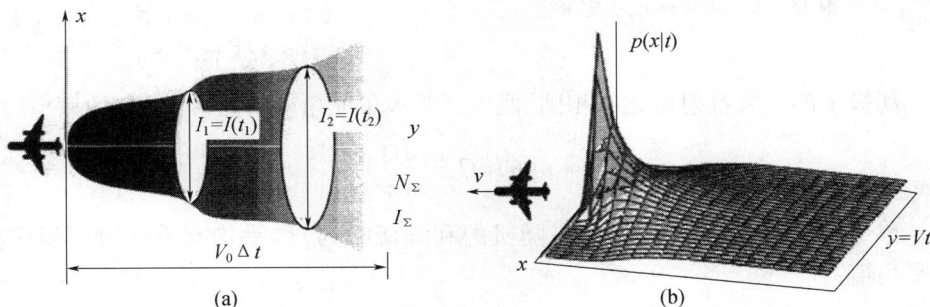

图 16 - 2　偶极子云的展开

在无源偶极子干扰的使用战术中,偶极子云的展开动态问题极其重要。飞机(图 16-2(a))按照行程投放偶极子束,数量为 N_s。偶极子束在飞机发动机射流中的展开过程是一个瞬变的随机过程。坐标轴上的云宽 $x(l)$ 也是一个随机值,其密度为 $p(x|t)$。分布密度的有效宽度 $l(t)$ 取决于时间。在图 16-2(b)中列出了相应于时间 t_1、t_2 的 l_1、l_2 值。

随着偶极子云的不断加宽,$l(t)$ 值也不断增大,直至得到所有偶极子束 l_Σ 完全展开时的 l_1 值。每一偶极子的分速度 V_0 都是随机的,因为偶极子会因迎面的空气流而减速。因此,$\Delta V_i = V_i - V_0$ 不断减小,在偶极子束展开的时间末段 Δt 内,$\overline{V} - V_0 = \overline{\Delta V}$ 可获得较大数值。

偶极子束中,落入空间单元体积 $V=1$ 的偶极子总数(N)随时间而变化。因此,在时间末段 Δt 内的云单元体积内,偶极子数量(N)也将有所不同。

偶极子干扰原理[2]可确定单个半波偶极子的有效反射面积(图 16-3):

$$\sigma_1(\theta) = \sigma_{1\max}\cos^4\theta = 0.86\lambda^2\cos^4\theta \tag{16-1}$$

为了确定单位体积内偶极子$\langle\sigma_1\rangle$有效反射面积的平均值,应考虑面单元 $\mathrm{d}\Omega$(图 16-4)。

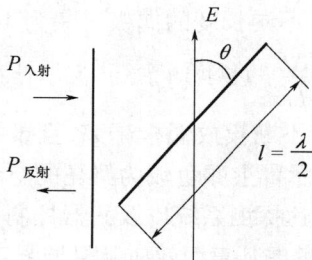

图 16-3 半波偶极子反射体

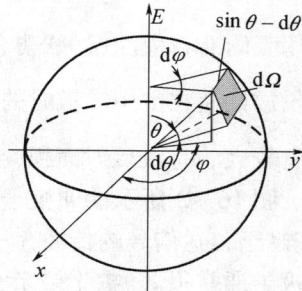

图 16-4 偶极子云有效反射面积的计算

偶极子的所有反射极化都相同,偶极子落入单元角内的面单元 $\mathrm{d}\Omega$ 的概率为

$$p(\theta)\mathrm{d}\Omega = \frac{\mathrm{d}\Omega}{4\pi} \tag{16-2}$$

单个偶极子(其态势和方位是随机的和等概率的)的平均有效反射面积取决于平均值:

$$\langle\sigma_1\rangle = \int_\Omega \sigma_1(\theta)p(\theta)\mathrm{d}\Omega = \int_0^\pi\int_0^{2\pi}\sigma_1(\theta)\frac{\sin\mathrm{d}\varphi}{4\pi} = \frac{\sigma_{1\max}}{5} = 0.17\lambda^2 \tag{16-3}$$

如果一束偶极子中含有 N_Σ 个偶极子,那么在它们完全展开后,其体积 V_Σ 内(图 16-4)的有效反射总面积为

$$\sigma_S = N_\Sigma \bar{\sigma}_1 = 0.17\lambda^2 N_\Sigma \qquad (16-4)$$

通常应考虑偶极子的有效系数(部分偶极子会粘在一起或折断):

$$\sigma_S = 0.17\lambda^2 \eta N_\Sigma \qquad (16-5)$$

有时必须已知:在信号发射点和接收点的空间分集情况下的偶极子有效反射面积(图 16-5)。文献[2]中指出,该值等于

$$\sigma_1(\psi) = 0.17\lambda^2\cos^2\psi + 0.11\lambda^2\sin^2\psi \qquad (16-6)$$

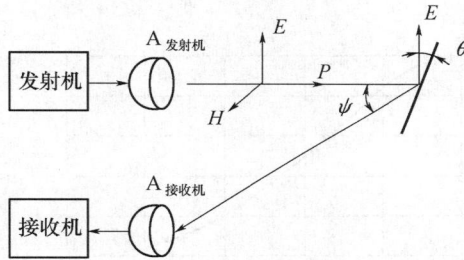

图 16-5 接收点和发射点分集情况下的偶极子有效反射面积计算

最大散射功率与角 $\psi = 0$、$\psi = \pi$ 相对应,而相应于 $\psi = \pi/2$、$\psi = 3/2\pi$ 的最小散射功率则可得出 $\sigma_1 \approx 0.65\sigma_{1max}$。为了计算体积 $V(t)$ 中的偶极子有效反射面积(图 16-4),应已知不同时间内单位体积的偶极子数量(偶极子束中偶极子的百分数量)。

如上所述,偶极子的分速度 V_i 是一个随机值,它取决于以下一系列因素:大气湍流;偶极子的空气动力特性;风影响下的运动特点;重力作用下的偶极子下落速度;飞机发动机的射流影响。

此外,偶极子的自转、雷达天线方向图的不均匀性以及一系列其他原因都会引起反射信号的变化。这时可分辨出"快速"和"慢速"偶极子,如图 16-6 所示。由于该效应,速度分布函数 $p(V)$ 为双模态,其曲线图如图 16-7 所示。

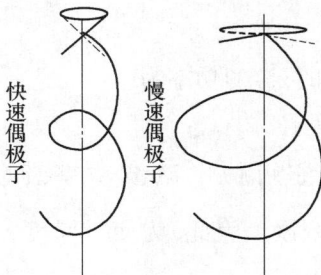

图 16-6 快速和慢速偶极子

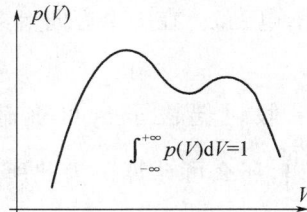

图 16-7 偶极子速度的双模态分布

慢速偶极子力求水平定向,快速偶极子则会受制于偶极子的缺陷:有缺口或变形,这就使它们类似于垂直定向的空气动力舵。试验数据证明,偶极子的水平定向更为重要。

偶极子云所反射的谐波信号的起伏频谱具有高斯曲线特性(二次方):

$$G(F) = \exp\left[-\pi\left(\frac{F}{\Delta F_E}\right)^2\right] = \exp\left[-\frac{F^2\lambda^2}{16(\overline{V}_c)^2}\right] \tag{16-7}$$

该曲线图如图 16-8 所示。起伏频谱的有效宽度为

$$\Delta F_E \approx \frac{120}{\lambda} \tag{16-8}$$

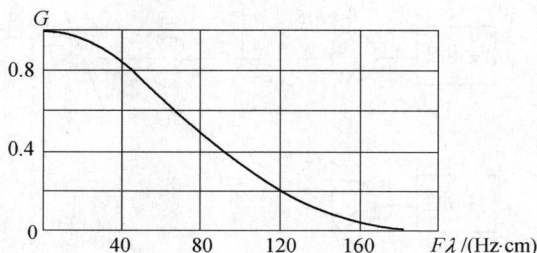

图 16-8　偶极子反射信号起伏频谱宽度

为了使波长 $\lambda = 3\text{cm}$,频谱需加宽约 70Hz。

如果认为云单元体积(面积 $S = 1\text{m}^2$ 和厚度为 $\text{d}x$)所散射的能量与自身的有效反射面积成比例,有

$$\text{d}P = -\langle\sigma_{w0}\rangle\text{d}x \tag{16-9}$$

式中:P 为落入单元体积的信号功率;$\langle\sigma_{w0}\rangle$ 为单元体积内偶极子的单位有效反射面积,其尺度为 $[\text{m}^2/\text{m}^3]$。

那么可得出电磁波的衰减系数[2]:

$$\beta = 0.73\lambda^2\overline{n} \tag{16-10}$$

式中:$\overline{n}$ 为单元体积内偶极子的平均数量。

因此,电磁波(在一个方向上穿透厚度为 x 的云)的功率为

$$P = P_0 10^{-0.1\beta x} \tag{16-11}$$

如果假设偶极子云可屏蔽雷达信号,它可使电磁波功率衰减 10 倍 $\left(\dfrac{P}{P_0} = 0.1\right)$,那么可计算出为此所需的偶极子浓度。因此,为使云厚度 $x = 1\text{km}$,则需:

$$\overline{n} \approx 15 \quad 偶极子/\text{m}^3 \tag{16-12}$$

262

偶极子反射体的主要效应在于掩蔽屏蔽效应,当云位于目标和雷达之间时,云会减弱穿过其中的探测和散射信号。由于该效应,测量距离和方位的普通雷达看不到云后面的目标。要使偶极子反射体有效,就必须创建单位体积内偶极子的适当浓度,即最终所投掷的偶极子束数量。雷达的脉冲体积(图16-9)由下式确定:

$$V \approx \frac{R\Delta\theta_a R\Delta\varphi_a c\tau_{\text{脉冲}}}{2} \tag{16-13}$$

式中:$\Delta\theta_a$,$\Delta\varphi_a$ 为雷达天线方向图的有效宽度;$\tau_{\text{脉冲}}$ 为雷达脉冲持续时间。

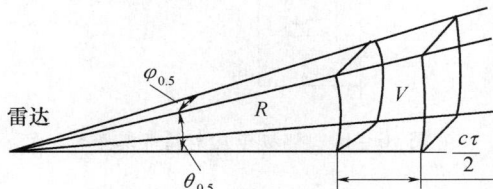

图16-9 雷达的脉冲体积

该体积内应有($\langle n \rangle$)个偶极子,以使该体积内的有效反射面积为

$$\sigma_V = \langle n \rangle V \langle \sigma_1 \rangle = \langle n \rangle R^2 \Delta\theta_a \Delta\varphi_a \frac{c\tau_{\text{脉冲}}}{2} \langle \sigma_1 \rangle \tag{16-14}$$

式中:$\langle \sigma_1 \rangle = 0.17\lambda^2\cos^4\theta$ 为单个偶极子的平均有效反射面积。

如果 $\sigma_V \gg \sigma_{\text{aim}}$,那么偶极子反射体将具有足够高的有效性。在云的动态展开过程中,σ_V 通常会发生变化。这在计算时应加以考虑。在偶极子云环境下探测点目标时,云所散射和再反射的信号类似于外部非高斯白噪声,其谱密度为 $G(F)$(图16-8)。因此,偶极子反射体环境下的目标探测原理有别于非白噪声环境下的点目标探测原理。

根据探测原理可计算出偶极子干扰所掩蔽的云的有效宽度 L_E[2]。图16-10所示为干扰(由偶极子反射体所反射)功率与雷达信号功率(取决于目标方位角 θ)之间的关系。

当云中含有高浓度偶极子时(情况1),被掩蔽云的有效宽度为直线距离 L_{E1},在该直线距离内,无论在哪个方位都无法探测到信号。当云中含有低浓度偶极子时(情况2),云的有效宽度 L_{E2} 要窄些。被掩蔽云的宽度可根据下式计算[2]:

$$L_E = R\Delta\theta_a + l_{jE} \tag{16-15}$$

式中:l_{jE} 为偶极子反射体云的有效宽度。

在对抗无源偶极子干扰的雷达中,需采用装有活动目标选择器的脉冲相干雷达,该活动目标选择器主要以隔期补偿设备为基础(图16-11)。

雷达在发射脉冲不相干信号(持续时间为 t、重复周期为 T)的同时,还可在时间 T 内使相干振荡器的相位精确同步。结果,反射信号与相干振荡器电压

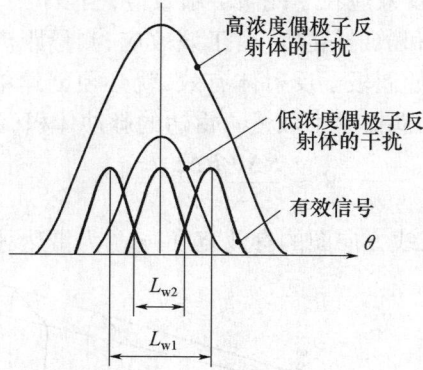

图 16-10 偶极子反射信号和干扰

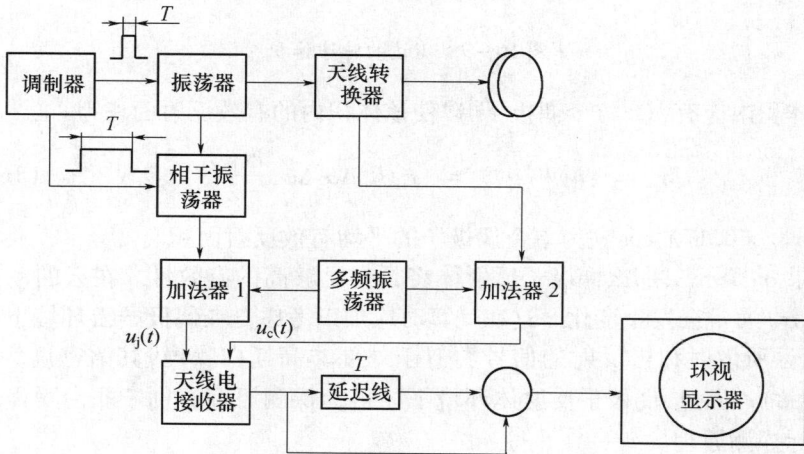

图 16-11 基于隔期补偿的活动目标选择器

（图 16-11 中的 $u_c(t)$）相干。静止目标反射的信号将等幅（图 16-12(a)）。

移动目标反射的信号将具有多普勒频移 F_d：

$$u_c(t) = E_{co}\cos[2\pi(f_0 + F_l)t - \Phi_c(t)] \qquad (16-16)$$

对相干振荡器信号进行差频，得

$$u_d(t) = E_{do}\cos[2\pi f_0 t - \Phi_c(t)] \qquad (16-17)$$

无线电接收装置射频检波器输出端输出的信号将为

$$u_b(t) = kE\cos E_{do}\cos 2\pi F_d t \qquad (16-18)$$

也就是以多普勒频率正弦曲线进行调幅的脉冲信号（图 16-12(b)）。

如果使用隔期补偿装置（图 16-11），那么在移动目标输出端将可分选出非零

264

信号。活动目标选择器可使偶极子发射体的使用效应降低 20dB。

因此，为了对抗脉冲相干雷达，必须采用高浓度偶极子云。此外，如果偶极子反射体的速度不为零，那么活动目标选择器的使用效应就会减弱。为达此目的，必须频繁投放偶极子反射体，这样它们就不会完全停下来。有关活动目标选择器线路图的详细分析和描述可参见文献[2]和[7]。

具有相干连续信号的先进雷达可直接测量（借助自动跟踪系统）目标的移动速度。自动跟踪系统中的速度选通器可始终监视移动目标。由于偶极子反射体会因迎面的气流而快速减速，所以即使云的有效反射面积远远大于目标的有效反射面积，云也会迅速离开自动跟踪系统选通器，同时干扰也会迅速失去效能。因此，使用偶极子反射体来对抗具有连续辐射信号的雷达是低效的。

偶极子的反射具有谐振特性，因此，偶极子有效反射面积（取决于长度）的图形可参见图 16 - 13。

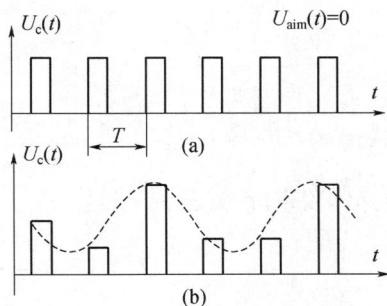

图 16 - 12　静止目标和移动目标反射的信号　　　图 16 - 13　偶极子的谐振

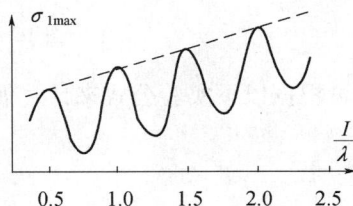

许多偶然因素都会对偶极子（从飞机上投掷）的有效反射面积产生影响：偶极子的粘合和混合效果；偶极子的展开动态；入射波的极化作用；偶极子反射体的散射方法；周围大气层的影响；屏蔽效应；偶极子的降落速度，等等。因此，上述的诸多计算方法仅仅给出了使用偶极子反射体进行无线电电子战的近似数据。

偶极子束的分散速度必须能使相邻偶极子间的距离小于雷达的距离分辨力 δR 和角分辨力 $\delta\theta$。在施放偶极子云时，应考虑落入雷达脉冲体积内的偶极子束数量。通常情况下，目标反射功率与雷达脉冲体积内云反射功率的比值大于 3dB，计算时应考虑偶极子束中仅有 30% 的偶极子可形成有效反射面积。在偶极子展开过程中，应考虑偶极子云从 1/10 秒到几秒的总扩展时间，该时间取决于偶极子的类型和大气条件（在大气上层其扩展过程就快些）。偶极子的降落速度平均约为 75m/min（窄带状偶极子）。通常，一个偶极子束中含有数十万个金属箔偶极子，或数百万个电介质偶极子。几个偶极子束展开后称为偶极子云，而云群则被称为偶极子带,其长度可达数千米。

应注意,偶极子距离雷达越远,其反射就越弱,因为落在其上的电磁波能量就越少,这时,不仅要研究偶极子的粘合效应,而且还要研究其屏蔽效应。为了增强偶极子反射体的屏蔽效应(放大在云中的衰减系数 β),可采用专门的吸波材料偶极子。

在偶极子云(投掷于飞机)的散射过程中,水平带宽 L_d(图 16 - 14(a))和垂直带宽 L_c(图 16 - 14(b))。L_d、$L_c = 400\mathrm{m} \sim 1000\mathrm{m}$。云的横截面(图 16 - 14(c))为钟形。

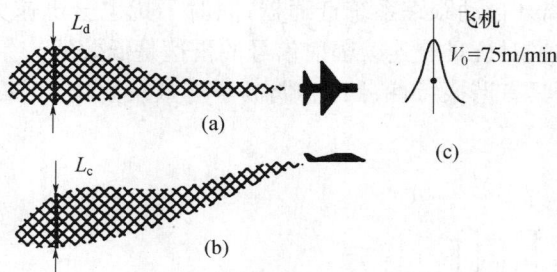

图 16 - 14　偶极子云的散射

可根据以下实验公式来计算偶极子束的展开体积密度 $D(\mathrm{m}^2/\mathrm{km}^3)$:

$$D = \frac{60R\sigma_j}{L_d L_c V} \qquad (16 - 19)$$

式中:R 为 1min 内投掷的偶极子束数量;V 为飞机速度;L_d,L_c 为偶极子带的宽度(图 16 - 14);σ_j 为 1 个偶极子束所形成云的有效反射面积。

例如,如果 $R = 30$ 束/min,$\sigma_j = 100\mathrm{m}^2$,$V = 750\mathrm{km/h}$,$L_d = 0.360\mathrm{km}$,$L_c = 0.93\mathrm{km}$,那么可得 $D = 720\mathrm{m}^2/\mathrm{km}^3$。因此,为了得到长为 186km 的偶极子带,飞机应在 15min 内投掷 450 束偶极子。

投掷偶极子反射体时可采用以下几种方法:把偶极子束从机舱传至输送带,以进入环流进行散射;把偶极子射入飞机烟管以进行散射;偶极子放置在卷成卷的纸上,以气流方式进行散射;在散射前直接切割偶极子;利用风动装置发射的传爆管进行喷射;利用射向前半球的偶极子导弹进行喷射;利用航空炸弹进行投掷;利用迫击炮和炮弹进行喷射,等等。

通常应精确算出偶极子发射体的投掷数量。利用远程飞机及其他设备进行投掷时,通常应按照风的走向布设偶极子云和偶极子带,以使攻击机始终处于偶极子的屏蔽作用之下。偶极子带的标准尺寸为 $L_d = 500\mathrm{m}$,$L_c = 1.5\mathrm{km}$。带宽为 1km ～ 100km。抑制雷达侦察的波段为 250MHz ～ 8000MHz。偶极子反射体的布设方法多种多样。最常用的是飞机射向前半球的偶极子导弹。在布设偶极子反射体时,为了使雷达能更精确地瞄准偶极子反射体,飞机有时会改变航向,如图 16 – 15 所示。

在制定偶极子束的投放计划时,应根据以下草案进行初步计算(图 16 – 16)。

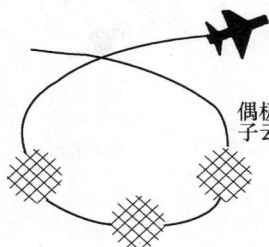

图 16 – 15 因偶极子云而改变航向

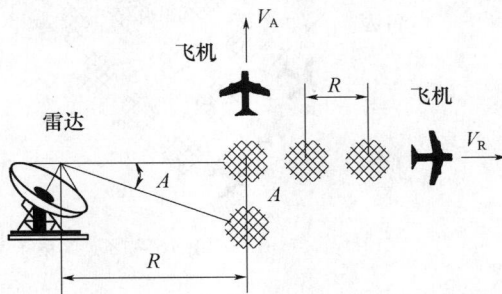

图 16 – 16 偶极子干扰的布设战术

第一架飞机在雷达垂直方向上以速度 V_A 进行飞行,以速度 T_A 投放偶极子反射体,以使相邻偶极子云之间的距离 dA 等于雷达的角坐标分辨力 $\delta\theta = R\sin\Delta\theta_A$。利用下式可计算出速度 T_A:

$$T_A = \frac{dA}{V_A} = \frac{R\sin\Delta\theta_A}{V_A} \qquad (16 - 20)$$

第二架飞机沿着雷达方向远离或靠近雷达。该飞机在布设偶极子反射体时,应确保对雷达的干扰距离为 δR,因此,这些偶极子的投放速度应为

$$T_R = \frac{\delta R}{V_R} = \frac{150\tau}{V_R} \qquad (16 - 21)$$

图 16 – 17 所示为线解图,可根据此图来确定偶极子束的投放速度。

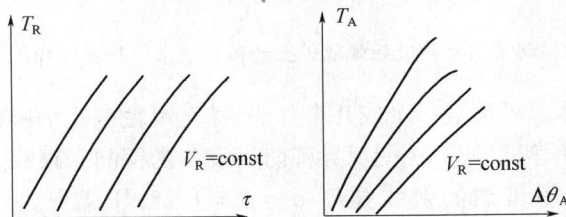

图 16 – 17 计算偶极子束投放速度的线解图

有时必须利用几个干扰施放装置来布设偶极子反射体幕(图 16 – 18(a))。也可将偶极子导弹发射到被保护飞机的航线前方(图 16 – 18(b)),甚至投放偶极子反射体带(15s 内投放 7 束 ~ 10 束)。

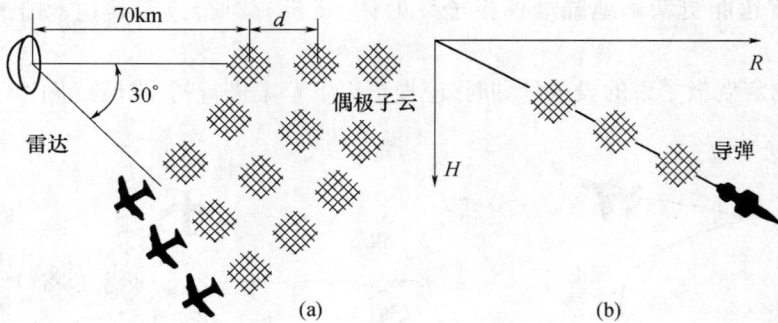

图 16 – 18 偶极子幕的布设方案

偶极子干扰可用来掩蔽穿越反导弹防御区的弹道导弹弹头[21]。利用偶极子反射体来改变洲际弹道导弹轨迹的周围环境以使其穿越反导弹防御区,参见图 16 – 19。

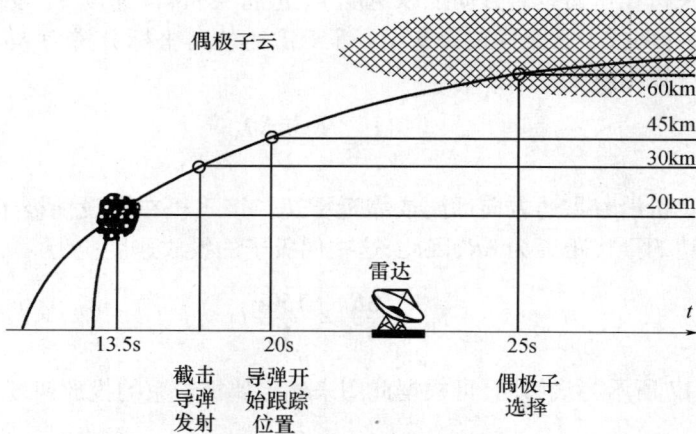

图 16 – 19   利用洲际弹道导弹轨道上的偶极子来防护洲际弹道导弹弹头

偶极子反射体云可覆盖一个或几个弹头,甚至可覆盖几个假目标,这些假目标可掩蔽洲际弹道导弹,以使其免受反导弹防御设备的探测和跟踪。

通常认为,如果雷达的射线宽度 $\alpha = \beta = 1.2°$,压缩脉冲的持续时间 $\tau = 1$(米·千克·秒),云的大小为 370km ~ 900km(均衡部署偶极子),$\langle \sigma_1 \rangle \approx 0.1m^2$(偶极子长度为 40cm),那么可根据式(16 – 14)算出,在距雷达 1300km 的单位脉冲体积(与反导弹的最小爆破距离相符)内,将含有 80 个偶极子反射体,有效反射面积为 $0.8m^2$。如果弹头的平均有效反射面积为 $\langle \sigma_{弹头} \rangle \sim 0.001m^2$,信噪比为 30dB,那么,雷达的反导弹防御系统就无法识别弹头。

268

起初,偶极子反射体的结构极其简单。它们就是最简单的金属振子或金属化半波振子,配成束后被大量投放,以形成偶极子云或幕。

　　随着无源干扰设备和方法的剧烈增加,偶极子反射体的结构也日趋复杂、新颖。首先,偶极子的制作材料开始采用涂有金属层的纤细、坚固、有弹性的纤丝(玻璃纤维、聚酯薄膜、碳纤维塑料)。这些纤丝能够更密实地捆扎成束,且不易纠缠,不易扯断。这样,每个偶极子束都能形成偶极子云,且其有效反射面积要大于箔条束的有效反射面积。第二,已研发出专门的形状和结构,可使偶极子更长久地在大气中漂游。为此,偶极子可采用非常纤细(直径1mm)的金属化小管进行制作,金属化小管内充满轻气体。金属化小管是密封的,其长约等于雷达工作波长的1/2。在正常气压下,偶极子可部分折叠。在高空中,当偶极子的自身重量等于偶极子挤压空气的重量时,偶极子完全被小管内的气压所膨胀。采用该技术方案制出的偶极子可在标准大气压条件下悬浮于不同高度的地球上空。同时,偶极子还会由于自转而使其降落速度更加缓慢。该偶极子的结构可如图16-20所示。

　　纤细的金属化膜也可用来制作偶极子。偶极子末端的两个水平尾翼相对折起45°。当从飞机上大量投放偶极子时,每个偶极子都将对着自身的中心轴线进行旋转。单个偶极子的质量较小,再加上自身的旋转,这就使得偶极子能够在较长时间内处于同一高度。此外,其自转还可稳定偶极子在任一瞬间的垂直定向,协助反射信号的多普勒频谱扩展,阻碍偶极子云反射环境下的移动目标识别。

　　偶极子反射体在掩蔽弹道导弹弹头时,必须能在高超声速条件下工作,在下降段不被损坏(直至低空),并能按照类似于洲际弹道导弹弹头的运行轨迹运动。此外,偶极子的方向应横向雷达射线。结构扁平、两端楔形(其中一端要长于另一端)的偶极子具有空气动力特性、弹道特性以及电动力特性。这可使偶极子的重心向前移动。在后缘进行钻孔,可改变空气施力中心的重心。偶极子可根据长度而定其厚度。细长的偶极子可确保小阻力和高弹道系数。偶极子的形状不同,其迎角和方位角也会随之不同。偶极子的这些结构如图16-21所示。

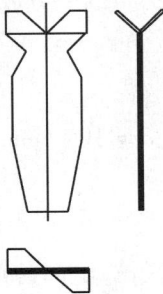

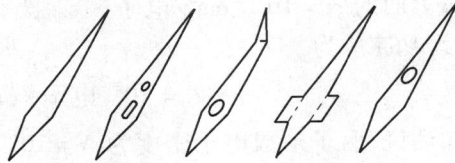

图16-20　旋转的偶极子　　　　图16-21　自稳定和自定位偶极子反射体的形状

16.3　等离子体信号反侦察

并非只有像偶极子反射体云这样的宏观物体才具有不均匀性,这种不均匀性可引起电磁波的折射、反射和吸收。电磁波与电离气体介质相互作用时即可发生该效应,在该介质中,带电粒子之间的平均距离小于波长。因此,利用信号传播介质的改变来生成等离子体,可进行无线电反侦察[2,3]。

当折射系数 $n = \sqrt{\varepsilon\mu}$ 以及两种介质的电导率 σ 截然不同时,电磁波会发生反射。如果在无线电波的传播途中,以等离子云的形式制造局部的不均匀性,那么 n 和 σ 会随之改变。等离子体是一种分散介质,也就是说,其折射系数 n 取决于频率:

$$n = \sqrt{1 - 81\frac{N}{f^2}} \tag{16 – 22}$$

式中:f 为频率(Hz);N 为电子密度,即 $1m^3$ 电离气体内的平均电子数量。

在临界频率条件下,会发生内部全反射(接收机对发射机的完全屏蔽),临界频率与 $n = 0$ 相对应,即

$$f_{cr} = 9\sqrt{N} \tag{16 – 23}$$

也就是说,电子密度(在该电子密度中,穿过等离子云的信号已不能直射)将为

$$N = \frac{f_{cr}^2}{81} \tag{16 – 24}$$

为使 $\lambda = 10cm$,则 $N = 10^{18}/m^3$,这是非常高的电离度,当 $N = 10^{17} \sim 10^{18}$ 时,用目视就能看见电离,就像气体发光。

通常认为[2],电离源(电子和离子发生器)的功率与其产量的平方成正比,即

$$I = \alpha N^2 \tag{16 – 25}$$

式中:α 为电子复合强度指数。

地球表面的 $\alpha = 10^{-12} cm^3/$电子·s。当 $N = 10^{18}/m^3$、$\alpha = 10^{-12} cm^3/$电子·s 时,电离源功率应为

$$I = 10^{24} \text{电子}/(m^3 \cdot s) \tag{16 – 26}$$

换句话说,为了形成电子密度为 $N = 10^{18}/m^3$ 的电离区域,电离源应在 1s 及 $1m^3$ 内生成 10^{24} 个电子。

在电离区域中,不仅会发生反射和折射,而且还会发生无线电波的能量吸收。自由电子在入射波电场的作用下进行强迫振荡。振荡频率等于无线电信号的载波

频率。在振荡运动过程中,电子与中性分子、原子和离子相碰撞。这种情况下,电子能就会传给其他粒子,即电场能转换成介质的热能。

这种情况下,无线电波的吸收系数为

$$\beta = \frac{1.8 \times 10^{-2} N\kappa}{\omega^2 + \kappa^2} \qquad (16-27)$$

式中:N 为等离子云中的平均电子密度;κ 为电子与大气中离子、原子和分子的碰撞次数;$\omega = 2\pi f$ 为信号的角频率。

正如式(16-27)所示,吸收具有共振特性:在信号的某一频率下,系数 β 最大,即

$$当 \frac{\partial \beta}{\partial \omega} = 0 \ 即 \ \omega = \kappa \ 时, \ \beta = \beta_{max} \qquad (16-28)$$

碰撞频率与空气密度成比例,也就是碰撞频率随着高度和气象条件的变化而变化。因此,始终存在一个信号衰减最大的高空层。正常条件下,在宽约 16km、高约 72km 的区域内,信号衰减最大。这一高度的碰撞频率约为 $10^6/s$。

当频率为 5MHz 时,波长远远小于电子的自由行程,$\omega^2 \gg \kappa_2$。因此可简化式(16-27),并根据下式计算衰减系数:

$$\beta \approx 0.45 \times 10^{-3} \frac{N}{f^2} \qquad (16-29)$$

由式(16-29)可得,为了创建吸收电磁波(利用局部生成的等离子体来吸收电磁波)的所需条件,等离子云中的分子密度应为

$$N \approx 2.2 \times 10^3 \beta f^2 \ (1/m^3) \qquad (16-30)$$

例如,为了确保高度 H 约 72km、$\lambda \approx 3cm$ 时的衰减为 $\beta \approx 10dB$,电子密度应为 $N = 0.37 \times 10^{18}/m^3$。实际上,当密度 $N = 10^{11} \sim 10^{14}/m^3$ 时,低空中无线电波的吸收非常明显。

现今已研发出各种方法,以在大气中人工生成等离子体。热反应和爆炸反应都可使含有自由电子的大气进行电离。工作于高空的火箭发动机可产生含有高密度带电粒子的炙热等离子体。尤其是在燃料中添加易被电离的添加剂(轻金属和某种轻金属化合物)。燃料燃烧可产生大量的自由电子和金属蒸气。在太阳光的作用下,中性金属经受光电离,进而延长等离子体云的存在时间。可用含有硝酸钾或硝酸铯的铝作为燃料的电离添加剂。这些金属的蒸气具有 3eV ~ 5eV 的电离电势。这些方法的不足之处是:把物质转换成离子的效能较低;形成云的高度受到限制(不低于地球上空 100km)。

火箭发动机的中心球涂上烧蚀材料(氢氧化锂或氢氧化钠)后,火箭发动机喷管的喷雾可在低空形成离子云。烧蚀涂层被热气流迅速吹走,并在太阳光的作用

下经受光电离,形成金属带电离子和自由电子。经试验和计算,每千克氢氧化锂可产生 875g 电离锂元素和 16×10^{22} 个自由电子。当 $100m^3$ 体积内(小型火箭发动机喷管所形成的气体云体积)分布有这一数量的电子时,其电子密度即为 $N \approx 10^{14}$。利用这种方法,在 15km 至 60km 的高度即可生成等离子体云。

利用热反应也可生成等离子体。例如,对喷气发动机喷管喷出的高温燃烧产物进行补充电离。为此,可在碳氢燃料中添加铝粉、铯粉、镁粉及其他金属粉。这些物质既可添加到燃料中,也可喷涂在发动机的喷管切面上。

但是,由热反应或爆破而形成的等离子体云,其存在时间终究会因带电粒子的扩散、复合和粘附而非常短暂。空气湿度会对离子的生成效能(通过化学物质的粒子散射及之后的光电离而产生离子)产生巨大影响。在使用和保存中,物质本身存在危险性,且费用相当大。

基本上,其他的大气电离装置都是以激光辐射为基础。激光射线与物质相互作用,可使大气原子在传播途中进行电离。电离程度越高,射线本身的吸收和散射就越多。因此,本书仅就某些技术观点和方案加以探讨,这些观点和方案主要以激光系统的空间部署为基础,激光系统的辐射可聚于指定的空间体积内。每个激光器的辐射强度都不大,不能引起大气电离,也不会产生很大损耗。但几个激光器(聚于指定区域)的辐射强度却足以在该区域内产生大量的等离子体。当然,如果激光器采用脉冲工作模式,那么激光器系统必须要有专门的同步和制导装置。

激光射线形成的电离尾迹,要么长度较长、电离程度较低,要么长度较短、但电离程度较高。为了在较大距离的稠密气体介质中获得高程度电离,可采用低功率激光器,该激光器首先生成电离程度较低的尾迹,之后,在该尾迹上进行高强度放电,以提高原先激光射线所形成的离子直线通道的电离程度。为此,可采用连续脉冲激光器。脉冲模式具有以下优点:首先,脉冲系统可确保更高的瞬时能量,进而增加电离通道的有效长度。第二,在高电离通道的形成过程中,其最初的直线形状将因横向位移而逐渐变形。因此,脉冲系统中通道的周期性消失,不仅可消除不稳定的电离,而且还可再生新的高电离直线通道。

在大气压条件下,电离程度一般为 $(10^{10} \sim 10^{15})$ 离子/cm^3,它取决于形成最初尾迹的激光射线。激光尾迹中的离子浓度为 10^{18} 离子/cm^3,离子浓度会因补充放电而增加。高压发电机电离电势的补充波效能会因高频电流脉动在发电机脉冲峰值上的叠加而增强。比如,100kHz 的脉动频率可在 100M 的激光脉冲宽度上生成 20 组可变分量。

功率最为强大的大气电离源是核爆炸[2]。低于 16km 的高空爆炸不能引起长时间的稳定电离。因此,也无法在本质上影响无线电波的传播条件。在地面爆炸时,虽可形成强吸收和强反射区域,但它们不能引起电离,只能引起大气中的大量粉尘、水蒸气和气悬体。40km ~ 50km 的高空爆炸可形成电子浓度 $N \approx (10^{10} \sim$

10^{11})/m^3 较低的稳定区域。这时,10% ~80% 的高空核爆炸能量将用于大气电离,这些区域可维持几个小时。

可用一次近似值来对两种电离区域加以研究。首先是低速电子区。利用热 X 射线来电离介质即可生成这些低速电子。这些区域的直径可达数百千米,其电子浓度将随时间的增加而减少:

$$N \approx \frac{10^{13}}{t} \tag{16 - 31}$$

式中:t 为时间(s)。

这些区域的扩散一般遵循扩散规律。

其次是快速电子区(β 粒子)。放射性裂变产物可辐射出这些粒子。快速电子受到地球磁场的吸引,如图 16 - 22 所示。因此,电离具有普遍性,对磁场中的电子可产生影响:

$$F = e[V \times H] \tag{16 - 32}$$

式中:e 为电子电荷;V 为速度矢量;H 为地球磁场强度矢量。

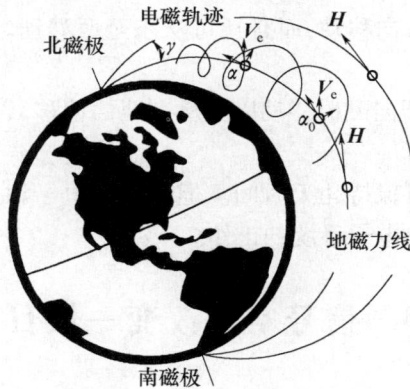

图 16 - 22 地球磁场中的电子轨迹

如果磁场均匀,那么电子就会以固定间距和半径进行螺旋运动(F 垂直于 V 和 H),该半径为

$$r = \frac{mV}{eH} \tag{16 - 33}$$

式中:m 为电子质量。

在不均匀磁场中,当电力线在角 γ 处相交时,如图 16 - 22 所示,则会产生正切分量 H_t 和垂直分量 H_n。正切分量 H_t 可产生电子旋转的向心力,而垂直分量 H_n 则可将电子推向磁场强度较弱的区域。由于这种复杂运动中的电子速度几乎不

减,所以电子开始进行螺旋运动(图 16 - 22)。

H_t 与 H_n 的关系会在空间发生变化。这导致电子速度的矢量分量也随之发生变化(图 16 - 22)。在这种情况下,

$$\frac{\sin^2\alpha_0}{H_0} = \frac{\sin^2\alpha}{H} \qquad (16 - 34)$$

其中

$$\sin\alpha_0 = \frac{H}{H_0}\sin\alpha \qquad (16 - 35)$$

当 $\sin\alpha = 1$ 时,电子停止直线运动,即

$$H = \frac{H_0}{\sin^2\alpha_0} \qquad (16 - 36)$$

式(16 - 36)表示,电子不可能进入高强度磁场区。要想进入这些区域,电子需改变速度标记。形象地说,磁场就是电子反射镜,这样的反射区位于地球的磁极地带(图 16 - 22)。

电子不仅可朝磁极方向移动,而且还可从东至西移动。这主要取决于磁场在高度上的不均匀性。

因此,这两种效应(即向磁极移动以及从东至西偏移)都可导致因高空核爆炸而进行的近地空间电离。

磁极附近的电离区可保持几天时间。但其快速电子浓度却不高。因此,这种电离只能影响米波无线电电子系统的工作。

16.4　信号空间改变—假目标

无源假目标不能改变信号空间环境的电气特性,但它们能使信息失真,这些信息是雷达侦察设备和雷达系统从被接收信号中所提取的信息。也就是说,假目标可使信息环境的性能和特性发生畸变:模拟真实目标,并以虚假情报欺骗对方的雷达。假目标通常为装有无源反射体的点状物体。一般说来,无源假目标可分布在远程飞机、滑翔机、高空气球和降落伞上。它们被投于雷达的作战区(图 16 - 23(a)),并产生大规模袭击的印象。在图 16 - 23(b)中,远程飞机将无源假目标投向其前半球或后半球,同时攻击机也可投掷假目标,以便自保护或相互保护。

可用作无源假目标的有:角形反射体、龙伯透镜、带有金属层的高空气球、相控阵天线阵列、较大的金属屏蔽层。

像偶极子发射体这样的无源假目标,它们被投掷到大气层之后开始减速(与飞机速度相比)。但正是它们的减速,使得活动目标选择器能够从真实目标中识

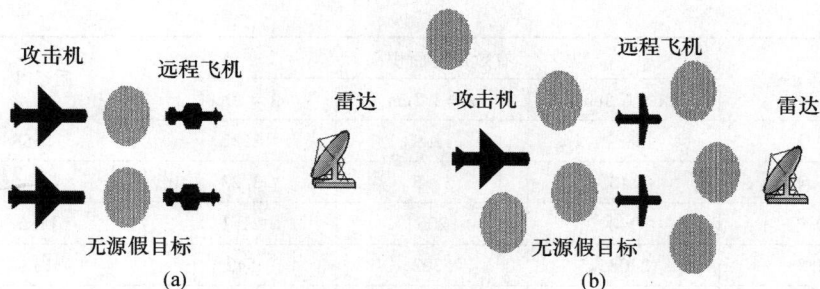

图 16 - 23 假目标的使用

别出假目标。

龙伯透镜[2]是一种电介质球,如图 16 - 24 所示。理想中的龙伯透镜,其电介质折射系数仅取决于透镜变动半径(r)与透镜外半径(R)的比值:

$$n = \sqrt{2 - \left(\frac{r}{R}\right)^2} \qquad (16 - 37)$$

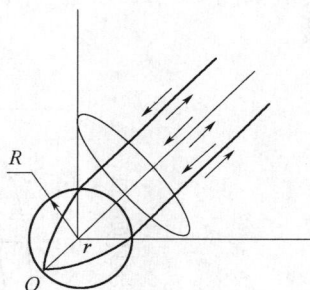

图 16 - 24 龙伯透镜

图 16 - 24 描绘了射线在龙伯透镜中的轨迹。

中心射线在透镜中没有受到折射,但其余射线的轨迹却发生了畸变。于是,所有射线都聚焦于球内 O 点,该点涂有金属层。O 点为次级电磁波源,它将在透镜出口形成同相磁场,因此,再辐射图的最大方向将与入射波的入射方向相一致。

龙伯透镜的最大有效反射面积可根据下式得出[2]:

$$\sigma_l = 4\pi^3 \frac{R^4}{\lambda^2} \qquad (16 - 38)$$

以龙伯透镜为基础的假目标可具有不同的再辐射角 90°~180°。其有效反射面积如表 16 - 1 所列。

表 16 - 1

直径/cm	有效反射面积/m²			质量/kg
	$\lambda = 1.5\text{cm}$	$\lambda = 3.2\text{cm}$	$\lambda = 10\text{cm}$	
7.65	1.16	0.255	0.026	0.136
10	3.67	0.807	0.083	0.227
12.7	8.96	1.97	0.202	0.408

275

直径/cm	有效反射面积/m²			质量/kg
	$\lambda = 1.5\text{cm}$	$\lambda = 3.2\text{cm}$	$\lambda = 10\text{cm}$	
20.2	58.7	12.9	1.32	1.588
25.4	143	31.5	3.23	
40.7	940	206	21.1	11.6
91.5	24085	5292	542	136
121.5	76121	16762	1713	311

无源假目标的重要特性曲线是其反向散射图,即反射方向图。龙伯透镜反向散射图如图 16-25 所示。图中给出了角形反射体和金属片的反向散射图,以进行比较。

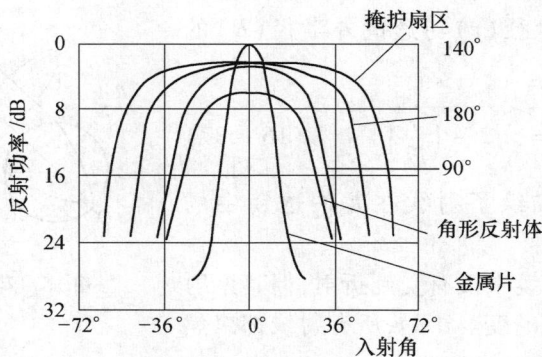

图 16-25　龙伯透镜反向散射图

为了对抗双位置雷达,可采用双分反射体(图 16-26(a))。双分反射体的龙伯透镜反向散射图如图 16-26(b)所示。

图 16-27 所示为 3 种角形反射体的反向散射图,这 3 种角形反射体分别为:直角反射体、三角反射体和八角反射体。

通常情况下,角的有效反射面积与边长 a、波长 λ 的关系式为

$$\sigma = \frac{12\pi a^4}{\lambda^2} \quad （直角）$$

$$\sigma = \frac{4\pi a^4}{3\lambda^2} \quad （三角） \qquad\qquad (16-39)$$

$$\sigma = \frac{3\pi a^4}{\lambda^2} \quad （半圆）$$

表 16-2 所列为八角反射体的有效反射面积,八角反射体具有最佳特性。

276

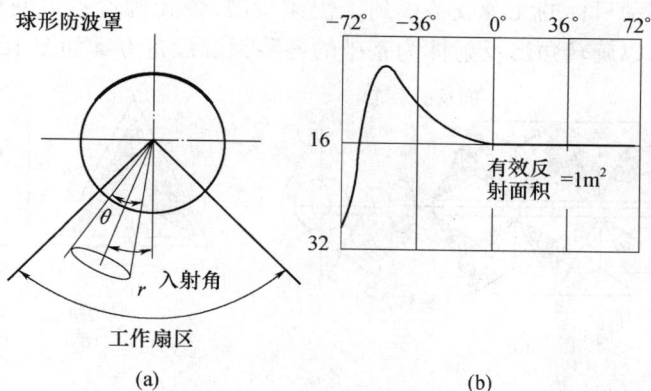

图 16-26 双分反射体的龙伯透镜反向散射图

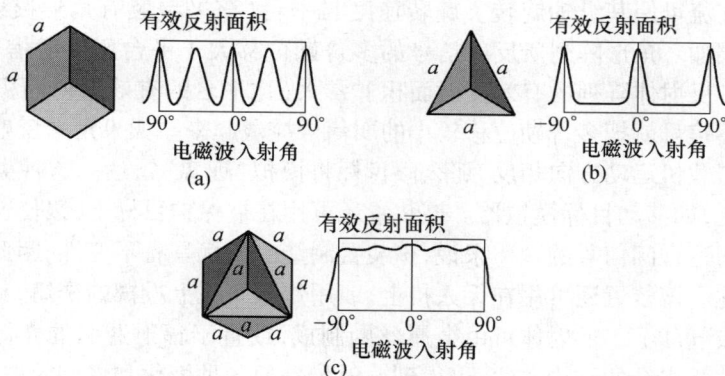

图 16-27 角形反射体

表 16-2

a/cm	有效反射面积/m²		
	f=10GHz	f=6GHz	f=3GHz
48	134	48	12
65	422	152	38
97	2143	472	193

　　有许多技术方案可以弥补无源假目标在大气中的移动速度过缓这个主要不足。根据真假目标的速度差别可识别出真假目标,这也降低了雷达的虚警率。显然,若想制造真假难辨的假目标,则需发射专用火箭。这种火箭可掩蔽其轨迹中的飞机和弹道目标。

可模拟移动目标的无源设备得到了快速发展,该无源设备可使被反射信号产生频率误差。以旋转角形反射体为基础的各种无源设备方案如图 16-28 所示。

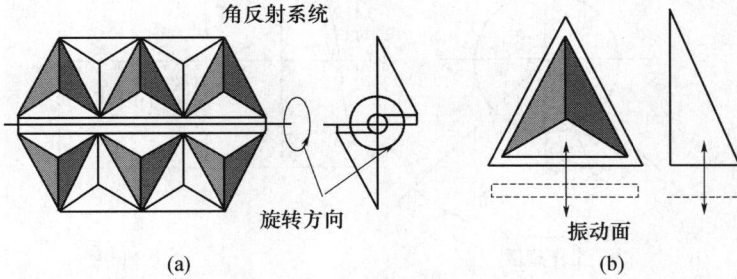

图 16-28　角形反射体的结构改进

在图 16-28(a)的方案中,几个角形反射体集为一组并进行固定,专用发动机或涌现的气流可使其纵轴旋转。旋转速度与平台(该平台装有角形反射体系统)飞行速度相加。角形阵列所反射信号的多普勒位移大于平台所反射信号的位移。但由于角形反射体阵列的有效反射面积非常大(比平台的有效反射面积大得多),所以强频移信号就把多普勒位移较小的弱信号掩蔽起来。如果角形反射体系统的旋转方向与载机运动方向相反,那么假目标将模拟"远离"雷达。这种类似装置可用在地面上,如移动目标模拟器。该装置还可用在被保护目标上,以使速度信息失真。对于雷达询问信号的频率来说,该装置制造的干扰具有不变性,因此可有效对抗跳频雷达。该装置还可用在无人机上,或用作从飞机上投掷的诱饵,甚至还可挂在降落伞或气球上。反射体可由金属丝网制成,或置于辐射透明的壳体中。利用不同反射体相组合的结构方法,可得到反射信号的各种极化和调制效应。

图 16-28(b)也是一种采用虚假多普勒位移的雷达信号再辐射无源系统。角形反射体的各面可依次反射入射信号,并产生振动。声响装置和风动装置的各种机械、电磁传动也可产生振动。反射信号因振动而调频,也就是说,每个频谱分量附近都将形成组合分量。相邻分量的相互距离为频率,角形反射体的各面以该频率进行振动。振动频率较小:当雷达探测信号载波为 $f_0 \approx 10^{10}$ Hz 时,为了模拟假目标运动(辐射速度为 $V \approx 100$km/h),需频移 $\Delta f \approx 2$kHz。

相控阵天线应答器是一种天线阵列,由大量的单元天线(偶极子或螺线)组成。由振子[2]组成的相控阵天线阵列如图 16-29 所示。

在距离应答器对称轴相等的位置上,偶极子被电长度相等的同轴电缆成对连接。偶极子 1 接收的电磁波被偶极子 12 再辐射。同

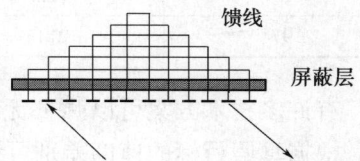

图 16-29　以相控阵天线阵列为基础的假目标

278

样,偶极子 12 接收的电磁波也将被偶极子 1 再辐射。偶极子接收和再辐射的信号通过同一路径。因此,再辐射曲线图的最大方向将与入射波的入射方向相一致。

为了使阵列进行波反射,偶极子应以不同角度分布于金属屏蔽层,通常情况下,每对偶极子的相邻角为 90°。

距离反射屏蔽层 $\frac{\lambda}{4}$、相互间距离 $\frac{\lambda}{2}$ 的 n 个半波偶极子构成了应答器,应答器的有效反射面积可根据下式[2]得出:

$$\sigma = 4\pi \frac{S^2}{\lambda^2} \left[\sin\left(\frac{\pi}{2}\cos\theta \right) \right]^4 \qquad (16-40)$$

式中:θ 为入射角;S 为阵列口径面积。

如果 $S \approx \frac{n\lambda^2}{4}$,那么相控阵天线阵列的最大有效反射面积为

$$\sigma = \frac{\pi}{4} n^2 \lambda^2 \qquad (16-41)$$

相控阵天线应答器的缺点是其频带相对较窄。

为了形成能施放干扰的空间生成物,可利用自然地物和人工地物。自然地物即为水面、地面、气象层。人工地物则为偶极子云、等离子体生成物等。为使这些生成物能施放干扰,可利用有源干扰站对其照射。照射站一般部署在护航飞机或攻击机上。这样,这些生成物就能逐渐变成瞬变的、不均匀的、有一定空间幅度的干扰,其谱密度为 $G(f, \alpha, t)$,谱密度取决于频率、角度位置和时间。

在形成无源—有源干扰时,照射信号的选配可弥补许多不足,这些不足可降低无源干扰的效能。因此,无源—有源干扰不仅能对抗具有连续信号的相干雷达,而且还能对抗装有活动目标选择器的雷达。这些干扰通常为再瞄准式干扰,可用以飞机的自保护和相互保护,使其免受防空拦截设备的袭击。

再瞄准式干扰的形成示意图如图 16-30 所示。在图 16-30(a)中,干扰使雷达再次瞄准偶极子云和地面("对映体"型干扰)。在图 16-30(b)中,有源干扰站利用锐方向性天线,直接对反射物体和人工生成物进行照射,进而改变信号的传播介质。在雷达正向上,有源干扰站的方向图具有一个盲区。有源干扰站的锐方向性射束必须生成足够的干扰电势,这些干扰由偶极子云(损耗为 15dB ~ 20dB)和地面(损耗达 30dB)所散射。类似的天线系统还有相控阵天线。它可利用两种信号进行照射:噪声信号(瞄准型和拦阻型)和模拟信号。噪声干扰被认为是目前最有效的空间分布式干扰。而各种模拟干扰的使用则要取决于被压制雷达的类型和用途。

图 16-31 所示为攻击机正在投掷无源—有源偶极子干扰。该机装载有双信道有源干扰站(装有头部和尾部天线)。尾部天线的放大系数 G 可达 40dB,它可

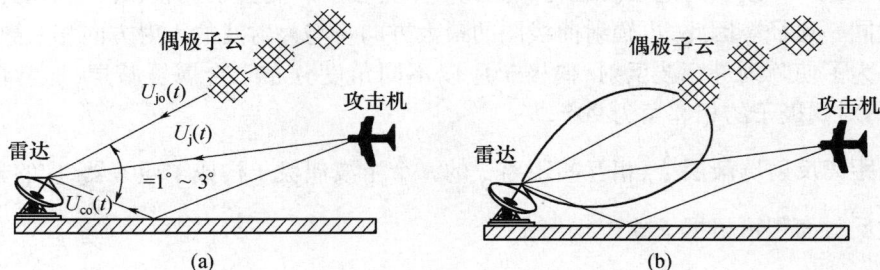

(a)   (b)

图 16 - 30   利用反射形成再瞄准式干扰

照射抛至后半球的偶极子云，以形成空间分布式干扰 $u_{jo}(t)$。该天线方向图的旁瓣必须很小，以使干扰的正向辐射不落入雷达视线。头部天线的放大系数 G 可达 20dB。该天线可形成欺骗式干扰 $u_j(t)$。例如，它可使雷达根据角位再次瞄准被照射的偶极子云。信号 $u_j(t)$ 和 $u_{jo}(t)$ 的多普勒位移有所不同，应在双信道有源干扰站中加以考虑。在对抗跟踪雷达以及自导引导弹的雷达导引头时，该方法极为有效。

投放偶极子反射体以形成无源—有源干扰的第三种方法如图 16 - 32 所示。干扰机向前半球投放偶极子反射体，并对其进行内部照射。攻击机和干扰机在被照射的云中飞行。这时，干扰机可在雷达频带内利用有源干扰站发射模拟干扰。有时，干扰机的有源干扰站也可制造回答式脉冲干扰，以对抗雷达的压制。在某些情况下，则需使用与攻击机迎面飞行的专用干扰机来照射偶极子云（图 16 - 33）。在这种情况下，有源干扰站所辐射的电势应极小。

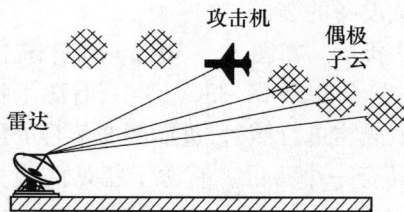

图 16 - 31   无源—有源干扰

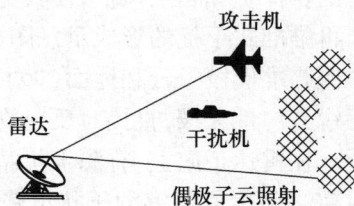

图 16 - 32   利用无源—有源干扰进行内部照射

地面和水面的反射可有效保护低空飞行的飞机。这种干扰的形成示意图如图 16 - 34 所示。

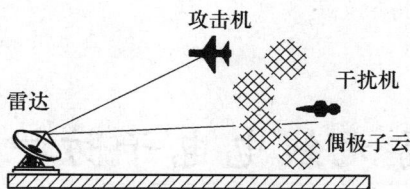

图 16 – 33　偶极子云的照射方案

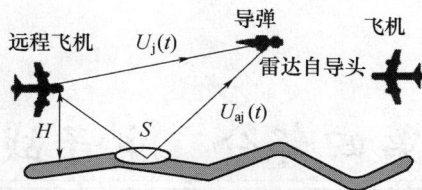

图 16 – 34　利用反射保护飞机

低空(高度为 H)飞行的飞机装载有双信道有源干扰站(装有两个天线)。其天线为锐方向性天线,放大系数 G_j 可达 50dB,该天线可沿着飞机飞行方向往下和侧面进行观测。该天线照射的下垫面面积为 S。空间分布式信号 $u_{aj}(t)$ 可对导弹的雷达自寻的导引头产生影响,并使其目标角坐标产生偏差。为了使雷达自寻的导引头能重新瞄准假目标 S,必须根据角度制造欺骗式干扰。航空飞航导弹可成功利用"对映体"干扰,来防御空—空导弹。

无源—有源干扰可用来对抗相干雷达(11.11 节)。在无源—有源干扰条件下,除信号之外,空间生成物所散射的干扰也可射入定向仪的天线系统。这些生成物有可能是偶极子反射体云。

第四部分　电子战设备无线电电子防护

第 17 章　无线电接收设备的抗干扰

17.1　无线电接收干扰种类和抗干扰方法

在无线电的发展历史中,人们积累了大量的抗干扰经验,研究了干扰来源及其产生原因,并研制模型来分析干扰所产生的影响。干扰传统上分为自然干扰和人为干扰。人为干扰又分为无意干扰和蓄意干扰。对无线电接收的无意干扰和蓄意干扰由多种原因造成。大气层、宇宙、内部噪声、破坏电磁兼容性的干扰、甚至未预先进行辐射处理的工业设备因放电而产生高频电磁场,进而产生的大量工业干扰,都属于无意干扰。无线电电子战所产生的噪声干扰和模拟干扰则属于有源人为干扰。

无线电电子防护是应对无线电干扰的应对措施。无线电电子防护囊括了无线电电子学中的所有方法和措施,其中包括无线电系统和设备反侦察性的保障措施,集成和备份方法,信号的抗干扰处理方法。

与无线电电子防护相比,无线电接收机抗干扰性的涵盖范围更小些。在自然因素和人为因素干扰的条件下,无线电接收机的抗干扰性将发挥作用。其他无线电系统及设备所产生的干扰会对无线电接收机造成严重影响,其程度不低于相加噪声。无线电系统、设备和装置之间的相互干扰研究,以及减小干扰负面影响的办法研究,都属于确保电磁兼容性的理论与技术课题[25]。为了确保抗干扰性,必须使接收机能够对抗蓄意干扰。但这个问题太过复杂。因为无线电工程师都是利用大量的抗干扰装置来对抗各种干扰,而预先设计的接收机本身则基本上不具备抗干扰能力。另外,能较好防御一种干扰的设备不一定能对抗其他形式的干扰。而且,专长防御一种干扰的接收机与普遍防御各种干扰的接收机相比,其抗干扰性更差。在干扰环境中,具有先验不确定性的干扰是最危险的干扰,需采取最佳抗干扰措施。一般可采用无线电电子战中所使用的基本方法和技术手段来防护,以使无线电接收机免受干扰。

以下特殊原因可引发电磁兼容性问题[25]:射频波段的负荷程度和无线电电子系统所处的高空间密度(在飞机上可达 25,在飞船上则可达 100);无线电发射机的技术缺陷在于:无线电发射机在工作时,其辐射会对基频谐波和分谐波产生干扰,无线电发射机甚至还会产生具有危害性的复合波;无线电接收机的技术缺陷在于:存在寄生的无线电接收信道。图 17 −1 可说明标准超外差接收机的真实频率选择:在标有频段的频轴上,输入信号得以加强。

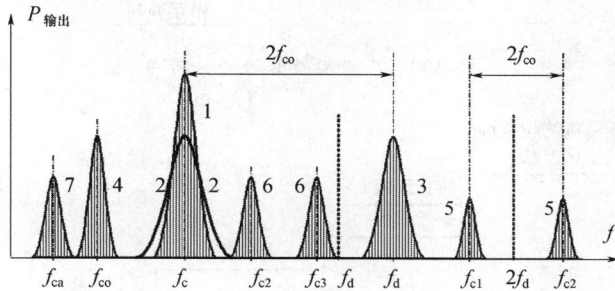

图 17 −1 超外差接收机的真实频率选择

在图 17 −1 中,除了 f_c 上的基本接收信道 1 之外,还存在许多的寄生信道:相邻的接收信道 2,其频带与基本接收信道的接收频率相邻;$f_z = 2f_d - f_c$ 上的镜频接收信道 3,它是 $f_к = |mf_c + nf_d|$ 混合信道的特例,其中:$n, m = 0, \pm 1, \pm 2, \cdots$,$f_d$ 为外差频率;中频 f_{li} 上的接收信道 4;$f_{c1} = 2f_d + mf_{li}$(m 为自然数)上的附加接收信道 5;$f'_{c2} = f_{c1} - f_{c2}$、$f_3 = f_{c1} + f_{c2}$ 以及 $2f_{c1} \pm f_{c2}$ 等频率上的附加接收信道 6;$f_m = \frac{1}{m}f_c$(基本接收信道频率的分谐波)上的附加接收信道 7。

干扰可直接在 2 至 5 信道中进行准线性转换。但干扰在通过 6、7 信道时,则要受到射频放大器、变频器、中频放大器的非线性影响。在文献[25,5]中,3 ~ 7 接收信道通常会合并。

接收系统组件(例如传感器)的非线性将会引起一系列的附加效应,干扰的调制波将会抑制有效信号的解调,同时还会产生干涉型干扰。

频选无线电接收机的功能电路图可对电磁兼容性的特性进行分析,如图 17 −2所示。其主要接收系统为:并联的基本接收信道、相邻接收信道和附加接收信道。接收信号解调时所伴随的非线性效应不是集于解调器,而是集于输出端部件。

电磁兼容性的欠缺(即系统间干扰[25])势必引发抗干扰问题,为了解决该问题,必须减弱寄生接收信道(相邻接收信道和附加接收信道),并保护基本接收信道。

抗干扰方法主要分为 3 种,如图 17 −3 所示。

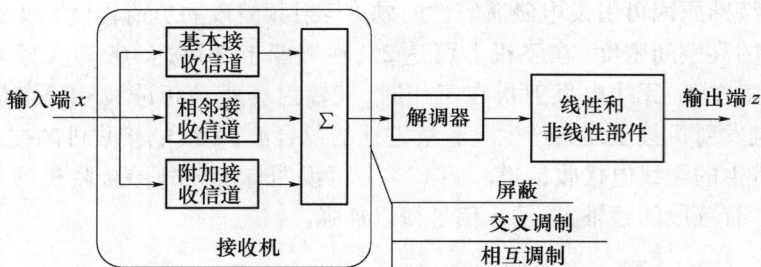

图 17-2　电磁兼容性的分析图

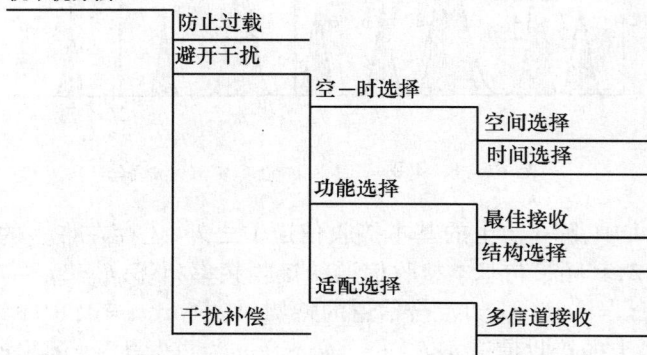

图 17-3　抗干扰方法

　　过载会导致非线性效应,从而破坏附加接收信道的频率选择(图 17-1),为了防止过载,可采用宽带高频线性接收系统。

　　为了避开干扰,需利用其参数和特性的不同来预先调谐信号。这种调谐的最终结果是:会使无线电接收机对附加接收信道的敏感度急剧下降(图 17-1)。避开干扰的选择方法可分为[2]:空—时选择、功能选择以及适配选择。

　　空—时选择:空—时选择分为空间选择和时间选择。天线系统可进行空间选择(借助于天线系统可形成天线方向图)。当最小天线方向图指向干扰源时,有效信号的电平最高,而干扰信号的电平则最低。而对于时间选择来说,仅利用接收机中所有信号和干扰的不同就可得以实施。利用振幅的不同可进行振幅选择。利用载频的不同可进行频率选择。利用无线电信号与干扰的时间延迟不同可进行时间选择。有时还可在给定条件下,利用相位的不同来对有效信号和干扰信号进行选择,即相位选择。

　　此外,空—时选择法还包括:射频全息摄像法、合成孔径法以及光电法。

　　极化选择:利用信号和干扰入射波的极化不同,通过与天线系统并列的专门极

284

化滤波器来进行极化选择。

功能选择:是构建无线电信号接收和处理系统所需的综合措施。最佳接收机就是:为所给具体信号和已知干扰而构建的最佳线路结构,实质上就是信号和干扰的功能选择线路。

结构选择:可区分干扰与信号,因为在发射方向上形成信号时,该信号将具有已知结构(相对于接收机而言)。为了进行结构选择,可将信号进行编码,从而使信号在最大程度上有别于任何可能的干扰。使用该编码可延伸信号的基线 $B = \Delta fT$,因此,针对功能选择的编码问题以及与之相关的宽带信号问题,在很早以前就已开始研讨。

多信道接收:主要是利用信号的空—时相干性,这些信号通过不同路径进入接收机,因此可在不同的时间间隔内对其探测。这种选择方法可降低干扰对信号传播路径的影响,实质上也就是提高无线电接收机的抗干扰性。

适配(适应外部条件):无线电接收机的防护性结构和参数可随干扰环境的变化而变化。适配的目的就是使无线电接收机的抗干扰性在任何条件下都能达到最佳化。

干扰补偿:当所有其他方法都无法防止无线电干扰向信号处理和接收设备的输出端渗透时,干扰补偿可用作抗干扰的最后备用方案。特殊的信号抑制线路可进行补偿,该信号由天线方向图的旁瓣所接收。在干扰补偿所采用的大量方法和技术方案中,其干扰的频率、时间和相关都有别于信号。

17.2　抗干扰方法

抗干扰方法多种多样。

为了降低复合干扰的电平,消除有效信号与接收机自身噪声相互作用而产生的干扰,必须研制一种具有最大线性振幅特性的接收系统。具有振幅特性的线性设备首先被用于无线电接收机的高频段,即射频放大器、变频器、中频放大器。

在中频放大器中,可进行干扰环境下的干扰补偿和信号振幅选择。为此可采用不同的自动增益调整电路。下面还将详尽分析快速自动增益调整和慢速自动增益调整的工作原理。为了在中频放大器中进行干扰补偿,需采用附加相干信道、差时脉冲补偿器以及其他线路。也可使用与信号相匹配的滤波器以及专门的非线性处理线路来作为中频放大器中的抗干扰线路,如:对数中频放大器,即限幅和滤波线路(滤波器—限制器—滤波器)。

为了提高变频器的抗干扰性,需采用不同的外差振荡频率自动微调线路。

为使解调器具有抗干扰性,需采用最佳方法来选择信号调制功能,或者采用可对抗具体干扰的其他各种线路。

低频放大器抗干扰通常用于脉冲接收机(射频脉冲存储、虚警稳定等)。

许多抗干扰方法都与无线电接收机有关。天线馈电设备中,通常采用空间选择和全息摄影选择。对辐射信号参数的优化法(对于具体干扰)以及适配接收法都广为应用。同时在几个载频上发射信号(多频工作模式)、改变脉冲载频等方法也都得以推广。在各种无线电系统中(用来在雷达系统、无线电导航系统、无线电技术侦察系统及其他系统中进行通信和数据传输),原则上使用多信道无线电接收机,个别情况则使用双信道接收机。这种接收机采用了极具抗干扰能力的信号处理相关法。

17.3 信号选择方法

选择方式一般分为一次选择和二次选择。

在一次选择过程中,通常需利用信号和干扰振荡的不同。例如,当天线系统进行空间选择时,需利用信号和干扰在电波入射角上的不同。其中包括接收天线方向图旁瓣衰减的各种线路。一种传播方法为:沿着天线孔径分布振幅和相位(该方式已在第一部分进行了讨论)。另一种方法则是对天线输出端信号进行非线性处理。在相位干扰仪中进行倍增处理时可采用这种方法(图17-4)。

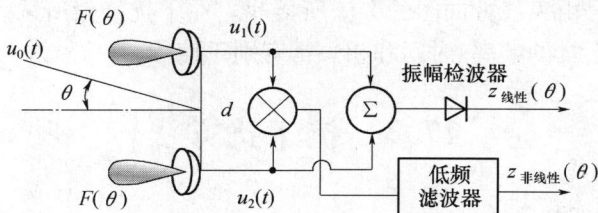

图 17-4 相位干扰仪中信号的非线性处理

假设以方位角 θ 接收的谐波 $u_0(t) = E_0\cos[\omega_0 t - \varphi_0]$,该谐波对无线电干扰仪(即相位测向仪)产生影响,该无线电干扰仪在基线 d 上具有两个与复合天线方向图 $\dot{F}(\theta) = F(\theta)\exp[-\mathrm{j}\varphi(\theta)]$ 相同的分集式天线。那么天线输出端的振荡为

$$u_1(t) = E_0 F(\theta)\cos[\omega_0 t - \varphi_0 - \varphi(\theta)]$$
$$u_2(t) = E_0 F(\theta)\cos[\omega_0 t - \varphi_0 - \varphi(\theta) - 2\pi(d/\lambda)\sin\theta]$$

$$(17-1)$$

当进行一般线性处理(图17-4中的信道线路图上方)时,输出效应为

$$z_{\text{线性}}(\theta) = |u_1(t) + u_2(t)| = K_0 E_0 F(\theta)\cos\left[\frac{\psi(\theta)}{2}\right]$$

$$(17-2)$$

当在低频滤波器频段进行非线性处理(图 17 – 4 中的信道线路图下方),且其滤波分量的振动频率为 $2\omega_0$ 时,有

$$z_{\text{非线性}}(q) = u_1(t) \times u_2(t) = K_H E_0^2 F^2(q)\cos\psi(\theta)$$

$$(17 – 3)$$

对比式(17 – 2)和式(17 – 3)可以发现,非线性处理(确切说是倍增处理)压缩了相位测向仪双天线系统的等效天线方向图。天线方向图越窄,则信号源分辨率越高。遗憾的是,在进行非线性处理时,常常会因噪声对信号的抑制,从而降低了无线电接收机的抗干扰性。

专门的极化滤波器可完成极化选择,它们通常安装在天线系统中。但一般来说,任何接收天线馈电系统都可看作是极化滤波器[5]。把矩形波导管、圆形波导管与介质片联为一体即可看作是极化滤波器,如图 17 – 5 所示。

介质片的长度为工作波长的 1/4。在矩形波导管中,H_{01} 波被激活,其电场向量 E_0 垂直于波导管壁。在圆形波导管中,H_{11} 波被激活,其向量 E_0 可分解成两个正交分量:E_y 平行于介质插片平面,E_x 垂直于 E_y。在波导插片中,其分量 E_x 的变化不大(不考虑电解质中的低微衰耗),分量 E_y 的相位则移动 $\pi/2$。结果,场强为 $E_0\cos\omega_0 t$ 的线性极化磁场发生变化,其场强向量的两个分量正交,即

$$E_x = E_0\sin\alpha\sin\omega_0 t$$
$$E_y = E_0\cos\alpha\cos\omega_0 t$$

$$(17 – 4)$$

式中:α 为相对于 Ox 轴垂直面的介质片转角。

式(17 – 4)所确定的磁场可进行椭圆极化。当 α 由 0 变为 $\pi/2$ 时,极化波的椭圆率将由 0 变为 1。为使 $\alpha = 0$ 以及 $\alpha = \pi/2$,可进行线性垂直极化,而当 $\alpha = \pi/4$ 时,则需在波导节的输出端进行磁场的圆形极化。根据互易定理可得出,当圆形波导管中的波极化与介质片转角相一致时,矩形波导管中的磁场具有最大振幅。

选择器的其他结构则采用了极化阵(图 17 – 6),安装于天线孔径。该极化阵由一组平行导电片组合而成,导电片宽度为 d,间隔为 a。每一对导电片组成一个波导管。极化阵中的场强向量 E' 也被分解成两个正交分量:E'_x 与导电片平行,E'_y 则与导电片垂直。指向导电片垂直线的分量 E'_y 无需改变相位就可通过极化阵(甚至无衰减)。分量 E'_x 则会因波导管中相速的增加而产生额外相移。如果由 d 可得出相移 $\Delta\varphi = \pi/2$,那么对着入射波向量 E 方向的极化阵,就会通过转动来改变输出端磁场的极化方式。

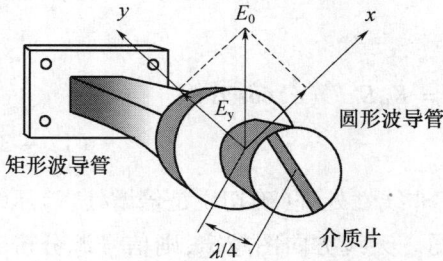

图 17 – 5   极化滤波器的结构图

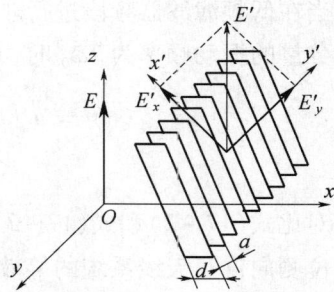

图 17 – 6   基于导电片
极化阵的极化滤波器

时间和频率选择主要利用了信号和干扰在频谱—时间特性上的不同。频选的基础就是信号和干扰在频谱上的不同。频谱可在载频和带宽等方面有所不同。频谱宽度的不同可抑制宽带接收机的窄带干扰,并过滤宽带干扰中的窄带信号。当对抗人为的有源和无源干扰时,频选是一种非常有效的方法。为了提高频选的效能,必须对探测信号的频谱特性加以控制。通过对频谱特性的控制,可阻碍干扰(该干扰频谱近似于信号频谱)的释放。为了控制频谱特性,通常采用以下几种方法,即:改变频率载波(根据随机法则),如改变脉间频率;改变脉冲的重复频率(有时这种调频也称为摆动);多频辐射。

在对抗噪声瞄准式干扰以及模拟干扰时,第一种方法极其有效。频率载波的重调方法如图 17 – 7 所示。

假设目标(图 17 – 7(a))受到探测脉冲信号 $u_0(t)$(图 17 – 7(b))的照射,该信号的频率载波因脉间跳跃而发生变化。图 17 – 7(c)描绘了最初 3 个脉冲(f_{01},f_{02},f_{03})的频率载波。假设信号的频谱宽度等于 Δf_c。目标反射脉冲 $u_2(t)$(图 17 – 7(a))的延迟值为 $t_z = 2\dfrac{R_z}{c}$,其中 R_z 为雷达至目标的距离。假设干扰机用来"掩蔽"目标的干扰,即所谓的回答式高频噪声干扰(同时也为频率瞄准式干扰和时间瞄准式干扰),也就是具有探测信号载频且频谱宽度为 $\Delta f_j \sim \Delta f_c$ 的噪声脉冲,其在时间上与目标应答脉冲同步(图 17 – 7(c),(d))。

当 $R_{j1} > R_z$ 时,干扰机位于位置 1,应答脉冲的最小延迟为 $\tau_{1min} = 2\dfrac{R_{j1}}{c} > t_z$。因此,这一噪声脉冲只能覆盖其下一反射脉冲。显然,如果 $\Delta f_0 = f_{02} - f_{01} > \Delta f_j$,那么第 2 个探测脉冲的反射脉冲频谱(图 17 – 7(c)的位置 2)会因 f_{01} 至 f_{02} 的跳频而向干扰频谱位置移动。此时这一干扰无效。只有当这一干扰的带宽 $\Delta f_j > \Delta f_0$(图 17 – 7(b)),该干扰才有效,但此时的干扰已不是频率瞄准式干扰,而是阻塞式高频噪声脉冲干扰,其势能始终不超过瞄准式干扰的势能。当干扰的固定功率

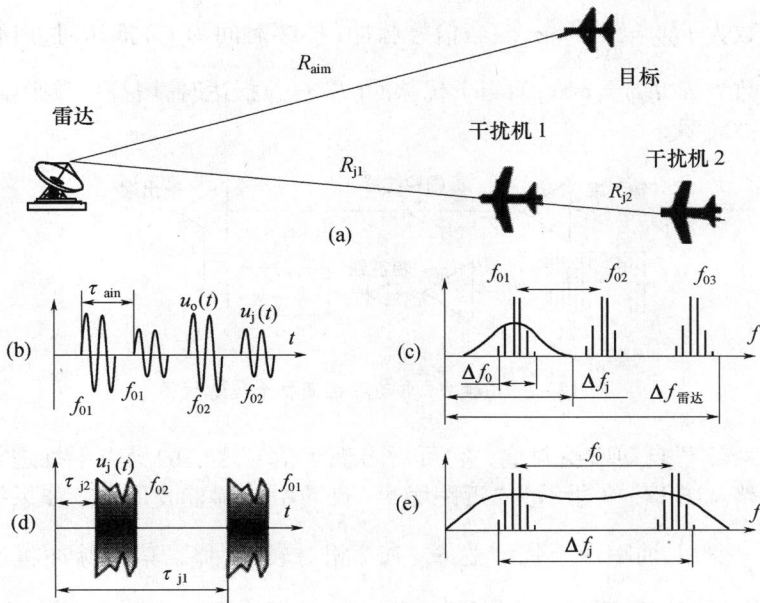

图 17 - 7 提高抗干扰性的载波重调

为 $P_j = \text{const}$ 时,干扰会因谱密度 $G_j = \dfrac{P_j}{\Delta f_j}$ 减少 $K = \dfrac{\Delta f'_j}{\Delta f_j}$ 倍而转变为阻塞式干扰。这时最好 $\Delta f'_j \approx \Delta f_{雷达}$(图 17 - 7(c),(d))。

只有当 $R_j < R_z$,$\tau_{z\min} < \tau_z$ 时,瞄准式应答干扰才有效,如图 17 - 7(e)所示。

由此得出重要结论:利用脉冲的频率变化,可使电子对抗系统从频率瞄准式干扰变为阻塞式干扰,并在转变过程中降低有源干扰机的势能。另外还可得出结论:如果干扰机至雷达的距离大于目标至雷达的距离,那么应答脉冲干扰始终为频率瞄准式干扰($\Delta f_j \sim \Delta f_c$),该干扰将无效。

脉冲重频改变法是相干脉冲雷达(装有活动目标选择器)对抗无源干扰和一系列人为干扰(如多重回答式干扰)的有效方法[23]。

17.4 无线电接收机抗干扰自动增益调整

当无法采用空间选择法时,可采用接收机中的各种抗干扰电路,接收机自动增益调整系统采用了各种抗干扰装置[5]。

"预先"自动增益调整。当干扰的持续时间大于信号脉冲的持续时间($t_j > t_c$)时,可采用该方法对其进行有效对抗。自动增益调整系统结构图如图 17 - 8 所示。

其时间常数为 $\tau_{AGC} = \dfrac{1}{\Delta F_\phi} > \tau_c$。当信号脉冲(持续时间为 t_c)抵达时,射频放大器的增益系数为 $K(E_2) = \max$,而当干扰脉冲($\tau_j > \tau_c$)抵达时,增益系数则剧减,干扰在输出端被减弱。

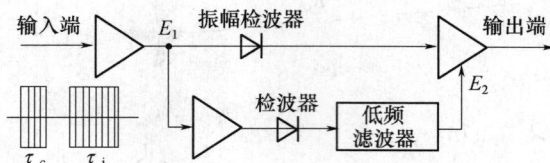

图 17-8 "预先"自动增益调整系统结构图

"近距噪声"自动增益调整。它可对出现于信号之前的噪声干扰进行快速自动增益调整。图 17-9 所示为"近距噪声"自动增益调整波形图。如果接收信号较强$\left(q = \dfrac{P_c}{P_j} > 1\right)$,而噪声干扰增益 $K_z(P_{no})$ 相对较低,那么信号脉冲将通向输出端。如果在类似情况下接收的信号较弱($q < 1$),那么该脉冲将被抑制,也就是说,自动增益调整系统将把信号脉冲之前和之后的噪声干扰切除,并指出 $q > 1$ 的有效信号。

"干扰频谱盲区搜索"自动增益调整。如果无线电接收机输入端的干扰频谱不均匀,如图 17-10 所示,而信号频谱又集中在干扰频谱的盲区附近,那么,在接收机固定频带 Δf_j 上对外差振荡器频率 f_d 进行搜索(即频率重调),就可得到最大信噪比。这种自动增益调整系统同时还兼有增益控制系统和自动频率微调系统的功能特性。但不是对信号的某一频谱分量进行微调,而是对某一频率(干扰在该频率上的谱密度最小)进行微调。对干扰频谱盲区进行微调可使无线电接收机适应干扰环境。

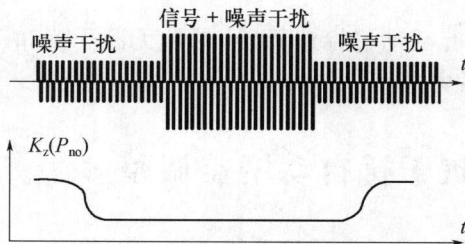

图 17-9 "近距噪声"自动
增益调整波形图

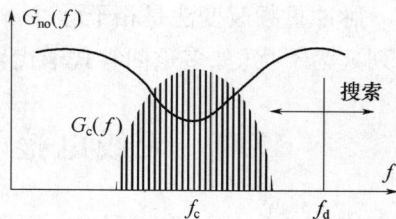

图 17-10 "干扰频谱盲区
搜索"自动增益调整

快速自动增益调整（图 17 – 11）。在圆锥扫描雷达中，当调幅信号（其包线振荡频率为 $F_{scan} = \dfrac{1}{T_{scan}}$）进入无线电接收机输入端时，快速自动增益调整电路中的时间常数将不再符合条件 $\tau_{ba} > T_{scan} = \dfrac{1}{F_{scan}}$。这种自动增益调整系统可稳定信号的振幅。在相应方位角上，噪声干扰对环视显示器中有效信号的影响将有所降低（$E_0 = const$），而在其他方位角上，无线电接收机的增益系数保持不变。

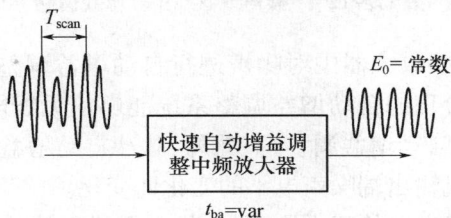

图 17 – 11　快速自动增益调整

慢速自动增益调整。慢速自动增益调整的时间常数为 $\tau_{AGC} \approx \tau_c$。在这种条件下，信号脉冲的振幅在 τ_c 时间内变为 $E_c(\tau_c)$，该信号脉冲在输出端保持不变。这可防止无线电接收机受到大功率脉冲的干扰。当 $\tau_{jn} \approx \tau_c$ 时，电路开始运行，也就是说，它能防止接收机受到长时干扰脉冲的干扰（例如云层所形成的偶极子反射体）。

多路波门自动增益调整。在输入信号（$E_{c\,out\,min} \sim E_{c\,out\,max}$）的宽波段范围内，它可确保接收机输出信号的电平保持不变，即 $E_{c\,out}$ 为常数。为此，可将控制信号逐步调为 $u_{AGC} = k\Delta u_{AGC}$，$k = var$，或是在脉冲信号到达前进行增益调整，或是在该脉冲运行期间调整，也可以在雷达工作距离最大时调整。

"频率盲区"自动增益调整。为了使圆锥扫描、方位角跟踪接收机能够在扫描频率上防御角欺骗式干扰，可采用图 17 – 12(a)所示的自动增益调整电路，该电路装有专门的低频滤波器。在可能的扫描频带内 $F_{scan} \in \Delta F_{scan}$，该低频滤波器的频率具有一个盲区（图 17 – 12(b)），也就是说，自动增益调整系统无法限制具有扫描频率的有效调幅信号，而只能压制 $F_j < F_{scan}$ 或 $F_j > F_{scan}$ 频率范围内的干扰。也可以不使用专门的低频滤波器，以确保输出端不出现调制波。在这种情况下，可根据自动增益调整系统所控制电压 $u_{AGC}(t)$ 的变化来获取输入振荡包线的相关信息。

反位移检波器。当任一输入调幅信号都具有可变振幅 $E_{c\,in} = var$ 时，该自动增益调整系统可确保接收机输出信号的振幅保持恒定不变，即 $E_{c\,out} = $ 常数，但电路中的 $E_{c\,out}$ 随目标距离的变化而变化，电路可减弱具有较长持续时间 $\tau_j \gg \tau_c$ 的脉冲干扰（偶极子反射体云的干扰）。

脉冲接收机中的自动增益调整。它可在信号脉冲到达前、到达期间或者到达

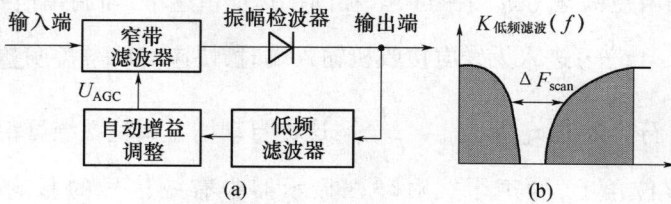

图 17 – 12 "频率盲区"自动增益调整

后,在中频放大器或低频放大器中对噪声进行自动增益调整。这样可减弱信号脉冲周围的噪声。设计合理的自动增益调整系统能够使无线电接收机的虚警率 P_{xj} 保持稳定(对噪声进行自动增益调整)。此外,脉冲自动增益调整电路中的探测器门限电平将随着接收机输出端噪声电平的变化而变化。

虚警稳定电路。该电路的工作原理是:加宽无线电接收机的频带。其示意图如图 17 – 13 所示。信号位于低频放大器的频带 Ⅱ,而噪声干扰则具有频带 Ⅰ、Ⅱ、Ⅲ 相交叠的连续频谱。经过 3 个带通滤波器(Ⅰ、Ⅱ、Ⅲ)滤波之后,Ⅰ 和 Ⅲ 输出端的噪声干扰电压可用来对 Ⅱ 滤波器频带上的信号探测门限电平进行监控。

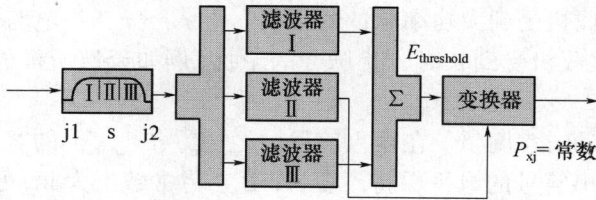

图 17 – 13 虚警稳定电路

17.5 限幅器使用

信号限幅器是一种非常独特的非线性装置。它几乎不会对信号产生噪声抑制,因此可有效对抗脉冲噪声。目前,有许多电路都是使用限幅器来降低干扰所带来的影响。本节仅就以下电路进行简要分析。

上限幅。为了限制大功率脉冲干扰 $E_j \gg E_c$,必须采用电平 E_c 的上限幅。由于干扰信号的这种数量变换,大功率干扰脉冲不会通向限幅器电路的输出端。

双门限限制。可用于探测信道的抗干扰(图 17 – 14)。

首先,所采用限幅级的第一个门限电平为 h_1。这种选择器可过滤 $E_c > h_1$ 的信号。在第一个限幅器的电路输出端,可统计出时间 T 内超过门限电平 h_1 的脉冲数量(即 n 个接收脉冲中有 m 个脉冲超过 h_1)。h_2 是上述电路的 第二个门限值。如

292

果 n 个脉冲内有 m 个以上超过 h_1 和 h_2,那么目标就被认为是探测目标。有的探测器电路还具有 3 个门限值。

另一种抗干扰的双门限电路如图 17 – 15 所示。该电路中,门限值 $- h_0$ 用来过滤 $E_c < h_0$ 的负脉冲,而门限值 $+ h_0$ 则过滤 $E_c > h_0$ 的正脉冲。这样,$\pm h_0$ 之间的干扰脉冲就会被抑制。

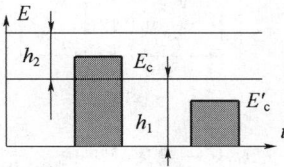

图 17 – 14 双门限限制

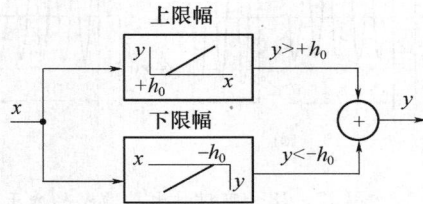

图 17 – 15 抗干扰的双门限电路图

下限幅。可用来抑制弱干扰。在下限幅器(图 17 – 16)中,$E_c > h_0$ 的信号可通向输出端,而 $x < h_0$ 的弱噪声干扰脉冲则被抑制。

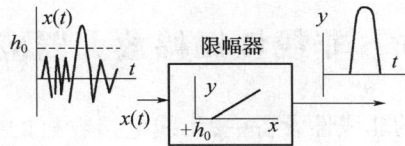

图 17 – 16 下限幅

利用滤波器—限幅器—滤波器或者宽带—限幅器—窄带的振幅—频率选择器。滤波器—限幅器—滤波器或者宽带—限幅器—窄带的电路如图 17 – 17 所示。

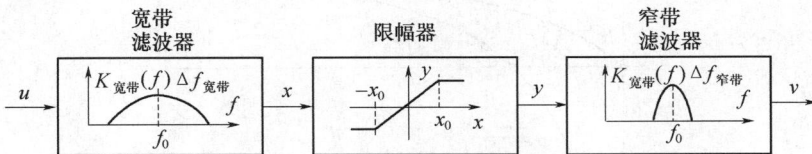

图 17 – 17 振幅—频率选择器

滤波器—限幅器—滤波器的首要任务就是使无线电接收机能够防御大功率窄脉冲干扰。所选择的放大器频带需满足:$\Delta f_{no} \approx \Delta f_c$;$\Delta f_{no} = k \Delta f_c$;$k \gg 1$。假设在滤波器—限幅器—滤波器电路的输入端,存在有信号脉冲(持续时间为 τ_c)和干扰脉冲(持续时间为 $\tau_j \ll \tau_c$),其电平 $x_j \gg x_c$。显然,这两种脉冲在通过宽带放大器时并没有失真(图 17 – 18(a))。但经过限制后(限制电平为 y_0),干扰被限幅至 $y_j = y_0$

293

（图 17 - 18(b)）。窄带滤波器（其频带与信号频谱宽度相一致）不会使信号脉冲失真，但会加宽干扰脉冲，并将其振幅缩减 k 倍（图 17 - 18(c)）。这样，输出端的信噪比将变为 $q_{out} \approx (k)^{-2} = (\Delta f_y / \Delta f_{no})^2 \gg q_{in}$。

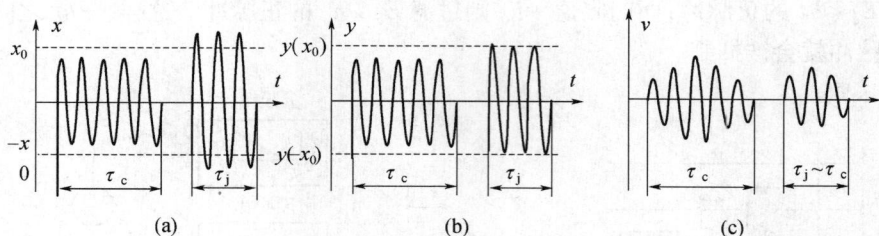

图 17 - 18 可对抗大功率窄脉冲干扰的滤波器—限幅器—滤波器系统

滤波器—限幅器—滤波器的第二个任务是使调角接收机能够防御噪声和其他宽带干扰。第三个任务是稳定输出端的虚警率 P_{xj}。第四个任务是避开载频欺骗式噪声干扰。在这种情况下，宽带低频放大器输出端的噪声干扰持续时间将剧减，噪声干扰在通过限制器和窄带滤波器后也将大大减弱。

17.6 非线性振幅放大器应用

在压制无线电干扰的非线性设备中，无线电接收机的各种改进型对数放大器得以广泛应用[5]，如图 17 - 19 所示。当 $x < 1$ 时，如果 $a > 1$，则 $y = \log_a x$ 不成立（$x \to 0, y \to -\infty$），因此，对数放大器需选用近似函数 $\lg(1+x)$ 的特性曲线。该曲线上的 $x = 0$ 点与输出信号 $y = 0$ 相一致。

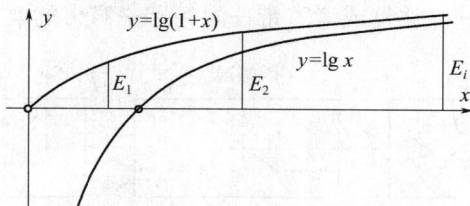

图 17 - 19 接收机的对数特性曲线

具有较短固定时间的对数接收机不仅可稳定虚警率，而且还可限制长干扰的时间间隔 $\tau_j \gg \tau_c$。这种无线电接收机的结构图如图 17 - 20 所示。该结构的独特之处是在对数放大器输出端使用了微分电路，当 $\tau_j \gg \tau_c$ 时，微分电路可缩短输出的信号脉冲和长干扰。实际上，微分电路并不改变信号脉冲，而是大大缩短干扰脉冲，然后由输出端的射频放大器对缩短的干扰脉冲进行放大。

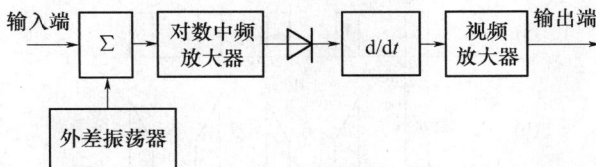

图 17 – 20　具有较短固定时间的对数接收机

线性—对数无线电接收机是一种改进型对数放大器。在这种接收机中,对于弱信号来说 $E_{out} = kE_{in}$（线性无线电接收机）,而对于强信号来说 $E_{out} = \log E_{in}$（对数无线电接收机）。在振幅特性曲线的直线部分,$q_{out} = q_{in}$,而对数部分则 $q_{out} > q_{in}$（强信号可抑制干扰）。

17.7　脉压抗干扰技术应用

缩短脉冲持续时间而无需改变其能量（时间脉压）已成为抗干扰的发展趋势。最常见的抗干扰电路都采用了带内调频信号压缩。

假设,当带内频率载波 $f_c(t)$ 的正斜率（偶数脉冲）和负斜率（奇数脉冲）发生变化时,雷达探测信号（图 17 – 21（a））具有线性调频脉冲（图 17 – 21（b））。在用于无线电电子战的有源干扰机中,很难（甚至不可能）确定其频率 $f_c(t)$ 的变化规律。在这种情况下,干扰机可利用所形成的线性调频脉冲（图 17 – 21（c））来应答雷达信号。因此,接收机可在压缩之后形成图 17 – 21（d）中的脉冲。有效信号的压缩脉冲始终位于奇数和偶数干扰脉冲的中间。据现有评估[6],当 $\bar{q} = \dfrac{P_j}{P_c} \geqslant 25\mathrm{dB}$ 时,无线电接收机可分选出干扰中的信号。

在某些条件下,干扰的时间脉压可提高接收机的抗干扰性。这种抗干扰设备的结构如图 17 – 22 所示。

假设在无线电接收机的输入端,存在有未调制脉冲信号和噪声干扰脉冲。这时,$\tau_j < \tau_c$,$\dfrac{P_j}{P_c} > 10\mathrm{dB}$,$\Delta f_c \ll \Delta f_j$。在 $\Delta f_d = f_{max} - f_{min} \gg \Delta f_c$ 的频带范围内,快速频移的外差振荡器可将信号和干扰变为线性调频脉冲。在经过与干扰相匹配的滤波器之后,被压缩的主要是干扰脉冲,而不是信号脉冲。在门限值为 $h_{threshold}$ 的限制器中,干扰的短脉冲振幅得以限制。因此,在点 5 上,$\overline{q'_j} = \dfrac{P_j}{P_c} \ll q_j$。扩展滤波器可恢复干扰脉冲的持续时间,并在输出端形成信号脉冲包线和等幅干扰。

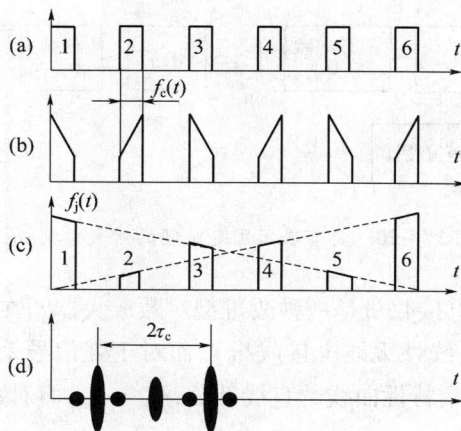

图 17 - 21 带内调频信号压缩时

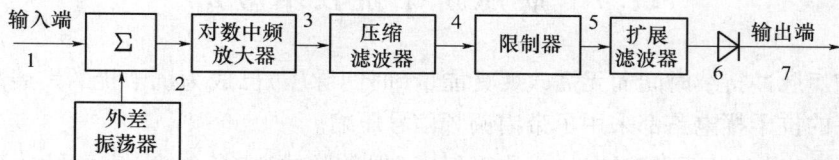

图 17 - 22 利用干扰脉压的抗干扰性

17.8 射频接收机抗干扰性

在检波后的射频频带上,其主要的抗干扰电路是利用了射频脉冲的积累。为使该电路正常运行,必须在干扰脉冲的随机重频条件下确保信号脉冲重频的高度稳定性。如果时间间隔 T 是信号脉冲重复周期 T_j 的 n 倍,即 $T = nT_j$,那么在时间 T 内,n 个信号脉冲相加就可产生振幅为 $E_{c\Sigma} = nE_{c1}$ 的脉冲和振幅为 $E_{j\Sigma} = mE_{j1}$ 的干扰脉冲。在 $m \ll n$ 条件下,当所积累的不稳定干扰脉冲(即跟踪频率不稳定)小于信号脉冲时,可得信噪比增益:

$$q_{out} = \frac{E_{c\Sigma}^2}{E_{n\Sigma}^2} = \left(\frac{n}{m}\right)^2 ; \quad q_{out} \gg q_{in} \qquad (17 - 5)$$

同样,检波后的脉冲积累可产生噪声干扰作用下的信噪比增益。在这种情况下,$P_{c\,out} = \frac{n^2 E_c^2}{2}$,$P_{cno} = nP_{no}$,

$$q_{out} = \frac{n^2 E_c^2}{2nP_{no}} = nq_{in} > q_{in} \qquad (17 - 6)$$

296

当进行检波前积累时,噪声干扰环境下的探测脉冲可进行相干合成。因此,为了进行检波前积累,必须使

$$q_{\text{out}} = n^2 q_{\text{in}} \qquad (17-7)$$

射频放大器中的其他抗干扰电路则可进行射频噪声的自动均衡。该电路装有自动增益调整系统,可控制射频放大器的放大系数,并且能够使射频噪声电平在雷达最大探测距离内保持稳定(在该探测距离内没有固定目标的反射信号)。如果射频噪声电平恒定不变,则虚警率 P_{xj} 保持稳定。

在检波后的处理过程中,可对长干扰脉冲进行自动消隐。进行射频消隐的无线电接收机结构如图 17-23(a)所示,信号波形图如图 17-23(b)所示。为了干扰抑制的可靠性,可规定延迟 $\Delta t \approx 1.8\tau_c$。合路器需耗时 $\tau_c \sim 1.8\tau_j$(点 3)。点 3 上所形成的信号被第二条延迟线延后,可用来在输出端的主要脉冲选择器中进行长干扰脉冲消隐(抑制)。在线性扫描雷达或圆锥扫描雷达的测角电路中,也可使用类似的消隐电路。如果固定目标反射所造成的干扰或者偶极子反射体云所形成的干扰,以给定扇角 $\Delta\alpha$ 进入雷达天线,那么该扇区将被消隐,而且该扇区的信号不会在显示器上重现。

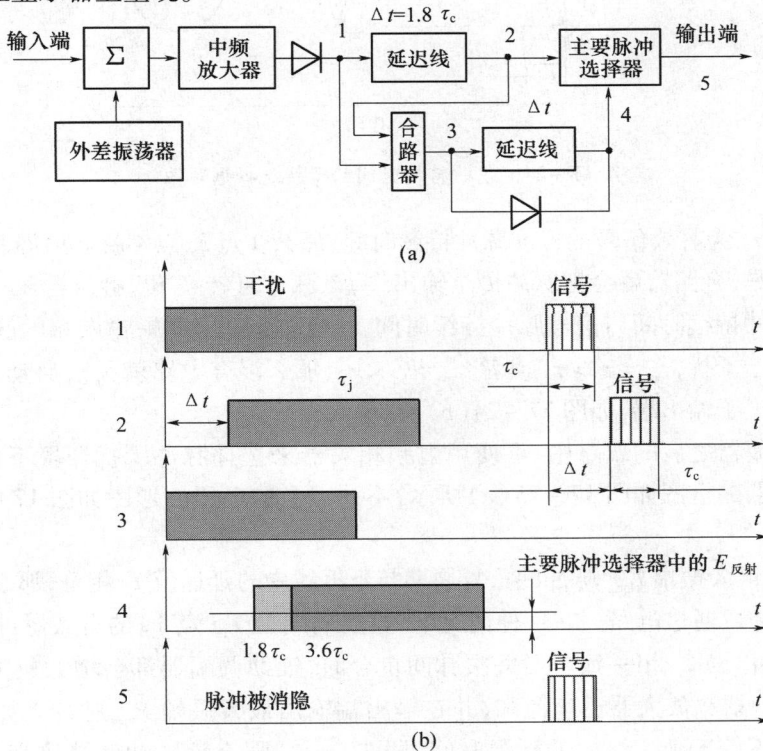

图 17-23 长干扰脉冲的消隐

在检波后的处理过程中,为了提高接收机的抗干扰性,可根据持续时间来对脉冲加以选择。如果射频放大器输入端的脉冲持续时间超过最大允许值,即 $\tau_{in} \geqslant \tau_{max}$,那么这些脉冲将无法通向输出端。该选择电路图如图 17-24(a)所示,电压波形图如图 17-24(b)所示。

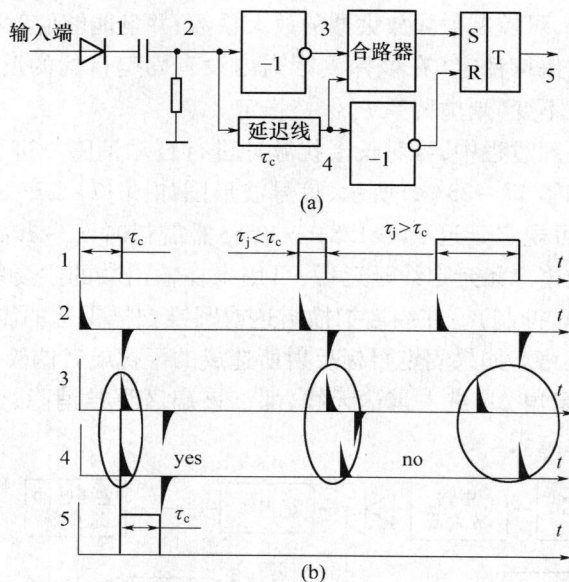

(a)

(b)

图 17-24 基于持续时间的干扰选择电路图

如果 τ_c 为有效信号的标准脉冲持续时间,那么在点 3、点 4 就会出现两个同步脉冲。于是,合路器就会把脉冲传至输出端,该脉冲可转换 RS 触发器 T。点 5 上的输出脉冲持续时间与信号脉冲持续时间 τ_c 相吻合。但如果输入端的脉冲持续时间取决于干扰,$\tau_{in} = \tau_j > \tau_c$ 或者 $\tau_{in} = \tau_j < \tau_c$,那么混合电路就无法启动,信号也就不会出现于输出端,如图 17-24(b)所示。

在检波器之后的线路中,可使用射频相关器来选择脉冲干扰环境下的信号。射频相关器的框图如图 17-25(a)所示,不同点上的电压波形图如图 17-25(b)所示。

如果最大振幅 E_{max} 脉冲的重复周期与延迟线中的延迟值 T_j 相符,那么最大振幅 E_{max} 脉冲可通过电路。在这种情况下,重复周期为 T_j(点 1)的有效脉冲将始终与基准脉冲(点 2)相一致。当每次脉间重合时,辅助调幅器都会增大放大率 K_1,K_2,$\cdots$,K_j。射频放大器迅速饱和,并在输出端输出最大振幅 E_{max} 脉冲。如果脉冲重复周期不等于延迟线中的延迟时间,即 $T'_j \neq T_j$,那么该脉冲就被认为是干扰。延迟后,它们与输入脉冲并不相符,因此,在射频放大器输出端,不能创造形成最大

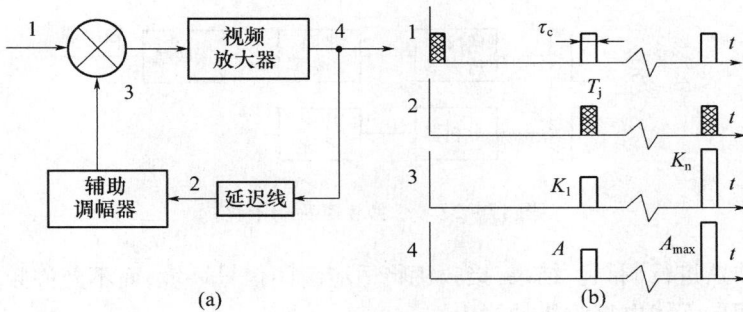

图 17-25 射频相关器

振幅 E_{max} 脉冲的相关条件。射频相关器电路主要基于脉冲重复周期与延迟 T_j 的不相符。

17.9 各种人为干扰抑制电路

目前有许多方法可对抗各种具体的人为干扰。另外,无线电接收机中的许多技术方案和具体电路也可用来对抗具体干扰。下面介绍几种无线电电子防护电路,它们可用来对抗最普遍、最常见的干扰。

在脉压雷达接收机中,通常采用"包围脉冲"法来对抗干扰[6]。其工作电路如图 17-26 所示。

对应于主要输出端的接收机装有匹配滤波器,匹配滤波器可压缩带内线性调频脉冲。当出现混合噪声脉冲干扰时,可对非压缩线性调频脉冲进行抑制,此时 $\bar{q} = \dfrac{P_j}{P_c} > 15\text{dB}$。但在这种情况下,逻辑电路会给出信息,认为已形成抑制信号的条件,并启动"包围脉冲"形成器。此时,接收机将转为跟踪模式,对干扰脉冲包线进行跟踪,并据此来确定距离和方位。

为了抑制瞄准式噪声干扰,接收机采用了快速测频电路,并根据测量结果抑制干扰。无线电接收机的相应电路如图 17-27 所示。

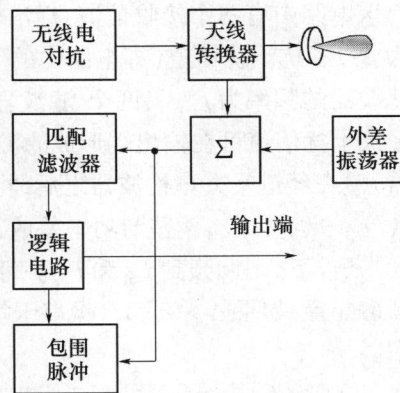

图 17-26 利用包围脉冲来对抗干扰的工作电路

在射频放大器频带上,如果发现干扰(其 频谱宽度 $\Delta f_{nj} \ll \Delta f_{no}$)与信号同在,那么干扰情况分析器就会记录下这一状况,并测定干扰载频,然后利用控制系统来

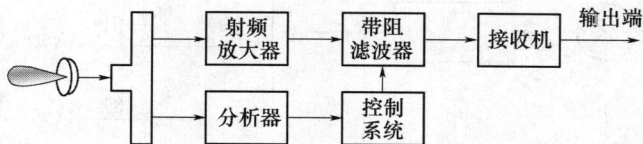

图 17 - 27   根据频率抑制干扰

对带阻滤波器进行调频。结果,接收机将适应瞬间信号环境,而不允许频率瞄准式噪声干扰通向无线电接收机的输出端。

警戒波门可探测脉冲接收机中的噪声干扰脉冲。图 17 - 28 中的电路使用了两个警戒波门。

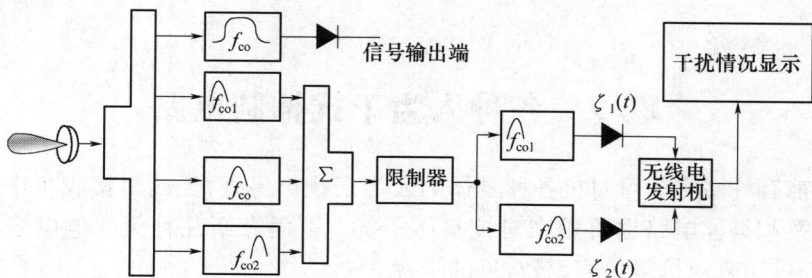

图 17 - 28   警戒波门的使用

该电路中有两个接收信道:标准信道(即电路中的上端信道,其频率为 f_{co},频带为 Δf)和抗干扰信道(即电路中的下端信道)。抗干扰信道由 3 个滤波器组成,主滤波器的频率为 f_{co},另两个 滤波器的频率则为 $f_{co1} < f_{co}$ 和 $f_{co2} > f_{co}$,其频带都为 Δf。抗干扰信道可在输出端形成滤波器—限幅器—滤波器电路(带有两个窄带滤波器)。在经过平方律检波器之后,将在比较器中比较检波噪声的固定分量差 $\Delta = \langle \zeta_1(t) \rangle - \langle \zeta_2(t) \rangle$,该差与功率差成正比,但在同一 Δf(即滤波器频带上的噪声谱密度)条件下,则调频到 f_{co1} 和 f_{co2}。可根据该差值来判断噪声干扰相对于信号载波的频谱配置:如果 $\Delta > 0$,那么噪声干扰频率低于信号频率,如果 $\Delta < 0$,则高于信号频率。

在文献 [6] 中,还介绍了其他装有警戒波门的接收机电路。

为了避开噪声干扰,多普勒雷达接收机在主信道引入了两个窄带环节,即窄带中频放大器和信号自动选择器。

其电路图如图 17 - 29 所示。信号自动选择器的输出端可通过电抗元件来控制第一个外差振荡器的频率。因此,外差振荡器的频率将保持在频带 $\Delta f_{自动选择器}$ 上。

为了对抗与信号相混合的强干扰,可采用基于信号和干扰相互作用的抗干扰

300

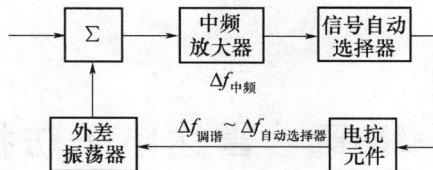

图 17 – 29 避开强干扰的多普勒雷达调谐电路

方法。这样,当 $\dfrac{G_{\Delta max}}{G_{js}} \gg 1$ 时,完全可根据干扰脉冲前沿来测定干扰距离,并根据干扰的中频或载频来测定其速度。

为了对抗信号频谱上的阻塞式噪声干扰,所采用的电路必须能够把干扰由对手变为盟友。其中一个电路就是能够使接收机切断外差振荡器[6]。下面将介绍该接收机的工作原理。当信号和阻塞式噪声干扰的频率都分布在 $\Delta f = f_{0no} - f_c$ 上,且都作用于混频器输入端时(图 17 – 30(a)),如果对通向中频放大器的信号进行常规接收,那么具有接收信号的外差振荡器将小幅振摆,而具有阻塞式噪声干扰的外差振荡器则大幅振摆。因此,阻塞式噪声干扰可抑制解调器的非线性信号,该解调器位居中频放大器之后。切断外差振荡器可避免抑制所带来的不良影响。在这种情况下,阻塞式噪声干扰将担负接收机混频器基准信号的作用。由于信号的振摆,中心频率间隔为 $\Delta f \approx f_{co}$ 的阻塞式噪声干扰将通向中频放大器,信号越好,则噪声干扰强度越大。当然,只有在能够利用阻塞式噪声干扰来探测实际对抗的情况下,以及能够将信号频率微调到 $f_c = f_{0no} \pm f_{co}$ 的情况下,才可切断外差振荡器。

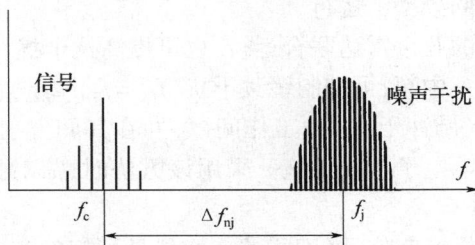

图 17 – 30 切断外差振荡器的抗干扰原理图

另外一些技术方案[6],则是把干扰作为外差振荡器的基准振荡。所有这些技术方案的目的都是为了提高强干扰环境下的信号接收质量。

第18章　雷达电子防护

18.1　探测信号选择和处理方法

探测信号的选择是无线电电子系统抗干扰措施的关键环节。首先必须正确选择载频,然后是探测信号的结构和功率。

如果干扰频谱 $G_j(f)$ 具有不均匀性,那么就可测出最小频谱区域 $G_{j\,min}(f)$,探测信号的频谱就集中于此。在雷达对干扰环境的适应过程中,该程序可自动运行。

无线电电子防护的有效措施就是使用可进行载频 $f_c(t)$、快速重调的探测信号。如果 $\Delta F_i > \Delta f_{co\,nj}$,那么敌方将被迫转用阻塞式噪声干扰,毫无疑问,该干扰具有最小电势。在此情况下,如果干扰距离小于目标距离,那么雷达就将面临干扰的威胁。

除了载频重调工作模式以外,还可采取脉冲工作模式来确保抗干扰性,其采用的两个脉冲需具有不同载频 f_1 和 f_2,且其差值 $\Delta f = |f_1 - f_2|$ 需使敌方的转播应答式干扰只能抑制第一个脉冲,而这一脉冲并不在雷达中加以处理。双频雷达可在不同天线方向图的不同频率下运行。

工作于不同载频的几个雷达联合运行,也可提高抗干扰性。

选择足够高的第一中频,可抑制镜频干扰($f_{Ek} = f_0 + 2f_{co}$)。

测定有源干扰机(脉冲干扰)的工作间歇,并在其间发射和接收有效信号,可作为雷达系统的无线电电子防护措施。采用该方法时,需对接收地点的干扰环境加以分析[6]。

如果雷达能够变换询问信号(即能够变换信号处理的相应算法),那么该变换能力就可成为无线电电子防护的有力措施。当雷达天线方向图捕捉到目标时,雷达将首先改变询问信号的脉冲功率。但在一些情况下,则需将脉冲雷达转变为连续型雷达。这种无线电电子防护措施可有效对抗无源干扰(偶极子反射体)。

如果脉冲雷达中的活动目标选择器失去作用,那么改变探测脉冲的重复频率 $F_j(t)$,甚至转用多普勒雷达的准连续工作模式,也可有效对抗无源干扰。当频摆时,发射机中的探测脉冲重复频率 $F_i(t)$,将根据某一接收规律发生变化。掌握了这一规律,就不难进行射频脉冲(带有变化的重复频率)的积累。此时,没有频摆的干扰脉冲则不能积累。

在雷达反侦察工作模式下,通常很难施放有效的转播干扰,此时,较为有效的无线电电子防护措施就是:在保持辐射平均功率的条件下,转用的询问信号需具有宽频谱,且能够进行载频重调。

如果信道可对询问信号的辐射功率进行监控,那么可根据具体的干扰环境来改变辐射功率。

为使脉冲雷达具备抗干扰性,需采用脉冲前沿和脉冲后沿的目标跟踪工作模式。这些工作模式可对抗远距离干扰。这些干扰主要产生于偶极子反射体云、各种转发器的辐射以及其他无线电电子战设备。例如,如果信号脉冲受到干扰,且只有前沿未受干扰(这种情况只针对转播干扰,该干扰可延迟转发器中的反射信号,如图 18 - 1 所示),那么,只要对前沿求微分,就能在信号抵达瞬间获得短脉冲。然后再将该脉冲恢复到其正常的持续时间 τ_0。毫无疑问,该信号处理方法可将抗扰度指数转换为抗扰性指数。

在线性扫描雷达中,也可采用类似方法进行跟踪,并压制无源干扰所处的扇形角区域。

还有一些电路则可压制天线方向图主瓣所接收的噪声干扰。这些电路及其工作原理可参见文献[6]。

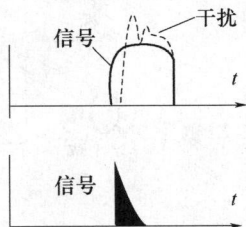

图 18 - 1　前沿工作模式

18.2　雷达天线系统选择

空间选择是一种非常有效的抗干扰方法,只有天线系统才能进行空间选择。下面所介绍的几种方法就是利用天线来进行空间选择和无线电电子防护。

在线性扫描雷达中,利用单射束天线就可确定目标的角位置,如图 18 - 2(a)所示。点 1 上 的信号电平关系曲线如图 18 - 2(b)所示。

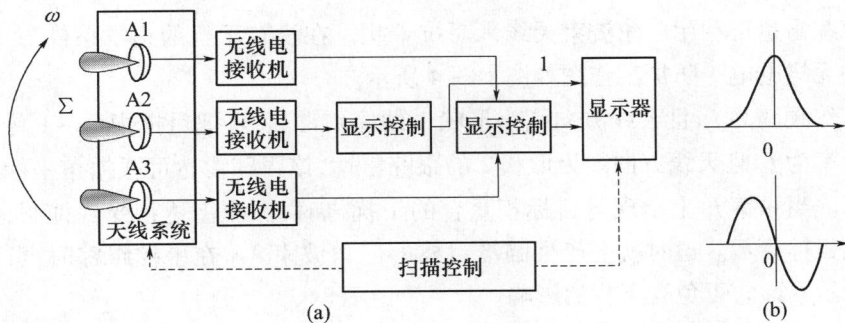

图 18 - 2　线性扫描雷达的无线电电子防护

为了抗干扰,需在同一旋转平台上再安装两个喇叭形天线 A_2 和 A_3。这对天线可在 A_1 天线方向图最大方向上形成带有盲区的双射束天线方向图。于是,在显示器上就可监测"通道"上的测向特性,并根据测向特性的零位,精确测定目标的方位角。

测角扫描信道易受到混合干扰的破坏,所以在雷达中需采用单脉冲测向。当今的电子对抗雷达均采用了单脉冲测角信道,这种信道所遭受的干扰程度非常小。

使用超前天线的无线电电子防护电路如图 18 - 3 所示。

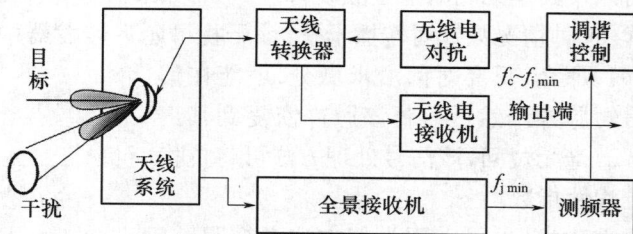

图 18 - 3 超前天线的使用

天线系统的天线方向图由两个波束组成,这两个波束来自两个天线,即:相控阵天线生成窄波束,其宽度为 $\Delta\theta_1$;弱定向天线生成宽波束,其宽度为 $\Delta\theta_2$。在进行角坐标扫描时,天线方向图的宽波束在空间发生位移,其空间位置将超过窄波束。于是,干扰被超前天线所接收,并由全景接收机对其频率和强度加以分析,该全景接收机装有一组平行滤波器。测频器可测定全景接收机所探测干扰的载波。发射机调谐控制系统所选择的询问信号频率必须等于该干扰频率,其最低强度为 $f_c \approx f_{j\,min}$。如果相控阵天线为多波束天线,那么,其天线方向图的其中一个波束就有可能用作超前天线。

跟踪雷达可利用广角波束天线来对抗干扰。在没有干扰的正常条件下,两部雷达的无线电电子防护工作图如图 18 - 4 所示。

工作频率为 f_1 且天线方向图为形状 1 的探测雷达,可把目标指示 -1 传送给工作频率为 f_2 且天线方向图为形状 2 的跟踪雷达,该跟踪雷达可根据角坐标来跟踪目标。当频率 f_1 上出现与目标相重合的干扰机时,探测雷达将受到抑制,且无法形成目标指示。这时就会产生瞄准目标的广角波束 3。在手控跟踪时,可形成目标指示 -2,它可免受干扰的影响。

雷达天线系统的结构可决定天线方向图旁瓣电平、极化特性、角分辨力以及抗干扰(无线电电子战设备所产生的干扰)的防护程度。目前已具备基本的技术能力来研制多波束天线。多波束天线方向图的图例如图 18 - 5 所示。

304

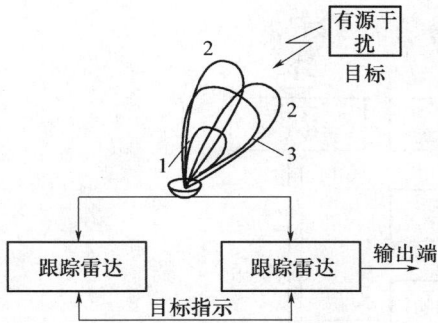

图 18 - 4 跟踪雷达的无线电电子防护

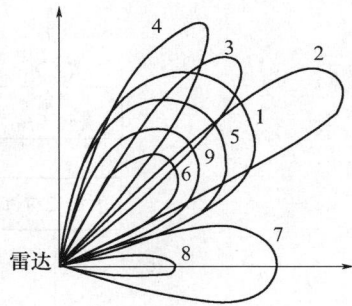

图 18 - 5 多波束天线方向图

该天线方向图的每一波束都有其用途:波束 1——远程探测主波束,在该波束范围内,天线方向图非常近似于函数 $F(\beta) = \csc^2\beta$;波束 2——跟踪目标的锐方向性波束,有时可形成两个锐方向性窄波束,一个用于发射,一个用于接收;波束 3——导弹制导波束,如果导弹制导系统中采用了雷达系统,那么可根据无线电波束或控制站指令进行导弹制导;波束 4——目标照明波束,只能用来进行半主动自导引系统中的雷达辐射;波束 5——辅助天线的天线方向图波束,可用于旁瓣补偿器;波束 6——用于接收连续辐射信号的天线方向图波束;波束 7——与主雷达天线方向图主瓣方向相一致的天线波束,只能用于接收;波束 8——可对低空飞行目标定位的连续辐射波束;波束 9——通信系统的天线方向图波束,可将雷达信息传送给其他子系统。

在早期,必须借助几个天线才能形成这种多波束天线方向图,而且这些天线还必须采用频率分集信号。现在则是采用多波束相控阵天线。这些相控阵天线主要利用矩阵来形成波束。

多波束相控阵天线的结构如图 18 - 6 所示。在处理信号时,可采用多信道电路。首先,利用矩阵形成多波束天线方向图(用于接收),其次,对天线方向图旁瓣进行补偿处理,然后进行多信道接收和快速数字处理,并利用同步器发送各种目标跟踪(根据角坐标)所必须的信息。

在多波束搜索雷达中,与干扰同向的波束被消隐。如果信号只能抵达相邻两个波束中的一个波束(在探测真实雷达目标时可取代两个波束),那么该波束就会逐渐消失。

如果探测雷达的天线方向图为 $F(\beta) = \csc^2\beta$,则其天线最好采用发射机功率。地面所反射的干扰对装有这种天线的雷达系统具有较小影响。

在角欺骗式干扰环境下,可利用天线制导误差显示器。例如,在混合干扰条件下,显示器上的发光点可绘制出起点为零误差 $\alpha = \beta = 0$(目标点)的螺旋线,如图

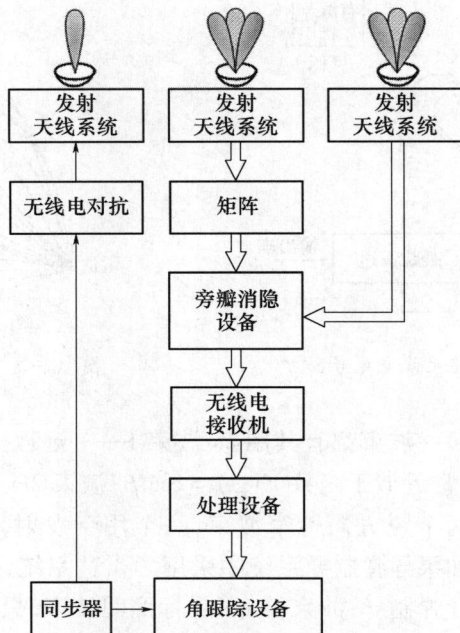

图 18-6　多信道相控阵天线

18-7 所示。其旋转方向取决于雷达扫描频率 F_{scan} 与干扰机频率 F_{jscan} 的差。

　　无线电电子防护的重要措施就是建立旁瓣为低电平的天线系统，因为许多干扰正是通过天线方向图的旁瓣而渗入到接收信道。建立这些天线的两个主要途径为：首先是采用专门的结构和材料，以获得孔径中相应的振幅—相位分布；其次是通过补偿来减少旁瓣所接收的信号。减小旁瓣电平可大大增加天线方向图主瓣天线的放大系数，并增大雷达的作用距离。

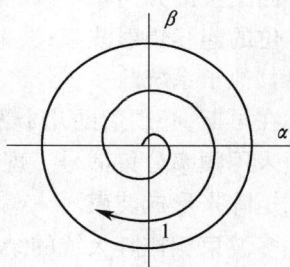

图 18-7　天线制导
误差显示器

　　旁瓣消隐电路图如图 18-8 所示。

　　天线 A_1（主天线）的天线方向图可参见图 18-8(b)，其天线方向系数为 G_1，旁瓣电平为 G_{js}。辅助天线 A_2 具有宽波束，其相应的天线放大系数为 $G_2 > G_{js}$。脉冲干扰被 A_1 旁瓣和辅助天线 A_2 所接收。经过双信道放大后，干扰射频脉冲的振幅检波 E_1 和 E_2 被放大，并进入比较器进行比较，得出等差脉冲：

$$E_\Delta = E_1 - E_2$$

　　如果 $E_\Delta < 0$（辅助信道的干扰更强些），则认为，该干扰已通过旁瓣进入主天

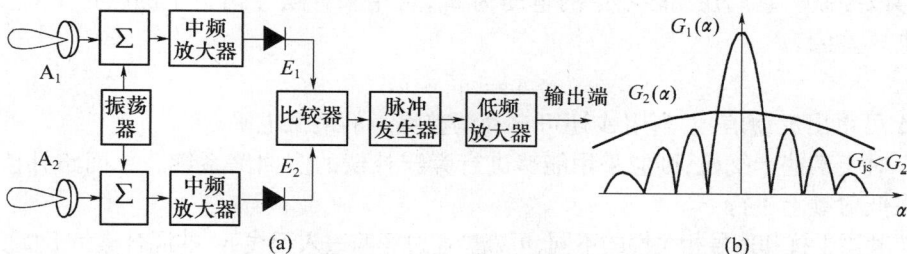

图 18-8　天线方向图的旁瓣消隐电路图

线。这时,比较器就会接通脉冲发生器,脉冲就会在该干扰的作用时间内被低频放大器消隐。如果 $E_\Delta > 0$ 则表示干扰已被主天线的主瓣所接收,低频放大器无法消隐脉冲。

在单脉冲跟踪雷达中,其天线系统的天线方向图如图 18-9 所示。该等差天线方向图具有最大值 $G_{\Delta\max} \gg G_{js}$。在旁瓣补偿系统中,合成天线方向图为主,等差天线方向图为辅。当 $q = \dfrac{G_{\Delta\max}}{G_{js}} \gg 1$ 时,可进行干扰的旁瓣补偿。

旁瓣补偿可在中频上进行(相干补偿)。其补偿电路如图 18-10 所示。

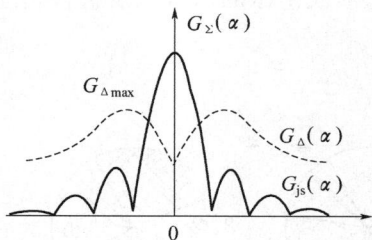

图 18-9　单脉冲雷达的天线方向图

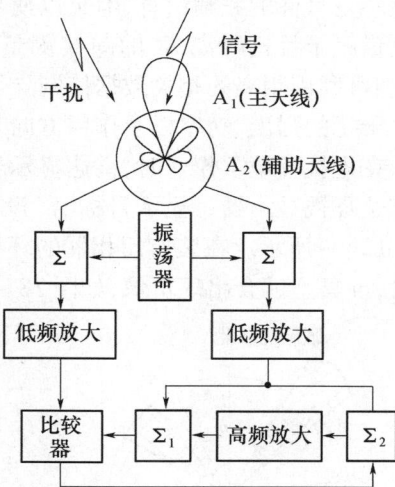

图 18-10　天线方向图在中频上的旁瓣补偿电路

在图中的左信道中,信号被主瓣接收,连续噪声干扰被主天线的旁瓣接收。到达辅助天线的噪声干扰在右信道中得以处理。两个信道中的干扰补偿互具相干性,因为这些干扰出自相同的连续噪声干扰源。在右信道中,噪声干扰的相位和强

度得以控制。它们在比较器中的电压为 u_2，可用来补偿左信道中的噪声干扰 u_1。其电压差值为

$$\Delta = u_1 - u_2$$

由 Δ 可得出反馈信号，利用 Δ 还可自动调整噪声的最低电平。

对于某些干扰机，则应采用能够进行旁瓣补偿的多回路系统。单回路补偿则需在低射频上进行[6]。

利用干扰和信号相关性的不同，可减少通过旁瓣进入天线 A_1 的混合噪声干扰。

18.3　干扰情况显示和分析

为了确定雷达在电子对抗中的最佳工作方式以及抗干扰的最佳方法，必须以干扰情况的相关信息为基础。当雷达操作员操控雷达时，有关干扰情况的作战数据既可自动处理，也可手动处理。

对于雷达操作员来说，其首要装备就是显示器，而且该显示器还必须能够显示干扰情况以及干扰对雷达的抑制区。为操作员配备的雷达环视显示器可显示目标的距离和方位角，如图 18-11 所示。

所探测的噪声干扰可在环视显示器中显示出有关干扰方位角 α_{aim} 的亮区。这虽然不是目标的完整信息，但足以使导弹能够对干扰机进行瞄准和发射。还有许多测量距干扰机距离 R_j 的间接测量法（主要为三角测量法）。如果采用这些方法，则可利用距离的相关数据使制导导弹瞄准干扰机。有时环视显示器还可显示噪声干扰的强度、功率以及作用方向等信息。

在干扰环境下作业时，雷达显示器需具有某些特殊的人—机控制性能。普通的雷达环视显示器可显示目标 A（没有受到干扰），但无法显示目标 B 和 C，如图 18-12(a) 所示。在装有反相器的环视显示器中，形成影像的信号被反极性传送。这时，屏幕上就会出现负像，如图 18-12(b) 所示。

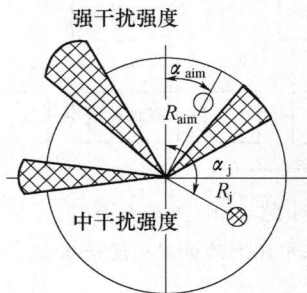

图 18-11　环视显示器上的
干扰和信号

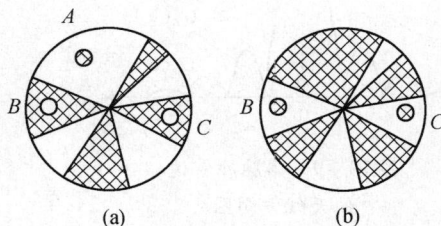

图 18-12　环视显示器上的
信息显示方案

对于负像来说,信号越强,其在环视显示器上的底色就越淡。在图 18 − 12(b)中,目标 B、C 的信号相对较弱,它们可在强干扰环境下被显示出来,而目标 A 的信号相对较强,所以无法显示。

信号在射频脉冲积累之后才能得以显示,这时就可利用视界间的相关来提高环视显示器的信噪比。这时的随机干扰将被中和。

为了有效分析有源干扰机的干扰情况,可通过能够模拟询问信号的试验信号,从雷达方向发出请求。基于这些干扰分析,可得出雷达抗干扰的算法和战略。任何一种无线电技术侦察接收机都可用作干扰分析器。最常使用的两种干扰情况分析器为频谱分析器和 A 型显示器。

在进行分析时,必须要测定一组不连续载频,这些载频有可能就是干扰机的工作频率。当然,干扰功率 P_j 以及干扰的其他参数也同样重要。

18.4　对距离拖引干扰防御

最普及的雷达抗干扰(距离拖引干扰)措施是:所采用的自动距离跟踪系统不仅具有一个距离跟踪主波门,而且还有两个警戒波门。警戒波门位于主波门的左右两侧。如果警戒波门在电子对抗中没有偏移,那么就能始终探测到距离主波门拖引干扰,并将其消隐。

有经验的操作员不仅能熟练操控 A 型显示器以及自动距离跟踪系统中的距离波门手控系统,而且还能从有效信号中识别距离拖引干扰的移动脉冲,并人工跟踪静止信号脉冲。

如果同时使用几个自动距离跟踪系统,那么就可同时跟踪几个目标和距离拖引干扰。在这种情况下必须防御拖引干扰,以确保雷达能够在干扰环境下识别出目标信号。

识别拖引干扰的一个重要标记就是距离和速度之间的相关程度:如果干扰具有可变距离,则其载频将具有多普勒频移。因此,可利用自动速度跟踪系统来测定多普勒频移速度 $\dot{R}^*(t)$,并根据自动距离跟踪系统所测定距离的导数 $\dfrac{\mathrm{d}R^*(t)}{\mathrm{d}t}$ 来间接测定速度,然后比较两值,如果 $(\dot{R}^*)(t) \neq \dfrac{\mathrm{d}R^*(t)}{\mathrm{d}t}$,那么就可根据两值的不同来探测拖引干扰。

对抗距离拖引干扰的抗干扰措施可参见文献[6]。对抗速度拖引干扰的对抗措施与对抗距离拖引干扰的对抗措施并没有很大区别。对抗速度拖引干扰的对抗措施及其电路图都可参见文献[6]。

18.5　对极化干扰防御电路图

为了补偿正交极化干扰(图18-13),需附加天线。雷达辐射出垂直极化探测信号⊥。天线1所接收的反射信号到达点1。与目标共存的有源干扰机可辐射正交极化信号。该干扰不仅能被雷达主天线(放大系数为G_{a1})所接收,而且还能被辅助天线(放大系数也为G_{a1})所接收,即该干扰进入图18-13中的点1和点2。鉴别器的自动微调电路在对干扰的振幅E_j和相位φ_j进行调整之后,干扰可得到较大程度的补偿,因此,只有有效信号⊥才能到达信息处理器的输出端。

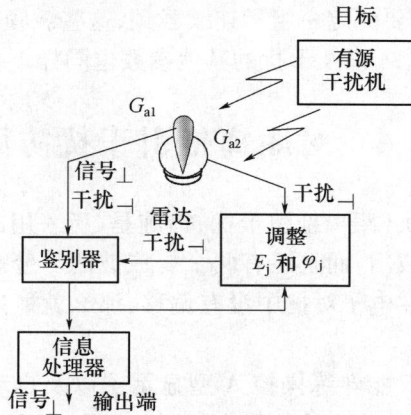

图 18-13　正交极化干扰的补偿

经过载波解调器之后,极化干扰可在射频上得到补偿。可进行这一补偿的接收机电路如图18-14所示。

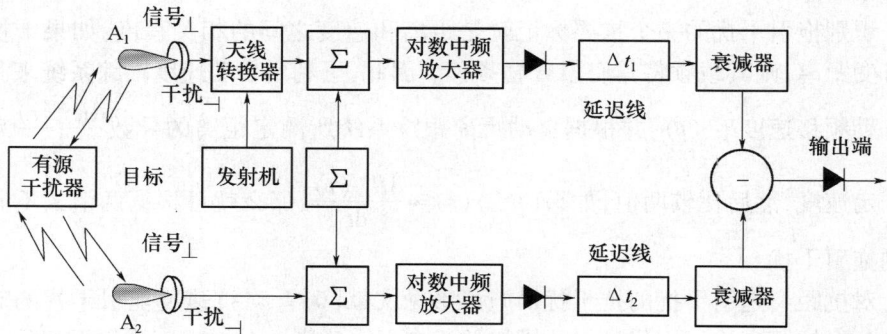

图 18-14　正交极化干扰在射频上的补偿

图中,天线 A_1 和 A_2 用来接收相互正交极化的信号。假设目标反射信号⊥具有垂直极化,那么该信号只能在右信道进行处理,并以最小衰减通向输出端。如果所接收的是水平极化干扰,那么该干扰就将通过两个信道。当延迟 Δt_1、Δt_2 与衰减器中的衰减相匹配时,干扰可在射频上得到补偿。这里采用对数中频放大器来替代自动增益调整电路。抗交叉极化干扰的其他电路图可参见文献[6]。

18.6   转播干扰防御

为了对抗转播干扰,首先必须探测出该干扰。转播干扰虽可模拟信号,但干扰脉冲始终要比信号脉冲延迟 $\Delta t \leqslant 0.2M$,即转发器中的延迟,如图 18-15 所示。

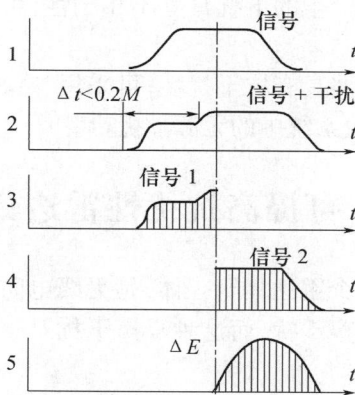

图 18-15   信号脉冲和干扰脉冲

由于转播脉冲被延迟,所以信号与干扰的混合体将偏离重心。如果在输出端减去信号 1 和信号 2 后 $\Delta E > 0$,则可判定:混合体中含有转播干扰脉冲。

为了提高抗干扰性,雷达需发射间隔为 $\Delta t_c < \Delta t < T$ 的两个脉冲,第一个脉冲为振幅较大的假脉冲。在这种情况下,转发器只应答第一个脉冲,而第二个脉冲则不受干扰。探测最小距离脉冲是区分静止信号与拖引干扰的方法之一。

18.7   对其他干扰对抗

在同步多基干扰情况下,将存在两个脉冲序列,其周期为 T_M。一般情况下,一个脉冲序列发生在另一个脉冲序列的间隔内,这也是两个脉冲序列的不同之处。例如,两架飞机可辐射噪声脉冲来进行同步多基干扰。但两架飞机所辐射的干扰脉冲强度必定不同,据此可对其中一个目标进行跟踪。

对双频干扰的对抗。只要干扰机(其干扰差额为 $f_\Delta = f_1 - f_2 = f_{\text{lil}}$)完全处在接收机中频放大器的频带上,就需转用其他载频,这样可使新采用的中频 $f_{\text{co2}} = f'_r - f_c$ 不同于干扰差额 $f_{\text{co1}} = f_2 - f_1$。这种战术法可抑制接收机中的双频干扰。

对无源干扰的对抗。它主要基于信号频谱与干扰频谱的不同:进入接收机输入端的有效信号,其载频通常会因多普勒效应而发生变化。因此,活动目标选择电路可有效对抗无源干扰。各种活动目标选择系统的基本结构原理可参见文献[7]。在许多电路图中,无源干扰信号可用作基准振荡。

为了对抗无源干扰,还可利用信号脉冲和干扰脉冲的持续时间不同,并在接收机中进行相应的脉冲选择。最常见的无源干扰通常由空间延展目标所形成,因此 $\tau_j \gg \tau_c$。

固定目标和偶极子云所产生的干扰具有不相干性,可利用这一特性来选择干扰环境下的有效信号。

为了使自动增益调整电路具有抗干扰性,可采用与探测脉冲时间同步的可控衰减器,该衰减器可减小接收系统中的无源干扰功率[6]。

18.8   可提高抗扰性雷达集成

把工作于分集频率的多个雷达集于一体,是无线电防护的强力措施。该雷达网将迫使敌方使用阻塞式噪声干扰,而这种噪声干扰对于无线电电子战来说影响最小。

多个雷达的信息联合将有助于提高抗扰性。在工作频率为 f_1 的主雷达中,如果其目标距离 R_{aim} 或目标速度 $\dot{R}_{\text{aim}}$ 等信息遭受干扰,则需复制另一雷达的这一信息,该雷达的工作频率为 $f_2 \neq f_1$,且不易受到干扰。

无论是从高频(在初期处理系统中),还是从信息数据(二次处理),都可将各种雷达融为一体。

提高抗扰性的有力措施就是把有源雷达转换为有源—无源多点雷达系统。有源—无源多点雷达系统装有一台发射机和几台空间分集接收机。一个点所辐射的干扰不能有效对抗多点雷达,且噪声干扰的自身效能也将大大丧失。此外,无源信道可采用三角测量法,利用距离和速度等信息来对目标进行定位。

第 19 章　无线电信息传输系统抗干扰性

19.1　无线电信息传输系统抗干扰性

　　无线电电子系统的抗干扰性被认为是一个合成的概念,不仅需要考虑到反侦察性还要考虑到抗干扰的稳定性。类似通用的见解对于所有的无线电电子系统和无线电信息传输系统的具体研究等级都是正确的。决定其他等级的无线电电子系统反侦察性的所有因素对于无线电信息传输系统的信号的反侦察性具有影响作用。作为对抗敌方干扰的一种能力,无线电信息传输系统的抗干扰性由一系列的特殊原因所决定。抗干扰稳定性的分析有时并不取决于在无线电电子系统输入端的影响干扰的原因分析。据此认为,既然抗干扰性取决于偶然原因,破坏无线电信息传输系统效能的概率就是其数量标准。这个概率是在接收机输入端信干比关系的单一函数。因为替代破坏无线电电子系统效能的概率足以分析阈(临界)信干比:如果信干比小于临界值,无线电信息传输系统的工作被干扰破坏(无线电信息传输系统被压制)

　　无线电信息传输系统的抗干扰性取决于多种系数的综合——干扰的种类,有效信号,干扰强度,接收机结构,接收信号的处理算法,天线方向图的形状,接收机中采用的对抗干扰的方式等。所有这些系数都是独立的,但在研究抗干扰性的过程中需要综合考虑它们。本章主要研究的是抗干扰方式的能源指数。在信号和干扰在形式上相区分时,接收机在起伏噪声中调谐信号的情形下时,这些性能是完整而充分的。在实际条件下,这种匹配协调总有其位置,并不破坏分析的一致性。研究能源性能和抗干扰指数能发现一系列的有效适用的规律,同时也对增强抗干扰稳定性的无线电信息传输系统的信号提出了要求。

　　众所周知,在最佳接收机的输出端,信噪比的最大值不是取决于信号的形态:

$$q = \frac{Q}{N_{no}} \tag{19-1}$$

式中:$Q = P_c T$ 为信号能,P_c 为在时间 T 内的平均功率。

　　因此,如果在接收机内部噪声和外部干扰噪声下观测信号,调谐任意形态信号的接收机的抗干扰稳定性是相同的。如果干扰由外部源产生,并在结构上区别于正常的固定式噪声,那么适宜把 q 放在信号功率与干扰的关系图中。在信号 Δf 频

谱带中,对于带频谱密度常数 N_j 的干扰:

$$q = \frac{Q}{N_j} = \frac{P_c T}{N_j} \frac{\Delta f}{\Delta f} = \frac{P_c}{P_j} \Delta f T \qquad (19-2)$$

式中: $P_j = N_j \Delta f$ 为在信号频谱带里集中的干扰功率。

在与窄频带干扰信号功率 P_j 共同作用的情况下,式(19-2)的相互关系是正确的。如果把最佳接收机作为图中的相关器,那么在乘法相关器输出端,该干扰的频谱扩展至信号频带 Δf 值,随着求积分时间 T,该干扰的一小部分频谱分量通过积分器[12],在相关器输出端相应形成干扰和信号的功率$\left(\frac{P_j}{\Delta f T} \text{ 和 } P_c \right)$,它们的相互关系将如同式(19-2)。如果功率分别为 P_{jw} 和 P_{jh} 的宽带与窄频带干扰在接收机输入端同时工作,那么,关系同下式:

$$q = \frac{P_c}{P_{jw} + P_{jn}} \Delta f T \qquad (19-3)$$

模拟干扰必须与信号类似。因此在调谐信号接收机输出端,是所发出大功率干扰的反映。根据文献[16],可认为,接收机对模拟干扰的反映功率的增加和信干系数 ρ_{cj} 成正比。

考虑到上述的阈信噪比和破坏效能的概率临界值,无线电信息传输的能源压制条件可以用不等式来确定。

$$q \leqslant q_{\text{threshold}} = \alpha \left(\frac{Q}{N_j} \right)_{\min} \qquad (19-4)$$

式中: $\alpha \left(\frac{Q}{N_j} \right)_{\min}$ 为保证在无线电信息传输系统既定工作质量的情况下的信噪比临界值; $\alpha \geqslant 1$ 为与理想的接收条件相比,在实际电路中处理所接收的信号时,能量耗损的安全系数。

在无线电电子战条件下工作时,干扰的基本功率不是由接收机自身的噪声所决定,可以在输出端得出干扰谱密度:

$$N_j = \frac{P_{fj} G_{fj} \rho_{cj}}{\Delta f L_j} \qquad (19-5)$$

式中: P_{fj} 为干扰施放装置发射机的功率; G_{fj} 为干扰发射天线和无线电信息传输系统接收机在相互方向上相应的增益系数; L_j 为从发射天线到接收天线,传输路径上的干扰功率衰减系数。

在无线电信息传输系统的接收机输出端,有效信号的功率是:

$$P_c = \frac{P_f G_f G_{co}}{L_c} \qquad (19-6)$$

依据式(19-5)和式(19-6),式(19-4)抗干扰性的保证条件可表示为

$$\frac{(P_f G_f)\left(\dfrac{G_{co\,c}}{G_{co\,j}}\right)\left(\dfrac{L_j}{L_c}\right)}{\left[\alpha\left(\dfrac{Q}{N_j}\right)_{min}\right]}\Delta fT \geqslant (P_{fj}G_{fj}) \qquad (19-7)$$

式中:$(P_f G_f)$ 和 $(P_{fj}G_{fj})$ 为信号与干扰的发射机相应的有效功率值;$G_{co\,c}/G_{co\,j}$ 为接收机天线的特性,即信号与干扰的增益系数比;L_j/L_c 为干扰传播路径上的相对损耗;$\alpha(Q/N_j)_{min}$ 为临界信干比;$\Delta fT = B$ 为无线电信息传输系统的信号特性;B 为无线电信息传输系统的信号基线。

式(19-7)中,$\Delta fT/\rho_{cj}$ 的值取决于信号调制的方式与结构。正如所见,为提高无线电信息传输系统的抗干扰能力,需要运用含大基线 $B = \Delta fT$ 的信号,并赋予专门的特性,以使无线电电子战系统难于建立类似于信号(即模拟干扰)的干扰。所有的这些要求在无线电信息传输系统中使用信号编码才能完成。

19.2 信息传输抗干扰系统中编码

为达到速度守恒和在实施干扰条件下信息传输的可靠性,通常采用减小误差出现概率的专门措施。其中几乎最有效的措施是运用具有抗干扰能力的编码。编码可提高信息传输的抗干扰能力,目的是提高信息的冗余度。但是在编码过程中,冗余技术可以以不同方式使用。第一,依据冗余技术可以创建一种代码,该码能在接收和解码时,发现并校正干扰过程中产生的误差。这是纠错码;第二,多余字符可用于创建相互区别的信号,这些信号用于全部接收。

在从可能的组合 N_0 到字符 n 的纠错码的编制中,只有某部分 $N < N_0$ 能被应用。在传输 N 时,使用的字符组合通常称为许用码组,其余的 $N_0 - N$ 称为禁用码组。显然,如果在实施干扰时,传输的代码组合变为禁用码组,这样就可以发现误差。

纠错码发现和修正误差的能力可以用以下推断来阐明。禁用码组的集合可以分成 N 个 N_i 子集合,$i \in (1, N)$,并且每一个子集合对应放入许用码组 B_i 中。如果所接收的代码组合 $B_i{}^*$ 属于子集合 N_i,推断是有利于代码组合 B_i 的。显然,在这种接收原则下,可以修正全部误差,这些误差不能推导出超出所属子集合 N_i 范围的传输码组。如果没有冗余度($N = N_0$),那么每一个子集合 N_i 与 B_i 相吻合,接收字符的任何误差必然使 $B_i{}^*$ 变为在 $j \neq i$ 下其他许用码组 B_j。

在编制纠错码时,主要的任务是把禁用码组的集合划分为 N 个子集合,并确定与许用码组的相对照的规则。正是通过这种信息划分的方法来识别代码,并赋予名称。为减小错误译码的概率,在 N_i 子集合中包含禁用码组 $B_i{}^*$,对其:

$$P(B_i)P(B_k{}^* \mid B_i) > P(B_j)P(B_k{}^* \mid B_j) , j \in (1,N), j \neq i$$

$$(19-8)$$

式中:$P(B_i)$ 为传输码组 B_i 的先验概率;$P(B_k{}^* \mid B_i)$ 为在传输码组 B_i 时,接收码组 $B_k{}^*$ 的条件概率。

这样,在子集合 N_i 中应该包含码组 $B_k{}^*$,在对其进行接收的时候,B_i 是最有可能的组合。

通过含独立误差的信道传输等概率信息时,当出现误差的概率随倍数增加而减小时,为达到错误译码平均概率的最小化,必须修正频繁出现的一次误差,随后是二次的,以此类推。在此情况下,子集合 N_i 应该包含全部的码组 $B_i{}^*$,$B_i{}^*$ 与其他许用码组相比,与 B_i 的最小字符数量不同。与其他任何组合相比,如果所接收的码组 $B_i{}^*$ 与 B_i 的最小字符数量不同,那么译码器相应作出接收码组 B_i 的解法。这种解法是最佳的,最大程度逼近于标准。

如果许用码组以随机编码方式被选择时,可通过在信息和码组之间建立的表格来提供代码。在这种情况下,编码器只是一个保存 N 个许用码组的内存。相应地,对任何代码都通用的解码方法是:对所接收的含 N 个允许代码组合的校对和算出许用码组(在字符最小数量上有别于所接收的)的位置。显然,译码器应该保存 N 个码组。

尽管所列举的编码和译码方法是通用的,但是由于所要求的内存体积较大而不能广泛应用。尤其是对于大长度码有限制。因此,现在正在建立并继续编制不需要存储较大数量的组合代码。依据不同符号划分的具有抗干扰能力的代码是已知的。

首先,纠错码分为两大类:分组码和连续码。

在分组编码时,源基本信息的序列被分为若干段,一定序列的代码字符相应地置于每一段中,命名为代码组合。在该种编码方法下,所有许用码组集合都是分组代码。

组的长度可以是一定的,也可以是变化的。等长与非等长的分组代码相互区别。具有抗干扰能力的代码通常是等长的。

分组码是可分离的和非可分离的。每一个字符可属于非交叉群(载波信息元和用于发现并校正误差的校验元)中的其中之一,这种代码属于可分离的。这种代码通常用 (n,k) 表示,其中,n 为码长;k 为信息元的数量。所允许的组合数量在代码 (n,k) 中不能超过 2^k。不可分离代码不能把信息元和校验元区分开来。非可分离代码是建立在范德蒙矩阵上有固定重量的代码。固定重量的代码有以下特征:所有代码组合包含同样的数量的 1。标准电报码是这种码的代表,在该码中每一个代码组合均有 3 个 1 和 4 个 0(代码"3 至 7"的代码)。

固定重量的代码可以发现 $q = 1,2,\cdots,n-k$ 次的所有误差,不包括 0 和 1 的数量相等的情况。在完全不对称的通道上，只有一种形式（仅仅 0 转换为 1 或 1 转化为 0）的误差是可能的，这种代码可以发现所有误差。在对称通道上，未发现的误差概率可近似认为是 0 和 1 的同步误差概率：

$$P_{no} \approx C_3^1 P_{sum} (1 - P_{sum})^2 C_4^1 (1 - P_{sum})^3 = 12 P_{sum}^2 (1 - P_{sum})^5$$
$$(19 - 9)$$

式中：P_{sum} 为字符误差概率。

可分离代码分为线性码和非线性码。在线性码中，任意两个所允许代码语言，它们的以 2 为模的逐位和也是所允许代码的语言。如果任意码组的字符第一个 k 是含信息的，其余的 $(n - k)$ 字符是校验的，线性码可以叫作系统码。

最简单的线性系统码是只有一个校验元的 $(n, n - 1)$ 分组码，与所有信息元的以 2 为模的和相等。这种码称为奇偶校验码，它能发现奇数次的所有误差组合。未发现的误差的概率可近似认为是两个字符的误差概率。

$$P_{no} \approx C_n^2 P_{sum} (1 - P_{sum})^{n-2}$$
$$(19 - 10)$$

循环代码是线性代码的子集。在这些代码中，任意代码组合的循环排列形成的所有组合都是代码组合。这一特性可以大大简化装置的编码和译码，尤其是在探测误差和校正单一误差时。汉明码、博斯—乔赫里码和其他的码都是循环码的代表。

卡利格利码（英译）是非线性码的代表。在非线性码中，校验元按单位数量的二进制记录在信息序列中编组。例如：00000；00101；01001；01110；10001；11010；11111。卡利格利码通常应用于不对称的通道中。在对称通道里，它们能发现所有的单一误差和一部分多次误差。

连续码不被分成组。编码与译码工作在字符的连续序列中进行。实际应用最广泛的连续码是卷积码。

代码 n 的长度，基线 m，功率 N（许用码组数量），码组的总数 N_0，信息元的数量 k，校验元的数量 $r = n - k$，码组的进制（组合中 1 的数量），代码的冗余，代码的间隔，这些均属于代码的基本指标。代码的冗余度由以下公式来表示：

$$\chi = 1 - \frac{\log N}{\log N_0}$$
$$(19 - 11)$$

当 $N = 2^k$ 时，对于二进制代码（$m = 2$）：

$$\chi = 1 - \frac{k}{n} = \frac{r}{n}$$
$$(19 - 12)$$

式中：$\frac{k}{n}$ 为代码的相对速度。

在代码序列的空间上，引入了度量来评定编成代码的不同组合的相似点程度，即由距离运算法则来决定。最常用的度量是在使用汉明距离 d 的基础上的 (B_i, B_j)。这个长度由位数决定,其中 B_i 区别于 B_j。对于二进制代码,有

$$d(B_i, B_j) = \sum_{k=1}^{n} b_{ik} \oplus b_{jk} \qquad (19-13)$$

式中:b_{ik} 和 b_{jk} 为码组 B_i 和 B_j 对应的字符;$\oplus$ 为以 2 为模的求和的字符。

汉明码的最小距离称为代码距离 d。

在无关误差条件下,代码的纠错能力适宜在通道上通过代码距离来表现。如果代码在 $d=1$ 时,也就是说,在一个字符中有两个码组不为最小值。一个字符的误差立刻使码组变化为其他许用的,即 $d=1$ 的代码不能校正误差。为了使代码能够发现任意的单一误差,必须保证代码距离等于 2。推断类似的样式,可得出,为发现所有 l 次误差需要距离的代码:

$$d \geqslant l+1 \qquad (19-14)$$

与发现误差相比较,校正所有的多次误差要求更大的代码距离。如果校正误差的次数等于 l,代码的距离应该满足以下条件:

$$d \geqslant 2l+1 \qquad (19-15)$$

除了纠错的译码状态,还有预先还原不可靠的损坏字符的状态。在这种系统下,接收机的方案示意图有一部分不确定性区域。只在输入信号没进入指定区域的情况下,传递字符的方案才得以采用,在相反的情况下,接收机拒绝接收该方案,并用专门的清除字符来代替当前字符,使用纠错码来还原损坏字符。

这样,编成具有指定纠错能力的代码的任务变为:通过引入冗余技术保证必需的代码距离。在这种情况下,所使用的校验元的数量力求达到最小值。遗憾的是,确定校验元(为保证指定代码距离所必需的)最小数量的任务没有完成。测出的 n 和 k 用于显示为指定的纠错能力,代码有最小代码距离的最佳接近程度时,对于最小代码距离存在一系列评估。

这样,对于线性组码 (n, k) 适用不等式:

$$r \geqslant \log_2 \left(\sum_{i=0}^{\left[\frac{d-1}{2}\right]} C_n^i \right) \qquad (19-16)$$

式中:r 为汉明的上限;$\left[\dfrac{d-1}{2}\right]$ 表示 $\dfrac{d-1}{2}$ 数量的取整部分。

对较大 n/k 值的代码,式(19-16)汉明限接近于最佳。对于较小 n/k 值的代码,普罗特金上限更加准确:

$$r \geqslant 2d-2-\log_2 d \qquad (19-17)$$

但也存在含代码距离 d 的直线组码 (n, k),对此适用不等式:

318

$$r \leqslant \log_2 \sum_{i=0}^{d-2} C_n^i \qquad\qquad (19-18)$$

称为帕里沙玛夫—格里别里(音译)下限。

式(19-16)中的汉明限和式(19-17)中的普罗特金限,是含参数 n,k 和 d 的代码存在的必要条件,帕里沙玛夫—格里别里的界限是充分条件。式(19-16)中的等式只适用于命名的改进代码。这些代码校正 $\left[\dfrac{d-1}{2}\right]$ 次的全部误差,不校正 $l >$ $\left[\dfrac{d-1}{2}\right]$ 次中的一个误差。如前所述,$\left[\dfrac{d-1}{2}\right]$ 为 $\dfrac{d-1}{2}$ 的整数部分。汉明码是改进代码的代表。

通过在不同的组合中,以 2 为模求和的方法,由独立线性码组 k 可得出任何线性代码 (n,k)。独立线性原始码组称为基线组合。沿生成矩阵的行来排列所有字符长度为 n 的基线组合 k。

$$G = ||\, g_{kn}\, || \qquad\qquad (19-19)$$

使用这个符号,编码过程是完成换算:

$$B = AG \qquad\qquad (19-20)$$

式中:A 为与编码信息相应的尺度 k 的向量;B 为与代码组合相应的按尺度 n 的向量。

这样,式(19-19)中,生成矩阵包含所有保存在编码装置内存的必要编码信息。对于二进制代码,内存的容积等于 kn 个二进制字符。在代码的表格下编码装置应该存储 $n2^k$ 个二进制字符。

对于图 19-1 中的线性代码 (n,k),编码装置由 k 个放电位移寄存器和以 2 为模的 $r(r=n-k)$ 组加法器组成。

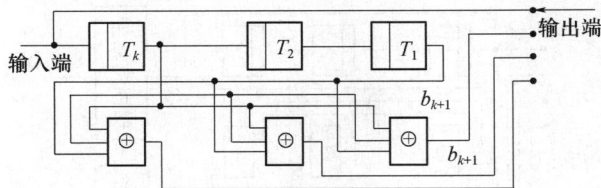

图 19-1 线性码 (n,k) 的编码器

信息元通过转换装置同时进入寄存器 1 的输入端和编码装置的输出端。从信息元 k 进入到加法器组件输出口,依据式(19-20)等式形成依次进入编码器输出端的校验元。译码过程变为运算:

$$S = B^* H^t \qquad\qquad (19-21)$$

式中,S 为以 $(n-k)$ 为向量(伴随式);B^* 为所接收码组的向量,可能因干扰而产生误差,因而不同于 B;H 为尺度 $(r \times n)$(只在 $BH^T = 0$ 时向量 B 属于代码)的校验矩阵;T 为矩阵置换字符。

如果所接收的码组 B^* 与所允许的组合 B(或者是所接收的字符中没有误差,或者是由于干扰,其中一个许用码组转变为其他的)中的其中一个相符,那么

$$S = B^* H^T = 0 \tag{19-22}$$

在 $S \neq 0$ 时,伴随式的形式只取决于由下式决定的误差 e 向量:

$$B^* = B \oplus e \tag{19-23}$$

由式(19-22)可见,e 是 n 个字符组成的一个序列(如 B^* 和 B),但该序列在 B^* 字符与字符 B 一致的位置上为"0",在失真字符位置上为"1"。由式(19-22)与式(19-23),得

$$S = B^* H^T = (B \oplus e) H^T = e H^T \tag{19-24}$$

式中:B 为所传输码组的向量,B^* 为所接收组合(该组合在某些字符上可能存在误差)的向量。

由式(19-24)得出,译码器应作出在 $S=0$ 时,没有误差,而在 $S \neq 0$ 时,才能产生误差的解法。与不同误差组合相符的伴随式的数值等于 $2^{n-k} - 1$。在代码纠错能力的范围内,根据伴随式的具体形式指出误差字符并校正它们。

线性码译码器的示意图如图 19-2 所示,包含 k 个放电位移寄存器、$n-k$ 个半加法器(以 2 为模的加法器)、误差分析器和误差校正器。在寄存器上存储着所接收代码序列的信息元,在加法器的组中,由信息元形成校验元。由于对比了在接收方向上形成的校验元与所接收的校验元,误差分析器可测定错误接收的字符。在分析伴随式的基础上得出这种解法。在校正器中校正信息元。

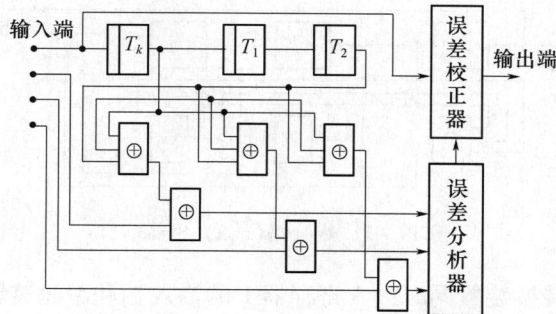

图 19-2　线性码 (n,k) 的译码器

一般情况下,对纠错线性码进行译码时,在译码器的存储设备上需保存误差向量和伴随式相适应的表格。这样的表格应该包含 2^{n-k} 行。对于所接收的每一个码

组,译码器都应仔细检查所有表格。在 n 值不大的时候,这个运算并不难。但是对于长度 $n \gg 10$ 的高效代码,由差数 $n - k$ 所得出的表格行数 2^{n-k} 则实际上是不可能的。

循环代码属于线性系统类。为编成它们须充分了解生成矩阵。但也存在以其他方法来编成循环代码,这些方法以所提供的码组多项式为基础。这样,任何一个代码组合 $\{b_{n-1}, b_{n-2}, \cdots, b_0\}$,都可以放在二进制元系统中的由 $b_{n-1}, b_{n-2}, \cdots, b_0$ 数字组成的相应的数值中。这个数字的值由多项式决定。

$$B(x) = b_{n-1}x^{n-1} + b_{n-2}x^{n-2} + \cdots + b_0 x^0 \tag{19-25}$$

式中:x 为进位制的基数;$b \in [0, x)$,以 x 为模的求和。

其中,二元代码的组合可能是二进制元数 $b = 0$、1、$x = 2$ 和以 2 为模的求和。

由式(19-25)中的代码组合多项式得出,在对译码信息进行换算时,所有的运算都是多项式上的代数算法。

$$B(x) = C(x)p(x) \tag{19-26}$$

并且,与式(19-26)相符的 $C(x)$ 可能是不高于 $k-1$ 次的多项式。

然而,与式(19-26)规则相符的编码中,只能形成不可分离代码:信息元和校验元在所得出的代码序列中是混合的。这一性质给解码工作带来了困难。所以在实践中通常运用其他方法来求出多项式 $B(x)$。

如果多项式 $C(x)$ 与 x^{n-k} 相乘,得出的乘积除以 $p(x)$,那么余数是多项式 $r(x)$。

$$C(x)x^{n-k} = q(x)p(x) \oplus r(x) \tag{19-27}$$

因为以 2 为模的加法和减法运算相一致,由式(19-26)可以得出多项式:

$$C(x)x^{n-k} \oplus r(x) = q(x)p(x) \tag{19-28}$$

整除生成多项式 $p(x)$。

因此,这个多项式是生成多项式 $p(x)$ 指定代码的所允许的代码序列。

在首项 k 的条件下,多项式 $C(x)x^{n-k}$ 的因子与 $C(x)$ 的因子一致,在 $n - k$ 条件下,因子等于 0。也就是说,因子 n 的总和等于增加了 $n - k$ 次的传输信息的值。$r(x)$ 除法的余数不高于 $n - k$ 次,这样,在首项 k 条件下,$C(x)x^{n-k} \oplus r(x)$ 多项式的因子是与编码信息的字符相一致的信息元,在 $n - k$ 条件下,该因子是校验元。多项式的这一性质提示了循环代码编码器的电路接收技术结构。图 19-3 所示为含生成多项式 $p(x) = x^3 \oplus x^2 \oplus 1$ 的代码编码器线路图。

触发器 T_1,T_2 和 T_3 组成了位移寄存器。在起初的情况下,一次性指令开关 K_1 和 K_2 位于位置 1。解码序列 $C(x)$ 进入编码器的输入端,再一起进入格 T_3 的输出端(这与多项式 $C(x)$ 与 x^3 的乘法相一致)。在 4 次位移循环中用多项式 $C(x)x^3$ 除以多项式 $p(x) = x^3 \oplus x^2 \oplus 1$。因而在寄存器中记录了余数即校验元。一次性指

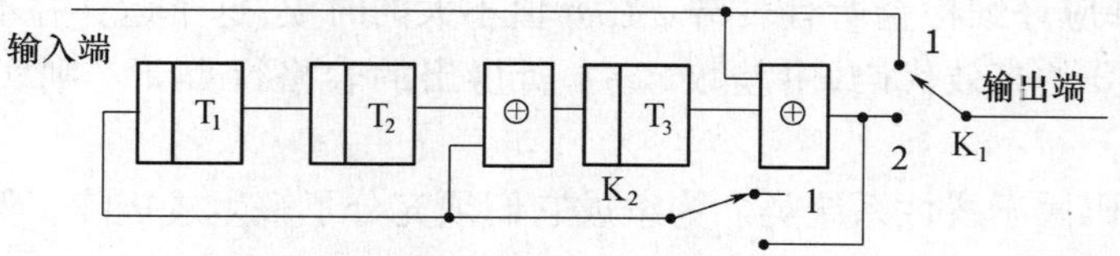

图 19-3　含生成多项式 $p(x)=x^3 \oplus x^2 \oplus 1$ 的代码编码器

令开关 K_1 和 K_2 跳到位置 2,在以下 3 次循环内,寄存器上的独立字符进入编码器的输出端。

代码的纠错能力取决于生成多项式的 $p(x)$,所以它的选择非常重要。必须确定,生成多项式的次方数应该等于校验元的数量。

在使用循环代码时,检测误差就变为用符合所接收组合的多项式 $B^*(x) = B(x)+e(x)$ 除以 $p(x)$。如果余数 $r(x)$ 等于零,那么就没有误差,反之,可确定误差。多项式:

$$r(x) = \big[B(x)+e(x)\big] \bmod p(x) = e(x)\ \bmod p(x) \qquad (19-29)$$

只取决于误差多项式 $e(x)$,向量伴随式也发挥着此作用。所以,在定理下误差可根据在译码器存储设备上保存的相应的 $e(x)$ 和 $r(x)$ 之间的表格进行校正(如同在线性非循环代码条件下)。但是循环周期性特征可使译码的程序简单化。

最普遍的误差校正算法使用的是循环代码伴随式的以下特征,即如果有一个代码距离为 d 的循环代码,可以校正包括 $\left[\dfrac{d-1}{2}\right]$ 方次的误差(方括号,如以前一样,指得是 $\dfrac{d-1}{2}$ 比值的整数部分),可能存在以下情况。如果只有校验元失真,那么伴随式的重量将小于或等于 $\left[\dfrac{d-1}{2}\right]$,伴随式将与误差向量相一致;如果误差向量使一个信息元失真,那么伴随式的重量就大于 $\left[\dfrac{d-1}{2}\right]$;如果 $r(x)$ 是多项式 $b(x)$ 除以 $p(x)$ 的余数,那么多项式 $r(x)x^i \bmod p(x)$ 就是多项式 $b(x)x^i$ 除以 $p(x)$ 的余数,换句话说,多项式 $b(x)$ 循环位移的伴随式是以 $p(x)$ 为模的原始多项式的伴随式相应的循环位移。

对含生成多项式 $p(x)=x^3 \oplus x^2 \oplus 1$ 的代码译码算法,如图 19-4 所示。这种代码有 $d=3$ 的代码距离,它可以校正所有的一次误差。

所接收的代码组合,同时进入用于存储和循环位移的位移缓冲寄存器,还有用多项式 $p(x)$ 除的除法设备(计算伴随式)。在起始状态下开关位于位置 1。7 次循环周期后,所接收的代码组合在缓冲寄存器上完全被载入,在除法设备的寄存器上计算出伴随式。如果伴随式的进制大于 1,译码器将在缓冲寄存器上重新产生

322

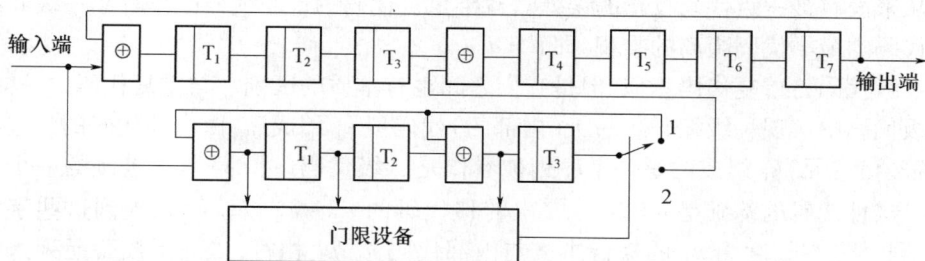

图 19 - 4　含生成多项式 $p(x) = x^3 \oplus x^2 \oplus 1$ 的循环码编码器

组合的循环位移(在输入端没有新的组合的情况下),并同时计算出在除法设备上的伴随式 $r(x)x^i \pmod{p(x)}$)。如果在某种 i 间距下,伴随式的进制小于2,那么开关移到位置2,除法寄存器上的逆向联系就被切断。在随后的循环周期下,在以 2 为模的加法器(包含在缓冲寄存器内)输入端,通过发送除法寄存器的内容物来校正误差。译码器独立工作状态下的 7 次循环周期后,被校正的组合在缓冲寄存器上返回原始位置(信息元将被记录在最高数字)。

作为少数完善的已知代码的代表——汉明码属于循环代码。它们有 $d = 3$ 的代码距离并能校正所有的一次误差。代码的长度由条件 $2^{n-k} = n$ 决定,$2^{n-k} = n$ 有简单的意义,即不同非零伴随式的数量等于在代码序列中字符的数量。这样,存在汉明码 $(2r - 1, 2r - r - 1)$,其中包括代码 $(7,4)$,$(15,11)$,$(31,26)$,$(63,57)$ 和它的[26]。早前在范例中使用的多项式 $p(x) = x^3 \oplus x^2 \oplus 1$,就是为汉明码而生成的。

在循环代码中运用最广泛的是博斯—乔赫里码。众所周知,对于任何正整数 m 和 $l < n/2$ 存在长度为 $n = 2m - 1$、代码距离为 $d \geq 2l + 1$ 的二进制博斯—乔赫里码,并且校验元的数量是 $n - k \leq ml$。

应用于二进制线性类的(包含循环代码)多数译码的程序是相对简单的。该程序以这些代码的性质为基础,每一个信息元都可使用若干方法通过其他码组的字符来表示。如果对某些字符,这种校验方法给出不同的数据结果(有些给出"0",只有在错误接收的情况下,有些给出的是"1"),那么对每一个信息元,其最终解法运用的是多数原则,即依据大多数。多数代码的译码器可在位移寄存器上得以完成。所研究的高循环代码 $(7,3)$ 是允许多数解码的代码的代表。

合并若干短码可编成强代码(即含长的分组和大的代码距离 d 的代码)。这样可编成如两个线性系统码 (n_1, k_1) 和 (n_2, k_2) 中的重复码。起初,信息是由一级代码 (n_1, k_1) 来编码。编码序列平均分成 k_2 字符组。对二级代码而言,这些字符都是含信息的。在二级编码中 $n_2 - k_2$ 校验元列入 k_2 字符组里。所以含 $n_1 n_2$ 字符组,其中 $k_1 k_2$ 是含信息的。编码过程可以补充 3 次迭代,4 次迭代,等等。在解码时发现并校正每一组的误差。首先是一级,然后是二级。在这个过程中只校正那些从来没有被一级代码校正的误差。双维重复代码的最小代码距离等于一级和二级代码的最小代码距离的乘积,即 $d = d_1 d_2$。

级代码与重复代码相似,但是它们之间也有本质的区别。与重复代码中一样,在级代码中实现一级编码。一级(内部的)代码组 k_2 编成后,由内部代码的二进制字符(信息元)k_1 组成的每一个序列被看作是二级代码(外部)非二进制的一个字符。这种代码的基础是 $v = 2^{k_1}$。m 次转移代码的 $n_2 - k_2$ 校验元列入到这些字符中,同时也在长度为 n_1 的横行中。与内部代码 n_1, k_1 相符,二进制校验元列入每一横行中。

在接收过程中,首先对内部代码的所有组进行译码(误差校验码),然后对外部 m 次转移代码(n_2, k_2)组进行译码,并且校正译完内部代码后剩下的误差。如果 $n_2 < m$,在指定的 n_2 和 k_2 下,作为外部代码,通常运用能保证最大可能的 d 的里德—索洛蒙码。

卷积码——线性递推码,一般情况下,通过以下方式形成,即在每一个 i 循环时段中,k_0 个信息元 $c_{i1} c_{i2} \cdots c_{ik0}$ 进入编码设备的输入端。在当前和之前循环时段下,依据进入的信息元的递推原则,编成输出字符 $b_{i1} b_{i2} \cdots b_{ik0}$。$k$ 的大小称为代码限定的长度。它指出该信息元如何影响输出字符的最大数量。该长度对卷积码起着分组代码长度的作用。卷积码有 $\chi = 1 - k_0/n_0$ 的冗余度。这种代码的符号表示为 (k_0/n_0)。

卷积码的编码器可以借助位移寄存器和以 2 为模的加法器来实现。依据图 $19-5$,完成的编码设备在每一个信息元上编成输出序列的两个字符,这两个字符通过转换装置按序进入输出端。

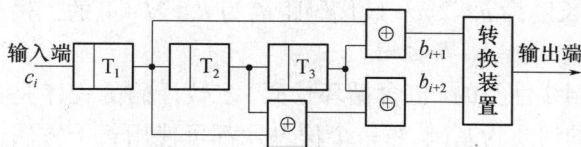

图 19 - 5 卷积码的编码器

根据记录在寄存器前两位的输入信息元和组合的线性换算来编成输出字符。位移寄存器单元与以 2 为模的加法器之间的关系用生成多项式 $q_j(x), j = 1, 2, \cdots, n$ 来描述。对于图 $19-5$ 编码器的具体示例,$q_1(x) = x^2 \oplus 1$ 描述的是高数位加法器的关系,$q_2(x) = x^2 \oplus x \oplus 1$ 描述的是低数位加法器的关系。生成多项式中的项 $x^i, i = 0, 1, 2, \cdots$ 表示位移寄存器中的第 $(i+1)$ 位与加法器连接。寄存器的进位法采用从左向右。

如果在每一个循环时段内输出字符 k_0 与信息元相一致,那么卷积码具有系统性。在实践中常常使用非系统的卷积码。

324

卷积码有透明度的特点。透明码在信号转换方面具有不变性：在译码器输入端字符值的相反变化不影响译码结果。这一特性广泛用于对抗无线电信息传输系统（使用调相180°的信号）中的反向工作效能。

卷积码的纠错能力取决于类似分组代码距离 d 的自由距离 $d_{\text{св}}$。

卷积码的译码器在运算上和电路技术上都相当复杂。计算校验序列的译码只用于系统代码。从本质上说，它与分组码相应的解码方法没有区别。依据在发射方向上的规则，在接收方向上校验元由所接收的信息元而形成。随后，这些校验元与所接收的校验元相对比。经过对比形成校验序列，该序列在不含误差时仅由"0"组成。在存在误差时，在序列的一定位置上则出现字符"1"。编成校验元的规则是根据校验序列的结构来确定失真符号。无需计算校验序列的译码算法应用的是似值最大化或逐次解码的方法。

引入冗余度可构建相互完全不同的信号。信号异同点的衡量标准是它们的相关系数。如果信息传输系统使用同样能量的信号组 $s_i(t)$，$i \in [1, m]$，$t \in [0, T]$。

$$Q = \int_0^T s_i^2(t)\,\mathrm{d}t = \mathrm{const}(i) \qquad (19-30)$$

那么，在包含 m 个信号的集里，相关系数式（19-31）的比值决定：

$$\rho_{ij} = \frac{1}{Q}\int_0^T s_i(t)s_j(t)\,\mathrm{d}t \qquad (19-31)$$

如果

$$\rho_{ij} = \begin{cases} 1 & (i = j) \\ \rho_{\min} & (i \neq j) \end{cases} \qquad (19-32)$$

则信号 $s_i(t)$ 在最大比值上有差别。如果 $\rho_{\min} = 0$，信号 $s_i(t)$ 称为正交信号。理论上最小值 ρ 可能比 0 小。

$$\rho_{\min} = \begin{cases} -\dfrac{1}{m-1} & (m = 2q) \\[2mm] -\dfrac{1}{m} & (m = 2q-1) \end{cases} \qquad (19-33)$$

式中：q 为自然数。

式（19-33）中，$\rho_{\min}$ 的信号系统是已知的。所研究的在 M 序列上的高单工假噪声信号属于该信号系统。对于这样的信号 $m = 2^n - 1$，式中 n 为用于产生震荡的 M 序列的位移寄存器的位。

由式（19-33）得出，在信号的最大数量 $m \gg 1$ 时，$\rho_{\min} \approx 0$，即最佳信号与正交信号的差别不大。

适当的数模把正交信号描述为大小为 $m \times m$ 的矩阵的行。范德蒙矩阵是正方

的,由信号 ±1 组成,有以下特征:

$$HH^\tau = mI \qquad (19-34)$$

式中:H^τ 为置换矩阵;I 为单位矩阵。

由矩阵的定义式(19 – 34)得出,任何两个横行都是正交的。横行与纵行的置换,如同横行或纵行乘以 − 1,保持正交性。范德蒙矩阵在所有的 $m = 4^q$ 下存在,在 $m \leqslant 200$ 下,现在范德蒙矩阵被构建。如果 $m = 2^q$,那么范德蒙矩阵构成为尺寸较小的范德蒙矩阵的乘积,依据以下规则:

$$H_{2q} = \begin{pmatrix} H_{2q-1} & H_{2q-1} \\ H_{2q-1} & \bar{H}_{2q-1} \end{pmatrix} \qquad (19-35)$$

式中:H_i 为大小为 $i \times i$ 的范德蒙矩阵;$\bar{H}_i$ 为在大小为 $i \times i$ 的范德蒙矩阵中,所有的元素都进行相反变化(1 变成 − 1,或反之);$H_1 = (1)$。

依据范德蒙矩阵递推规则(式(19 – 35)),由横行组成的字符序列称为沃耳萨函数并表示成 wal(i,t)。在该式中,值 i 是函数的次,它决定了在重复 T 周期内函数符号变化的数量,称为频数。变化的 t 为时间。非常适用无因次时间 $\theta = \dfrac{t}{T}$ 在单位间隔 $\theta \in \left[-\dfrac{1}{2}, \dfrac{1}{2} \right]$ 的标准上来研究沃耳萨函数。

在周期内进行周期回纹振荡的沃耳萨函数称为帕杰玛赫里(音译)函数。显然,帕杰玛赫里函数的次为 $i = 2^q - 1, q = 0, 1, 2, \cdots$。所有的帕杰玛赫里函数由指定振荡器的脉冲频率触发器的分配器发出振荡。

倍增性质对沃耳萨函数适用:

$$\mathrm{wal}(i,\theta)\mathrm{wal}(j,\theta) = \mathrm{wal}(i \oplus j,\theta) \qquad (19-36)$$

换句话说,由沃耳萨函数的 i 次和 j 次连乘所得出的沃耳萨函数的次,与二进制制数值 i 和 j 的以 2 为模的逐次求和是相等的。连乘函数后,倍增性质可为沃耳萨函数所有群的振荡构建简易逻辑示意图。在图 19 – 6 上举例导出 8 个沃耳萨函数群振荡示意图,即 $i \in \{0,1,2,\cdots,7\}$ 时的所有函数 wal(i,θ)。

如果沃耳萨函数群包含 wal$(0,\theta)$,那么正交信号的多项式在编码理论中称为一阶里德—谬勒尔码(PM)。它们的转化加入到正交二进制代码的所有组合中,那么由 $2m$ 组合得到的多项式将组成双正交代码。通过这种方式得到的信号系统有任何双信号 $\langle \rho \rangle = -\dfrac{1}{m-1}$ 相关系数的平均值。

如图 19 – 7 所示,正交和单工信号的最佳接收机包含由 m 个相关器(串联连乘器和信号时间长度内 $T = mT_c$ 的积分器)和选择最大化装置(能做出所接收的振荡最接近哪些可能信号的解法)的平行构件组。示意图中位于输出端的门限值装置用于探测信号,即作出所选最大值与接收机输入端信号相一致的解法,而非错误选择的解法。

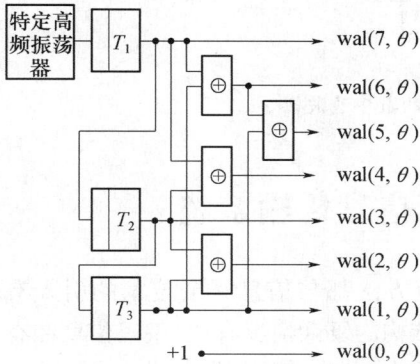

图 19-6 函数沃耳萨的振荡

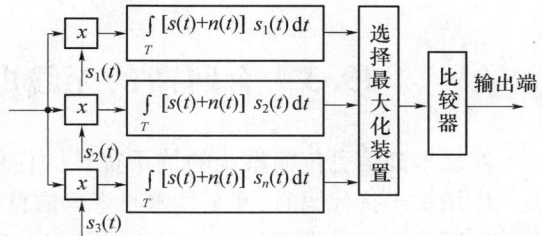

图 19-7 正交和单工信号的最佳接收机

在信息的加工处理过程中所实施的程序通常称为"整体化"接收。名称强调的是作出接收哪一种可能信号的决定。在接收机输入端整体地实现处理所监测的干扰信号混合。

这样,正交,单工和双正交信号或是最佳的,或者是在附加的高斯白噪声下"整体化"接收时趋向于最佳。这些信号只是发生振荡。在实际中实现"整体化"接收时,会遇到与接收机电路技术复杂性相关的某些困难。的确,如果 k 个信息元组成的组(由信息源发出)在编码器中变为 $m = q^k$ 字符之一,那么与相关器所要求的数值成比例的复杂性(实现接收机"整体化")组成。

$$C_{l \sim m} = q^k = \exp\{k \ln q\} = e^{\alpha k} \qquad (19-37)$$

式中:$\alpha = \ln q > 0$,即随信息元的分组长度的增加而增长。

对于实际中的数值 k ,这样的接收机在技术上是复杂而难以实现的。

为解决这一复杂性问题,使接收信号的字符再生(字符接字符的接收),然后使用相匹配的滤波器的资料图来处理所接收的二进制字符代码序列。信号字符的接收和还原如图 19-8[28] 所示。

图 19-7 中的 $S_0(t)$ 和 $S_1(t)$ 分别适合于地发射相反字符"0"和"1"的信号。对于在干扰环境中(附加正常噪声形式下)接收与还原字符,这种示意图是最佳的。

当然,在一阶还原代码序列的字符,在二阶依据"整体化"接收的程序来处理这些序列时,双阶方案示意图的接收机在抗干扰性上不如图 19-7 中的理想接收机。这种损失用来补偿"整体化"接收示意图的简化。

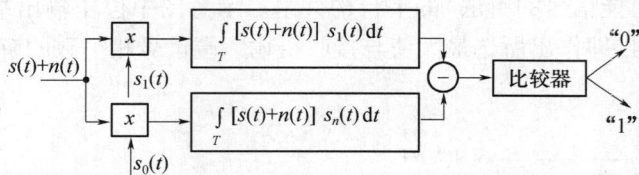

图 19 – 8　用以整体化接收的数字滤波器

19.3　含回馈的无线电信息传输系统

实现提高信息传输系统的抗干扰性的任何方法都与信息冗余技术的引入有关。应用抗干扰代码时,冗余技术与译码信息结构的复杂情况有关,编码信息在有限数中等价于信号频谱的扩展和传输信息时间的增加。使用"整体化"接收的复杂信号时,基线的增加同样取决于频谱的扩展。除此以外,提高抗干扰性与传输信息系统的某些复杂情况(即提高设备的冗余度)有关。

通过应用误差纠错码来利用信息和设备的冗余度,同样,"整体化"接收大范围基线的信号并不是保证抗干扰性的最佳的唯一方法。事实上,所谓信息传输系统抗干扰方法并不具有很强的灵活性。它们只能用于固定的或预先确定的工作条件(大多是极其复杂的环境)。但是,在系统工作环境下,干扰情况实际上可能会发生变化。抗干扰要求也相应地发生变化:在较小的干扰强度下,冗余度较小,相应地,可保证信息传输的速度更高。但是为了使信息传输速度适应变化的干扰条件,必须有由接收机至发射机的数据传输回流道。使用这种信道的系统称为信息传输回馈系统。通常使用3种传输信息回馈的基本方案。

在第一种方法中,接收机接收和存储的信息沿回流道转发信息源。传输与转发的信息相互比较。如果在传输中没有误差,那么发射机会形成可确定接收数据正确性的信号。在沿回流道接收的信息与之前沿直流道发射的信息不对应的情况下,发射机记录下误差,并在接收装置内存上形成专门的数据清除信号。消除后,信息传输进行重复,直到确定不存在失真传输的情况为止。既然所有的传输信息都是沿回流道转发,类似的回馈称为信息化。含信息回馈的无线电信息传输系统功能示意图如 19 – 9 所示。

显然,图 19 – 9 中直通和回流通道上,干扰的强度和传输中相应的误差概率越大,那么重复传输可能越大,信息冗余度越大。

应用回流道的其他方法 —决定性回馈的组织。在决定性回馈的无线电系统中,在信息接收设备上校验信息正确接收,作出必须重复传输的处理。无线电系统的功能图如 19 – 10 所示。

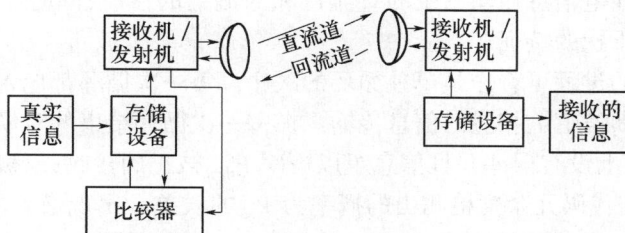

图 19 – 9 信息回馈无线电信息传输系统

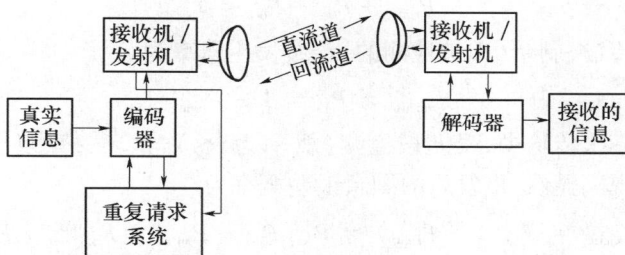

图 19 – 10 决定性回馈无线电信息传输系统

　　接收机的译码装置完成对所接收代码组合的分析。当然,实现这种可能性需应用纠错码。在检测到误差的情况下,所接收的信息被认为是有误的,在回流道上发出重新传输的要求。如果译码器在所接收的代码组合里没有检测到误差,就沿回流道发出已正确接收的确认(证实收到信号)。证明正确接收后,信息源发出后续的信息组。反之,则会重复发出之前的误组。这样,在接收点作出正确接收信息的决定(由此称为"决定性的回馈")。决定性回馈系统的其他名称是重复请求系统。显然,在使用决定性回馈时,直流道中的每一信息组上的二进制信息单位将沿回流道传输。

　　第三种方法使用的是信息与决定性回馈同步原则。这是在信息传输系统中的校正的复合回馈。比如,在处理传输误差时,与在决定性回馈中一样,信息沿回流道发出信号接收的确认,如果接受机确认正确接收,那么就沿回流道转发所接受的所有信息。在这种情况下,在接收点可消除由许用码组向其他允许组合(但不同于传输出的组合)的变化。

　　在任何一种实现回馈检测的方法中,都可能出现信息的重复传输。但是实际上最大可能重复数 r_{max} 会受到在传输中最大延迟(即信息传输所允许的最低速度)所决定的某些数值的制约。

　　在分析含检测回馈的无线电数据信息传输系统效能时,要计算出剩余概率 P_{remain}[20],即由于重复传输中,$r \leqslant r_{max}$,而未被检测校正的误差概率。P_{remain} 与 r_{max}

的值取决于无线电信息传输系统的直流道和回流道的性能,同时还取决于在这些通道上的有效干扰的特征。

信息传输的过程可看作是单独循环的次序。每一次循环都包含直通信道信息组的传输与回馈信道上相应的信息传输。在每一次循环结束的时候可能出现 3 种情况:直流通道上没有误差并且信息组以概率 P_{right} 被正确接收;未被检测出概率为 P_{no} 的误差;根据代码冗余度检测出的概率为 P_{oo} 的误差。出现最后的一种情况时,在直流道上进行信息重复传输。

所列举的情况组成全部的随机事件组,所以

$$P_{right} + P_{no} + P_{oo} = 1 \qquad (19-38)$$

由于一次传输,剩余(未被检测的)误差发生概率为

$$P_{remain} = P_{no} = 1 - P_{right} \qquad (19-39)$$

如果在第一次传输中,误差被检测(概率为 P_{oo}),循环又重复出现,并且可能有 3 种结果出现。显然,重复后的剩余误差概率为

$$P_{remain2} = P_{oo}(1 - P_{right}) = P_{oo}(P_{oo} + P_{no}) = P_{oo}P_{no} + P_{oo}^2 \qquad (19-40)$$

由于 $r+1$ 次传输,当误差被检测出 r 次时,误差的剩余概率组成 $P_{no}P_{oo}^r$,式中,P_{oo}^r 为在之前的传输循环中检测出误差的概率。当 $r \to \infty$ 时,在重复的无限数下,有

$$P_{remain} = P_{no} + P_{oo}P_{no} + P_{oo}^2 P_{no} + \cdots = P_{no}(1 + P_{oo} + P_{oo}^2 + \cdots) \qquad (19-41)$$

在式(19-41)的括号中得出无穷几何级数的和,即

$$P_{remain} = \frac{P_{no}}{1 - P_{oo}} \qquad (19-42)$$

可见,剩余误差的概率不仅仅取决于概率 P_{no},也取决于 P_{oo}。在误差检测的概率很高,即 $P_{oo} \to 1$,剩余误差的概率可能超过 P_{no}。

可确定相同信息传输的平均数:

$$< r > = \sum_{r=1}^{\infty} rP(r) = \sum_{r=1}^{\infty} rP_{oo}^{r-1}(1 - P_{oo}) = \frac{1}{1 - P_{oo}} \qquad (19-43)$$

式中:$P(r) = P_{oo}^{r-1}(1 - P_{oo})$ 为 r 次信息传输的概率,即在之前 $r-1$ 的每次传输循环中发现误差,而在第 r 次循环中没有出现误差后,r 次信息传输的概率。

由式(19-42)可得出,信息重复传输的平均数在校正的回馈系统中取决于概率 P_{oo}(误差被检测出的概率)。在信噪比减小时误差概率增加,P_{oo} 相应地增加。但是,在这种情况下,信息重传的平均数也在增加,即在干扰环境恶化的信号传播

环境下,校正的回馈系统自动地降低信息传输的速度。

假设在信息传输中使用非冗余代码,那么很容易评估信息回馈的数字无线电电路的抗干扰稳定性。这种假设完全是自然的,在信息回馈的无线电系统中,信息传输的可靠性并不是由代码的纠错能力来决定,而是由重传的次数来决定。可推测,在统计学上,直通信道和回流道上的误差是独立的。确实如此:因为直流道和回流道上的信息不应该相互影响,所以在这些通道上的干扰相互之间也是独立的。在统计学上,单独的信息传输字符的失真(在传输中误差没有集聚成组)是独立的。如果干扰可以影响到相邻字符群,并导致误差集聚,那么就需要采用专门的措施来与之对抗。比如,信息传输字符在接收方上按已知规则混合。在遵守自然次序的接收点上,对字符进行恢复时,误差组根据信息的长度进行整平。

在非冗余编码中,每一个信息都包含 k 个信息元,其中任何一个字符的失真都会产生误差和所有 k 字符组的重新传输。在此种情况下,在直流道和回流道上具体哪个位置发生误差并不重要。未被检测出的误差,与无线电信息传输系统直流道和回流道上单独信息元的失真组合相一致,在无线电信息传输系统直流道和回流道上,失真相互补偿。类似误差的例子是"镜子"误差,当沿回流道传输时,失真的仅仅是在直通信道上已失真的字符。

直信道上的单个字符失真概率为 $P_{1\rightarrow}$,在回流道上则是 $P_{1\leftarrow}$。并且这些概率相当小,因为 $kP_{1\rightarrow} \ll 1$ 或 $kP_{1\leftarrow} \ll 1$。在之前,关于字符失真独立性的有依据的假设中,由于单个"镜子"误差而产生信息传输的误差,即在直通信道中一个字符失真,那么在回流道上只有一个并且只能是该字符失真。在直流道上的 k 个信息元中单个字符的失真概率为

$$P_{\rightarrow} = kP_{1\rightarrow}(1 - P_{1\rightarrow})^{k-1} \qquad (19-44)$$

沿回流道转发信息时(指的是指定字符的变化在回流道上不会伴随其他误差的情况时),字符(在直信道中失真)反向变化的条件概率依据公式来计算:

$$P_{\leftarrow} = P_{1\leftarrow}(1 - P_{1\leftarrow})^{k-1} \qquad (19-45)$$

依据式(19-44)和式(19-45),单个"镜子"误差的概率可以由比值来确定:

$$P_{no} = P_{\rightarrow}P_{\leftarrow} = kP_{1\rightarrow}(1 - P_{1\rightarrow})^{k-1}P_{1\leftarrow}(1 - P_{1\leftarrow})^{k-1} \approx kP_{1\rightarrow}P_{1\leftarrow}$$
$$(19-46)$$

在使用回馈信息时,发现误差的概率为除了"镜子"误差以外的任何误差的概率。这种情况的概率是

$$P_{oo} = 1 - P_{tr} - P_{no} \approx k(P_{1\rightarrow} + P_{1\leftarrow} - P_{1\rightarrow}P_{1\leftarrow}) < 1$$
$$(19-47)$$

在一次传输循环中,正确接收口令的概率由公式决定

$$P_{tr} = (1 - P_{1\to})^k (1 - P_{1\leftarrow})^k \approx 1 - k(P_{1\to} + P_{1\leftarrow} - P_{1\to}P_{1\leftarrow})$$

$$(19 - 48)$$

研究临界情况 $r_{max} \to \infty$,使用式(19-44)、式(19-46)中的比值,参考式(19-47)的比值,得

$$P_{remain} \approx P_{no} \approx kP_{1\to}P_{1\leftarrow} \qquad (19 - 49)$$

对于信息传输系统的直通信道而言,k 字符组的失真概率由近似比值来决定:

$$P_{distortion} \approx kP_{1\to} \qquad (19 - 50)$$

由式(19-49)和式(19-50)的对比可知,如果回流道具有相当高的抗干扰稳定性($P_{1\leftarrow} \ll 1$),应用全转发的信息传输系统可以从本质上减少误差概率。

在不高的能量势位上,回流道上最后一个条件可能不能满足。这时取代全转发的是应用回流道的其他使用方法。在这种情况下,沿回流道信息传输的速度小于无线电信息传输系统直流道的速度。组织决定性回馈时,当 1 位信息沿回流道传输到直通道上的每组 k 位信息时,使用这些方法之一。由于信息传输速度减小,在回流道上抗干扰能力增强。但在使用决定性回馈时,要求在直通信道上应用纠错码,即除传输 k 个信息元外,还有 n 个少量校验元。在回流道上,与误差(会导致信息损耗)对抗方法已知,该方法以不对称编码为基础。在这种情况下,在回流道上使用这种代码和这种译码原则,可保证在接收确认信号时,信号重复请求的错误接收概率较小。

在使用任何类型(信息的、决定性的、组合的)的校验回馈时,重复传输信息等价于引入附加冗余信息。但是,这种冗余信息的数量依据每一次单独信息接受的结果而变化。在直流道和回流道有利的接收条件下,产生信息误差比较少,因而重复传输的平均数不大。如果在接收点上信息干扰水平增强,那么重复的数量也自动增加。这样,在改变所接收信号的功率或干扰功率时,无线电信息传输系统上的信息传输平均速度自动地进行调整。这就是含回馈的无线电信息传输系统适应干扰环境的工作机制。

含回馈的无线电信息传输系统用于传输非常重要的信息。比如,在无线电控制操控时的信息。在信号衰减条件下工作时,使用适应性的含校正回馈的无线电信息传输系统是非常高效的。

19.4　抗模拟干扰与抗欺骗干扰

信息传输干扰系统可以强加给接收器虚假信息,造假情报。对抗这种信息攻击(同样,对抗使转发这些信息的信号失真的干扰)成为无线电电子防护的任务之一。只能对形成类似于真实信息的信息的干扰和可接收信息源建立的真实信息的

干扰进行欺骗,即欺骗干扰应该模拟真实信息。所以,反欺骗干扰也称为反模拟,系统和信息对抗欺骗干扰活动的能力即为模拟稳定性。

为保障信息传输的抗模拟,会采用密码电报法,从某种意义上说,类似于在信息传输中采用加密的方法。但是,保障机密性(加密保护)的功能和保障信息的真实性的功能相互之间是不一样的。

加密法防止信息不被截获,换句话说,防止未核准进入沿无线电波道传输的信息中。当然,可从所接收、观测、识别的信号中提取信息。所以,仅仅对于设备上不具备充分的动力与结构反侦察性的信号,会出现防止未核准进入无线电电子设备信道上的循环信息中的问题和对这种进入的对抗。解决这一问题成为密码学的主要内容,确切来说,密码学分为密码写法(俄语的"密码书写"—创建和应用密码代号的科学)和密码解析法(解开密码代号的科学)。

无线电电子侦察与无线电防护的冲突可以影射密码学所谓组成部分的斗争。密码写法与密码解析法比无线电电子侦察和无线电电子反侦察要老得多(古罗马2000多年前的传说把第一次应用信息加密与一个名为泽查理的人联系在一起,他把致给崔泽托夫以及其他朋友的信译成密码)。密码学发展的科学时代源于现代,并成为以应用无线电电子学为基础的远距离通信发展的条件,即成为无线电信息传输系统发展的条件。密码学是相当特殊和微妙的学术领域和实践活动。由于对密码学科通用出版物的发行限制和数量较少,必须最低限度地引入术语。

需要保证其信息稳定性的原始信息叫做公共文本。译成电码后形成密文(密码电报,译成电码)。解码或解译都需要密匙。这个密匙必须对信息源(发射机)和接收者(接收机)是已知的,而且必须只能是它们已知。因此在传统的机要通信系统中,密匙只能沿非常安全的防信息泄漏的信道(比如,用护卫队的装甲车来把扣上手铐的箱式公文包送至通信员手中)传输。尽管现代密码学的最新成就可通过保护密钥的简易要求来创建系统,但是信息稳定性的潜在特性不大(正是所谓的含公共密钥[15]的密文系统)。形成和传输密文的过程可用图 19-11 来表示。

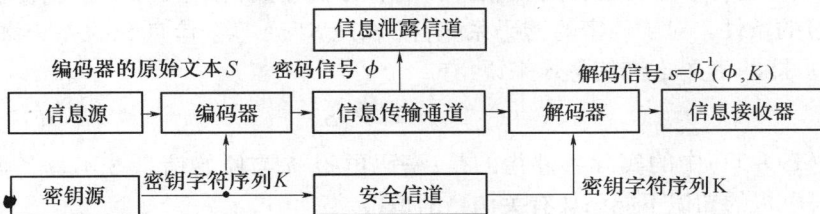

图 19-11　密钥信息传输系统

编码器改变原始文本 S 和密钥字符序列 K,按以下原则:

$$\phi = (S + K) \bmod N_。$$

$$(19-51)$$

式中：N_c 为字母符号数字，即译成密码的文本。

密钥字母符号和原始信息的大小通常是相等的：$N_S = N_K$。如果二进制信号使用编码信息传输系统，当字母符号的大小 $N_S = N_K = 2$，则译码器工作原则是与式（19-51）完全对称的。

$$S = \phi^{-1}(\phi, K) = (\phi + K) \bmod 2 = (\phi \oplus K)$$

$$(19-52)$$

式中：$\phi^{-1}(\phi, K)$ 为编码器所实现的反函数。

通常认为，在编码器上转换信息的算法对于电子侦察（确切地说是密码解析）来说是已知的，同时密文可以完全通行[15]，即认为，密码信号 $\phi(S, K)$ 在没有干扰和误差的条件下被观测、识别、接收。原始公共文本 S 和在解码中具体所选的密钥具有未知性。只有在截获的密码电报和原始公共文本相互关系的统计学知识基础上，获得公共文本的信息。电子侦察活动指向这种关系的最大利用。防止侦查截获信息的系统活动要选择一个密钥，使得在最大程度上破坏密码电报和公共文本之间的联系。

在工作过程中密码机决定了两个不重要的任务。第一，保证信息的机密性，即反侦察所传输信息的内容，以防未核准接收。第二，保证传输信息的真实性（可靠性），即最大可能地保证用户接收到的信息由发射机本身发出，而并不是由无线电对抗系统形成。

无线电侦察设备潜在的临界可达性与传输信息的内容，以及对这些设备相应的防护性能，可由机要系统[28]中通信香农理论的原理为依据来决定。抗破坏用户所接收信息的可靠性的指数，由与机密通信香农理论类似的准确理论[29]原理为依据来确定。

理论上，密码保护信息的极限通过能力可用条件概率 $P_{\inf} = P(S|\phi)$ 来表示，即接收公共文本 S（信息）的概率，在此条件下，密文 ϕ 被接收。这是最后一个条件，当然其中也包含了正确地观测、识别（测定和分析参数）信号（保护信息传输无线电系统）的条件。对于绝密的密码系统，概率 $P(S|\phi)$ 等于信息 S 的先验概率，对于所有可能的密文 ϕ 和信息 S 来说，有

$$P(S|\phi) = P(S)$$

$$(19-53)$$

式（19-53）中的实际条件指的是：密码电报 ϕ 与原始信息 S 不具备概率联系，密码电报的知识不能添加有关信息的情报。

根据香农理论，在密码解析术指令截获并译成密码的信息 ϕ 的条件下，接收无条件热力函数 $H(S)$ 和条件热力函数 $H(S|\phi)$ 作为信息暗语所反侦察的不确定性程度。当然，哪怕只接收了一点信息，但原始信息的不确定性仍没有减小，故

$$H(S) \geqslant H(S|\phi)$$

$$(19-54)$$

如果系统可以保证绝对的、可临界达到的信息稳定性,那么 $H(S) = H(S \mid \phi)$。接收密码电报没有减小原始公共文本的相对不确定性,这可从式(19 – 53)中直接得出。

借助对密码解析术未知的保密密钥形成密码术。根据这一原则,密钥进入译码信息相对不确定的密码电报中。所以,反侦察信息和密钥共同的不确定性不小于信息的不确定性。

$$H(S \mid \phi) \geqslant H(S, K \mid \phi) \qquad (19 – 55)$$

利用条件热力函数的定义和已知特性,可认为:

$$H(S, K \mid \phi) = H(K \mid \phi) + H(S \mid K, \phi) \qquad (19 – 56)$$

但 $H(S \mid K, \phi) = 0$,因为如果密码解析术有密码电报和对其的密钥,那么它处在不低于合法接收信息的条件下,并不会保留信息的任何相对不确定性。

$$H(S, K \mid \phi) = H(K \mid \phi) \leqslant H(K) \qquad (19 – 57)$$

式(19 – 57)反映出使用条件,即额外数据(可拦截密码电报)不会减小公共信息和保密密钥的不确定性(热力函数)。或者说,根据定义,条件热力函数不可能大于无条件热力函数。所以,结合式(19 – 55)和式(19 – 57),可以得出机要系统的香农界限,即

$$H(S) \leqslant H(K) \qquad (19 – 58)$$

式(19 – 58)中的术语指的是:对侦察而言保密密钥的不确定性应不小于信息的不确定性,信息的防护性能是临界可达的。如果达到了这一界限,未核准进入所保护的信息的概率不高于信息的先验概率。

密钥是某种字符序列。如果密钥符号 K 由 L_k 个字符容积里的字母符号中选出,那么可形成 L_k^k 个不同秘密序列,从而保证:

$$H(K) \leqslant - \sum_k L_k^{-k} \log(L_k^{-k}) = K \log L_k \qquad (19 – 59)$$

并且式(19 – 59)中,等式仅适用于当概率 $P(K) = L_k^{-k}$ 时密钥的绝对偶然选择。

如果通过容积 L_c 由字母符号 M 显示出编码信息,则

$$H(S) \leqslant M \log L_c \qquad (19 – 60)$$

式(19 – 59)和式(19 – 60)的比值关系共同说明,在 $K \geqslant M$ 时,式(19 – 58)中达到香农极限,即为达到潜在信息防护性能,密钥不能比译成密码的文本短,由该条件得出密钥尤其不能重复使用。

当然,在临界条件下,解译所传输信息内容的概率没有超过信息的先验概率,实际上,这种临界条件是不能达到的。这意味着,密钥的条件热力函数随着信息的积累(即随着使用密码信息的无线电侦察手段,截获数据总量的增加)而减小。条

件热力函数 $H(K|\phi_1,\phi_2,\cdots,\phi_N)$ 可被看作是所截获的密码电报符号 N 值的函数:

$$H(K \mid \phi_1,\phi_2,\cdots,\phi_N) = H(N) \qquad (19-61)$$

在 $N=N_0$ 时出现这种条件,在该条件下,$H(\cdot K|\phi_1,\phi_2,\cdots,\phi_{N_0})=0$(确切地说,$|H(K|\phi_1,\phi_2,\cdots,\phi_{N_0})|\leqslant e$,$e$ 为规定的小数值)。密码解析中的最小值 N_0 要满足密钥热力函数最小化 $H(N_0)\approx0$ 的要求,最小值 N_0 称为唯一性距离。这个距离指出,所截获的密文应达到多长时,对其进行分析,可使密钥不确定性趋近于零(近似地,向前接近指定准确度)。从这个意义上说,较之唯一性距离,N_0 被称为唯一性长度要更准确。

当然,如果在密文中出现任何关于密钥的信息,即 $I(K|\phi)\neq0$ 时,由于信息的累计,不确定性(在物理上)减小。

密码电报中关于密钥的信息越多,公共文本的冗余度越高。的确,如果文本由相同字符的重复组成(极高的冗余度),那么,与式(19-51)一致的所有密文在物理上就是密钥的序列和它的截矩。相反,如果公共文本完全是随机的,所有字符都是等概率,冗余度等于零。在这种情况下,接收密文时,不能涉及密钥的任何方面。

自然,唯一性距离应该随密钥热力函数的增加而增加,与所接收的译码香农模式一致,唯一性距离由比值决定:

$$N_0 = \frac{H(K)}{\Delta} \qquad (19-62)$$

式中:$H(K)$ 为密钥热力函数;D 为公共文本的冗余度。

所有字符都不是等概率,很多字符以固定搭配出现在文本中,公共文本的冗余度以此作为条件(公共文本字符组合的条件概率大于无条件概率的乘积)。

根据物理层面和计算测定,在密钥的二进制表达式中,$H(K)$ 等于符号值,乘积 $N_0\Delta$ 为求出密钥每一个未知值而列的方程式的值。单值测定密钥(即所有未知符号)需使方程式的值不小于未知值,即 $N_0D\geqslant H(K)$,式(19-62)的临界值 N_0 遵循此式。从式(19-62)得出,为增强信息防护性能(使未核准译码复杂化),不仅需要增加密钥的长度,而且也要减小公共文本的冗余度。式(19-62)的比值举例说明,沿着防止使用无线电侦察设备截获信息的无线电波道,以译码形式发送数据之前数据压缩的作用。的确,公共文本的冗余度在数量上这样决定,即

$$\Delta = 1 - \frac{H(C)}{N\log(L_c)} \qquad (19-63)$$

式中:$H(S)$ 为传输信息(在 L_c 字母总量中选取的由 N 字符所组成的)的热力函数。

如果信息 S - 母本,$\Delta=0.744$(英语),$\Delta=0.834$(俄语)。这意味着在字母符号 K 组成的完全随机密钥中,在字母里显示出公共文本,对于单值未核准解译,密

码解析法应该有

$$N_0 = \frac{K}{N} = (1.19 \sim 1.11)K \qquad (19-64)$$

密文字元。依据这样的字符数量可打开保密密钥。

这样,好的密文系统(抗解译)应该解除传输信息的冗余度(使用数据压缩)。在早期启发式密码学时,就已论述用解除冗余度来压缩数据的必要性。不存在理想的数据压缩方法,但是在实际运用中有两个基本的方法。

(1)经常重复的字符从原始公共文本中脱离。首先,这是字符间的空白处,但也是其他密集字符。由于先验概率高,这些字符信息量小:没有它们也不难正确理解传输的译码信息。如果指的是母本译成密码的文本,从保持密码稳定性的角度看,办公标记(签字、数据、通讯地址、秘密性印章等)是最冗余而有害的。这些标记越长,它们所包含的字符越多,密文的稳定性越低,保密密钥译成密码越差。

(2)增大译码信息的热力函数。为此,在原始公共文本中需要"整平"不同字符的概率。换句话说,尽可能近似平均地分布译码文本中字符的概率。在俄语文本中常见字母"O",在英语文本中常见"E"。通过随机化(当使用专门的不长的字符序列,以2为模来编成原始文本时)来整平概率,或者通过应用多字母的代入和置换。

在多字母代换时,公共文本逐次译成密码。每次译码的文本字符被其他字母所选择的字符取代。由于多次运用此种代换,在密文中字符出现的相对频率已经不能反映母本中字符出现的概率。如果字符概率的分布是完全均等的,那么译码文件就会得到最大的热力函数,相应地,也是最小的冗余度。与式(19-63)一致,这个密文系统具有最大的唯一性距离,即在所使用的密钥下有最高的密文稳定性。在实际中,在等概率字符的密码代号下,密码解析器不能用于未经核准地解译密文的频率分析。

置换混合了原始公共文本的字符,并且混合的方法由保密密钥(仅对信息传输系统的合法用户已知)所决定。在置换时,与原始公共文本中相符的频率相比,密码电报中个别字符的出现频率没有改变,但是破坏了统计学关系。

式(19-63)的唯一性距离 — 密码稳定性的理论尺度(依据密码解析器使用最好的工作方式解译的假设)。但是这一指数完全没有考虑到为顺利地解开密码(根据含规定的唯一性距离的密文),密码解析器所拥有的使用期限。所以香农把密码 $W(N)$ 的工作指数定义为:在译码文本的符号 N 基础上进行译码所必需的平均工作量(已知机型和级别的电子计算机在运算工时或一个小时或其他合适的单位下)。在这种情况下,对于最好的译码算法来说,$W(N)$ 得到确定。

对工作指数 $W(\infty)$(依据密码解析,在无限量译码文件下的平均工作量)的潜在评估是最有意义的。应用这一评估,通常读写为"解开密码需要那么多年",指得是在所截获密文的无限数量符号下,在已知的最佳解密算法下,在使用已知的最快速的计算机下,需耗那么多年不间断地工作来完成译码。这一评估不是未经核准成功解译密文的置信概率,而是置信时间间隔,按时间流,以 $P_{inf}=1$ 的概率来解密(密钥和公共文本)。

应用分组密码和连续密码来实现加密。分组密码在同样的密文中转换原始公共文本的相同的组,这是在重复地传输密码信息时密码所表现出的不足。连续密码改进了分组密码的这一不足,在连续密码代号中,原始信息每一个字符的译码转换是由一个字符变为另一个字符。大多数连续密码上的保密密钥 K 不会在译码过程中改变信息,但操纵密钥流的振荡器的工作。依据式(19-54)规则,这个振荡器已形成与译码信息元互相作用的字符的序列(流) $\{K_1 K_2 \cdots K_N\}$ 。

$$\phi_n = S_n \oplus K_n; n = 1,2,\cdots,N \qquad (19-65)$$

这样形成线性连续密码。因为以 2 为模的加法和减法运算相一致:

$$S_n = (\phi_n) - 1 = \phi_n \oplus K_n; n = 1,2,\cdots,N \qquad (19-66)$$

编码器与译码器的线路相同。

在密钥控制下发生的序列长度 N 比密钥长度要大得多。如果 N 非常大(密钥序列不短于原始译码信息),可显示出对于这样的连续密码,香农界限是正确的,原则上,它是不能解开的,即完全保密的。但是并不完全是这样。要做到绝对保密,译码信息的长度不短于保密密钥的长度,而不是密钥流的发生序列的长度。

构成密钥流振荡器的技术操作手段,并不区别于建立扩宽频带的副载电码序列(为保障结构反侦察性而构建大基线的信号时)的手段。为获得最大距离的密钥序列,对于密钥流的振荡器,在振荡器上,存在着这样的困难问题:根据最大的短位移寄存器来确定反向联系结构的线性。大的线性复杂性是线性连续密码系统的密文稳定性的必要条件。解决这一问题在于选择长度大的寄存器—震荡器,或者应用这种密钥流,在该密钥流上非线性地从独立寄存器—震荡器输出端上合并序列。如果不同振荡器的序列相互之间不关联,并且这些序列与合成序列关联不大时,这样形成连续密钥序列的线性复杂性就非常大。可以从第 2 章(构建宽带信号而定义的扩展序列原理的论述)得出的一些推断中得出这个结论。

密文系统实践与理论稳定性区别的认识产生了一个意外而反常的问题:既然保证密码实际稳定性具有意义,那么能否在拒绝建立和传播保密密钥的复杂性的条件下达到稳定性? 依靠拒绝密钥传输的专门通道,肯定地回答这一问题可从本质上简化密文系统。

含公共密钥的密文系统的工作建立在应用单向函数的基础上。在编码和译码时,根据已知自变量很容易计算出类似函数。但是在密码分析时,根据它们的已知值很难确定自变量(算出反函数)。文献[30]中离散乘幂是单向函数最好的例子。

$$K = a(\bmod p) \tag{19-67}$$

如果 a 和 p 已知,那么,与这个算法相一致,不难把消息 S 译成密码(不难得出 ϕ 作为离散乘幂式(19-67)的结果)。甚至在 p 很大时,用求平方和乘法来计算出 $\phi(S)$。例如:

$$a^{53} = a^{32+16+4+1} = a \cdot a^2 \cdot (a^2)^2 \cdot (((a^2)^2)^2)^2 \cdot ((((a^2)^2)^2)^2)^2 \tag{19-68}$$

即需要完成 5 次 $a^n \cdot a$ 类型的乘法运算和 3 次所得值的连乘运算。为计算出 a^p 需要约 $2\log_2 p$(不超过该值)乘法运算。在已知 ϕ 情况下,解译来确定 S,但计算出反函数需要未知数 a 和 p。

$$S = \log_a \phi(S) \ (\bmod p) \tag{19-69}$$

即离散对数法。经证明,如果不仅仅只是 p 很大,而且 $(p-1)$ 也有一个很大的单一乘数(例如,如果 $0.5(p-1)$ 为质数),离散对数的计算要求进行约 $\sqrt{p}$ 乘法运算。

$$\sqrt{p} \gg 2\log_2 p \tag{19-70}$$

当然,在作出相对 $(p-1)$ 的 a,p 附加条件下,离散乘幂函数确实是单向函数。这种条件归结于:p 应该是质数,$a \in [1,p]$ 所有的乘方来自 $[1,p-1]$ 集的值。比如,对 $p=7$ 来说,$a=3$: $a^1=3$; $a^2=2$; $a^3=6$; $a^4=4$; $a^5=5$; $a^6=1$ ($\bmod p=7$)。

两个用户机之间译码信息的交换的例子可用来说明含公共密钥的密文系统的工作。假定用户机为 A 和 B,假设这些用户机分别依照 S_a 和 S_b 来相互传输机要信息,那么用户机 A 选择随机数(该数保密)$X_a \in [1,p-1]$ 来组织这个交换,但要计算出离散指数的值。

$$\prod\nolimits_a = a^{X_a}(\bmod p) \tag{19-71}$$

使用所有与用户机 A 准备建立联系的对象来联接数值 $\prod_a$,可以说,在通信系统中 $\prod_a$ 是用户机 A 的要素,如名字,地址,电话号码。用户机 B 也是如此,当然,但选择其它数值 X_b 并计算出 $\prod_b$。

如果 A 和 B 交换机密信息,其中每一个都计算出:

$$K_{ab} = a^{X_a X_b} = \left(\prod\nolimits_a\right)^{X_b}(\bmod p) = \left(\prod\nolimits_b\right)^{X_a}(\bmod p) \tag{19-72}$$

用其进行译码和判读一般保密密钥的信息,即用户机依据以下规则由信息 S_a 编成密文 ϕ_a:

$$\phi_a = (S_a + K_{ab})(\bmod p) \tag{19-73}$$

得出 ϕ_a 后,用户机 B 使用计算出的密钥 K_{ab},解码还原出公共文本,因为:

$$S_a = (\phi_a + K_{ab})(\text{mod } p) \tag{19-74}$$

由 B 到 A 密码信息的传输完全类似地进行：

$$\phi_b = (S_a + K_{ab})(\text{mod } p) \tag{19-75}$$

因为：

$$S_b = (\phi_b + K_{ab})(\text{mod } p) \tag{19-76}$$

可由式(19-72)得出，为使信息保密，两个用户机在信息交换时可构成相同的密钥。秘密通信网的每一对用户机都将构成其他任何成对用户机未知，并无法进入的密钥(甚至用户机 A 或 B 分别进入该对中)。根据离散乘幂，含公共密钥的秘密通信系统工作用图 19-12 说明。

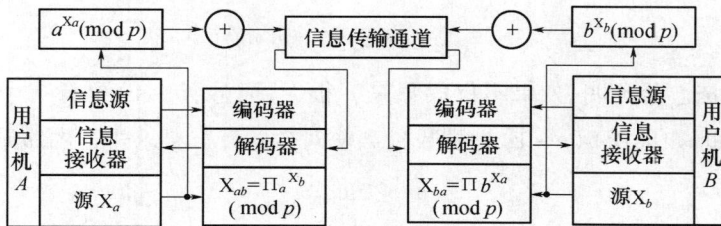

图 19-12　公共密钥通信系统

如果第三方(用于电子侦察的密文分析器)企图截获信息，那么，它首先要依据密码电报 ϕ 确定密钥 K_{ab}。但是计算出密钥的值又必须知道 X_a 或者 X_b。知道其中任何一个的值都可以计算出 K_{ab}。但

$$X_a = \log_a \prod_b (\text{mod } p) \ 和 \ X_b = \log_a \prod_a (\text{mod } p) \tag{19-77}$$

因为 $\prod_a$ 和 $\prod_b$ 已知。在通过计算离散对数的情况下，确定密钥 X 的困难决定了不可能截获信息(实践的不可能性，即极度的困难)。

抗解译并不能保证信息不被模拟干扰所破坏。出于这一事实，信息不能被译成密码(相当小的概率的译密码或者经过一段相当长的时间之后)，而且还不应该认为，在无线电电子战中敌人不会建立虚假欺骗信息。这种虚假信息可以通过两种方法形成。不管信息传输系统中真实信息的截获，对抗手段可能设置在欺骗干扰中。这是信息的模拟。第二，无线电电子战的手段可以截获真实信息，同时用干扰压制所欺骗的信息传输系统的接收机，随后建立更改的虚假信息。这是信息的替换。如果对抗系统建立假的密码电报 ϕ_i，并把在接收方上的该密码电报作为发射机本身(即通信系统的合法用户机)发出的真实电报，那么模拟的尝试将是成功的。这一情况的概率是 P_i。在互换的情况下，对抗系统应该把所截获的密文 ϕ 变成虚假的，使 $\phi_1 \neq \phi$。如果在解译中 ϕ_1 建立的不是密文 $\phi(S_1 \neq S)$ 所包含的信息，

但是把 S_1 作为真实的信息,替换将是成功的。这种情况(信息替换)的概率是 P_j。

可见,对抗系统选择标注情报损耗(模拟和交换)的方法,该方法很有可能获得成功。所以抗损耗稳定性(情报保密的效能)具有在概率 P_i 和 P_j 之间最大值的特征。最大概率 $P_a = \max(P_i, P_j)$ 的值越小,信号保存所传输信息的真实性的能力越强,可以说,信号和系统使用的真实性越高。

类似可能的密文稳定性,可以把信息真实性的临界可达水平认为是系统保证所传输信息的真实性的能力。N_ϕ 为所有可能的密文数值,即先验概率不等于零 $P(\phi) \neq 0$ 的一类密文。N_c 和 N_K 为可能的信息和密钥的相应数值,即 $P(C) \neq 0$ 与 $P(K) \neq 0$。这就意味着,对每一个密钥 K 序列至少都有不同密文的 N_c,并且对于每一个密钥,密文条件概率都不等于零 $P(\phi|K) \neq 0$。因而,如果欲建立虚假信息的系统要从 N_{no} 全部值(试图模拟译码信息)中随机选择密文,那么实现这种模拟的成功概率是 $P_i = N_s/N_{no}$。如果有在模拟中某些可能的密文优于其他的依据,那么破坏情报稳定性的成功概率将不小于这个值,故

$$P_i \geqslant \frac{N_c}{N_i} \qquad (19-78)$$

由式(19-78)得出,为防止模拟,可能信息的每一个较小值 N_s,都应该在解码时变为较大值 N_{no} 密文之一。同时,式(19-78)显示出,不能使 $P_i = 0$,因为在这种情况下,或者 $N_c = 0$,无法实现传输,或者 $N_{no} \to \infty$,这样也不合理。换句话说,原则上无法完全实现潜在可达的防御模拟。这种潜在的防御性能在以下推测下可以被评估。

如前所述,$P(\phi)$ 为截获系统(用于密码代号的密钥不明)的密文 $\phi(C,K)$ 概率;$P_{my}(\phi)$ 为在该秘密密钥 K 下可能允许的密文概率。合法的信息接收者在该概率下接收可能的(似真的)密文。条件概率 $P(\phi|K)$ 为在已知密钥下创建密文的概率。3 个概率值的关系用不等式表示为

$$P(\phi) \leqslant P_{my}(\phi) \leqslant P(\phi|K) \qquad (19-79)$$

因为对数是自变量的单调函数,根据算出的值 $P(\phi) \neq 0$,式(19-79)中相等情况下的不等式是正确的。

$$\sum_i P(\phi_i) \log P(\phi_i) \leqslant \sum_i P(\phi_i) \log P_{my} \leqslant \sum_i P(\phi_i) \log P_{my}(\phi_i(K))$$

$$(19-80)$$

式中,所有可能的密文($i \in [1, N_{no}]$)集的求和:

$$- \sum_i P(\phi_i) \log P(\phi_i) + \sum_i P(\phi_i) \log P_{my} = H(\phi) - H(\phi|K) = I(\phi, K)$$

$$(19-81)$$

即在已知用于密码代号的密钥下,密码电报的绝对热力函数和条件热力函数的差数相等。根据文献[19]算出的值,该差值是 ϕ 和 K 交换的信息,它指出了密码电报 ϕ 中包含的密钥 K 的信息量。

式(19-81)中, $\sum\limits_i P(\phi_i)\log P_{\text{my}}$ 是可能密文的概率对数平均值,但是某些平均值不能超过它的最大值。所以,依据所做的标记,从式(19-81)中可以得出

$$\log\{\max P_{\text{my}}(\phi)\} \geqslant I(\phi,K) \qquad (19-82)$$

试图对译成密码的消息进行模拟的最佳方式在于选择具体的密码电报,该电报在所有的 $P_{\text{my}}(\phi)$ 中有最大概率。

$$P_i = \max\{P_{\text{my}}(\phi_i)\} \qquad (19-83)$$

所以由式(19-82)和式(19-83),得

$$\log P_i \geqslant I(\phi,K) \qquad (19-84)$$

式(19-84)相互关系称为斯摩思下限。在最大值 $\{P_{\text{my}}(\phi_i)\}$ 等于 i 值上的平均概率 $P_{\text{my}}(\phi_i)$ 时,即当概率 $P_{\text{my}}(\phi_i)$ 不取决于 i 时,式(19-84)的等式部分成立。在这种条件下,创建假密码电报的最佳方式在于:从可能的(所允许的)密文集中完全随机选择假密文。根据所得值 $P_a = \max\{P_i, P_1\}$,在式(19-84)的基础上可以得出:

$$\log P_i \geqslant -I(\phi,K) \qquad (19-85)$$

最大可能的真实性,即潜在可能的抗假信息性与式(19-85)中的等式相一致。但是从式(19-85)的相互关系可以得出一个难以置信的事实,即:欺骗概率(创建假信息)越小,交换的信息 $I(\phi,K)$ 越大,即在密码电报中所含的密钥信息越多。这样,对认证密钥的要求与对加密密钥的要求相反。如果考虑到不在无线电信息传输系统上而在日常工作实际中,证明信息正确性(保证抗欺骗和虚假性),这种悖论很容易被解释。传统上,文档的认证需有专门的信息,即签名和盖章,其他信息也需要已知并明确指出消息的来源,即谁拥有它们和谁使用他们来证明信息的真实性。签名和盖章往往不清晰,因而降低了对文件(信息)的确认。

在广为人知的认证系统和空中目标识别系统(敌我系统)中有类似的情况。其中信号由机体发出,可以满足目标(由防空或空中交通管制综合体组成)识别子系统的需求,这些信号必须肯定地证明与目标的属籍类型同一,即它们应该被雷达站全部操作员所理解。但是,只有特定的目标才能建立这种信号,且所建立的信号必须保证安全地防御模拟。

证实信息传输正确性的专门信息称为验证。如果信息在纸质载体上传播,并且该信息不能改变(除该载体被损坏),那么附在信息上如签名和盖章的验证就用来证明信息的真实性。借助信号(一般被用于无线电电子系统,其中包括信息传

输系统)来传播这种信息的时候,信号组简单地附着至主要文本的方式不能可靠地证明真实性。这种信号组可以被截获或者附着至任何虚假信息上,从而为接收机的虚假行为制造条件。为排除这种可能,必须要在所有信息文本(其真实性与可靠性被要求得到证实的)上普及验证的工作。

现已知某些生成和使用这种验证的方法,这些方法在信息传输系统的用途方面与在系统表现出的抗模拟性要求方面有差别。

在密级加强型的信息传输系统中使用信息加密时,验证附着在原始译码文本上。在连接信息元和验证之后,使用仅对发报机和接收机已知的秘密密钥,将所接收的信息译成电码。因而,每一个密文字元取决于原始文本的所有字符、验证的字符以及秘密密钥的字符。这样编成的密文到达接收者后,接收者使用已知的密钥进行译密码,还原原始文本和附着其上的验证。这个验证仅对信息提供者和接收者已知。具备验证,可以在所接收的解码文本中来确认信息的真实性。当然,对验证的保密严格程度不亚于秘密密钥。在传输密级较高的抗模拟信息时,加密转换如图 19－13 所示。

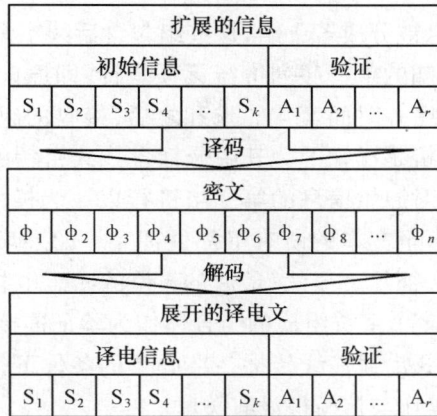

图 19－13　无线电信息传输系统中信息验证加密转换

如果使用严格的密码算法对扩展的信息进行译电时,敌方即使截获了密码电报,也不能把其还原成原始公共文本和验证。在这种情况下,敌方在建立虚假信息时随机形成密码文本,以期望成为一个真正的接收者。但是,如果验证支持二进制字符 r,那么,敌方在密文随机产生时,可以猜出对其未知的验证,可以 $P_i = 2^{-r}$ 概率发出信息来代替真实信息。译码信息的抗模拟性是这一概率的特点。如果敌方成功译码,并不完全意味着在解开密码的时间内,根据协议,发报机和信息接收机不改变验证。在替换验证的情况下,以虚假情报成功蒙蔽信息接收者的概率显然不会高于 P_i。

可能存在不需要进行信息译电的情况。在该情况下,可以使用其他算法来确定所传输信息的真实性。编成抗模拟的公共(非密码的)信息的模拟,如图 19 - 14 所示。

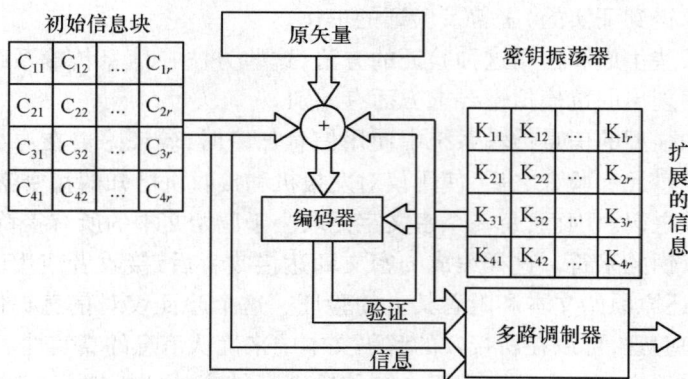

图 19 - 14　非密码信息模拟

　　根据算法,原始信息被分成若干组,这些组包含后续字符列 r 的相同数值。第一组以 2 为模的敌方未知的字符序列进行逐项累计,即原向量。原向量的长度等于组的长度。它的值保密并时而变化。求和之后,接收的组被解密。密码键和译码算法对发报机和接收机是已知的。其中包括含公共密钥的密码代号。r 个字符长度的所接收密码电报对原始信息的第二组进行以 2 为模的累积。总和被解密,这个过程迭代地重复,直至文本的所有组都处理完。如果最后一组里少于 r 个字符,那么它将一直用零来补足。显然,最后的 r 位的密码电报是原始信息、原向量以及密码键的函数。由 r 个字符组成的组合体作为验证连接于原始文本上。所接收的扩展文本以公开形式沿通信线传播。在必要的条件下,所接收的扩展信息可以译成密码,但是这一操作与抗模拟没有关联。

　　通过验证,接收扩展信息,使用该信息的文本和密码键,信息传输无线电系统的接收机开始进行验证逆转换。如果信息没有被更改或伪造,解译后会得出接收机已知的原向量。反之,确定信息的真实性被破坏,信息不再可靠。这种情形出现在:敌方欲把所截获信息的验证连接在其他伪造或更改的文本上时,也可能出现在敌方不知道原向量的前提下并试图产生验证的情况下。如果原向量的 r 个字符被猜中,那么不管在上述的哪种情况下,传播虚假信息时验证的真实值都可能被猜中。这种情况的概率是 $P_i = 2^{-r}$,即概率非常小。

　　根据上述的算法,译码组的求和与原始文本组的求和是以 2 为模的。为生成抗模拟的扩展信息,验证与公共文本的连接产生了多路调制器。

　　正如所见,所研究的上述两种保证信息抗失真的算法都是基于增大传输信息的冗余度。当然,还存在有别于上述两种的保证信息真实性的证明文件。但是,对于任何证明文件都要使验证连在原始文本上。通过验证引入的冗余度越大,抗模拟性越强。连接在信息上的冗余标志符称为电子签名。显然,当信息通过非纸质途径传播时,这个签名可确定信息的真实性。

和增强抗干扰稳定性的方法一样,证明信息真实性的方法建立在冗余技术上。但是,为提高抗干扰稳定性,冗余字符会转变为聚集在更加靠近(根据信号空间内的通用度量)非失真信号的序列中的信息。在使用冗余技术时,需要用别的方式来组建抗模拟信息:根据欺骗手段,在等概率的所有信号空间内,任何变化的字符都随机分配所接收的代码序列中。

第 20 章　无线电制导电子防护

20.1　导弹制导系统无线电防护

现在,需适应各种导弹制导方法。使用无线电自主控制、不同型号的无线电控制指令(无线电控制指令 – I 和无线电控制指令 – II)、无线电远距导引(波束控制)、主动和半有源自动导引等方法使导弹对准不辐射的无源目标。在导弹制导有源辐射目标时成功应用无源自动导引[28]。

上述两种类型指令制导结合了无线电控制电路的使用。在无线电控制指令 – I 下,在控制台上计量导弹和目标的坐标。对导弹制导可形成控制效果 $U_к$。指令 $U_к$ 沿无线电控制电路传输到导弹侧壁。在无线电控制指令 II 下,目标坐标的信息借助无线电和电视观测器在导弹侧壁形成。观测结果将借助专门的无线电信息传输系统传输至控制台。在控制台完成的 $U_к$ 沿无线电控制电路传输至导弹。

无线电远距导引是在无线电波束中或无线电控制面(无线电控制区域内)的导引。在这种无线电控制的方法下,控制台形成"无线电波束"(无线电控制区域,无线电控制面),在需要的方向上进行定位。安装在导弹侧壁的设备记录下导弹偏离无线电波束方向,并作出返回所要求位置的指令。这一操作可以保证导弹在规定的方向上运动。在无线电远距导引时,目标坐标在控制台被计量,对于无线电波束,导弹坐标则在导弹侧壁上计量。这样,通过 $U_к$ 的运动形成控制指令。

在自动导引时,目标和导弹的坐标、$U_к$ 在导弹侧壁形成。发射后,控制台不参与导弹制导目标的过程,尽管在半有源自动制导时,使用雷达站探测信号来对目标进行照明,在角坐标上跟踪目标。

可见,无线电控制的战术方法可以两点状的(一点——导弹,另一点——目标)或是三点状的(导弹—目标—控制台)。

导弹控制系统使用不同的电磁波段。所使用的这些波段相互区别:无线电技术、红外线、光学(激光)控制系统。

现代无线电控制系统综合并同时使用多种制导方法,选择某种方法适应具体战术环境,依据所操纵导弹飞行阶段的变化来调换方法。需要注意的是,在所有现代的防空火箭系统和航空火箭系统中,当干扰发射机反侦察目标反射的信号或目标辐射的信号时,规定在干扰发射装置上应用自动导引。

除此以外,由现代的防空火箭系统和航空火箭系统组成的无线电控制系统,该系统实现导弹前置法导引的运动学方法。

三点状制导方法如图 20-1 所示。

通过无线电目标瞄准器测出目标的坐标（目标被观测），通过无线电导弹瞄准器确定导弹的位置。

它们是无线电雷达站，可测出导弹和目标的相对运动参数，这些参数是选择制导方式时所必需的。指令生成设备形成操作效果 $U_к$，$U_к$ 沿无线电控制线路传输到导弹侧壁。无线电控制电路的无线电波道，可能与雷达站无线电导弹瞄准器的询问信号的传输信道重合，但也有可能使用单独信号。显然，图 20-1 实现了无线电控制指令 -I 方法。对于无线电控制指令 -II 来说，无线电目标瞄准器和无线电导弹瞄准器重合在导弹侧壁的一个设备中，除了无线电控制电路，还有其他的无线电电路，用于中继在控制台上观测出的目标的结果。实现无线电远距导引不需要无线电控制电路，在无线电导弹瞄准器上只需形成无线电波束。

组合型干扰发射装置，常能压制在无线电目标瞄准器上的目标距离 R_{aim} 信息。在这种情况下，无线电电子防护的基本方法是转换制导方法。比如沿无线电波束，在所校准的无线电导弹瞄准器上，直接对目标方向或导弹与目标相遇的预计点方向进行制导。

有时，在有限的弹道轨迹内，无线电电子防护转为对干扰源的消极或者半有源的自动导引。使用半有源的自动导引要求使用无线电雷达站照明目标（图 20-2）。无线电目标瞄准器也可以实现雷达站的作用。

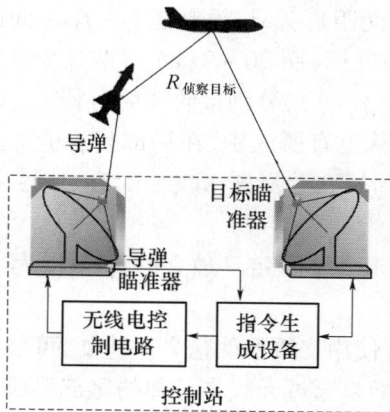

图 20-1　三点状制导方法

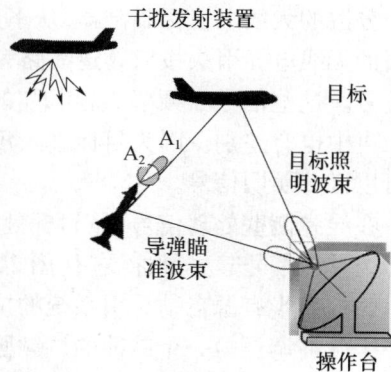

图 20-2　半有源自动导引

当转为半有源的自动导引时，干扰压制目标照明信号。在这种情况下，导弹的无线电自动导引头会出现两种可能的情况。第一，干扰发射装置可能与目标重合。在这种情况下，无线电自动导引头应导向干扰。第二，干扰发射装置与目标不重合。在这种干扰条件下,无线电自动导引头应该从干扰中选择有用信号,使导弹对准目标。

如果在无线电自动导引头上使用两种天线 A_1(基本的)和 A_2(辅助的),那么这两种情况很容易区分。由 A_1 接收的信号强于 A_2 输出端的信号,那么可能是第一种情况。反之,则是第二种情况。在第二种情况下,无线电自动导引头不使导弹瞄准干扰发射装置,而是对目标进行搜索。因为在有限的弹道轨迹内,目标和干扰发射装置的方位是容易区分的,通常,这种搜索以安全截获由目标反射的信号而结束。

在制导的组合系统(结合半有源自动导引的三点状方法中的任意一种)中,适时转入控制的第二阶段(转入自动导引)非常重要。选择最佳的转换时间,要求估测出导弹和目标的距离 R_{zp}(图 20-1),这样才能及时转入半有源自动导引。

此外,在无线电控制指令 -Ⅰ 和无线电控制指令 -Ⅱ 下,无线电控制电路使用所有可行的方法防御有源干扰:在信号侦察困难时对载频进行快速重调;为排除控制指令被模拟,使用专门的抗干扰编码,对信号进行译电;使用强方向性的发射与接收天线,从而在干扰中对信号进行空间选择。对导弹瞄准器而言,按照无线电控制指令 -Ⅱ,采用无线电线路中中继坐标相互位置的测定结果,不需要所有的无线电装置均抗干扰。

若干不同的方法已知并用于实现无线电电子防护半有源自动导引系统,其中包括储存法。

这种方法的实例是使用双频目标照明。空间距离为 d,频率在 f_1-f_2 之间的两个分散的无线电目标瞄准器,从下部照亮同一目标(图 20-3(a)),半有源自动导引的无线电导引头按双频道线路完成(图 20-3(b)),分别接收照明目标 C_1,C_2 的信号。这些信号在频率 F_{d1} 和 F_{d2} 的多普勒位移上有所区别,在局部目标的无线电杂声中也有差别。因为目标进入角不一样。所以在选择器 ACC-1 和 ACC-2 上可以区分照明信号。

在导弹侧壁处理信号(从目标处接收)的信道并不一定是独立的:一种信号可用于为其他信号建立脉冲波门(图 20-3(c))。

为提高半有源自动导引系统的抗干扰性,常使用变频照明信号。比如,可使用由一个脉冲调至另一个脉冲的调频脉冲信号。如果通过天线在导弹的尾部形成接收照明信号的附加信道,那么在无线电自动导引头接收机上,使用信号参数可能实现迅速机动,这导致敌方为保护目标而不能有效组织模拟和瞄准的干扰。这种方式使敌方转换为较低效的阻拦噪声的干扰。但是这种方法对抗回答脉冲的干扰是无效的。

除了照明信号的频率调制外,可使用深度振幅的调制(信号的中断)。孔积率至 $Q>2$,其照明信号的断续性质不会强烈地影响半有源自动导引的进程。但是,

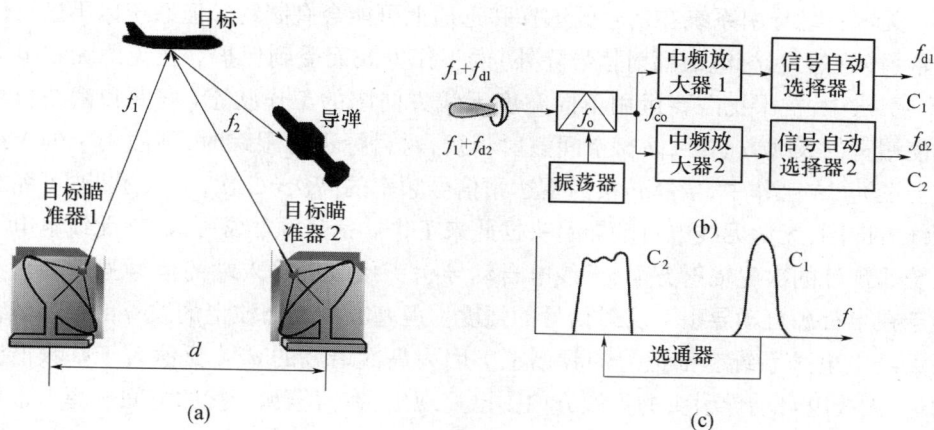

图 20 - 3 可管理储存器

在这一信号条件下,欺骗式干扰的效能急剧减弱。

在自动导引时,空间上分布式干扰是相当危险的。为对抗几个目标建立的干扰,采取选择有效信号的不同方法。如果使用无线电目标瞄准器的一束波照射,以平行方向飞行的两个近距($d \approx 1.5 \mathrm{km}$)目标,那么在导弹的无线电自动导引头上,接收的由目标反射的信号,该信号虽然都处于无线电自动导引头的天线方向图的主波瓣上,但在多普勒位移上将有所区别,即 $F_{d1} \neq F_{d2}$。与在活动目标选择器中实现的频率选择类似,可使导弹对准发射时预先选中的目标之一。

当跟踪量角信道中的操纵信号超出阈水平时,为缩窄无线电自动导引头的天线方向图和减弱空间散射源的干扰,需要开启角反射器。使用窄束天线对信号进行空间选择,这样有利于无线电自动导引头的抗干扰。但是在导弹侧壁很难应用这种天线:天线的直径受导弹最大截面的限制,也就是说,由比值 d/λ 所确定的天线方向图宽度是限定的。除此以外,如果目标改变航向或曲折绕行,窄束天线就增大了目标跟踪中断的风险。

为增强抗干扰性,可应用目标照明的复杂调制信号,在所组织的干扰环境下,对这些信号的进行结构选择。其中,可使用接收照明信号的额外信道(运用导弹尾部的天线)来进行选择。

还有其他一些增强无线电自动导引头抗干扰能力的技术手段。半有源无线电自动导引头抗干扰方法和线路的详尽一览表见文献[6]。

针对有源无线电自动导引头的抗干扰,使用的是单静力的雷达站抗干扰的所有方法(使用带脉冲内调信号,多频工作状态,抗干扰信号选择的所有类型)。除此以外,对远距(来自干扰发射装置巡防的空域)辐射的中继和欺骗式干扰信号进行合理选择,这些信号的多普勒频偏大于来自目标信号的多普勒频偏。

无源自动导引系统在信号的选择和选通上可能会有制约。但系统以不进行信号辐射(当然,目标电磁辐射信号除外)的工作方式而受到保护。在无源无线电自动导引头中,抗干扰需要运用不同宽度天线方向图的工作状态(搜索和截获目标时使用宽的天线方向图;防御空间散射干扰,对目标进行跟踪时,则使用窄的天线方向图)。在工作中,依靠转换为雷达站信号频率的高次(二次,三次)谐波可缩窄天线方向图,无源无线电自动导引头据此来工作。信号源非常强大,在无线电电子系统非预计的次生辐射方面,无线电自动导引头接收机输入端的信号强度一般都高于在半有源自动导引下反射信号的强度。但基频高次谐波上的波外部分一般都在无线电电子系统全部信号的频谱上。因为高次谐波的 d/λ 比值大于基频谐波的值,无线电自动导引头的天线方向图已显现出,在信号和干扰的空间选择上也优于基频谐波。

较之无源无线电自动导引头,任何组合的干扰(导弹对准辐射源,如同对准无线电电子系统干扰所保护的信号)都无效。在空间上对信号源散射的干扰进行选择。在此种情况下,区分干扰和信号越容易,那么带无线电自动导引头的导弹就越接近目标。

20.2　带无线电自动导引头导弹

对电磁辐射源自导引的导弹是与无线电系统和设备对抗的强大武器。这种导弹(导引头)的无线电制导系统,其在可移动的陀螺稳定的平台上、在辐射透过的整流罩下含有天线系统。所有现代的无线电自动导引头运用的都是无线电辐射源角坐标确定的单脉冲原理。

这种导引头有 3 个通道的接收机:在两个通道中不同振荡(Δ 为从两组天线中任一组的输出端)的信号得到加强,而在另一个通道为单脉冲定向仪的 4 组天线的总信号。根据相应的相位检波器(航向相位检波器和俯仰相位检波器),形成在航向与俯仰上的误差信号。

现代无线电自动导引头的接收机具有相当高的灵敏度,以达到导弹对不同类型、结构与用途的无线电电子系统辐射的制导。为达到这一目的,需要使用相当微弱的次要辐射。但是,这种导引头基本的战术目的是击毁雷达站,第一次对这种无线电无源自动导引导弹的战术应用与击毁雷达站防空系统有关。所以,在文献中通常称为反雷达导弹。

单脉冲的自动导引头工作原理如图 20 - 4(a)所示,接受和处理信号图如图 20 - 4(b)所示。

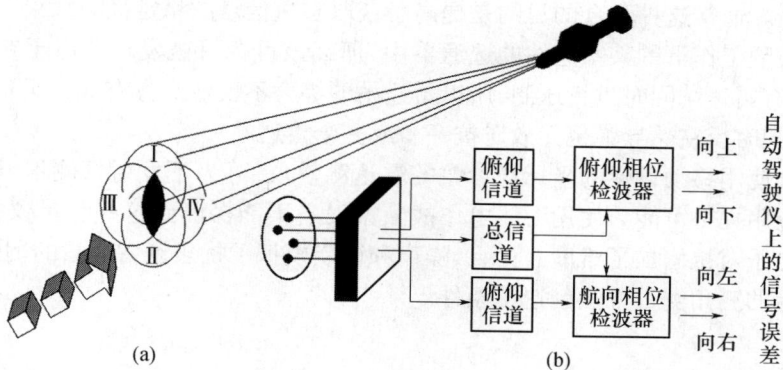

图 20 – 4   单脉冲无线电自动导引头

20.3   无线电电子系统防御反雷达导弹

无线电系统和设备对无源自动导引头导弹防御手段的频谱很宽。这包含各种不同的组织措施(比如,在探测导弹袭击时发射机的电源)和在无线电电子系统的阵地设备周围实施工事措施(安装好天线的转轴和天线面墙,封存好线缆,以防被弹片击中),以达到在最大程度上减低反雷达导弹的弹片和爆炸波攻击力。在下文中,并不是所有防御反雷达导弹的方法都论述,主要论述无线电电子防护。

为防护自导引导弹的攻击需要创建一种条件,在该条件下,异常误差出现在机载单脉冲无线电位标器的工作中。在第 2 章中描述了单脉冲定向仪干扰装置的方法,并指出除个别情况以外,这种定向仪能压制在空间上散射的干扰,散射干扰可以是相干、非相干、隐现。

防御无线电自动导引头最有效的方法是无线电电子系统电磁辐射伪装。类似的无线电反侦察方法在前文(第三部分)已述。

相对辐射目标的真实坐标,蒙蔽自动导引头的无线电位标器,采用多种技术手段防御反雷达导弹相当重要。例如,为蒙蔽导引头,常运用可辐射探测信号的虚假天线的雷达站。在该情况下,虚假天线在空间辐射,但它们没有进行信息处理的雷达站舱。如果在反雷达导弹发射前,敌方没有发现真实天线,那么可能被虚假天线所压制。使用所有天线系统发射询问信号要达到最优拟化,则必须同步。实现同步必须保证电磁兼容。但有时为模拟雷达站工作,所有天线的询问信号故意改变参数。类似的无线电电子防护方法,可应用到雷达站防御有源与无源导弹制导系统。

其他蒙蔽反雷达导弹制导和瞄准的方法,也是以多点辐射为基础,可能联合多个雷达站。通常这种联合的目的是提高所获取雷达信息的稳定性。如果目标出现在不同载频工作下的某雷达站的选通器中,那么该目标可被发现。由于在宽带范围内,所有雷达站同时进行压制,所以雷达站的综合不仅使敌方有效的干扰装置出现障碍,同时反雷达导弹也无效对抗一个或多个雷达站。

综合使用移动目标的坐标与参数的雷达测量仪,可为不发射探测信号的无源方法的应用提供可能。使用无线电作战侦察设备不能探测到这些测量仪,这样给无线电电子对抗增加了难度。而且,噪声和单点模拟干扰压制雷达站的测距仪,为确定坐标的三角测量方法创造了条件。

第 21 章　无线电电子战设备效能

21.1　无线电电子战设备作战和技术效能

存在几种方法来评估无线电电子战设备的效能。第一种方法是评估作战效能。运用无线电电子战设备到军事行动中时,依据损耗标准来评估作战效能。

这样,攻击机机群完成作战任务,离开作战区。预先选择好飞行路线,在具体类型的防空与航空火箭系统的航线上,优先确定拦截攻击的数量。然后,机群越过防空设备,以完好的飞机数量作为作战效能标准,为 i 次进攻时机群损失的平均数。该值依据公式来计算。

$$m(i) = N_0 - N_i = in(1 - W_1')(n \leqslant N_{i-1}) \tag{21-1}$$

$$N_i = \begin{cases} N_0 - in(1 - \overline{W}_1), & (n \leqslant N_{i-1}) \\ N_{i-1}\overline{W}_1^{\frac{n}{N_i}-1}, & (n > N_{i-1}) \end{cases} \tag{21-2}$$

式中:N_0 为通过防空区的攻击机数量;N_i 为在 i 次攻击后完好的飞机数量;n 为每 i 次攻击中在飞机范围内,齐射的防空火箭系统导弹数量;W_1' 为在作战形势下的一次攻击后,每个飞机完好的概率。

由式(21-1)和式(21-2)可得出作战效能的标准关系式

$$m(i) = inW_1 \tag{21-3}$$

与对防空火箭系统作战时的单个飞机击毁概率 $W_1 = 1 - W_1'$ 有关。

飞行器的每次作战都应用电子战综合系统,该系统的效能在作战条件下由下面的数值来评估。

$$\mu_1 = \frac{(W_1)_{无电子战}}{(W_1)_{电子战}} \tag{21-4}$$

式中:$(W_1)_{无电子战}$ 为当电子战设备没有应用在攻击机上时,防空火箭系统齐射攻击的效能;$(W_1)_{电子战}$ 为在应用电子战设备条件下的效能。

计算 μ_1 的方法在于运用概率和图表原理,对作战进行典型研究。这一问题讨论如下。

第二种方法依据技术效能评估。应用于电子战设备中的无线电电子系统的工作性能可评估这一效能。例如,曲线探测可作为雷达站探测和目标指示的工作性能。运用该性能,为使所监视的无线电电子系统在单个或两个目标的情况下进行跟踪,需选择中断概率、拦截概率和跟踪概率。

为计算技术效能可建立和使用一种方法,在无线电电子战条件下,根据该方法无线电电子系统所有的工作性能与参数 $\bar{q} = \dfrac{P_{\mathrm{j}}}{P_{\mathrm{c}}}$ 或 $q = \dfrac{P_{\mathrm{c}}}{P_{\mathrm{j}}}$(依据无线电电子系统和自动搜索系统的动力指针来确定的)单值相关。

所谓组织效能[3]是技术效能的变种,使用电子对抗设备评估敌方情报损失。

21.2　对抗防空拦截设备作战效能计算方法

作战效能的计算方法有以下几种:

阶段 1. 形成防空火箭系统功能阶段的序列。

阶段 2. 形成通往末端的电路图,在图 21 – 1 的末端事件中,目标被击中的概率为 $W_1 = h(L)$,该值取决于 h 值。

$$
\begin{aligned}
W_1 = h(L) &= p(A\&B\&C\&D\&E\&F\&K) = \\
&= p(A)p(B\mid A)p(C\mid B,A)p(D\mid C,B,A)p(E\mid D,C,B,A) \\
&\qquad p(F\mid E,D,C,B,A)p(K)
\end{aligned}
\tag{21–5}
$$

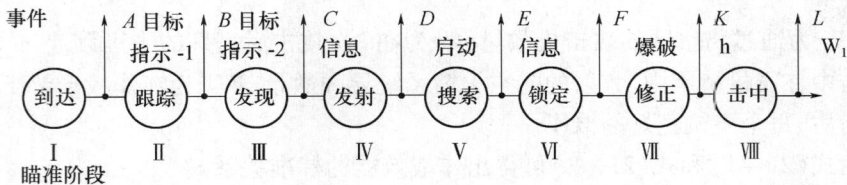

图 21 – 1　截获目标所需完成事件

图 21 – 1 中,标明事件:A – 发出目标指示 I;B – 发出目标指示 II;C – 跟踪发出的信息时目标被攻克;D – 导弹发射;E – 跟踪发出的信息时导弹被攻克;F – 制导信道完成任务,把导弹置于作战区爆破点;K – 在作战区爆破点上评估导弹未击中目标(h);L – 借助无线电引信击中目标。

为简化图 21 – 1,可不予考虑必择其一的方案,比如:

$$
p(F) = p(F') + p(F'') + p(F''')
\tag{21–6}
$$

式中:F' 为当无线电目标瞄准器被压制时脱靶;F'' 为当无线电目标瞄准器和导弹瞄准器被压制时脱靶;F''' 为无线电目标瞄准器、导弹瞄准器和无线电指挥线路被压制时脱靶。

用以下方式评估脱靶 h(图 21 – 1 中阶段 VI,阶段 VII)。

354

第一,在垂直于制导弹道的翼面图上的笛卡儿坐标系中,引入双维法向的脱靶概率密度(图 21 –2)。

$$p(x,y) = \frac{1}{2\pi\sigma_x\sigma_y}\exp\left\{-\left[\frac{(x-m_x)^2}{2\sigma_x^2} + \frac{(y-m_y)^2}{2\sigma_y^2}\right]\right\}$$

$$(21 - 7)$$

式中:m_x,m_y 为脱靶部分的期望值;σ_x^2,σ_y^2 为它们的离散差。

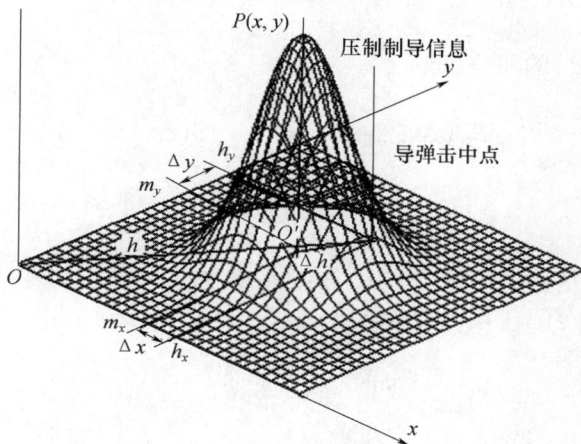

图 21 –2 脱靶概率密度

成功制导的条件概率用脱靶模数来评估,即

$$h = \sqrt{(\Delta x + m_x)^2 + (\Delta y + m_y)^2} = \sqrt{h_x^2 + h_y^2} \qquad (21 - 8)$$

式中:$\Delta x = h_x - m_x$;$\Delta y = h_y - m_y$ 为接近期望值(m_x,m_y)的脱靶波动。

第二,引入导弹对目标击中点 d 的制导条件概率。

$$P_H = P_H(h,R_H) = \exp\left(-\frac{h^2}{2R_H^2}\right) = P(h \leqslant R_H) \qquad (21 - 9)$$

式中:R_H 为当 $h \leqslant R_H$ 时,成功制导的有效半径。

把式(21 –8)带入式(21 –9)中,可得出二维制导条件概率:

$$P_H(\Delta x,\Delta y;R_H) = \exp\left\{-\frac{1}{2R_H^2}\left[(m_x + \Delta x)^2 + (m_y + \Delta y)^2\right]\right\}$$

$$(21 - 10)$$

脱靶部分的概率密度 $\Delta x,\Delta y$ 依据式(21 –7)来评估。

$$p(\Delta x,\Delta y) = \frac{1}{2\pi\sigma_x\sigma_y}\exp\left\{-\left[\frac{\Delta x^2}{2\sigma_x^2} + \frac{\Delta y^2}{2\sigma_y^2}\right]\right\} \qquad (21 - 11)$$

通常引入脱靶平均值的成功制导条件概率(式(21-10)):

$$P = \int\limits_{-\infty}^{\infty}\int P(\Delta x,\Delta y;R_H)p(\Delta x,\Delta y)\mathrm{d}x\mathrm{d}y \qquad (21-12)$$

在理想战区下,该值与目标击中概率相等,用 R_H 来代替战区击中的有效半径 $R_{有效}=R_H$。假设:

$$m_x = m_y = m_h; \ \sigma_x = \sigma_y = \sigma_h$$

$$(21-13)$$

计算出式(21-12)的积分,得

$$p = \int\limits_{-\infty}^{\infty}\int P_H(\Delta x,\Delta y;R_H = R_{有效})p(\Delta x,\Delta y)\mathrm{d}x\mathrm{d}y =$$

$$= \exp\left(-\frac{m_h^2}{R_{有效}^2}\right)\left[1+\left(\frac{s_h}{R_{有效}}\right)^2\right]^{-1} \qquad (21-14)$$

该值用以评估击中质量(图21-3)。如果 $P_{有效}<P_{理论}$,需要重复应用武器(二次发射导弹)(图21-1中的VII阶段)。

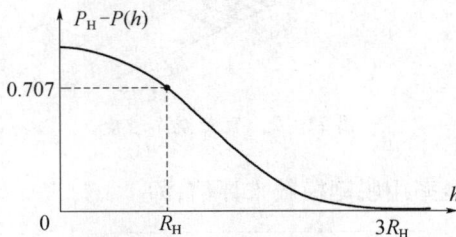

图 21-3　击中质量评估

对防空火箭系统的效能进行理论评估需要用模拟仿真的方法,应用所有事件相互独立的式(21-6)。在无线电电子战中,击毁概率下降,无线电电子战的效能用以下系数来评估。

$$\mu = \frac{P_{有效}}{P_{理论}} \qquad (21-15)$$

阶段3. 根据脱靶准则算出 m_x,σ_x,导弹击中目标的概率由以下形式决定

$$P = \exp\left(-\frac{m_h^2}{R^2}\right)\left[1+\left(\frac{\sigma_h}{R}\right)^2\right]^{-1} \qquad (21-16)$$

阶段4. 引入关于独立事件 A 至 L 的一般假设,式(21-5)写成以下形式:

$$W_1 = (1-P_{go}^{\#})(1-P_{oz}^{\#})(1-P_{bz}^{\#})(1-P_{1}^{\#})(1-P_{bp}^{\#})(1-P_{zd}^{\#})(1-P_{co}^{\#})$$

$$(21-17)$$

式中引入了无线电电子系统在无线电电子战条件下工作中断的概率：$P_{go}^{\#}$ 为在无线电远程探测系统中，目标指示 I 中断的概率；$P_{bz}^{\#}$ 为无线电目标瞄准器跟踪中断的概率（压制目标信息）；$P_{ap}^{\#}$ 为无线电导弹瞄准器跟踪中断的概率（压制制导信息）；$P_{1}^{\#}$ 为导弹发射中断的概率；$P_{zd}^{\#}$ 为导弹制导中断的概率；$P_{co}^{\#}$ 为战区爆破系统工作中断的概率。

式（21-16）中的值不出现在无线电电子战中，当所有的概率为零（靶场的）时，把 W_1 值由式（21-4）计算。反之，则 W_1 的值由式（21-16）计算。为此，必须运用无线电电子战设备指定无线电电子系统的爆破概率。

在评估无线电电子战设备效能时，中断机载火箭系统和防空系统的工作需要考虑额外的因素。这样，在使用含前半球、后半球和侧半球的无线电自动导引头导弹进行攻击时，要考虑飞机防御的不同效能。除此以外，还需单独考虑借助射击军械和防御导弹进行火力防护。在这种情况下，根据公式计算战败概率：

$$W_1 = p_x W_x + p_y W_y + p_z W_z \qquad (21-18)$$

式中：p_x, p_y, p_z 为前半球、后半球、侧半球相应的攻击概率；W_x, W_y, W_z 为使用与半球相应的无线电自动导引头和红外导引头的导弹进行齐射时战败的概率。

所有这些概率都要根据式（21-16）~式（21-18）计算，其中，以因子（$1 - P_{pc}^{\#}$）或（$1 - P_{rc}^{\#}$）形式，额外考虑了借助火力防护设备使雷达自动导引头和热导引头的导弹攻击中断的概率。

21.3　作战条件下无线电压制设备技术效能评估

为计算技术效能通常划分作战部分。比如无线电目标瞄准器跟踪个别目标时，处于目标观测阶段。在这个阶段有一个问题：哪些组合型或外置型无线电电子战设备以何种效能可中断无线电目标瞄准器的工作？确定 P_{pc} 后，从而在对抗无线电自动导引头时可准确研究这一作战。在评估时，依据敌方的先验数据选择雷达站和具体类型的无线电自动导引头。如果无法做到，就采取最合适的配置布局。与雷达站的作战划分为与探测、识别、测量通道的作战，必须借助雷达站功能作用类型整体考虑。

在相对简单的作战情况下，常采用解析法计算技术效能。这种算法常常首先应用的是"动力法"。所说的这种方法，首先应该属于对抗探测、识别、测量疏散信道的噪声干扰效能算法。以下这种方法用在飞向雷达站的飞机上部署组合型噪声干扰压制雷达站观测的技术效能算法来说明。

阶段 1. 利用无线电定位学和无线电通信学，计算探测器输入端的信噪比：

$$Q_0(t) = \sqrt{\frac{2\Im_c(t)}{N_{no}(t)}} \qquad (21-19)$$

该关系式取决于由于雷达站至飞行器的距离变化而产生的时间。

阶段 2. 根据曲线探测 $p_{lj}[Q_0(l)]$；$p_{xj}[Q_0(l)]$，利用正确探测概率和虚警率评估探测器效能，从而得出每一个 $Q_0(l)$ 值。

阶段 3. 当效能达到最小值（$p_{li\,min}$，p_{xjmax}），探测通道被杂波干扰所压制时，$Q_0(l)$ 得以确定。

阶段 4. 与时间 t 相符的距离 R_{max} 被认为是压制距离，所以在 $R > R_{max}$ 时，压制具有可靠性。

尽管动力比 $\bar{q} = \dfrac{P_j}{P_c}$ 很容易计算，但是在非线性跟踪的无线电电子系统中，中断跟踪过程的概率的解析算法很难。所以常常指定 $\bar{q}$，试探式地确定无线电电子战的效能，在这种情况下，无线电电子系统的跟踪将中断。

应注意，运用模拟干扰，至今未研究出无线电电子系统的压制理论（中断跟踪），也不能对模拟干扰效能进行评估。

当使用无线电电子战设备效能评估的解析法不能得出结果时，将广泛使用各种不同的仿真法。

通常，在无线电电子战的条件下，用模拟法对导弹制导系统进行研究。仿真试验可以考虑到，飞行时无线电电子系统工作过程中出现的所有必择其一的情况（中断、截获、跟踪）。这一方法提供了坚实而准确的脱靶评估结果和导弹击中目标概率。

无线电系统效能评估最可靠也是复杂的方法就是应用具体的无线电装置的试验法。当一部分是试验装置，而一部分是模拟装置时，有时就会使用半实体混合模拟。

通常在评估无线电电子压制设备的技术效能时，会分出相互冲突的部分，比如，在观测目标阶段雷达站跟踪单个目标。在这个阶段有一个问题：以何种效能哪些组合型或外置型无线电电子战设备可中断雷达站目标瞄准器的工作？这个确定了式（21－17）中的 $P_{bz}^\#$。确定式（21－17）中的 $P_{pdc}^\#$ 后，从而在对抗无线电自动导引头时可准确研究这一作战。在评估时，依据敌方的先验数据，考虑具体类型的雷达站和无线电自动导引头的特点。如果无法做到，在最坏的情况下进行估算，冲突方就采取最合适的配置布局。与雷达站的作战划分为与探测、识别、测量通道的作战，必须借助雷达站功能作用类型来整体考虑。

在相对简单的作战情况下，能用解析法计算技术效能。占首位是"动力算法"，这种方法首先应该属于对抗探测、识别、测量疏散信道的噪声干扰效能算法。

21.4　电子战战术侦察设备作用

如果战术侦察设备准确确定了防空和航空火箭系统的信号参数，及时应用无

线电电子战设备,得出靶场试验效能(比如,中断跟踪和导弹制导的指定概率):

$$P_t = f\left\{\frac{P_i}{m_{l1}, P_j, t_0}\right\} \qquad (21-20)$$

式中:P_i 为正确接入指定的无线电电子战设备时间 t_0 的概率(取决于无线电电子系统参数的评估);P_j 为正确识别战术侦察设备中的无线电电子形态的概率。

如果战术侦察设备的所有运算都含有误差,那么中断概率 P_c 会发生变化,甚至可能低于所允许的临界水平:

$$P_t - \Delta P_t = f\left(\frac{P_i^*}{m_\lambda + \sigma_\lambda}, P_j - \Delta P_j, t_0 - \Delta\right) \qquad (21-21)$$

使用式(21-20)、式(21-21)中的比值关系来运算,需要确立战术侦察设备和具体的无线电电子战设备的结合模式,但这一工作有时相当困难。

设备效能和电子战技术(包含效能评估的标准问题的分析)的详细研究可参见文献[2]。

结 束 语

通过前文对无线电电子侦察、无线电干扰、无线电反侦察和抗干扰的论述,可说明电子战是一个相当复杂、动态变化的系统结构。并且,在电子战设备、系统和技术的动态发展中,既可以认为是缓慢的进化,也可认为是迅猛的革命。演化与构成电子战设备部分技术方案的完善有关,跃进式的革命则涉及概念的变化。这样,一系列保障无线电反侦察性的综合方法的出现,推动了无源组合型和有源外置型电子战设备的发展。新的教学参考书的制定很难赶上这种变化。然而,在本书中,作者研究了几乎所有的值得关注的电子战技术和方法。

电子战的另一特点是多面性。目前,不同职业和学识的专业工作者都致力于电子战的理论、技术、战术领域的研究。的确,电子战的组织和无线电干扰装置的战术应用问题,对无线电侦察、对抗和反侦察设备的设计问题,建立抗干扰的无线电系统都是具体不同的领域。未必有能满足电子战不同研究方向的专家需要的书。所以本书旨在培养电子战设备技术研制人员,并且针对初级培养教育,在此过程中理解广泛学科领域的基础理论。本书有关电子战设备与系统效能与战术问题的论述相当浅显,在建立电子战技术设备时需要分析和论证技术方案。

作者在教材中列举了电子战领域的主要特点,该领域与作战、技术系统对抗作用密切相关。作者希望其研究成果能引起各领域专业人员的关注。作者尤为期望,本书能够引起电子战专业的大学生和研究生的兴趣。本书对研究无线电电子系统理论和技术的专家有所帮助。现在出现了在同一系统中不同功能用途和结构的无线电电子系统集成化的趋势,这种趋势体现在建立机载无线电系统和组成防空防导系统里的无线电技术系统中。

为便于读者阅读,作者在本书的章节之间划分了无线电电子战的 4 个基本内容,即无线电侦察、无线电反侦察、无线电干扰和无线电抗干扰。

参 考 文 献

1. Военный энциклопедический словарь/∏ред. Гл. ред. комиссии С. А. Ахромеев. —М. :Воениздат,1986.

2. *Вакин С. А.* , *Шустов Л. Н.* Основы радиопротиводействия и радиотехнической разведки. —М. : Сов. радио, 1968.

3. *Палий А. И.* Радиоэлектронная борьба. —М. :Воениздат, 1989.

4. *Вартанесян В. А.* Радиоэлектронная разведка. —М. : Воениздат, 1991.

5. *Максимов М. В.* , *Бобнев М. ∏.* , *Кривишкий Б. Х.* и др. Защита от радиопомех/∏од ред. М. В. Максимова. —М. : Сов. радио,1976.

6. *L. B. Van Brunt.* Application ECM—EW Engineering inc. USA, 1982.

7. *Бакулев ∏. А.* , *Сосновский А. А.* Радиолокационные и радионавигационные системы: Учебное пособие для вузов. —М. :Радио и связь, 1994.

8. *Жодзишский М. И.* , *Мазепа Р. Б.* , *Овсянников Е. ∏.* и др. Цифровые радиоприемные системы: справочник/∏од ред. М. И. Жодзишского. —М. :Радио и связь, 1990.

9. *Тихонов В. И.* Статистическая радиотехника. —М. :Сов. радио,1966.

10. *Гоноровский И. С.* Радиотехнические цепи и сигналы. —М. :Сов. радио, 1967.

11. *Гуткин Л. С.* ∏роектирование радиосистем и радиоустройств: Учебное пособие для вузов. —М. : Радио и связь,1986.

12. *Гуткин Л. С.* Теория оптимальных методов радиоприема при флуктуационных помехах. —М. : Сов. радио,1972.

13. *Тихонов В. И.* Оптимальный прием сигналов. —М. :Радио и связь, 1983.

14. *Янке Е.* , *Эмде Ф.* , *Лещ Ф.* Специальные функции. —М. :Наука, 1968.

15. *Демин В. ∏.* , *Куприянов А. И. Сахаров А. В.* Радиоэлектронная разведка и радиомаскировка. —М. : Изд – во МАИ,1997.

16. *Тузов Г. И.* , *Сивов В. А.* , *Прытков В. И.* и др. ∏омехозащищенность радиосистем со сложными сигналами/∏од ред. Г. И. Тузова. —М. :Радио и связь,1985.

17. *Березин Л. В.* , *Вейцель В. А.* Теория и проектирование радиосистем. —М. :Сов. радио,1977.

18. *Фалькович С. Е.* Оценка параметров сигналов. —М. :Сов. радио, 1970.

19. *Зюко А. Г.* , *Кловский Д. Д.* , *Назаров М. В.* , *Финк Л. М.* Теория передачи сигналов. —М. : Радио и связь, 1986.

20. *Пенин ∏. И.* Системы передачи цифровой информации. —М. :Сов. радио, 1976.

21. *Великанов В. Д.* , *Галкин В. И.* , *Захарченко И. И.* и др. Радиотехнические системы в ракетной технике. —М. :Воениздат, 1974.

22. *Леонов А. И.* , *Фомичев К. И.* Моноимпульсная радиолокация. —М. :Сов. радио, 1970.

23. *Цветнов В. В.* , *Демин В. ∏.* , *Куприянов А. И.* Радиоэлектронная борьба: радиоразведка и радиопротиводействие. —М. : Изд – во МАИ, 1998.

24. *Цветнов В. В.*, *Демин В. П.*, *Куприянов А. И.* Радиоэлектронная борьба: радиомаскировка и помехозащита. —М.: Изд – во МАИ, 1999.

25. Электромагнитная совместимость радиоэлектронных средств и непреднамеренные помехи. Вып. 2/Под ред. А. И. Салгира. —М.:Сов. радио,1978.

26. *Михайлов В. Ю.* Математические основы анализа и синтеза сложных сигналов и процедур их обработки. —М.:Изд – во МАИ, 1994.

27. *Борисов В. А.*, *Калмыков В. В.*, *Ковальчук Я. М.* и др. Радиотехнические системы передачи информации:/ Под. ред. В. В. Калмыкова. —М.: Радио и связь, 1990.

28. *Агаджанов П. А.*, *Вейиель В. А.*, *Волковский* С. А. и др. Основы радиоуправления: Учебное пособие для вузов/Под ред. В. А. Вейцеля. – М.: Радио и связь, 1995.

29. *Шеннон К. Э.* Теория связи в секретных системах//Работы по теории информации и кибернетике. — М.: ИЛ 1963.

30. *Симмонс. Г. Дж.* Обзор методов аутентификации информации//ТИИЭР, т. 76, № 5, 1988.

31. *Мищенко Ю. А.* Загоризонтная радиолокация. – М.: Сов. радио, 1980.

32. *Мельник Ю. А.*, *Зубкович С. Г.*, *Степаненков В. Д.* и др. Радиолокационные методы исследования Земли/ Под ред. Ю. А. Мельника. —М.: Сов. радио, 1980.

33. Основы загоризонтной радиолокации/ Под ред. А. А. Колосова. —М:Радио и связь, 1984.

34. *Семенов А. И.* Невыступающие бортовые антенны (расчет и проектирование): Учебное пособие для вузов. —М.: Изд – во МАИ, 1999.

35. *Михайлов В. Ю.* Математические основы анализа и синтеза сложных сигналов и процедур их обработки. М.: Изд – во МАИ, 1994.

36. Радиолокационные станции воздушной разведки. / Под ред. Г. С. Кондратенкова. —М. Воениздат. 1983.